公勤仁勇

THE 120th ANNIVERSARY
120周年校庆
湖南师范大学附属中学

广益中学堂
(1908年10月—1911年12月)

湖南私立广益中学
(1926年7月—1951年10月)

长沙市第四中学
(1952年10月—1954年12月)

湖南师范学院附属实验学校
(1960年8月—1963年7月)

广益中学校
(1912年1月—1923年12月)

惟一学堂
(1905年4月—1908年8月)

长沙市纺织厂五七中学
(1968年12月—1969年10月)

执中中学
(1924年1月—1926年6月)

长沙市
第十初级中学
(1952年11月—1956年8月)

湖南私立
云麓中学
(1942年2月—1952年10月)

湖南师范学院
附属中学
(1955年1月—1960年7月)

湖南师范大学附属中学
(1984年9月—)

湖南师范学院附属中学
(1969年11月—1984年9月)

广益英算专修科
(1906年9月—1908年9月)

湖南省立广益中学
(1951年11月—1952年9月)

湖南师范学院附属中学
(1963年8月—1968年11月)

◎ 学校办学历程图

历史照片

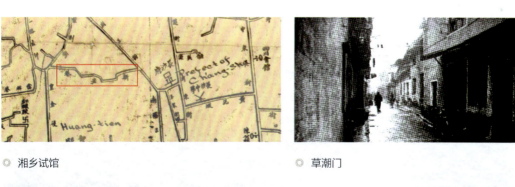

◎ 湘乡试馆

◎ 草潮门

◎ 潮宗街

◎ 西园

◎ 熙宁街

◎ 民国时期学校头门　　　　　◎ 民国时期学校二门

◎ 民国时期广益中学教学楼

◎ 抗战时期办学旧址：望城沱市辖神庙

◎ 抗战时期办学旧址：永州蓝山高阳钟氏祠堂

◎ 彭遂良故居（彭遂良，郴州宜章人，1905 年惟一学堂学生）

◎ 抗战时期办学旧址：衡阳常宁尹氏祠堂改善效果图

◎ 1955 年长沙市第十初级中学毕业生留影，该校 1956 年并入湖南师范学院附属中学

◎ 1961 年学校乒乓球队合影

◎ 学校航模队合影

◎ 1964 级学生于 2014 年回到母校时的合影

◎ 学生正在做课间操

戌學自虛心始成事自
實心始盡力不怠必能振
拔理頹歐也
建武廿三年尽易
畢業諸生　曹孟其

吾道不孤
廣益中學丁戊高中第
三班畢業紀念
黃士羅　題

官貴不淫貧賤不移威武不屈
好學近智知恥近勇力行近仁
本校高三班學生在校數年勤
學守視久多欣然茲屆修業期
满特題聯語以為臨別之贈
校長任邦柱題

己欲立而立人己欲
達而達人
民國卅三年冬季高三班
畢業紀念冊題詞
羅介夫

◎ 題詞

校园风貌

◎ 附中校门（摄于 2025 年）

◎ 2018 年完成升级改造的田径场

◎ 2020 年新建的恒温游泳池

◎ 2021 年改造后的之谟图书馆

◎ 2022 年为纪念禹之谟新建的稽亭

◎ 2022 年新建的漉园

◎ 2023 年装修改造后的食堂

◎ 2022 年新建的廉洁文化长廊

◎ 2025 年 3 月新建的广益门

◎ 2025 年 3 月新建的三迁亭

重要时刻

◎ 2018 年，长沙市谢永红校长工作室挂牌

◎ 2017 年，学校获评首届全国文明校园，谢永红校长在人民大会堂接受颁奖

◎ 2019 年，初 1977 届、高 1979 届校友湖南师范大学教授刘少军当选中国工程院院士

◎ 2020 年 9 月，学校重新开办初中部

◎ 2021年，校团委被评为"全国五四红旗团委"

◎ 2021年3月，学校获得"全国模范职工之家"荣誉

◎ 2022年，学校被评为湖南省"十四五"教育科学研究基地（全省唯一获此殊荣的中学）

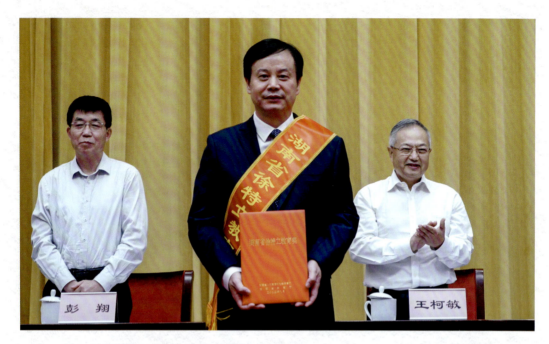

◎ 2022 年，谢永红校长荣获第九届湖南省徐特立教育奖

◎ 2023 年，1986 届校友，上海交通大学教授丁洪当选为中国科学院院士

◎ 2022 年，学校教改课题荣获国家级教学成果奖二等奖　　◎ 2023 年，梁行健同学勇夺国际中学生数学奥赛金牌

◎ 2024 年，学校荣获全国五一劳动奖状，谢永红书记获全国五一劳动奖章

◎ 2024 年，国际著名数学家丘成桐先生授牌我校开设"丘成桐少年班"

◎ 2023 年 12 月，学校与长沙市望城区人民政府签署协议，我校新校区落户望城大泽湖片区

◎ 湖南师大附中大泽湖校区将于 2025 年 4 月建成，于秋季正式开学

◎ 2025 年 2 月，在我校即将迎来 120 周年校庆之际，北京市人民政府天安门地区管理委员会将曾在天安门广场升起的有特殊意义的国旗授予我校

◎ 2025 年，学校党委领导班子合影

◎ 2025 年，学校中层干部合影

◎ 2025 年，语文教研组合影

◎ 2025 年，数学教研组合影

◎ 2025 年，英语教研组合影

◎ 2025 年，物理教研组合影

◎ 2025 年，化学教研组合影

◎ 2025 年，生物教研组合影

◎ 2025 年，政治教研组合影

◎ 2025 年，历史教研组合影

◎ 2025 年，地理教研组合影

◎ 2025 年，艺术教研组合影

◎ 2025 年，体育教研组合影

◎ 2025 年，信息技术教研组合影

◎ 2025 年，通用技术教研组合影

◎ 2025 年，心理教研组合影

◎ 2025 年，职员合影

百廿湖湘譽綿長
杏壇桃李溢芬芳
絃歌不輟承洙泗
陶鑄羣英濟世彰

湖南師範大學附屬中學百廿週年校慶 誌慶

台南一中校長廖財回敬賀 乙巳年仲春 百福湘雙錦志書

庆祝湖南师大附中建校一二〇周年

一百二十年来为祖国为人民培育英才满天下
新时代长征路怀壮志勇创新敢教日月换新天

一九四二年入学学生张履谦贺

120周年校庆
1905 2025
湖南师范大学附属中学

岁月如歌

湖南师大附中校志
（2015 — 2025）

谢永红　黄月初　主编

湖南大学出版社
·长沙·

图书在版编目（CIP）数据

岁月如歌：湖南师大附中校志：2015—2025 / 谢
永红，黄月初主编. -- 长沙：湖南大学出版社，2025.
3. -- ISBN 978-7-5667-4091-5

Ⅰ. G639.286.41

中国国家版本馆 CIP 数据核字第 2025KV6322 号

岁月如歌——湖南师大附中校志（2015—2025）

SUIYUE RU GE——HUNAN SHIDA FUZHONG XIAOZHI（2015—2025）

主　　编：谢永红　黄月初
组稿编辑：卢　宇
责任编辑：何　洁
印　　装：湖南省众鑫印务有限公司
开　　本：787 mm×1092 mm　1/16
印　　张：29.25
字　　数：658 千字
版　　次：2025 年 3 月第 1 版
印　　次：2025 年 3 月第 1 次印刷
书　　号：ISBN 978-7-5667-4091-5
定　　价：128.00 元

出 版 人：李文邦
出版发行：湖南大学出版社
社　　址：湖南·长沙·岳麓山
邮　　编：410082
电　　话：0731-88822559（营销部），88821315（编辑室），88821006（出版部）
传　　真：0731-88822264（总编室）
网　　址：http://press.hnu.edu.cn
电子邮箱：258204748@qq.com

前　言

"湘水映春晖，麓山钟灵秀。"2025 年 4 月，湖南师范大学附属中学（简称"湖南师大附中"）迎来建校 120 周年校庆。当您翻开这本书，您将看到历经沧桑风雨、始终砥砺奋进的附中人又一个十年的悠扬樟韵，如歌岁月。

校志是记录一所学校历史沿革、办学成就、文化传承及师生发展的重要文献，具有重要的历史价值和文化意义。2005 年百年校庆，学校精心编纂了《湖南师大附中百年校志》，该志结构严谨、内容全面、记录详细，为后续校志的编写奠定了良好基础。2015 年建校 110 周年，学校续编了《足迹——湖南师大附中校志（2005—2015）》，基本沿用了《湖南师大附中百年校志》的体例和架构，同时增加了"多元办学志"和"资源辐射志"两部分，翔实记录了进入新世纪后附中进一步深化课程改革和建设现代教育实验学校的辉煌历程。

2025 年，学校迎来建校 120 周年。为了回顾办学历史，总结育人成就，凝聚师生校友，扩大学校影响，学校决定按照"务实、特色、创新"的原则和"人文·学术·跨越"的主题，隆重举办 120 周年校庆。为此，我们续编了 2015—2025 年校志，记录这十年来学校办学育人的新探索、新发展、新成果。

本书基本沿用此前校志的体例，主要包括学校人物志、学校要事志、学校荣誉志、学校成果志、文章著述志、多元办学志、资源辐射志、其他史料志八大内容。变化主要有三个方面：第一，增加了一些新内容，如正高级教师名单，省、市级名师工作室首席名师名单，教师被聘请担任硕士研究生导师情况一览表等；删减了一些内容，如高考升学率情况统计表，湖南省、长沙市高考状元学生名单等。第二，插页由之前的 5 页增加到了 18 页，内容更加丰富，包括历史照片、校园风貌、重要时刻、题词勖勉等。第三，书籍由平装本改为精装本，纸张更加精美。

2015 至 2025 年，是湖南师大附中发展历史上极为重要的十年。新时代如何扎根中国大地办教育，为党育人，为国育才？优质高中如何响应和服务国家战略，办出特色，突破自我？2015 年，时任校长谢永红提出了建设研究型高中的办学新目标，倡导"时时在研究、处处有研究、人人都研究"的学校研究文化，构建"人本课程"体系，带领学校探索新路径，攀上新高峰，持续擦亮学校金牌摇篮、教改先锋、办学典范、担当楷模"四张名片"，学校实现了由优秀走向卓越的跨越式发展。

十年来，学校面向全体学生，整体教育教学质量不断攀升，尤其是拔尖创新人才的早期培养成效卓著。1991 年至今，学校共获中学生学科奥林匹克竞赛国际金牌 36 枚、国际银牌 13 枚和洲际金牌 13 枚；近十年，荣获国际金牌 10 枚、国际银牌 4 枚、洲际金牌 4 枚，学校"金牌摇篮"的名片享誉神州。学校学生被清华大学丘成桐数学科学领军人才培养计划、物理人才培养"攀登计划"和北京大学"数学英才班""物理学科卓越人才培养计划"录取的人数居全省第一，全国前列。

十年来，学校坚持科研兴校、全面育人，始终高举改革的旗帜，取得丰硕的成果。"十三五""十四五"期间，学校被评为"湖南省教育科学研究基地"，为全省唯一获此殊荣的中学。时任党委书记、现任校长黄月初担任基地首席专家，引领大家以高昂的热情投身研究型高中建设。学校先后获得国家级教学成果奖二等奖 2 项，省级教学成果奖和优秀科研成果奖特等奖 2 项、一等奖 4 项、二等奖 3 项。学校承担的国家级课题、省级教改项目、重大科研课题的数量及获得的荣誉在全省中学中均处于领先地位。

十年来，学校勇于担当社会责任，充分发挥示范引领作用，积极辐射优质教育资源，为促进全省基础教育优质均衡发展作出了突出贡献，是名副其实的"担当楷模"。2015 年学校成立教育集团，十年间共建设合作学校 22 所，对口帮扶边远地区、民族地区和革命老区学校 50 多所，被评为"全国学校对口支援工作先进单位"。

十年来，《人民教育》《中国教育报》《中国基础教育》《湖南日报》等主流媒体多次宣传报道学校改革经验、育人成果。2025 年 1 月，《人民教育》发表谢永红署名文章《研究型高中建设的实践路向与育人策略》；2 月，谢永红、黄月初的专著《研究型高中建设理论探究与实践探索》正式出版，标志着学校研究型高中建设目标基本实现。

十年来，学校的综合实力和社会影响力显著提升，获得全国文明校园、全国五一劳动奖状、全国群众体育先进单位、全国模范职工之家、全国五四红旗团委等国家级荣誉称号 10 余次。谢永红先后 3 次受到习近平总书记的亲切接见。

岁月如歌，十载辉煌。这十年既是全体附中人励精图治、团结奋斗，用精彩答卷回答时代之问的十年，也是附中人为实现 2035 年教育强国伟大目标夯实基础、奠基未来的十年。

谨以此志献给十年来为"成民族复兴之大器"而努力奋斗的附中人！献给百廿路上坚持"自强不息、追求卓越"精神，勇担民族复兴大任的奋进者！

编　者

2025 年 2 月

目　录

学校人物志

一、教职员工

1. 2015 年以来学校历任管理干部任职情况表

（1）党委书记

姓名	职务	任职时间
曾少华	党委书记	2010 年 7 月—2017 年 11 月
黄月初	党委书记兼副校长	2017 年 11 月—2024 年 1 月
谢永红	党委书记	2024 年 1 月至今

（2）校长

姓名	职务	任职时间
谢永红	校长	2013 年 6 月—2024 年 1 月
黄月初	校长	2024 年 1 月至今

（3）党委副书记、纪检书记

姓名	职务	任职时间
彭荣宏	党委副书记兼纪检书记	2013 年 7 月—2017 年 2 月
彭荣宏	党委副书记	2017 年 2 月—2018 年 8 月
彭荣宏	党委副书记（正处级）	2018 年 8 月—2022 年 8 月
李春莲	纪检书记	2017 年 12 月至今

（4）副校长

姓名	职务	任职时间
樊希国	副校长	2002 年 4 月—2019 年 5 月
陈迪勋	副校长	2013 年 6 月—2023 年 12 月

续表

姓名	职务	任职时间
罗培基	副校长	2013 年 6 月—2019 年 5 月
苏建祥	副校长	2019 年 10 月至今
蔡任湘	副校长	2019 年 10 月—2020 年 9 月
廖 强	副校长	2022 年 12 月至今
李智敏	副校长	2024 年 1 月至今

（5）工会主席

姓名	职务	任职时间
刘邵来	工会主席	2014 年 1 月—2018 年 1 月
陈迪勋	工会主席	2018 年 3 月—2023 年 7 月
廖 强	工会主席	2023 年 7 月至今
刘伟立	工会副主席	2012 年 2 月—2016 年 8 月
谭 伟	工会副主席	2018 年 3 月—2022 年 7 月 2023 年 7 月至今
伏炎安	工会副主席提名人选	2022 年 7 月—2023 年 7 月

（6）校长助理

姓名	职务	任职时间
晏荣贵	校长助理	2007 年 1 月—2019 年 7 月
苏建祥	校长助理	2013 年 7 月—2019 年 10 月
陈克勤	校长助理	2013 年 7 月—2018 年 7 月
康辛勇	校长助理	2014 年 1 月—2019 年 7 月
陈胸怀	校长助理	2015 年 7 月—2021 年 8 月
许小平	校长助理	2015 年 9 月—2016 年 8 月 2018 年 2 月—2021 年 8 月
蔡任湘	校长助理	2016 年 8 月—2019 年 10 月
廖 强	校长助理	2017 年 1 月—2021 年 8 月
郭在时	校长助理	2018 年 3 月—2021 年 8 月
姜小明	校长助理	2018 年 7 月—2021 年 8 月
刘新芝	校长助理	2018 年 7 月—2021 年 8 月
张迪平	校长助理	2019 年 7 月—2021 年 8 月

（7）中层干部正职

部门	姓名	任职时间
党委办公室	叶越冬	2000 年 12 月—2018 年 2 月
	伏炎安	2018 年 2 月—2022 年 7 月
	吴 卿	2022 年 7 月至今
校办公室	陈胸怀	2010 年 9 月—2015 年 7 月
	莫 晖	2015 年 9 月—2024 年 7 月
	苏晓玲	2024 年 7 月至今
教育督导与评价处 （教育督导室）	刘进球	2018 年 2 月—2018 年 7 月
	左小青	2018 年 7 月至今
德育与学生发展处 （学生发展处、学生工作处）	郭在时	2013 年 7 月—2018 年 3 月
	吴 卿（副主任主持工作）	2018 年 3 月—2020 年 7 月
	吴 卿	2020 年 7 月—2022 年 7 月
	李 钊	2022 年 7 月—2024 年 2 月
课程与教学处 （教学与课程处、教务处）	张胜利	2013 年 7 月—2016 年 8 月
	姜小明	2016 年 8 月—2018 年 7 月
	黄宇鸿	2018 年 7 月—2024 年 8 月
	陈淼君	2024 年 11 月至今
科研与教师发展处 （教科室）	左小青	2010 年 9 月—2018 年 7 月
	刘进球	2018 年 7 月至今
财务处 （财务科）	张宇红	2007 年 1 月—2021 年 2 月
	邓 刚	2024 年 7 月至今
团委	吴 卿	2013 年 7 月—2016 年 8 月
	李 钊	2016 年 8 月—2022 年 7 月
	温 宇（团委副书记主持工作）	2022 年 7 月—2024 年 7 月
人力资源管理中心 （人事劳资科）	肖晓辉	2013 年 7 月—2015 年 9 月
	周 琼	2022 年 7 月至今

续表

部门	姓名	任职时间
科技创新中心	蔡任湘	2016 年 8 月—2020 年 9 月
	蔡忠华（副主任主持工作）	2020 年 9 月—2021 年 7 月
	蔡忠华	2021 年 7 月—2021 年 8 月
	李湘黔（副主任主持工作）	2022 年 7 月—2023 年 7 月 2024 年 8 月至今
	黄宇鸿	2023 年 7 月—2024 年 8 月
体育美育中心	谭 伟	2022 年 7 月至今
后勤服务和安全保卫中心 （总务处、后勤服务中心）	李文昭	2013 年 7 月—2019 年 7 月
	李智敏	2019 年 7 月—2024 年 7 月
信息技术中心 （信息技术处）	周大勇（副主任主持工作）	2015 年 7 月—2018 年 7 月
	周大勇	2018 年 7 月—2024 年 7 月
教育集团办公室	李文昭	2019 年 7 月至今

（8）中层干部副职

部门	姓名	任职时间
党委办公室	苏晓玲	2019 年 7 月—2022 年 7 月
	鲁 荣	2022 年 7 月至今
校办公室	周 琼	2012 年 5 月—2022 年 7 月
	刘进球	2015 年 7 月—2018 年 7 月
	伏炎安	2016 年 8 月—2018 年 2 月
	屈雪辉	2018 年 7 月—2022 年 7 月
	欧阳荐枫	2022 年 7 月至今
纪检监察室	向 阳	2023 年 7 月至今
德育与学生发展处 （学生发展处、学生工作处）	黄雅芩	2013 年 8 月—2016 年 8 月
	吴 卿	2016 年 8 月—2018 年 3 月
	袁建光	2018 年 7 月—2020 年 7 月
	张 磊	2020 年 7 月—2021 年 7 月
	李 钊	2021 年 7 月—2022 年 7 月
	陆 稳	2022 年 7 月—2024 年 2 月
	蔡 毅	2024 年 2 月至今

续表

部门	姓名	任职时间
课程与教学处 （教学与课程处、教务处）	蔡任湘	2013 年 7 月—2016 年 8 月
	姜小明	2013 年 7 月—2016 年 8 月
	王朝霞	2016 年 8 月—2020 年 7 月
	熊进道	2016 年 8 月—2021 年 7 月
	黄国强	2018 年 7 月—2019 年 8 月
	李 勇	2020 年 7 月—2022 年 7 月
	朱修龙	2020 年 7 月至今
	陈淼君	2022 年 7 月—2024 年 11 月
	王 建	2023 年 7 月至今
	吴 菲	2024 年 11 月至今
科研与教师发展处（教科室）	向 超	2021 年 7 月至今
财务处（财务科）	邓 刚	2021 年 3 月—2024 年 7 月
团委	杨一鸣	2020 年 7 月—2021 年 7 月
	温 宇（团委副书记兼 少先队大队辅导员）	2021 年 7 月—2022 年 7 月
	谢小超	2024 年 7 月至今
少先队大队	张冰洁	2022 年 7 月至今
科技创新中心	蔡忠华	2018 年 7 月—2020 年 9 月
	李湘黔	2021 年 7 月—2022 年 7 月
	黄 俊	2022 年 7 月至今
后勤服务和安全保卫中心 （总务处、后勤服务中心）	焦 畅	2024 年 2 月至今
	张光新	2024 年 7 月至今
教育集团办公室	李海汾	2024 年 2 月至今

2. 2015 年以来学校历任民主党派主要负责人一览表

（1）民进支部

任职时间	主委	组织委员	宣传委员
2016—2022	刘 芳	张静桃	黄长泰
2022—	黄 赞	王思为	易任远

（2）民盟支部

任职时间	主委	副主委	组织委员	宣传委员	女工委员
2016—2019	张　宇	曾克平　李尚斌	曾克平	李尚斌	李尚斌
2019—	吴晓红	马顺存	曾克平	陈小虎	吴晓红

3. 2015 年以来学校历任省、市、区人大代表和政协委员一览表

姓名	政治面貌	任职
谢永红	中共党员	湖南省第十三届政协委员、长沙市第十五届人大代表
彭荣宏	中共党员	长沙市第十六届人大代表
苏建祥	中共党员	岳麓区第五届人大常委会委员、第六届人大常委会委员
黄国强	民进会员	岳麓区第五届人大代表
许小平	中共党员	岳麓区第六届人大代表
吴晓红	民盟盟员	岳麓区第六届人大代表
廖　强	中共党员	雨花区第六届人大代表
刘　芳	民进会员	岳麓区第六届政协委员
蔡　毅	中共党员	雨花区第六届政协委员

4. 学校特级教师名单

（1）2015 年以来获得特级教师荣誉人员（4 人）

化学学科：樊希国

数学学科：李昌平

物理学科：李湘黔（评定后调入）

历史学科：黄雅芩

（2）现在岗特级教师（5 人）

数学学科：徐凡训　赵优良

化学学科：樊希国

物理学科：李湘黔

历史学科：黄雅芩

（3）退休特级教师（39人）

1982年：方龙伯　王曼筠　朱石凡

1994年：缪礼端

1996年：邓　日　王楚松　袁平渠　袁宏喜　陈贤斌　何麦秋　李　安　袁家明

1999年：赵尚志　周望城　郑定子　肖来志　肖鹏飞　吴雁驰　冯跃峰

2002年：常力源　汤步斌　汪训贤　陈云莎　梁良楔　刘邵来（评定后调入）

2005年：易红芝　罗培基　黄国强　杨美英（评定后调入）　杨　帆（评定后调入）

2008年：欧阳昱北　王树国　韩湘萍　杨　萍　刘淑英（评定后调入）

2014年：何宗罗　张　宇　刘丽珍

2020年：李昌平

（说明：以上时间为特级教师评定时间）

（4）工作变动调离特级教师（5人）

1999年：吴雁驰　冯跃峰

2002年：汤步斌

2015年：王树国

2017年：刘邵来

（说明：以上时间为特级教师调离时间）

5. 2015年以来学校正高级教师（正高级职称）名单

语文学科：谢永红　李新霞

数学学科：张　宇　李昌平　赵优良　汤礼达（教授）

物理学科：何宗罗　李湘黔（正高级科普师）　彭知文（教授）

化学学科：肖鹏飞　苏建祥

生物学科：汪训贤

地理学科：杨　帆

心理学科：黄月初

6. 2015 年以来学校担任省、市级名师工作室首席名师名单

（1）省级名师工作室

黄月初（湖南省卓越校长领航班高中校长工作室）

李湘黔（湖南省中学物理名师工作室）

向　超（湖南省中学地理名师工作室）

（2）市级名师工作室

谢永红（长沙市名校长工作室）

梁良樑（长沙市中学地理名师工作室）

肖鹏飞（长沙市中学化学名师工作室）

张　宇（长沙市中学数学名师工作室）

赵优良（长沙市中学数学名师工作室）

杨群英（长沙市中学生物名师工作室）

李志艳（长沙市中小学心理健康名师工作室）

7. 2015 年以来学校学术委员会名单

届数	时间	主任	副主任	委员
第二届	2013—2016	汪训贤	黄治清	欧阳昱北　李昌平　刘淑英　何宗罗　肖鹏飞　刘丽珍　梁良樑　杨萍　谭伟
第三届	2017—2019	汪训贤	刘丽珍	李新霞　李昌平　刘淑英　何宗罗　肖鹏飞　黄治清　杨帆　杨萍　谭伟
第四届	2020—2022	何宗罗	刘丽珍	李新霞　李昌平　刘淑英　肖鹏飞　李尚斌　黄治清　杨帆　谭伟　熊康
第五届	2022—	赵优良	黄雅芩	陈鹤龄　尹一兵　成志强　刘惠平　李尚斌　李度　徐冬阳　熊康　汤彬

8. 2015 年以来学校学科教研员名单

时间	名单
2019—2021	李小军　赵优良　胡玲玲　刘　熠　殷艳辉　朱昌明　蒋平波　周育苗 杨　婷　李碧慧　熊　康　袁春龙　孙　沅　谌跃飞

9. 2015 年以来学校考试研究员名单

时间	名单
2023—	陈淼君　肖　莉　胡玲玲　刘　熠　明正球　杨玉茜　杨　夏　吴　浩 赵彩凤　孙　骏　朱　皓

10. 2015 年以来学校青年名师培养对象名单

（1）第二届青年名师培养对象名单（2017—2021）

学科	培养对象
语文	吴音莹　谢兰萍　李显亮
数学	陈淼君　贺祝华
英语	胡玲玲　甘智英
物理	张光新　刘　熠
化学	李　莉
生物	李晓聪
政治	蒋平波
历史	李　珊
地理	杨　婷
体育	黄立夫
艺术	熊　康
信息技术	许　力
心理	李志艳

（2）第三届青年名师培养对象名单（2022—2026）

学科	培养对象
语文	陈　超　刘海涛
数学	张湘君　杨章远
英语	刘雄昆　邓　慧
物理	李　兰　李昕玲
化学	刘冉旭
生物	周　娈
政治	温　宇
历史	朱　皓
地理	杨　夏
体育	邓轶轩
艺术	郑　喜
信息技术	孙　沅
心理	袁春龙

11．2015年以来教师在市级以上社会学术团体兼职一览表

姓名	社会及学术团体兼职情况
谢永红	第十二届国家督学
	第八届省督学
	中国教育学会高中教育专业委员会常务理事
	中国教育学会中小学德育研究分会第八届理事会常务理事
	中国教育学会中小学整体改革专业委员会常务理事
	中国教育学会拔尖创新人才基础培养专业委员会常务理事
	中国教育发展战略学会教育评价专业委员会常务理事
	中国教育后勤协会中小学后勤分会副理事长
	中国教育国际交流协会基础教育分会副会长
	湖南省教育学会副会长
	湖南省普通高中校长工作研究专业委员会会长
	湖南教育科研工作者协会副会长兼基础教育分会会长
	湖南教育国际交流协会副会长兼基础教育分会会长

续表

姓名	社会及学术团体兼职情况
谢永红	湖南省中学语文教学专业委员会副理事长
	湖南省教育管理干部培训办公室特聘专家
黄月初	中国教育学会管理分会理事
	中国教育学会学生发展指导分会理事
	中国教育发展战略学会教育评价专业委员会理事
	教育部高等学校师范专业认证专家
	教育部国培专家
	湖南省人民政府督学
	湖南省心理学会中小学心理发展与教育专业委员会主任
	湖南省教育学会心理健康与生涯教育专业委员会理事长
	湖南省社会心理学会副理事长
	湖南省高等教育学会教师教育专业委员会副理事长
李春莲	长沙市人民检察院人民监督员
苏建祥	中国教育学会化学教学专业委员会第八届理事会理事
	湖南省化学化工学会第十二届理事会常务理事
	湖南省中学化学教学研究专业委员会第五届理事会常务理事
	湖南师范大学化学化工学院发展战略咨询委员会委员
	湖南省教育学会初中校长工作研究分会副会长
	湖南省教师教育学会中小学管理专业委员会第七届理事会常务副理事长
	湖南省教师教育学会中小学班主任工作专业委员会理事会常务副理事长
	长沙市谢永红校长工作室名校长团队成员
	湖南师大附中博才实验中学曾辉中学教学名师工作室顾问
陈胸怀	湖南省文化促进会学术委员
	湖南省教育学会学校文化建设专委会常务副会长
	湖南省教育学会心理健康与人生规划指导委员会副会长

续表

姓名	社会及学术团体兼职情况
左小青	湖南省中小学心理健康与生涯教育专业委员会副理事长
邓 刚	湖南省教育会计学会理事
向 超	湖南省地理学会常务理事
	湖南省向超中学地理名师工作室首席名师
	湖南省教育考试院科研项目评审专家
	湘教版高中和义务教育地理教材核心作者及教材培训专家
	长沙市地理学会及地理教学专业委员会副理事长
	长沙市地理学科教学指导（视导）专家
	长沙市教育科学研究院地理学科兼职教研员
	长沙市第三届中学地理名师工作室名师
	长沙市第一届高中地理教研基地负责人
刘新民	湖南省教育学会学校文化研究专业委员会常务理事
	湖南省基础教育省级兼职教研员
陈 超	湖南省中小学教师发展中心课程专家
	湖南省"十四五"教育科学研究基地研究员
	洪江市语文优秀学科团队顾问
	衡阳市赵力生语文名师工作室驻站名师
	湖南师大附中驻张家界市民族中学名师
刘 玲	湖南省2015年至2020年省级"一师一优课，一课一名师"优课评审专家
	教育部2018年度"一师一优课，一课一名师"活动优课评审专家
	湖南省2021年至2024年省级"基础教育精品课"评审专家
	湖南省2023年度全省基础教育信息化应用展示交流活动点评专家
	教育部2024年度"基础教育精品课"评审专家
谢兰萍	湖南师大附中驻花垣县第一高级中学名师
赵优良	长沙市第四届、第五届中学数学名师工作室首席名师
	人民教育出版社数学教科书培训专家
	湖南省教育学会中学数学教学专业委员会副理事长
	湖南省数学学会理事
	湖南省新时代欧阳才学数学名师工作室顾问
谢美丽	湖南省教育学会中学数学教学专业委员会常务理事（第十一届）
	湖南省青年教师教学能力提升指导专家
	长沙市第五届赵优良中学数学名师工作室名师团队成员

续表

姓名	社会及学术团体兼职情况
尹一兵	长沙市何灵芝英语名师工作室名师团队成员
周彦	长沙市何灵芝英语名师工作室名师团队成员
陈莎筠	湖南省基础教育初中英语兼职教研员
马顺存	民盟湖南省委会第三届、第四届青年委员会委员
彭知文	湖南省物理学会常务理事
	长沙市物理学会常务理事
	长沙市信息技术与学科融合团队物理核心专家
殷艳辉	长沙市中学化学名师工作室名师
	花垣县第一高级中学名师工作站名师
	湖南省化学化工学会理事
颜以晴	长沙市中学化学名师工作室成员
王建	长沙市中学化学名师工作室名师、德育名师工作室名师、信息融合名师工作室名师、湖南理工学院硕士生导师
邓鹏	长沙市中学化学名师工作室成员
明正球	长沙市中学化学名师工作室成员
李海汾	湖南省化学化工学会常务理事
汪训贤	教育部基础教育课程教材发展中心、课程教材研究所普通高中生物学科长沙教研基地常务人员
	湖南省教育学会中学生物学专业委员会副秘书长
	湖南省植物学会常务理事
	湖南省植物学会基础教育分会副主任
	湖南省中学生物学竞赛委员会常务委员
	长沙市中学生物教学专业委员会副理事长
	长沙市第三届第一批邓毅萍中学生物名师工作室顾问
黄国强	教育部基础教育课程教材发展中心、课程教材研究所普通高中生物学科长沙教研基地常务人员
	湖南省动物学会常务理事
	长沙市中学生物教学专业委员会副理事长
杨群英	教育部基础教育课程教材发展中心、课程教材研究所普通高中生物学科长沙教研基地常务人员
	湖南省植物学会常务理事

续表

姓名	社会及学术团体兼职情况
杨群英	湖南省动植物学会基础教育分会副主任
	长沙市第二届教育督导评估专家
	长沙市中学生物教学专业委员会常务理事
	长沙市第五届第一批中学生物名师工作室首席名师
	长沙市首批基础教育普通高中生物学科教研基地负责人
	湖南师范大学生物教师行动研究基地负责人
	长沙市第二届第一批高建军中学生物名师工作室名师导师
李尚斌	长沙市第三届第一批邓毅萍中学生物名师工作室名师导师
吴晓红	长沙市第四届第一批邓毅萍中学生物名师工作室名师导师
冯建国	长沙市第五届第一批杨群英中学生物名师工作室名师导师
朱昌明	湖南省中学生物学竞赛委员会常务委员
黄 俊	湖南省植物学会理事
	湖南省中学生物学竞赛委员会常务委员
陈佳健	长沙市首批基础教育兼职教研员
彭 草	"生命科学"教育公众号值班编辑
	《实验教学与仪器》审稿编辑
曾志斌	第四届长沙市教育学会中学政治教学专业委员会理事
姜小明	湖南省学校文化建设促进会理事
	《教师》2019年度刊物指导委员会常务理事
李 度	湖南大学马克思主义学院兼职教授
	湖南师范大学马克思主义学院兼职教授
蒋平波	长沙市高中政治教学视导专家
	长沙市教育科学研究院新高考研究团队成员
	湖南师范大学基础教育中学政治教研平台负责人
	湖南师范大学公共管理学院兼职教授
屈正红	湖南省思政一体化建设顾问、湖南师范大学基础教育中学政治教研平台负责人

续表

姓名	社会及学术团体兼职情况
周育苗	长沙市中学历史黄敏兰名师工作室成员
唐建祥	长沙市兼职教研员
	长沙市第五届中学历史龚宇名师工作室成员
黄雅芩	湖南省班主任工作专业委员会常务理事
	湖南省中小学"师德巡讲团"主讲专家
	长沙市第二届德育（班主任）名师工作室名师
	长沙市第三届德育（班主任）名师工作室名师
	长沙市第四届德育（班主任）名师工作室名师
	长沙市第五届德育（班主任）名师工作室顾问
	长沙市第五届中学历史龚宇名师工作室名师
刘国彬	长沙市历史学会副理事长
	长沙市中学历史教学专业委员会常务理事
许萍	长沙市中学历史王柱根名师工作室成员
	长沙市中学历史黄敏兰名师工作室成员
杨夏	长沙市地理兼职教研员
彭建锋	湖南省地理学会理事
	湖南省向超地理名师工作室名师
	长沙市唐泰清地理名师工作室名师
徐冬阳	长沙市高中地理兼职教研员
	长沙市地理学会常务理事委员
	湖南省中考命题专家库成员
张轻	湖南省田径协会委员
汤彬	湖南省体育科学学会副秘书长
	湖南省学生体育协会排球委员会委员
李碧慧	湖南省杨海文体育芙蓉名师工作室名师
	湖南省体育科学学会第八届理事会理事

续表

姓名	社会及学术团体兼职情况
李鹏程	湖南省民族管弦乐学会常务理事
	长沙市中小学音乐教学专业委员会常务理事
	长沙市教育学会第八届理事
	湖南大学艺术教育中心民乐团指导老师兼首席指挥
	湖南省民族管弦乐学会葫芦丝专业委员会执行会长兼秘书长
	湖南省民族管弦乐学会竹笛专业委员会副会长兼秘书长
	湖南省"基础教育精品课"省级评审专家
熊 康	湖南省舞蹈教育委员会常务理事
	长沙市舞蹈家协会少儿舞蹈艺术委员会常务委员
	国家课程教材湘艺版艺术学科义务教育教材编写组核心作者
	湖南省高考艺术联考评审专家
郑 喜	湖南省音乐家协会声乐学会理事
	长沙市音乐家协会合唱学会理事
戴子丹	湖南省舞蹈教育委员会会员
	长沙市舞蹈家协会会员
	湖南美术出版社义务教育教材编写委员会作者
杨爱霞	湖南省美育学会理事
	湘版美术教材编写组核心成员
周文涛	湖南省音乐家协会声乐学会会员
彭莎莎	湖南省美术家协会会员
许 力	中国计算机学会会员
	长沙市中小学信息技术专业委员会委员
罗鹏飞	长沙市高中通用技术教学专业委员会副理事长
	长沙市高中通用技术教学专业委员会秘书长
	"融创未来 英才计划"未来拔尖创新人才培养工作室首席名师
谌跃飞	湖南省青少年科技教育协会机器人教育专业委员会理事
李志艳	湖南省教育学会中小学心理健康与生涯教育专业委员会秘书长
袁春龙	湖南省教育学会中小学心理健康与生涯教育专业委员会秘书

12. 2015 年以来教师被聘请担任硕士研究生导师情况一览表

导师姓名	聘请单位	学科（专业）
谢永红	湖南师范大学	语文
黄月初	湖南师范大学	应用心理
苏建祥	中南大学	化学
	湖南师范大学	化学
	湖南理工学院	化学
李智敏	湖南大学数学学院	数学
陈胸怀	湖南师范大学历史文化学院	历史
马正扬	湖南师范大学文学院	语文
刘爱国	湖南大学	中国语言文学
	湖南师范大学	学科语文
李显亮	湖南大学文学院	学科语文
谢朝春	湖南师范大学文学院	学科语文
吴彩霞	湖南师范大学文学院	学科语文
肖 莉	湖南大学文学院	学科语文
谢兰萍	湖南师范大学文学院	学科语文
赵优良	湖南师范大学	数学
谭泽仁	湖南师范大学	数学
谢美丽	湖南大学	数学
彭 萍	湖南师范大学	数学
李朝文	湖南师范大学	数学
汤礼达	湖南师范大学	数学
李艳妮	湖南大学	数学
尹一兵	湖南师范大学	英语
	中南大学	英语
周 彦	湖南师范大学	英语
	中南大学	英语
陈莎筠	湖南大学	英语
黄 赞	湖南师范大学	英语
何宗罗	湖南师范大学	物理

续表

导师姓名	聘请单位	学科（专业）
刘旭华	湖南师范大学	物理
杨　飞	湖南师范大学	物理
刘建军	湖南师范大学	物理
彭知文	湖南师范大学	物理
成志强	湖南师范大学	物理
李湘黔	湖南师范大学	物理
李海汾	复旦大学	学科教学（化学）
殷艳辉	湖南师范大学	化学
王　建	湖南理工学院	化学
谢如良	湖南师范大学	化学
汪训贤	湖南师范大学生命科学学院	生物教育
黄国强	湖南师范大学生命科学学院	生物教育
杨群英	湖南师范大学生命科学学院	生物教育
	湖南师范大学教育科学学院	生物教育（卓越班）
李尚斌	湖南师范大学生命科学学院	生物教育
蒋平波	湖南师范大学马克思主义学院	政治
唐海燕	湖南师范大学马克思主义学院	政治
李　度	湖南师范大学马克思主义学院	政治
黄治清	湖南师范大学马克思主义学院	政治
曾志斌	湖南师范大学马克思主义学院	政治
韩秀莲	湖南师范大学马克思主义学院	政治
蒋平波	湖南大学马克思主义学院	政治
刘国彬	湖南师范大学	历史教学
黄雅芩	湖南师范大学	历史
向　超	湖南师范大学地理科学学院	地理教育
	湖南师范大学教育科学学院	地理教育（卓越班）
李鹏程	湖南师范大学音乐学院	音乐
	长沙学院音乐学院	音乐
左小青	湖南师范大学	应用心理
李志艳	湖南师范大学	应用心理

13．2015 年以来获国家级、省级、市级、区级以及湖南师范大学奖励的人员

（1）获国家级奖励的人员

2015 年

谢武龙被中国教育电视协会、中央电化教育馆评为"全国校园传媒先进工作者"。

李鹏程被中国民族管弦乐学会、社会艺术水平考级委员会评为"优秀指导教师"。

陈宇被全国基础外语教育研究培训中心、中国翻译协会评为 2015 年中国青少年英语能力大赛"优秀指导教师"。

2016 年

彭荣宏在第十届"地球小博士"全国地理科技大赛中被中国地理学会授予全国"科教先进校长"称号。

谢朝春在第四届全国中小学生语文素养大赛全国总决赛（夏季赛）中获"优秀指导教师奖"。

欧阳荐枫在第十四届"叶圣陶杯"全国中学生新作文大赛中被中国少年儿童新闻出版总社、中国当代文学研究会校园文学委员会、中学生杂志社、叶圣陶杯全国中学生新作文大赛组委会评为"优秀指导教师"二等奖。

谢武龙在第十二届中国中小学校园影视奖评选活动中被中国教育电视协会、中央电化教育馆评为"先进工作者"。

李鹏程被中国民族管弦乐学会、社会艺术水平考级委员会评为"优秀指导教师"。

2017 年

苏建祥被中国化学会授予"2017 年度中国化学会化学基础教育奖"。

李立文在第 30 届中国化学奥林匹克（决赛、初赛）培训工作中取得优异成绩，受到中国化学会表彰；在第 30 届中国化学奥林匹克（初赛）组织工作中作出突出贡献，受到中国化学会表彰。

谌跃飞被中国科协青少年科技中心评为青少年机器人竞赛国家级二级裁判。

谌跃飞被评为第十七届中国青少年机器人竞赛"优秀教练员"。

焦畅获第八届"北斗杯"全国青少年科技创新大赛全国总决赛全国十佳"优秀科技教师奖"。

杨晓春获第十二届全国中小学生创新作文大赛初赛指导教师一等奖。

杨晓春获第十二届全国中小学生创新作文网络赛区（高中组）决赛指导教师二等奖。

杨晓春在第五届全国中小学生语文素养大赛中被评为"优秀指导老师"。

杨晓春、刘海燕在第十届"文心雕龙杯"全国中小学校园文学艺术大赛中获优秀指导教师一等奖。

刘海燕在第五届全国中小学生语文素养大赛复赛暨湖南省决赛中被评为"优秀指导老师"。

黄赞在 2017 年中国青少年英语能力大赛初赛中被评为"优秀指导教师"。

刘静在第九届全国中学生数理化学科能力·解题技能展示活动中被中国青少年发展服务中心、全国"青少年走进科学世界"科普活动指导委员会办公室、湖南省教育学会评为"优秀指导老师"。

谢武龙在第十三届中国中小学校园影视奖评选活动中被评为"先进工作者"。

2018 年

蔡任湘获国务院批准入选为享受国务院政府特殊津贴人员。

肖鹏飞被教育部、中组部评为国家"万人计划"教学名师。

彭荣宏、罗培基被中国教师发展基金会、中国教育后勤协会中小学后勤分会评为"全国中小学后勤工作优秀校长"。

蒋立耘被中国教师发展基金会、国家基础教育实验中心外语教育研究中心授予第十届"全国中小学外语教师园丁奖"。

谢永红在第十二届"地球小博士"全国地理科技大赛中被中国地理学会评为"全国科教先进校长"。

吴敏、陈克剑、杨婷在第十二届"地球小博士"全国地理科普知识大赛中被中国地理学会评为"全国优秀科技辅导员"。

陈克剑在"新蚁族杯"第九届全国地理奥林匹克竞赛中被中国地理学会授予"优秀指导老师奖"。

黄立夫在 2018 年全国中学生田径锦标赛中被评为"优秀教练员"。

2019 年

蔡任湘被人力资源和社会保障部、教育部授予"全国模范教师"称号。

杨帆、肖雨琳、宋泽艳被中国地理学会评为"全国优秀科技辅导员"。

2021 年

谢永红被国家体育总局评为 2017—2020 年度"全国群众体育先进个人"。

2023 年

谢永红获国务院批准入选享受国务院政府特殊津贴人员。

吴彩霞被中华全国总工会授予"全国五一巾帼标兵"称号。

2024 年

黄月初获国务院批准入选享受国务院政府特殊津贴人员。

谢永红获中华全国总工会颁发"全国五一劳动奖章"。

汤礼达被人力资源社会保障部、教育部授予"全国模范教师"称号。

罗鹏飞获评全国"中学生英才计划"十周年优秀中学教师荣誉。

（2）获省级奖励的人员

2015 年

张宇、何宗罗、刘丽珍被湖南省人民政府批准授予"特级教师"称号。

谭泽仁、刘建军在 2015 年高考评卷工作中被湖南省教育考试院评为"先进工作者"。

刘丽珍被湖南省教育科学研究院基础教育研究所评为"优秀教研组长"。

罗鹏飞被湖南省教育科学研究院基础教育研究所、湖南省普通高中通用技术教学研究委员会评为"优秀兼职教研员"。

黄月初被湖南省中小学教师发展中心评为"国培计划（2014）"——湖南省第三批省级教师培训基地校（园）负责人高级研修班"优秀学员"。

汤彬被评为"国培计划（2014）"——紧缺薄弱学科骨干教师培训项目高中体育与健康短期集中培训班"优秀学员"。

郑喜、李鹏程、熊康、李蓝被湖南省教育厅评为 2014 年中学生独唱、独奏、独舞比赛"优秀指导教师"。

2016 年

李淑平被湖南省教育工会评为"芙蓉百岗明星"。

黄月初在"省培计划（2014）"——湖南省高端研修项目北京师范大学高中校长高端研修班中被评为"优秀学员"。

常力源、周望城主编的《湖南师大附中百年校志》、陈胸怀所著《风雨苍茫——广益中学抗战外迁记》荣获湖南省首届优秀教育史志类书籍一等奖，并被列入省级优秀图书永久收藏书目。

谢永红主编的《足迹——湖南师大附中百年校志（2005—2015）》荣获湖南省首届优秀教育史志类书籍二等奖，并被列入省级优秀图书永久收藏书目。

李鹏程、郑喜被中国歌剧舞剧院湖南办公室评为湖南省音乐水平考级"优秀教师"。

朱修龙在 2016 年高考评卷工作中被湖南省教育考试院评为"先进工作者"。

尹庆元被湖南省武术协会评为湖南省 2015 年度优秀段位考评员。

2017 年

谌湘蓉在第 13 届"内地与香港教师交流及协作计划"中被教育部港澳台事务办公室评为"优秀指导教师"，并获得由香港特别行政区政府教育局颁发内地与香港教师交流及协作计划感谢状。

吴晓红在 2017 年青少年高校科学营湖南分营活动中被湖南省科学技术协会、湖南省教育厅评为"优秀带队老师"。

李鹏程被湖南省教育厅评为 2016 年湖南省中学生独唱、独奏、独舞比赛"优秀指导教师"。

周泽宇在 2017 年高考评卷工作中被湖南省教育考试院评为"先进工作者"。

杨帆的著作《追寻去功利化的教育模式》荣获 2016 年湖南省"双百工程"优秀著作类二等奖。

尹庆元被湖南省武术协会评为湖南省 2016 年度武术工作"先进个人"。

李鹏程获湖南音乐"金芙蓉奖"并被评为湖南省首届"洞庭杯""优秀指导教师"。

李鹏程被中国民族管弦乐学会、社会艺术水平考级委员会评为"优秀指导教师"。

李鹏程、郑喜被中国歌剧舞剧院湖南办公室评为湖南省音乐水平考级"优秀指导教师"。

2018 年

樊希国被湖南省人民政府批准授予"特级教师"称号。

樊希国被湖南省中小学教师国家级培训计划项目实施工作办公室评为 2017 年度"优秀培训者"。

苏建祥被湖南省中小学教师国家级培训计划项目实施工作办公室评为 2017 年度培训实施工作"优秀坊主"。

左小青被湖南省中小学教师国家级培训计划项目实施工作办公室评为 2017 年度实施工作"先进工作者"。

朱修龙被湖南省中小学教师国家级培训计划项目实施工作办公室评为 2017 年度"国培计划""优秀学员"。

蒋立耘在"国培计划"（2017）"送培到县"示范性培训项目实施工作中被评为"优秀学科专家"。

王翔被湖南省财政厅评为 2017 年度省直非税收入执收工作"先进个人"。

苏建祥撰写的著作获 2017 年湖南省"双百工程"优秀著作类一等奖。

苏建祥、厉行威撰写的论文获 2017 年湖南省"双百工程"一等奖，朱修龙、吴音莹撰写的论文获二等奖，樊希国撰写的论文获三等奖。

刘海涛在 2018 年高考评卷工作中被湖南省教育考试院评为"先进工作者"。

黄雅芩被湖南省教师教育学会授予湖南省首届"湖湘优秀班主任"称号。

2019 年

杨帆经湖南省教育厅选拔，入选为湖南省"芙蓉教学名师"。

李昌平获湖南省委人才工作领导小组、省人民政府批准，入选为第四届享受湖南省政府特殊津贴人员。

肖莉被湖南省教育厅、湖南省总工会评为"湖南省教育能手"。

彭荣宏被中央湖南省援疆前方指挥部委员会评为"援疆工作先进个人"，被中共湖南省援疆前方指挥部委员会评为"优秀共产党员"，被中共吐鲁番市委员会评为"优秀共产党员"，被湖南省委组织部评为"担当作为优秀干部"。

黄月初、樊希国、刘国彬、杨群英被湖南省中小学教师国家级培训计划项目实施工作办公室评定为"优秀培训者"，李志艳被评定为"优秀班主任"。

2020 年

陈迪勋获湖南省人力资源和社会保障厅、湖南省扶贫开发办公室"湖南省脱贫攻坚专项奖励"记功。

2021 年

谢永红获湖南省总工会颁发"湖南省五一劳动奖章"。

彭荣宏被湖南省总工会、湖南省委宣传部、湖南省改革和发展委员会、湖南省重点项目事务中心评为"湖南省百万职工重点建设项目劳动竞赛优秀个人"。

李昌平被湖南省人民政府批准授予"特级教师"称号。

李钊被共青团湖南省委授予"湖南省青年岗位能手"称号。

叶越冬被中共湖南省委教育工委评为"湖南省教育系统优秀党务工作者"。

2022 年

谢永红被湖南省人力资源和社会保障厅、湖南省教育厅授予"湖南省徐特立教育奖"。

陈迪勋被湖南省总工会评为湖南省"职工最可信赖娘家人"（优秀工会工作者）。

2023 年

吴彩霞被湖南省总工会评为"湖南省芙蓉百岗明星"。

邓卓扬、尹明、肖添宇获湖南省总工会颁发"湖南省五一劳动奖章"。

邓卓扬、尹明、肖添宇、刘波被湖南省教育厅、湖南省总工会评为"湖南省教学能手"。

2024 年

苏建祥获湖南省委人才工作领导小组、省人民政府批准入选为第六届享受湖南省政府特殊津贴人员。

黄雅芩被湖南省人民政府批准授予"特级教师"称号。

李湘黔经湖南省教育厅选拔入选为"湖南省芙蓉教学名师"。

（3）获市级、区级奖励的人员

2015 年

吴卿被共青团长沙市教育局委员会评为"2015 年度长沙市教育系统优秀青年岗位

能手"。

谢永红、黄月初、郭在时、黄雅芩、刘淑英被长沙市教育科学研究院、长沙市中小学德育专业委员会评为 2014 年度长沙市中小学德育研究"先进工作者"。

蒋平波、杨征宇和吴卿被长沙市教育科学研究院、长沙市教育学会中学政治专业委员会评为 2013—2014 年度"优秀教研工作者"。

向超被长沙市教育科学研究院、长沙市中学地理教学专业委员会评为首届"十佳青年地理教师"。

郑喜、李鹏程、熊康、李蓝、杨萍被长沙市教育局评为 2014 年中小学生独唱、独奏、独舞比赛"优秀指导教师"。

谌跃飞被长沙市科学技术协会、长沙市教育局、长沙市科学技术局评为第八届长沙市青少年机器人竞赛"优秀指导老师"。

黄雅芩被长沙市德育（班主任）特色工作室评为"优秀导师"。

刘海涛被长沙市德育（班主任）特色工作室评为"优秀学员"。

2016 年

苏建祥被长沙市教育局、长沙市教育基金会、国家开发银行湖南省分行授予"国开促进教育公平奖"。

吴彩霞被长沙市教育局、长沙市教育基金会、九芝堂股份有限公司授予"九芝优秀班主任奖"。

吴卿被共青团长沙市教育局委员会评为"2015 年度长沙市教育系统优秀青年岗位能手"。

陈迪勋、黄雅芩、欧阳荐枫被长沙市中小学德育专业委员会评为 2015 年度长沙市中小学德育研究"先进工作者"。

熊健、陈艳被长沙市教育科学研究院、长沙市中小学图书情报专业委员会评为 2015 年长沙市中小学图书情报专业委员会"优秀图书管理员"。

周曼被长沙市教育科学研究院、长沙市中学物理教学专业委员会评为 2013—2015 年度"优秀教研工作者"。

彭知文被长沙市教育科学研究院、长沙市中学物理教学专业委员会评为 2013—2015 年度"优秀教研组长"。

李新霞被长沙市教育科学研究院、长沙市中学语文教学专业委员会评为 2014—2015 年度"优秀教研组长"。

刘丽珍被长沙市教育科学研究院、长沙市中学历史教学专业委员会评为 2014—2015 年度"优秀教研组长"。

向超被长沙市教育科学研究院、长沙市中学地理教学专业委员会评为 2014—2015 年度"优秀教研组长""优秀教研工作者"。

欧阳荐枫被长沙市教育科学研究院、长沙市中学语文教学专业委员会评为 2014—

2015 年度"优秀语文教师"。

李珊被长沙市教育科学研究院、长沙市中学历史教学专业委员会评为 2014—2015 年度"优秀教研工作者"。

杨桦在 2016 年长沙市中小学校园文化艺术节美术比赛活动中被长沙市教育局评为"优秀指导老师"。

2017 年

谢永红被长沙市人民政府评为"长沙市优秀校长"。

徐冬阳被长沙市人民政府评为"长沙市优秀教师"。

谢永红被评为"长沙市优秀体育管理人员"。

张宇被长沙市教育局授予"华天优秀教师奖"。

陈淼君被长沙市教育局授予"九芝优秀班主任奖"。

肖鹏飞、张宇被长沙市教育局分别选树为第三届长沙市中学化学名师工作室、中学数学名师工作室的首席名师。

唐海燕、黄治清被长沙市教育科学研究院、长沙市中学政治教学专业委员会评为 2016 年度长沙市中学政治专业"优秀教研工作者"。

何宗罗被长沙市教育局教师工作处评为"2014—2016 年度长沙市物理名师工作室优秀名师"。

李鹏程被长沙市教育局评为 2016 年长沙市中小学独唱、独奏、独舞比赛"优秀指导老师"。

吴忧在 2016 年长沙市"可口可乐"杯中小学生足球比赛暨校园足球四级联赛中被长沙市教育局、长沙市体育局评为高中男子组"优秀教练员"。

杨茜在长沙市教育局举办的"我爱我家"中小学创新作文大赛中获"指导老师奖"。

苏晓玲在长沙市教育局举办的"我爱我家"中小学创新作文大赛中获教师组"优秀奖"。

黄雅芩在长沙市德育名师工作室研讨活动中被长沙市教育局教师工作处评为"优秀指导老师"。

2018 年

彭荣宏被中共吐鲁番市委员会评为"民族团结进步创建活动模范个人"。

谢永红被中共长沙市教育局委员会评为长沙市"首席名校长"。

张宇、肖鹏飞、何宗罗被长沙市教育局评为长沙市第一批中小学卓越教师之"学科带头人"。

厉行威、朱修龙、刘丽珍、向超、彭知文、李立文、杨群英被长沙市教育局评为长沙市第一批中小学卓越教师之"优秀骨干教师"。

吴卿、李珊、杨婷被长沙市教育局评为长沙市第一批中小学卓越教师之"教学能手"。

周泽宇获长沙市教育局颁发"华天优秀教师奖"。

张迪平获长沙市教育局颁发"国开教育公平奖"。

陈迪勋被长沙市体育局、长沙市教育局、长沙市体育发展基金会评为"优秀体育管理人员"。

罗鹏飞、焦畅、陈国荣、王超被长沙市科学技术委员会、长沙市教育局、长沙市科学技术局评为 2018 年长沙市青少年科技创新大赛"优秀辅导教师"。

谌跃飞被长沙市科学技术委员会、长沙市教育局、长沙市科学技术局评为 2018 年长沙市青少年机器人竞赛"优秀辅导教师"。

黄俊被共青团长沙市教育局委员会评为"2018 年度长沙市教育系统青年岗位能手"。

鲁芬芬被长沙市教育科学研究院评为 2017 年度长沙市中学"优秀图书管理员"。

向超、杨婷、吴敏被长沙市教育科学研究院、长沙市教育学会中学地理教学专业委员会评为 2017 年度长沙市中学地理"优秀教研工作者"。

张宇被长沙市教育科学研究院、长沙市教育学会中学数学教学专业委员会评为"优秀教研组长"。

朱修龙、贺祝华、张湘君被长沙市教育科学研究院、长沙市教育学会中学数学教学专业委员会评为"优秀教研工作者"。

李尚斌被长沙市教育局教师工作处评为长沙市邓毅萍中学生物名师工作室"优秀名师团队成员"。

彭青春被长沙市教育局教师工作处评为长沙市邓毅萍中学生物名师工作室"优秀学员"。

王建被长沙市教育局教师工作处、长沙市李剑玲德育（班主任）名师工作室评为"优秀学员"。

曾志敏、李志艳、袁春龙、杨爱霞在长沙市首届中小学校园心理剧评选活动中荣获"优秀指导教师奖"。

杨帆、吴敏、雷光华、王超被吐鲁番市科学技术委员会、吐鲁番市教育局、吐鲁番市科学技术局、吐鲁番市环保局评为 2018 年吐鲁番市"对口援疆优秀科技教师"。

兰海波被耒阳市教育局评为"教育教学先进个人"。

张天平、兰海波被耒阳市教育局评为"优秀班主任"。

2019 年

谢永红被评选为长沙市校长工作室"首席名校长"。

蔡任湘获长沙市教育局颁发"华天优秀教师奖"。

蔡忠华获长沙市教育局颁发"洋光学科竞赛优秀指导教师奖"。

谢永红、郭在时获长沙市教育局颁发"友谊教育科研奖"二级二等奖，汪训贤、杨群英获颁"友谊教育科研奖"二级三等奖。

赵优良被长沙市教育局评选为长沙市中学数学名师工作室"首席名师"。

蒋立耘被长沙市教育局选树为第二批中小学卓越教师"学科带头人"，蔡忠华、唐海燕获选为"优秀骨干教师"，吴音莹、陈克剑获选为"教学能手"。

李钊被长沙市青年职工工作委员会、共青团长沙市委评为2018年度"长沙市青年岗位能手"。

邓慧被共青团长沙市教育局委员会授予"2019年度长沙市教育系统青年岗位能手"称号。

黄治清、蒋平波获长沙市"优秀教研工作者"称号。

2020年

李勇被评为"长沙市优秀教师"。

陈迪勋被中共长沙市委办公厅、长沙市人民政府办公厅评为2019年度建设更高水准全国文明城市工作"优秀个人"。

杨群英获长沙市教育局颁发"星城优秀教师奖"。

朱昌明获长沙市教育局颁发"英才导师奖"。

黄雅芩获长沙市教育局颁发"友谊教育科研奖"二级二等奖。

2021年

黄月初被中共长沙市委办公厅、长沙市人民政府办公厅评为2020年度建设更高水准全国文明城市工作"优秀个人"。

苏晓玲被中共长沙市委办公厅、长沙市人民政府办公厅评为2020年度建设更高水准全国文明城市工作"先进个人"。

谢美丽获长沙市教育局颁发"九芝班主任奖"。

苏林、袁江涛获长沙市教育局颁发"洋光学科竞赛优秀指导教师奖"。

彭荣宏获评平江县"优秀校长"。

彭荣宏获评平江县"优秀共产党员"。

马正扬获评耒阳市"优秀共产党员"。

2022年

谢永红等同志获长沙市教育局颁发第二十六届"友谊教育科研奖"。

张天平获长沙市教育局颁发"九芝班主任奖"。

廖强获长沙市教育局颁发"国开教育奖"。

黄俊、黄钢、袁江涛、杨一鸣获长沙市教育局颁发"英才导师奖"。

李智敏被中共长沙市委办公厅、长沙市人民政府办公厅评为2022年度建设更高水准全国文明城市工作"先进个人"。

吴卿被长沙市青年职工工作委员会、共青团长沙市委评为2021年度"长沙市青年岗位能手"。

杨群英被长沙市教育局评选为长沙市中学生物名师工作室"首席名师"。

2023 年

谢永红被中共长沙市委人才工作领导小组办公室和长沙市教育局选树为"长沙市优秀教育人才（教育专家）"。

赵优良、杨群英、黄雅芩被中共长沙市委人才工作领导小组办公室和长沙市教育局选树为"长沙市优秀教育人才（教育名师）"。

陈莎筠、李志艳被中共长沙市委人才工作领导小组办公室和长沙市教育局选树为"长沙市优秀教育人才（骨干教师）"。

黄俊被评为"长沙市优秀教师"。

陈益获长沙市教育局颁发"国开教育奖"。

刘婧获长沙市教育局颁发"九芝优秀班主任奖"。

王建获长沙市教育局颁发"一鸿教学奖"。

汤礼达、杨一鸣、苏林、彭涛、李毛川获长沙市教育局颁发"英才导师奖"。

黄月初等同志获长沙市教育局颁发"友谊教育科研奖"二级二等奖，苏建祥等同志获颁二级三等奖。

陈超被长沙市青年职工工作委员会、共青团长沙市委评为2022年度"长沙市青年岗位能手"。

邓云被安化县教育局评为"优秀支教老师"。

2024 年

黄月初被中共长沙市委人才工作领导小组办公室和长沙市教育局选树为"长沙市优秀教育人才（教育专家）"。

刘国彬被中共长沙市委人才工作领导小组办公室和长沙市教育局选树为"长沙市优秀教育人才（教育名师）"。

肖莉初被中共长沙市委人才工作领导小组办公室和长沙市教育局选树为"长沙市优秀教育人才（骨干教师）"。

叶越冬、张志获长沙市教育局颁发"国开教育奖"。

李艳妮获长沙市教育局颁发"一鸿教学奖"。

彭知文、李隽之、沈睿哲获长沙市教育局颁发"英才导师奖"。

谢永红等同志获长沙市教育局颁发"长沙市星城教育科研奖"二等奖。

鲁荣被长沙市精神文明建设指导委员会评为"2023年度长沙市未成年人思想道德建设先进工作者"。

李志艳被长沙市教育局评选为长沙市中小学心理健康名师工作室"首席名师"。

李钊被长沙市教育局、长沙市文明办评为"2023年度长沙市教育系统精神文明创建工作优秀个人"。

（4）获湖南师范大学奖励的人员

2015 年

蔡忠华、陈淼君、罗培基、彭琳被湖南师范大学评为 2013—2015 年度"教书育人、管理育人、服务育人"优秀个人。

2016 年

李文昭被湖南师范大学安全委员会评为 2015 年度安全维稳工作"先进个人"。

2017 年

曾克平、李勇、莫晖、焦畅被评为湖南师范大学 2015—2017 年度"教书育人、管理育人、服务育人"优秀个人。

2019 年

黄俊、杨群英、熊康、李钊被湖南师范大学党委评为"优秀共产党员"，陈兵被评为"党务工作示范岗"。

陈迪勋、朱昌明、张光新、刘桂芳被评为湖南师范大学 2018—2019 年度"教书育人、管理育人、服务育人"优秀个人。

2021 年

李春莲、祝琳丽、黄俊、宁静被评为湖南师范大学 2019—2021 年度"教书育人、管理育人、服务育人"优秀个人。

陈淼君、吴忧、宁静、瞿献锋、蔡卫红被评为 2019—2021 年度"优秀共产党员"，优炎安被评为"优秀党务工作者"。

2023 年

陈莎筠、周升令、蔡姣、张光新、谭伟、姜平贵被评为 2021—2023 年度"优秀共产党员"，汤彬被评为"优秀党务工作者"。

14. 2015 年以来获学校奖励的人员

（1）蔡田碹珠优秀教师

2015 年

王朝霞　蔡忠华　刘淑英　刘　芳　向　超　彭知文　蒋平波　曾克平

2016 年

贺仁亮　李海汾　吴彩霞　杨群英　李　艳　汤　彬　张汝波　刘丽珍

2017 年

张光新　朱昌明　李　勇　李立文　甘智英　洪利民　刘海燕　熊　康　唐海燕

刘进球

2018 年

兰海波　蔡忠华　袁建光　杨　帆　朱修龙　张　添　苏　林　黄立夫　冯建国
吴音莹

2019 年

朱昌明　肖　莉　邓　云　李江平　刘旭华　王　建　黄　俊　黄雅芩　向　超
周星秀

2020 年

谢兰萍　曾克平　刘雄昆　李　兰　汤礼达　李　勇　陈小虎　张天平　赵优良
李志艳

2021 年

马正扬　易任远　彭　草　李　度　陈鹤龄　陈森君　张汝波　甘智英　卿卫群
向　阳

2022 年

吴彩霞　黄　俊　朱修龙　刘　熠　吴晓红　杨　夏　曹艳荣　张光新　殷艳辉
陈　超

2023 年

刘　婧　汤礼达　吴　菲　彭　萍　王　丹　王春梅　刘雄昆　王　建　谌跃飞
马顺存

2024 年

杨　茜　郭勇辉　吴　燕　徐海玲　彭建锋　李香斌　李艳妮　陈小虎　张　添
沈睿哲

（2）禹之谟优秀教育工作者

2015 年

陈胸怀　金　莉

2016 年

蔡任湘　李师力

2017 年

莫　晖　焦　畅

2018 年

廖　强　赵锦云

2019 年

王朝霞　彭　琳

2020 年

刘进球　任　琼

2021 年

周　琼　焦　畅

2022 年

陈迪勋　李师力

2023 年

李文昭　宁　静

2024 年

谭　伟　管若婧

（3）师德标兵

2022 年

谢兰萍　杨　茜　刘　芳　王　丹　吴彩霞　姜平贵　陈莎筠　汤　彬　黄宇鸿
欧阳红英

2023 年

李　艳　周育苗　曹艳荣　成子通　肖　莉　刘惠平　王小姣　张　轻　黄月初
罗爱斌

2024 年

李　兰　谌湘蓉　吴　燕　高慧雯　陈小龙　陈小虎　李朝文　李鹏程　陈淼君
叶越冬

（4）功勋班主任

2024 年

曾克平　吴彩霞　李　度　张天平

（5）优秀教师

2015 年

彭知文	蔡忠华	刘淑英	刘惠平	蒋平波	曾克平	雍 琼	陈淼君	刘冉旭
周泽宇	张汝波	欧阳荞枫	朱昌明	徐凡训	祝琳丽	刘 芳	蒋碧蓉	李江平
冯建国	曾文峰	苏 林	黄立夫	郑 喜	李 勇	王朝霞	贺仁亮	向 超
吴音莹								

2016 年

吴彩霞	张 婷	黄 赞	刘 熠	张 添	谢兰萍	肖 婕	张汝波	陈国荣
王 建	刘丽珍	陈克剑	李 度	李晓聪	汤 彬	杨爱霞	许 力	贺仁亮
李新霞	李 艳	李海汾	杨群英	袁建光	马正扬	王 丹	赵优良	尹一兵
温 宇								

（注：该奖项于 2017 年取消）

（6）教学优秀奖

2015 年

梁良樑	杨 帆	蔡忠华	刘惠平	曹艳荣	卿卫群	刘冉旭	曹奉洁	周泽宇
刘国彬	谌湘蓉	李 勇	李 珊	李尚斌	冯建国	汪训贤	李晓聪	朱昌明
杨群英	苏 林	朱修龙	徐凡训	王朝霞	黄祖军	贺祝华	洪利民	曾克平
吴锦坤	刘东红	李昌平	陈淼君	张汝波	刘建军	蒋碧蓉	刘 静	彭知文
周 曼	祝琳丽	李江平	蔡 茜	刘淑英	陈 宇	谭 硕	李 艳	蒋立耘
雍 琼	杨美英	周 彦	杨 茜	曾文峰	杨晓春	刘海燕	刘 芳	张静桃
吴音莹	李新霞	李香斌	欧阳荞枫	李显亮	蒋平波	温 宇	陈 兵	徐华华
李鹏程	许 力	谌跃飞						

2016 年

黄国强	周育苗	向 超	朱海棠	刘 婧	陈佳健	李 珊	李海汾	王 丹
李香斌	张汝波	周 娈	刘惠平	刘 静	吴彩霞	彭 萍	陈淼君	肖鹏飞
李 兰	李新霞	李昕玲	黄 钢	李 莉	陈国荣	马正扬	黄 赞	肖 婕
刘丽珍	刘旭华	温 宇	张 添	李江平	曾志敏	刘 熠	李 度	蒋向华
朱 蔚	吴晓红	李 艳	谌跃飞	刘海涛	尹一兵	汪训贤	邓云浩	邓轶轩
厉行威	谢兰萍	曾克平	陈 宇	尹庆元	秦 飞	谷辰晔	贺仁亮	甘舒展
杨爱霞	朱丰年	杨玉茜	贺祝华	欧阳红英	王 建	王海波	吴锦坤	张 婷
曹奉洁	陈克剑	苏 萍	陈鹤龄	李晓聪				

2017 年

吴音莹　李显亮　邓　云　贺忠良　贺祝华　甘智英　杨秋玲　蒋立耘　朱　蔚
周　曼　刘建军　李立文　朱昌明　李尚斌　唐海燕　刘国彬　李　勇　彭建锋
吴　忧　熊　康

2018 年

吴音莹　张汝波　张　添　宋铁柱　曹艳荣　冯建国　钱　华　陈小虎　王　建
杨征宇　陈克剑　彭君辉　汤礼达　周　曼　杨群英　曾克平　刘海燕　刘丽珍
王蔚蓝　黄立夫

2019 年

李香斌　刘　芳　肖　莉　周艳军　刘东红　邓　云　彭晓红　李江平　欧阳红英
刘旭华　郭志君　李海汾　雍湘鹏　黄　俊　朱昌明　李　度　刘丽珍　向　超
谌跃飞　周星秀

2020 年

谢兰萍　田　芳　肖　莉　曾克平　彭　萍　陆　稳　张汝波　雍　琼　刘雄昆
刘　熠　李　兰　殷艳辉　姜平贵　曾志敏　周　娈　温　宇　李碧慧　袁春龙
汤礼达　彭　涛

2021 年

兰海波　杨　茜　刘海涛　陈鹤龄　陈淼君　张汝波　张天平　李昌平　甘智英
张　添　陈莎筠　刘旭华　李昕玲　彭知文　卿卫群　雷光华　明正球　贺　俊
杨群英　向　阳　游淑云　黄雅芩　肖雨琳　许　力　李志艳

2022 年

李显亮　李香斌　欧阳荐枫　刘海燕　高慧雯　朱修龙　谢美丽　刘海军　赵优良
杨章远　童　心　王春梅　邓　慧　何畅舒　刘　熠　刘玉琴　陈国荣　张比学
刘惠平　姜平贵　吴晓红　冯建国　黄　俊　陈　晓　杨玉茜　谌湘蓉　杨　夏
赵璐琳　周景绩　袁　茜

2023 年

刘　婧　刘　芳　陈鹤龄　彭君辉　王小姣　彭　萍　欧阳普　龚红玲　汤礼达
刘　奕　吴　菲　刘雄昆　袁　秀　胡玲玲　谭　莎　黄　赞　陈莎筠　刘　风
袁江涛　王璐珠　刘建军　雷光华　邓　鹏　郑洪开　王　建　赵彩凤　彭青春
唐海燕　熊　珊　李　珊　许　萍　杨　夏　陈　嫒　谌跃飞　杨爱霞

2024 年

闵　娟　李香斌　刘海燕　刘爱国　杨冬琴　吴雪飞　曹菲菲　刘伟才　朱修龙
邓　云　李艳妮　罗　毅　陈小虎　张　添　罗晓雯　李赛花　李昕玲　彭知文

王璐珠　邹　瑜　姜平贵　李　莉　刘惠平　雍湘鹏　陈小龙　谢武锦　黄　俊
李　度　张长鹰　朱　皓　李　珊　赵璐琳　彭建锋　李志艳　汤　兵

（7）优秀班主任

2015 年

彭知文　蔡忠华　刘淑英　刘惠平　蒋平波　马正扬　刘　婧　曾克平　姜平贵
陈克剑　雍　琼　陈森君　邓建安　刘冉旭　陈小虎　周泽宇　张汝波　蒋向华
黄　俊　欧阳荐枫　朱昌明　兰海波

2016 年

吴彩霞　张　婷　谭泽仁　黄　赞　陈小虎　洪利民　曾克平　彭君辉　曹艳荣
刘　熠　欧阳荐枫　谢朝春　张　添　张静桃　谢兰萍　肖　婕　张汝波　陈国荣
王　建　蔡忠华　成志强　黎　轩

2017 年

朱昌明　陈森君　朱　蔚　洪利民　刘淑英　莫　俐　刘海燕　李海汾　黄　俊
祝琳丽

2018 年

蔡忠华　肖雨琳　吴彩霞　刘海燕　朱修龙　温剑鹏　雷光华　朱昌明　彭　娟
明正球

2019 年

李　艳　王　建　陈小虎　洪利民　刘海燕　曾志敏　黄雅芩　邓　云　彭　草
兰海波

2020 年

朱昌明　黄　瑶　祝　航　朱　蔚　李　兰　陈小虎　陈克剑　吴彩霞　张天平
洪利民

2021 年

谢朝春　邓　云　彭　草　黄立夫　李　度　刘　熠　黄　俊　陆　稳　谢美丽
邓　芳　刘　婧　祝琳丽　彭　艳

2022 年

罗　毅　陈　琳　曹艳荣　潘高扬　杨　敏　谢武锦　刘雄昆　张光新　彭青春
熊　珊　张　添　殷艳辉　李　响　谢小超　徐海玲

2023 年

屈正红　张长鹰　彭　艳　李显亮　张天平　杨　敏　王心怡　雍湘鹏　陈小龙

| 陈克剑 | 肖添宇 | 王春梅 | 王 丹 | 张光新 | 王思为 | 闵 娟 | 谢武锦 | 尹 明 |

2024 年

| 杨 茜 | 王春梅 | 肖思宇 | 郭勇辉 | 曹艳荣 | 陈克剑 | 曾 心 | 李 玲 | 吴 燕 |
| 杨 敏 | 周雅珊 | 杨旭东 | 邓 云 | 刘 倩 | 游淑雲 | 潘高扬 | 徐海玲 | 屈正红 |
| 彭 艳 |

（8）科研优秀奖

2017 年

| 郭在时 | 刘进球 | 杨 帆 | 何宗罗 | 肖鹏飞 | 厉行威 | 赵优良 | 黄雅芩 | 黄月初 |
| 汪训贤 |

2018 年

| 左小青 | 黄雅芩 | 刘丽珍 | 杨 帆 | 吴音莹 | 蒋立耘 | 赵优良 | 谭泽仁 | 张 宇 |
| 汪训贤 |

2019 年

| 谢永红 | 吴音莹 | 刘国彬 | 谭 伟 | 谢兰萍 | 肖 莉 | 杨群英 | 黄雅芩 | 周泽宇 |
| 明正球 |

2020 年

| 黄月初 | 吴音莹 | 李小军 | 赵优良 | 黄雅芩 | 罗 章 | 易任远 | 李碧慧 | 熊 康 |
| 李志艳 |

2021 年

| 陈 超 | 李小军 | 赵优良 | 朱修龙 | 杨 帆 | 马顺存 | 易任远 | 陈佳健 | 熊 康 |
| 黄雅芩 |

2022 年

| 苏建祥 | 赵优良 | 肖鹏飞 | 陈 超 | 刘国彬 | 李小军 | 邓轶轩 | 彭建锋 | 李湘黔 |
| 尹一兵 |

2023 年

| 苏建祥 | 陈 超 | 赵优良 | 杨章远 | 周 彦 | 黄雅芩 | 向 超 | 马顺存 | 易任远 |
| 明正球 |

2024 年

| 陈 超 | 向 超 | 彭知文 | 赵优良 | 肖思宇 | 贺 俊 | 黄立夫 | 蒋艳云 | 彭建锋 |
| 刘 奕 |

（9）教学新秀奖

2022 年

周雅珊　李　栋　黄　钢　吴　浩　童　心　周　娈　周育苗　彭莎莎

2023 年

邓卓扬　刘　倩　尹　明　肖添宇　曾　心　唐雨晴　陈　晓　李云虎　张云礼
袁春龙

2024 年

游淑雲　阳　雪　徐　柳　刘　奕　李　浩　王慧莹　陈　瑶　沈睿哲　李隽之

（注：该奖项于 2022 年设立）

（10）优秀青年教师奖

2015 年

杨　夏　刘冉旭　谢　良　吴　卿　李隽之　邓　慧　陈　超　黄　俊　李　兰

2016 年

成子通　陈克剑　雍湘鹏　周　娈　张　婷　张　添　甘舒展　温　宇　孙　沅
袁春龙

（注：该奖项于 2017 年取消）

（11）心育奖

2023 年

吕发林　吴　菲　马正扬　杨旭东　温剑鹏　李　度　刘雄昆　唐建祥　刘惠平
明正球

2024 年

兰海波　王思为　明正球　高慧雯　张天平　罗晓雯　李云虎　张长鹰　陈丹敏
陈　琳

（注：该奖项于 2023 年设立）

（12）管理服务优秀奖

2015 年

罗培基　苏建祥　陈胸怀　张胜利　张宇红　黄雅芩　熊瑞兰　周晓芳　袁　庆
王　缨　谢玉容　邓放明　吴绪芳　邱莉华　旷昭红　陈学梅　万红梅　谢武龙

王祚飞　何晓梅　周松蕾　邓洁辉　彭　琳　金　莉　谭卫泽

2016 年

陈迪勋　张　凌　刘进球　蔡任湘　叶越冬　周　琼　苏晓玲　李志艳　马顺存
李师力　杨兴林　刘桂芳　李慈香　鲁芬芬　谭卫泽　张　红　张丽欣　张　彬
李永强　雷　晟　袁春龙　徐学君　彭　琳

2017 年

黄月初　莫　晖　姜小明　薛慧红　熊　威　王　超　焦　畅　金　莉　张润齐
邓　刚

2018 年

廖　强　伏炎安　左小青　李文昭　王立新　熊　健　熊　笛　周晓芳　赵锦云
谭卫泽

2019 年

李春莲　蔡任湘　王朝霞　刘新芝　蔡孟辉　谢玉容　管若婧　熊瑞兰　邓洁辉
彭　琳

2020 年

陈迪勋　刘进球　李　钊　舒　玻　任　琼　万红梅　高琪玲　宁　静　谢武龙
熊　晖

2021 年

苏建祥　周　琼　周大勇　郭在时　周鹏之　付小红　王　缨　李　娜　焦　畅
赵红艳

2022 年

陈迪勋　苏晓玲　吴　卿　廖　强　鲁　荣　旷昭红　熊　健　刘军林　李师力
周国强

2023 年

黄月初　黄　俊　李文昭　许小平　罗　丹　宁　静　童建庭　段潇潇　陈长罗
沈迪聪

2024 年

莫　晖　谭　伟　马正扬　陈　益　梁文婷　刘　覃　李蔓丽　管若婧　蔡　姣
王　辉

（13）优秀管理（服务）工作者

2015 年

罗培基　陈胸怀　金　莉　赵锦云　万红梅　吴绪芳　王　缨　谢武龙　谢玉容

张应智

2016 年

陈迪勋　蔡任湘　苏晓玲　刘桂芳　张　红　李慈香　袁春龙　马顺存　李师力
彭　琳

（14）师德先进个人

2023 年

李　艳　周育苗　周雅珊　贺祝华　吴　燕　张天平　张日东　李　栋　李尚斌
宋泽艳　曹艳荣　成子通　肖　强　温剑鹏　曾克平　殷艳辉　张汝波　尹一兵
陈小虎　陈小龙　文　馨　袁　秀　王璐珠　李云虎　李　珊　刘忠诚　王　丹
刘惠平　肖　莉　刘雄昆　刘　婧　祝　航　刘　玲　陈　晓　刘　奕　王小姣
汤　兵　张　轻　周星秀　罗鹏飞　杨爱霞　颜　莹　黄月初　罗　丹　李文昭
陈森君　熊　健　唐利辉　李　钊　赵红艳　黄　俊　张先早　向　超　李智敏
谭卫泽　蔡　姣　罗爱斌　叶越冬　陈胸怀　屈雪辉　舒　玻

2024 年

李　兰　谌湘蓉　游淑雲　李小军　刘　倩　刘　静　彭　萍　周　彦　姜平贵
吴　燕　刘　芳　李　慧　高慧雯　熊　珊　孙　瑶　王　丹　黄　赞　陈小龙
陈小虎　李　莉　王春梅　谢小超　王思为　李香斌　周　煌　邓　鹏　雍湘鹏
阳　雪　明正球　刘冉旭　张　添　李朝文　谭　丹　陈莎筠　刘　奕　张长鹰
李赛花　李鹏程　黄立夫　徐华华　徐　柳　李　浩　邢新林　谢永红　莫　晖
李娴雅　朱修龙　王　建　宁　静　马顺存　毛　伟　管若婧　陈森君　焦　畅
段潇潇　雷　晟　叶越冬　陈胸怀　陈雄略　李　勇　苏晓玲
（注：该奖项于 2023 年设立）

（15）特别贡献奖（原"校长特别奖"）

2017 年

柳运芳

2018 年

柳运芳

2019 年

Matthew Alexander Jones（美国外教）

2020 年

易任远　周鹏之　谢武锦

2021 年

黄　钢

2022 年

袁江涛　黄　俊　刘进球

2023 年

语文教研组　数学教研组　英语教研组

2024 年

黄　俊　田径教练组

（注：该奖项 2022 年由"校长特别奖"更名为"特别贡献奖"）

（16）年度考核优秀奖

2015 年

李新霞	厉行威	王朝霞	蒋向华	何宗罗	刘惠平	刘国彬	汪训贤	刘淑英
贺仁亮	吴晓红	唐海燕	彭君辉	李显亮	张天平	龚红玲	苏　林	祝琳丽
何畅舒	曹艳荣	蔡忠华	曾志敏	杨　婷	熊　康	尹庆元	欧阳荇枫	李　勇
陈　超	袁　秀	李　兰	彭　涛	谢　良	孙　沅	朱昌明	赵锦云	邓　刚
徐学君	张　彬	熊　健	万红梅	李志艳	杨俊武	王星明	周穗农	张立智
彭荣宏	苏建祥	陈克勤	陈胸怀	郭在时	张宇红			

2016 年

李新霞	曾克平	贺仁亮	蒋立耘	陈国荣	张比学	杨群英	谌湘蓉	梁良樑
佘杰明	李淑平	吴彩霞	李昌平	蒋向华	杨征宇	刘　婧	朱修龙	李　艳
刘　静	李海汾	曹艳荣	彭青春	李　勇	郑　喜	王　丹	谢兰萍	袁建光
温　宇	张　婷	甘舒展	杨　夏	姜平贵	成子通	张　添	黄雅芩	刘进球
陈克勤	廖　强	张　凌	邓　刚	熊　笛	刘桂芳	金　莉	欧阳伟	张汉平
高琪玲	易任远	文常青	李慈香					

（注：该奖项于 2017 年取消）

（17）对外援助贡献奖

2015 年

刘进球

2017 年

刘雄昆　张光新

2018 年

兰海波　张天平　李隽之

2019 年

李智敏　唐鑫龙　成子通

2020 年

彭荣宏

2021 年

马正扬　郭在时　严勇华

2022 年

欧阳红英　杨征宇　谢　良　晏荣贵　樊希国　罗培基

2023 年

彭顺钢　姜建平

（18）从事教育工作 30 年荣誉奖

2019 年

黄　瑶　徐　卫　贺仁亮　祝琳丽　谭　硕　龚新宇　文常青

2020 年

贺忠良　尹一兵　李尚斌　刘明春

2021 年

彭君辉　张静桃　莫　晖　郭在时　彭　萍　罗　勇　邓云浩　朱　蔚　韩秀莲
刘国彬　汤　彬　谭　伟　曾仲明

2022 年

苏　萍　李江平　蒋碧蓉　李文昭　熊枝义　彭　草

2023 年

梁　平　张汝波　陈国荣　刘惠平　吴晓红　唐海燕　李　度　雷冬旭　王朝霞
赵红艳

2024 年

许小平　吴彩霞　肖　婕　刘　静　陈　琳　陈　兵　谌跃飞　殷建波　田　芳
张天平　舒　玻

（注：该奖项于 2019 年设立）

15. 2015 年以来获国际中学生学科奥林匹克竞赛奖牌的学生名单

年份	学生姓名	学科	指导教师	所获奖牌
2016	王子豪	物理	蔡任湘	国际金牌
	丁一开	物理	蔡任湘	亚洲金牌
	黄轩宇	物理	蔡任湘	亚洲金牌
	宋政钦	数学	羊明亮	国际银牌
	戴昱民	化学	李海汾	国际金牌
2017	陈一乐	化学	李立文	国际银牌
	冯睿杰	地球科学	朱丰年 向 超	国际金牌
2018	秦俊龙	化学	蔡忠华	国际金牌
2019	陈俊豪	物理	蔡任湘	国际金牌
	彭凌峰	生物	朱昌明	国际金牌
2020	李世昌	物理	蔡任湘	国际金牌
2021	黄章毅	化学	蔡忠华	国际金牌
	杨 宜	地理	向 超	国际银牌
2022	姬 周	物理	袁江涛 杨一鸣	亚洲金牌
	张懋森	生物	黄 俊	入选中国代表队，因新冠疫情，中国代表队未参赛
	黄一可	生物	黄 俊	入选中国代表队，因新冠疫情，中国代表队未参赛
	李承翰	地球科学	向 超 祝 航	国际金牌
2023	梁行健	数学	汤礼达	国际金牌
2024	郭家怡	数学	刘伟才	欧洲金牌
	夏一戈	地理	向 超 张 琳	国际银牌

16. 2015 年以来出国、赴港澳台交流访问及进修人员

2015 年 2 月 2—10 日，陈迪勋副校长，尹一兵、曹奉洁、吴艳容老师率学生代表团共 17 人赴友好校加拿大文思博学校交流访问。

2015 年 4 月 1—6 日，谢永红校长率陈胸怀、熊进道、周晓芳等访问美国，并参加北美校友会成立大会。

2015 年 4 月 30 日—5 月 4 日，教务主任张胜利代表学校赴友好校台湾省台中市立

台中第一高级中等学校（简称"台中一中"）贺友校百年校庆。

2015 年 7 月，欧阳荐枫老师代表我校赴香港参加由中国教育学会举办、香港中文大学新亚书院承办的"第十五届中华传统文化研修班"。

2015 年 8 月 3 日—8 日，罗培基副校长率吴卿、向超、陈淼君老师及学生代表赴友好校台中一中开展访问交流活动。

2015 年 12 月 20—24 日，姜小明主任率秦飞、李蓝、周松蕾老师及学生代表一行17 人赴友好校韩国仁川晓星高等学校访问。

2016 年 4—5 月，胡玲玲、吴音莹老师赴友好校加拿大文思博学校开展为期两个月的研习活动。

2016 年 4 月 9—17 日，工会主席刘邵来，校办公室副主任刘进球，周泽宇、杨秋玲老师 4 人赴友好校加拿大文思博学校交流访问。

2016 年 7 月，李新霞老师代表我校赴香港参加由中国教育学会举办、香港中文大学新亚书院承办的"第十六届中华传统文化研修班"。

2016 年 8 月，校办公室主任莫晖及梁良樑、李勇、张汝波老师率学生赴友好校台中一中开展访问交流活动。

2016 年 9 月 30 日—10 月 6 日，樊希国副校长及刘旭华、陈兵、祝琳丽老师率学生一行 11 人赴友好校法国顾拜旦中学开展交流访问活动。

2016 年，谌湘蓉老师通过教育部港澳台办组织的"选拔 40 名内地中小学及幼儿园教师赴港担任 2016/2017 学年的教学指导教师"项目选拔，于 8 月赴香港开展教学指导工作，为期一年。

2017 年 7 月，李珊老师代表我校赴香港参加由中国教育学会举办、香港中文大学新亚书院承办的"第十七届中华传统文化研修班"。

2017 年 8 月 6—11 日，伏炎安、黄瑶、陈宇、刘熠率学生一行 23 人赴友好校台中一中开展了为期 6 天的访问交流活动。

2017 年 9 月，谢永红校长随湖南师范大学代表团赴美国、加拿大考察访问。

2017 年 11 月 10 日—2018 年 1 月 3 日，尹一兵、杨夏老师赴友好校加拿大文思博学校开展为期两个月的研习活动。

2018 年 2 月，罗培基副校长率刘新芝、戴绍南、谢朝春老师及学生代表一行 24 人赴友好校加拿大文思博学校开展为期 8 天的交流访问活动。

2018 年 4 月，陈迪勋副校长、汤彬老师率学生一行赴印度参加世界羽毛球比赛。

2018 年 5—6 月，蔡茜老师赴友好校法国顾拜旦中学开展两校间的首次教师研修交流活动。

2018 年 8 月 6—13 日，学校信息技术处主任周大勇以及周红、朱修龙、杨茜 3 位老师带领我校 2016 级 15 名同学到台中一中参访交流。

2018 年 9 月，樊希国副校长赴英法参与"中英中法合作伙伴学校交流团"。

2018 年 10 月，国庆期间，黄月初书记与李慈香、张静桃、张添 3 位老师赴法国顾拜旦中学进行交流访问。

2018 年 10 月，谢永红校长赴美国参与"中美校长论坛"。

2018 年 10—12 月，莫俐、陈佳健老师赴加拿大文思博学校进行教师研修。

2019 年 1 月，纪检书记李春莲率徐凡训、杨飞、杨洁 3 位老师与 10 名学生赴加拿大温哥华对文思博学校进行为期一周的友好交流访问。

2019 年 5 月，谢永红校长率陈胸怀、冯建国、袁秀 3 位老师和 13 名学生赴韩国晓星高等学校进行交流访问。

2019 年 8 月，黄志清、雷光华、刘海涛、周育苗 4 位老师率 10 名学生赴台中一中进行交流访问。

2019 年 11 月，校长谢永红、课程与教学处副主任熊进道赴法国顾拜旦中学参加该校 50 周年校庆活动。

2019 年 11—12 月，曾志斌、邓云浩老师赴加拿大文思博学校进行教师研修。

2019 年 11—12 月，黄坚、王心怡老师赴法国顾拜旦中学进行教师研修。

2019 年 12 月，校长谢永红随湖南师范大学校长等出访德国、意大利。

2020 年 1 月，吴锦坤、鲁芬芬、彭君辉、彭草 4 位老师赴加拿大文思博学校进行交流访问。

2023 年 8 月 14—21 日，苏建祥副校长赴多伦多大学士嘉堡校区参加"2023 绿色通道合作伙伴学校高阶行政管理班项目"培训。

2024 年 6 月 19—26 日，谢永红随湖南师范大学代表团出访西班牙、意大利。

2024 年 7 月 28 日—8 月 4 日，黄月初校长和英语老师王思为赴加拿大多伦多，参加多伦多大学士嘉堡校区绿色通道项目成立 20 周年庆典活动。

2024 年 9 月 29 日—10 月 7 日，苏建祥副校长率周琼、彭萍、吴菲 3 位老师及 19 名学生，访问友好校法国顾拜旦中学。

2024 年 9 月 30 日—10 月 7 日，谢永红书记率陈森君、曾克平、杨洁 3 位老师及 22 名学生访问友好校俄罗斯喀山市第 183 中学。

2024 年 10 月 13—20 日，化学教研组组长殷艳辉赴香港教育大学开展研学交流活动。

2024 年 12 月 1—3 日，谢永红书记、校办公室主任苏晓玲、工会副主席谭伟赴香港培侨书院进行访问。

17. 2015 年以来参加省级以上培训的教师名单

2015 年

教师姓名	项目名称	培训单位	参培层次
黄月初　李志艳	"国培计划（2015）"——乡村教师访名校项目	湖南师范大学	国家级
苏建祥	第 27 期全国初中骨干校长高级研修班	教育部中学校长培训中心	国家级
陆　稳　袁建光　李湘黔	"国培计划（2015）"——项目县培训团队置换脱产研修项目	湖南师范大学	国家级
刘　玲	"能力提升工程"种子教师培训（初中语文 C205A）	湖南师大附中博才实验中学	国家级
熊　珊	2015 年度课堂教学展示与观摩培训活动	中国教育学会	国家级
曾志斌	"国培计划（2015）"——湖南省培训置换脱产研修项目	华中师范大学	国家级
曾志斌	"国培计划（2015）"——湖南省省级乡村教师培训团队高端研修	华中师范大学	国家级
熊　珊	2015 年新疆、西藏与内地结对子中学团委书记培训	共青团中央学校部	国家级
欧阳荐枫	第十五届中国传统文化研修班	中国教育学会高中教育专业委员会	国家级
梁　平　刘爱国	第四届全国高中语文教师教学基本功展评暨教学观摩研讨	中国教育学会	国家级
吴　忧	教育部 2015 年全国青少年校园足球骨干教师专项培训	广州体育学院	国家级
谢武龙	全国校园影视节目评委培训班	中国教育电视协会中小学校园电视专业委员会	国家级
谢永红	"省培计划（2015）"——高中校长培训项目	湖南师范大学	省级

续表

教师姓名	项目名称	培训单位	参培层次
黄月初	"省培计划"——湖南省高端研修项目北京师范大学高中校长高端研修班	北京师范大学	省级
陈迪勋	湖南省高校第 95 期处干班培训	中共湖南省委教育工委党校	省级
谢兰萍	"国培计划"——中西部项目湖南师范大学"送培到县"活动	长沙县实验中学	省级
刘爱国	"湖南省中小学教育科学规划课题成果观摩推广"活动	湖南省教育科学研究院	省级
罗 章 谢兰萍	"省培计划（2015）"——高中教师"送培到市"项目	湖南师范大学	省级
谢兰萍	"送培到县"高中语文培训项目	湖南师范大学文学院	省级
张日东	2015 湖南省青少年机器人教练员培训	湖南省科学技术协会青少年科技中心	省级
周 煌	2015 湖南省中小学教师信息技术应用能力提升培训	湖南省教育厅	省级
周 煌	2015 年高中教师学科主题教学培训	湖南省教育厅	省级
刘海军	常德市高中数学教师培训	湖南文理学院	省级
祝琳丽	湖南省班主任工作专业委员会 2015 年年会暨第五届中小学班主任工作研讨会	湖南省中小学教师继续教育指导中心	省级
黄 坚	第四届全国初中信息技术优质课展评活动	湖南省教育科学研究院基础教育研究所	省级
彭妍慧 马 雪 陈 媛	高中学科教师网络研修与校本研修整合培训	湖南省中小学教师发展网	省级
姜建平 赵锦云 黄 坚 左小青	湖南省教育科学研究工作者协会 2015 年学术年会	湖南省教育科学研究工作者协会	省级
罗鹏飞	湖南省通用技术教学研讨	湖南省教育科学研究院基础教育研究所	省级
左小青	湖南省中小学心理健康教育工作展评	湖南省教育科学研究院基础教育研究所	省级

续表

教师姓名	项目名称	培训单位	参培层次
彭建锋　徐冬阳　朱丰年 杨　夏　祝　航　杨　婷 陈克剑　肖雨琳	湖南省中学地理教学竞赛暨湘江源学术研讨活动	蓝山县第二中学	省级
吴　瑶	基于数学实验室环境下的教学设计研讨会	湖南省教育科学研究院	省级
罗鹏飞	教学资源开放与运用活动中控制系统的设计与实施主题培训	湖南省教育科学研究院基础教育研究所	省级
吴　忧	2015年湖南省青少年校园足球裁判员专项培训	湖南体育职业学院	省级
曹艳荣　欧阳荐枫　万红梅 吴　瑶　张　婷　雍湘鹏 游淑雲　祝琳丽　陈小龙	湖南省班主任工作专业委员会2015年年会暨第五届中小学班主任工作研讨会	湖南省教育科学研究院	省级
曾仲明	湖南省中小学教师"优质空间课堂"建设与创新应用研修班	湖南省中小学教师发展中心	省级
陈小龙	省培高中学科教师网络研修与校本研修整合项目线下培训	湖南省教育厅	省级
罗　章	"省培计划（2015）"——高中物理骨干教师"送培到市"项目	湖南师范大学中学校长和教师培训部	省级
尹庆元	武术项目培训班	湖南省学生体育协会	省级
彭妍慧	湘潭市高中英语教师培训	湖南师范大学	省级
潘高扬　杨旭东	长沙市高中班主任培训	湖南省中小学教师发展中心	省级
蒋平波　杨玉茜	中国教育学会中小学德育研究分会2015年度课堂教学展示	中国教育学会中小学德育研究分会	省级
李湘黔	中华传统文化教育骨干教师培训	湖南省教师教育学会	省级
吴　忧	2015年第二次全国青少年校园足球骨干教师专项培训	湖南师范大学	省级
邓莉玲	市区（县）培——2015年湖南省中小学教师信息技术应用培训	湖南省中小学教师发展网	省级

续表

教师姓名	项目名称	培训单位	参培层次
曾志斌	国培计划（2015）——湖南省初中青年精英教师培训	华中师范大学	省级

2016 年

教师姓名	项目名称	培训单位	参培层次
谢永红	2016 年高中未来教育家培养高端研修项目	北京师范大学	国家级
黄月初　谢兰萍　曹艳荣 甘智英　贺祝华　黄雅芩 李显亮　杨　茜　蔡　茜 张　添	"国培计划（2016）"——"送培到县"示范性培训项目	湖南省教育管理干部培训办公室	国家级
黄月初　李志艳　罗鹏飞	"国培计划（2016）"——乡村教师访名校项目	湖南师范大学	国家级
陈迪勋	2016 年长沙市中小学校长高级研修班	教育部中学校长培训中心	国家级
苏建祥　黄宇鸿　李艳妮	"国培计划（2016）"——能力提升工程"种子教师"研修	湖南师大附中博才实验中学	国家级
陈莎筠	"国培计划"——示范性教师工作坊高端研修线下集中培训（C216）	湖南省中小学教师发展中心	国家级
李湘黔	2016—2017 学年赴港澳指导教师专业培训班	华南师范大学	国家级
邓轶轩　黄立夫	2016CSSF-NBA 校园篮球教练员培训班	中国中学生体育协会	国家级
黄雅芩	2016 年《班主任之友》第二届公益论坛暨曲阜笔会	班主任之友	国家级
吴　瑶	2016 年暑期教师专题培训班	北京师范大学	国家级
唐建祥　欧阳普	C101 高中班主任、高中数学、高中化学、小学科学、小学综合实践培训	中国教育电视台	国家级

续表

教师姓名	项目名称	培训单位	参培层次
许小平	第 30 期全国初中骨干校长高级研修班	教育部中学校长培训中心	国家级
郭在时　吴　卿　袁春龙	高中学生发展指导高峰论坛	北京师范大学	国家级
陈莎筠	国培计划——示范性教师工作坊高端研修项目	教育部	国家级
谢武龙	全国中小学校园互联网+应用研讨会	中国教育电视协会	国家级
张湘君	华东师范大学第二期全国数学竞赛教练员高级研修班	华东师范大学	国家级
陈莎筠	示范性教师工作坊高端研修线下集中培训（初中英语C216）	湖南省中小学教师发展中心	国家级
伏炎安	长沙市教育系统工会能力提升专题培训班	复旦大学	国家级
黄治清	长沙市方俊政治名师工作室2016年暑假高级研修班	陕西师范大学	国家级
邓轶轩	中国棒球协会初级教练员培训班	中国棒球协会	国家级
朱修龙　谢兰萍　蔡　茜　甘智英　贺祝华　黄雅芩　李显亮　刘海涛　向　超　肖鹏飞　杨　茜　周　彦　张　添	中小学送培到县示范性培训	湖南师范大学	国家级
刘　波	中小学送培到县示范性培训（B101）	衡阳师范学院	国家级
陈小龙	中小学送培到县示范性培训（B101）	湖南省中小学教师发展中心	国家级
宋泽艳	株洲市能力提升工程"种子教师"（高中文科C306）	株洲市第一中学	国家级
陈莎筠	"国培计划"（2016）——示范性教师工作坊高端研修（初中英语）	中国教师研修网	国家级

续表

教师姓名	项目名称	培训单位	参培层次
谢永红　樊希国　陈克剑　李　响	湖南师范大学附属学校课堂教学展示与交流培训	湖南师范大学	省级
黄月初	湖南省教育科学研究工作者协会换届暨2016年度学术年会	湖南省教育科学研究工作者协会	省级
樊希国　谢美丽　刘　芸	湖南省首届"湖湘教育论坛"培训	湖南省中小学教师发展中心	省级
郭在时	"省培计划（2016）"——高中校长培训项目	湖南师范大学	省级
陈雄略	2016年度学术年会及学术研讨活动	湖南省教育科学研究工作者协会	省级
马　雪	2016年湖南省"深化考试招生制度改革背景下的教与考"专题研修	湖南省中小学教师发展网	省级
谌跃飞	2016年湖南省青少年机器人教练员培训	湖南省科协青少年科技中心	省级
石胜兵	2016年湖南省信息学奥林匹克辅导老师培训	湖南省青少年信息学委员会	省级
陈小龙	2016年湖南省中小学教师中华传统文化教育网络研修	湖南省中小学教师发展网	省级
解立平　陆　稳	2016年岳麓区信息技术应用能力提升工程	湖南省中小学教师发展网	省级
肖鹏飞	2016年长沙市特级教师卓越人生高端研修班	上海复旦科技园进修学校	省级
熊　珊	湖南省2015—2016年度"一师一优课、一课一名师"活动	湖南省教育厅	省级
姜小明	高中校长高考综合改革高级研修	湖南省中小学教师发展中心	省级
李　度	高中时政教育校本研究与实践课题研究	湖南省教育科学规划领导小组	省级
张　志	高中德育副校长提高培训	湖南师范大学	省级

续表

教师姓名	项目名称	培训单位	参培层次
邓 阳	"国培计划"（2016）送培到县示范性培训项目	湖南省中小学教师发展中心	省级
王 丹	广西普通高中课程改革学科教材与课堂教学培训	南宁市教育科学研究所	省级
陈雄略 左小青 李志艳	湖南省 2016 年中小学心理健康优质课堂观摩评比	湖南省教育科学研究院	省级
李 玲	湖南省高中数学"核心概念"微课教学设计和评比培训	湖南省教育科学研究院基础教育研究所	省级
许 萍 严 志	湖南省历史教学研讨活动	湖南省教育科学研究院	省级
谌跃飞 雷冬旭 罗鹏飞	湖南省通用技术年会及教学研讨活动	湖南省教育科学研究院	省级
祝琳丽	互联网重塑教学形态主题培训	湖南师范大学	省级
刘 奕	湖南省中学数学教师解题竞赛暨解题教学研讨会	湖南省教育学会	省级
祝琳丽	麓山华文论坛	湖南师范大学	省级
曹艳荣 陈克剑 黄 俊 李 钊 丁中一 易任远 陈小虎 万红梅 江武华	湖南省班主任工作专业委员会 2016 年年会暨第六届全省中小学班主任工作研讨会	湖南教师教育学会	省级
吴锦坤	邵阳市 2016 年高考评析、阅读分析暨 2017 年高考总复习备考策略研讨会	邵阳市教育科学研究院	省级
李 娜	湖南省中学信息技术教学比赛暨信息技术创新应用研讨	湖南省教科院	省级
谢武锦	"十三五"教育科研课题主持人培训	湖南省教育学会	省级
祝琳丽	印尼华文教材研讨会（一）、（二）	湖南师范大学	省级
刘旭华	中学骨干教师人文素养高级研修班	湖南师范大学	省级

2017 年

教师姓名	项目名称	培训单位	参培层次
黄月初	"国培计划（2017）"——骨干教师能力提升高端研修项目	华南师范大学	国家级
苏建祥	省级教师工作坊研修（初中校长 C212）	全国中小学教师继续教育网	国家级
陈胸怀	湖南省未来教育家（初中）培训高端项目	湖南师范大学文学院	国家级
陈胸怀　鲁　荣	事业单位廉政建设、办公室绩效管理与核心能力提升培训	国家发展和改革委员会	国家级
陈莎筠	"国培计划"示范性教师工作坊高端研修项目初中英语培训	"国培计划"海外培训项目执行办公室	国家级
刘　奕	"国培计划"乡村高中骨干教师新高考改革专题研修项目	湖南师范大学附属中学（国培基地校）	国家级
李　娜	2017 年第五期全国青少年信息学指导教师培训	中国计算机学会	国家级
谌湘蓉	2016/2017 学年赴港澳指导教师专业培训班	华南师范大学港澳台事务办公室	国家级
徐华华	2017 年湖南省体育课程改革研讨会暨全国第十三届学生运动会科学论文报告会科研能力提升研修班	全国教育科学"十二五"规划教育部重点课题组	国家级
李湘黔　李　娜　黄　坚 邱莉华　吴　菲　谭　伟 刘海军　贺　俊	STEM 创客教育讲座	湖南省教育学会创客教育中心	国家级
陆　稳	第十届初中青年数学教师优秀课展示与培训活动	中国教育学会	国家级
彭知文	第三届全国高中审美课堂公开教学研讨活动	教育部中学校长培训中心	国家级
刘　芸	第四届全国新青年数学教师发展论坛培训	华东师范大学教师教育学院	国家级
刘　玲	"一师一优课、一课一名师"活动"优课"评审	中央电化教育馆	国家级
黄立夫	国际田联一级教练员培训	国家体育总局田径运动管理中心、中国田径协会	国家级

续表

教师姓名	项目名称	培训单位	参培层次
贺俊	骨干教师提高培训——公开课"校本研修"	湖南师范大学数学与计算机科学学院	国家级
朱修龙 彭知文	湖南省第二批高中学科精英教师培养高端研修（A110）	华东师范大学	国家级
左小青	湖南省高中校长高端研修项目（E101）	华东师范大学	国家级
李小军	湖南省中小学教师发展中心中小学校国学教育骨干教师培训	湖南省中小学教师国家级培训计划项目实施工作办公室	国家级
郑洪开	名校之旅——长沙市中小学文化特色观摩活动	中国教师教育视频网	国家级
张凌	民办学校名校长"两地四段式"高级研修（E107）	湖南省中小学教师发展中心	国家级
殷艳辉	教育部国培计划（2017）——专职培训团队研修项目（化学）	华南师范大学	国家级
莫晖 左小青	全国高校基层党支部书记网络培训示范班	国家教育行政学院	国家级
徐冬阳 胡轶波	全国高中走班教学智慧管理高级研修班	中国人生科学学会	国家级
谢武龙	全国校园影视节目评委培训班	中国教育电视协会、中小学校园电视专业委员会	国家级
谢武龙	全国智慧校园影视教育应用研讨会	中国教育电视协会、中小学校园电视专业委员会	国家级
吴瑶	上海交通大学-长沙县第一中学骨干教师新高考专题研修	上海交通大学	国家级
陈媛	湘西民族文化校园传承教育教师培训（C104）	湖南省中小学教师发展网	国家级
邓阳 彭莎莎	乡村学校教师网络研修与校本研修整合培训（C101）	湖南省中小学教师发展网	国家级
李湘黔	校本课程建设推进项目经验交流会	教育部基础教育课程教材发展中心	国家级
童心	中国大学先修课程试点项目第六次教师培训（通用学术英语）	中国大学先修课程试点项目管理委员会	国家级

续表

教师姓名	项目名称	培训单位	参培层次
李湘黔	中学骨干教师研修班培训	湖南师范大学数学与计算机科学学院	国家级
熊　康	中国舞蹈家协会文艺志愿阳光计划（湖南班）	中国舞蹈家协会	国家级
谢永红	"省培计划（2017）"——湖南省高中教学副校长新高考培训	湖南省教育管理干部培训办公室	省级
谢永红	"省培计划（2017）"——湖南省高中优秀校长省内外高端研修	湖南省教育管理干部培训办公室	省级
黄月初	湖南师范大学附属学校2017年暑期教师研修班	湖南师范大学	省级
黄月初	"省培计划（2017）"——湖南省第40期高中校长任职资格培训班	湖南省教育管理干部培训办公室	省级
黄月初	"省培计划（2017）"——湖南省高中优秀校长省内外高级研修班	湖南省教育管理干部培训办公室	省级
黄月初　刘进球　赵锦云	湖南省示范性普通高中网络督导评估新平台应用培训班	湖南省教育督导委员会办公室	省级
黄月初　莫　晖　左小青　鲁　荣　郭志君　陈雄略　成志强　程继炳　黄　赞　李昌平　刘东红　罗　勇　莫　俐　彭建锋　舒　玻　苏　萍　温剑鹏　肖　强　曾文峰　周　曼　谢玉容　刘　奕　肖　莉　张　添　刘海燕　肖雨琳　李　响　吴　优　周鹏之　管若婧	湖南省教育科学研究工作者协会2017年度学术年会	湖南省教育科学研究工作者协会	省级
樊希国	"省培计划（2017）"——湖南省高中教学副校长新高考改革专题研修班	湖南省教育管理干部培训办公室	省级
陈迪勋	"省培计划（2017）"——湖南省高中骨干校长跨年度递进式提高培训班	湖南省教育管理干部培训办公室	省级
苏建祥　张　凌	2017年教育部-中国移动中小学校长培训项目	湖南省教育管理干部培训办公室	省级

续表

教师姓名	项目名称	培训单位	参培层次
廖 强 蔡 毅 徐冬阳	湖湘教育家大讲坛——湖南省中小学教师高端研修项目学员发展论坛培训	湖南省中小学教师发展中心	省级
陈胸怀 程继炳 姜建平 罗爱斌 罗 勇 屈雪辉 谭 伟 肖 强 谢美丽 鲁 荣 黄志清 黄宇鸿 陆 稳 周 琼 张 凌	湖南省第二届"湖湘教育家大讲坛"	湖南省中小学教师发展中心	省级
邓子峻	"湖湘教育家大讲坛"湖南省中小学教师高端研修项目	湖南省中小学教师发展中心	省级
郑洪开 李小军	2017年高考大纲改析与精准复习策略研讨会	湖南省教育学会	省级
王 勇	2017年高考生物复习教学研讨会	湖南省教育科学研究院	省级
马顺存	2017年度全省教育技术装备信息化管理员培训	湖南省教育生产装备处	省级
李鹏程 熊 康 郑 喜	2017年湖南省中学音乐教学竞赛暨观摩研讨活动	湖南省教育科学研究院	省级
郑洪开	2017年普通高考化学教学竞赛暨教学改革研讨会	湖南省教育科学研究院	省级
杨群英 贺 俊 郭勇辉 向 阳 罗 娟 周 娈	2017年中南六省（区）中学生物教学研讨会	中南六省（区）中学生物教学研究专业委员会	省级
尹 明 李 娜 梁 平 刘 波	2017年中小学教师资格考试（面试）考官线上培训	湖南省中小学教师发展中心	省级
尹庆元	GSCA（广东体能协会）中国幼少儿体能教练培训	广东省体能协会	省级
陈莎筠	初中英语核心素养优秀课例展示及教学研讨活动	湖南省教育科学研究院	省级
杨征宇 陈 兵 黄治清 蒋平波 李 度 唐海燕 杨玉茜 游淑雲 吴 卿	高中思想政治课程标准解读高端研讨会	湖南省教育学会中小学学生核心素养研究专业委员会	省级
李志艳	国培计划（2017）湖南省溆浦县课改主持人研修项目	湖南省中小学教师发展中心	省级
张 凌	高中优秀校长高级研修培训	湖南省教育管理干部培训办公室	省级

续表

教师姓名	项目名称	培训单位	参培层次
张　凌	高中优秀校长省内外高级研修项目（S101）	湖南师范大学	省级
陈森君　陈莎筠　冯建国　邓云浩　黄雅芩　肖鹏飞　殷艳辉	"国培计划（2017）"——中小学送培到县示范性培训项目	湖南省中小学教师发展中心	省级
陈宇星	湖南省"五市十校"教学研讨活动	湖南省"五市十校"教研教改共同体	省级
王　建　陈国荣　王　丹　李　钊　袁春龙　吴　卿	湖南省2017年普通高中学生生涯规划教育研讨会	湖南省教育科学研究院	省级
陈　媛	湖南省2017中学地理竞赛及观摩活动	湘西州民族中学	省级
樊希国	湖南省高中未来教育家高级研究班	教育部中学校长培训中心	省级
黎映莲　邹　瑜　王璐珠　刘新民	湖南省青年物理教师教学大赛观摩研讨活动	湖南省教育科学研究院	省级
刘海军	湖南省首届创客教育高峰论坛活动	湖南省教育学会	省级
陈　益	湖南省中小学教师高端研修项目学员发展论坛培训	湖南省中小学教师发展中心	省级
谌跃飞	湖南省青少年机器人骨干教练员培训	湖南省科协青少年科技中心	省级
李昌平	湖南省数学学会初等数学研究会成立大会暨首届学术研讨会	湖南省数学学会	省级
戴屹峰　徐华华　周星秀	湖南省田径精英教练员培训	湖南省田径协会	省级
邓子峻	湖南省长沙市教育系统德育工作管理者专题培训	国家教育行政学院远程培训中心	省级
孙　沅	湖南省中小学教师微课制作培训暨微课应用研讨活动	湖南省电化教育馆	省级
袁春龙	湖南省社会心理学会教育心理专业委员会首届年会暨学术高峰论坛	湖南省社会心理学会教育心理专业委员会	省级
杨群英　贺　俊　周　娈	湖南省中学生物青年教师教学竞赛暨高考学考研讨活动	湖南省教育科学研究院	省级

续表

教师姓名	项目名称	培训单位	参培层次
郑洪开	麓山国际课堂教学改革科研成果开放展示教研活动	湖南省教育学会	省级
李小军	麓山国际 MIFE 高效课堂开放展示及教研活动	湖南省教育学会	省级
张　凌	民办学校校长研修培训	湖南省中小学教师发展中心	省级
邢新林	全省初中信息技术教学竞赛及观摩研讨活动	湖南省教育科学研究院	省级
黄雅芩	"省培计划（2017）"——湖南省高中德育副校长德育工作创新专题研修班	湖南省教育管理干部培训办公室	省级
杨晓春　丁中一	首届高精准高考备考研讨会	陕西师范大学基础教育研究院	省级
贺祝华	送培到县——平江县数学教学交流研讨会	湖南省教育科学研究院	省级
熊　康	戏剧知识培训	长沙市教育局	省级
徐冬阳	研学旅行优秀成果展示、观摩培训会	陕西师范大学基础教育研究院	省级
杨群英　朱昌明　贺俊　向　阳	杨型会名师工作室的教学研讨和网络研修	湖南省电化教育馆	省级
朱修龙	中小学送培到县示范性培训项目	湖南省中小学教师国家级培训计划项目实施工作办公室	省级
郭志君	中国大学先修课程试点项目第六次教师培训（物理力学）	中国教育学会	省级
李小军	中小学校国学教育骨干教师培训项目第一期（S202）	湖南省中小学教师发展中心	省级
黄志清	中小学管理干部学校领导力提升高级培训	华东师范大学职业技术培训中心	省级
陈小龙　刘芸　彭妍慧	中学教师网络研修与校本研修整合培训项目（S201）	湖南省中小学教师发展网	省级

2018 年

教师姓名	项目名称	培训单位	参培层次
左小青	"国培计划""省培计划"项目承办院校管理者研修班	湖南第一师范学院	国家级
张光新　洪利民	"加强师德师风建设 做新时代党和人民满意的好老师"主题培训	国家教育行政学院	国家级
屈正红	"义务教育阶段统编教材八、九年级道德与法治学科"研修	江苏师范大学	国家级
贺　俊	第二期全国中小学校党组织书记网络培训示范班	国家教育行政学院	国家级
李　钊	2018 年全国中学团干部培训班（第 2 期）	全国团干部教育培训基地	国家级
李志艳	湖南省第二批教师培训师培养对象高端研修（A113）	湖南省中小学教师发展中心	国家级
周　彦	湖南省第二批高中学科精英教师培养高端研修	华东师范大学	国家级
黄月初　陈迪勋　苏建祥 兰海波　罗　章　杨征宇 赵优良　徐凡训　郭志君 陈淼君　邓　云　甘智英 韩秀莲　何　妍　黄国强 黄　赞　刘国彬　刘海涛 刘进球　罗鹏飞　莫　俐 彭　草　彭　萍　彭青春 秦　飞　屈雪辉　苏　萍 谭　莎　汤　彬　吴锦坤 谢朝春　杨　飞　杨群英 杨晓春　袁建光　曾文峰 张汝波　王蔚蓝　宋泽艳 向　阳　陈子菊　肖　莉 彭如倩　谢　良　张　添 殷艳辉　黄宇鸿　杨爱霞 陈　超　柳　叶　李昕玲 温　宇　陈佳健　雍湘鹏 袁春龙　丁中一　李　响 刘伟才　高慧雯　李　栋	湖南省新高考教师培训团队高端研修（A120）	华东师范大学	国家级
莫　晖	"国培计划（2018）"——师德培训者研修项目	北京师范大学	国家级

续表

教师姓名	项目名称	培训单位	参培层次
彭青春	"国培计划（2018）"——专职培训团队项目（生物）	陕西师范大学	国家级
周煌	涟源市高中数学骨干教师工作坊（C402）	涟源市教研师资培训中心	国家级
左小青　周鹏之	名校与乡村校手拉手培训项目研修班	株洲市景弘中学	国家级
谢武锦	省级教师工作坊研修（高中生物 C207）	娄底市师资培训中心	国家级
朱修龙	省级教师工作坊研修（高中数学 C203）	中国教师研修网	国家级
刘玲	教育部 2018 年度"一师一优课、一课一名师"活动	中央电化教育馆	国家级
刘波	中小学送培到县示范性培训（B101）	湖南省中小学教师发展中心	国家级
姜小明	长沙市教育管理能力提升专题培训班	教育部中学校长培训中心	国家级
张凌	首批民办学校名校长递进式研修（E106）	湖南省中小学教师发展中心	国家级
周煌	中小学送培到县示范性培训（B101）	湖南省中小学教师发展中心	国家级
李艳妮	岳麓区中学数学教师岗位培训班	岳麓区教师发展中心	国家级
苏晓玲	2018 年度"教育部–中国移动"中小学校长培训	湖南省教育管理干部培训办公室	省级
周大勇	"省培计划（2018）"——"新高考走班制课程设置及教学评价"主题高级研修班	湖南省中小学教师发展中心	省级
张志　李湘黔　李钊　刘芳　刘海涛　田芳　吴彩霞　肖莉　丁中一　苏晓玲	2018 年湖南省高中语文教师专业素养竞赛暨整本书阅读教学研讨会	湖南省教育科学研究院	省级
李小军　李娜　黄赞　张汝波　彭莎莎　李湘黔　陈晓　张湘君　邢新林　李钊	2018 年湖南省中小学教师资格考试面试考官线上培训	湖南省中小学教师发展中心	省级

续表

教师姓名	项目名称	培训单位	参培层次
刘　凤	第七届班主任工作研讨会	湖南教师教育学会	省级
刘　玲	湖南省2018年度"一师一优课、一课一名师"活动	湖南省教育厅	省级
蔡　毅	2018年湖南省"送培到校"主题培训班	湖南省中小学教师发展中心	省级
陈克剑	2018年京湘基础教育论坛	湖南省教育科学研究院	省级
张日东　杨　敏　阳　雪	高中课程方案、学科课程标准（2017年版）网络研修（S210）	高等教育出版社	省级
李湘黔	高中物理骨干教师培训班	湖南师范大学	省级
刘雄昆　张　添　丁中一	"国培计划（2018）"——湖南省中小学"送培到县"示范性培训	湖南省教育管理干部培训办公室	省级
罗爱斌　黄志清　张　志	湖南省"种子校长"培训班"影子培训"	湖南省教育管理干部培训办公室	省级
李小军　黄　赞　彭　草肖正阳　张汝波　周　琼彭莎莎　陈莎筠　陈晓张湘君　邢新林　李　钊吴　卿	湖南省2018年中小学教师资格考试面试新增考官培训	湖南省中小学教师发展中心	省级
苏晓玲　廖　强　徐冬阳程继炳　张　志	湖南省教育科学研究工作协会2018年度学术年会	湖南省教育科学研究工作者协会	省级
黄　坚	湖南省高中信息技术教学比赛暨观摩活动	湖南省教育科学研究院	省级
陈克剑	湖南省2018年中学地理教学竞赛及观摩活动	湖南省教育科学研究院	省级
左小青	湖南省示范性普通高中学校网评平台建设管理人员培训	湖南省教育督导委员会办公室	省级
明正球	湖南省普通高中化学教学竞赛暨教学改革研讨会	湖南省教育科学研究院	省级
廖　强　蔡　毅　许小平	湖南师范大学基础教育论坛暨中小学教师培训研讨活动	湖南师范大学	省级
张　志	中山市中小学青年干部"3680"种苗工程研修班	湖南师范大学文学院	省级

续表

教师姓名	项目名称	培训单位	参培层次
李　钊	长沙市青年岗位能手职业素质湖大培训班	湖南大学	省级
朱子红	中小学百校联盟第四届高峰论坛	湖南省中小学教育发展中心	省级

2019 年

教师姓名	项目名称	培训单位	参培层次
黄月初	湖南省中小学卓越校长领航班（B135）	清华大学	国家级
王璐珠	高中物理与备考策略专题研究论坛	北京师范大学课程与教学研究中心	国家级
闵　娟	2019 年湖南省常德市"十三五"中小学、幼儿园教师继续教育全员远程培训	全国中小学教师继续教育网	国家级
廖　强　徐冬阳　叶越冬	湖南广益实验中学地理教研组"京师问道"北京师范大学高级研修班	北京师范大学中国教育创新研究院	国家级
李志艳	湖南省第二批教师培训师培养对象高端研修（A194）	湖南省中小学教师发展中心	国家级
谢朝春	湖南省语文卓越教师领航研修（A189）	湖南第一师范学院	国家级
杨晓春	湖南省师德养成教育培训者团队研修（E202）	湖南师范大学	国家级
周　煌	涟源市乡村教师工作坊研修（高中数学 A578）	涟源市教研师资培训中心	国家级
杨旭东	浏阳市师德养成教育示范项目县建设项目（E207-2）	浏阳市教师进修学校	国家级
彭妍慧	湘潭县新高考送培到县培训（A616）	湖南省中小学教师发展中心	国家级

续表

教师姓名	项目名称	培训单位	参培层次
谢永红　黄月初　李春莲 陈迪勋　苏建祥　廖　强 陈胸怀　朱修龙　陈　兵 陈淼君　陈雄略　陈　益 程继炳　樊希国　伏炎安 郭在时　贺仁亮　黄国强 姜小明　李海汾　李鹏程 李文昭　李志艳　李智敏 刘国彬　刘进球　罗爱斌 罗鹏飞　罗　勇　莫　晖 欧阳荐枫　彭知文　舒　玻 苏晓玲　谭　伟　汤　彬 唐海燕　王朝霞　向　超 肖鹏飞　谢朝春　熊进道 许　力　许小平　杨群英 叶越冬　尹一兵　袁建光 张　志　周大勇　张　凌 周　琼　向　阳　梁　平 黄宇鸿　李　勇　李　钊 周鹏之	厅直学校青年精英后备管理干部研修（B101）	清华大学	国家级
黄月初	2019 年湖南省中小学心理健康教育教师专业能力竞赛观摩与教育研讨活动	湖南省教育科学研究院	省级
吴　瑶	G10 教育联盟研讨会	湖南 G10 教育联盟	省级
刘　玲	湖南省 2019 "一师一优课、一课一名师"省级优课评审	湖南省教育厅	省级
许　萍	湖南省历史教学展示和研讨活动	湖南省教育科学研究院	省级
孙　骏　陈小龙　唐建祥 张日东　李湘黔　李　玲	高中教师新课程新高考网络研修（S206）	湖南省中小学教师发展中心	省级
吴　燕	海外名师工作坊之课堂领导力培训	湖南省教育国际交流协会	省级
刘　凤	高中物理教学展示暨观摩研讨活动	湖南省教育科学研究院	省级
赵优良　李鹏程　欧阳荐枫 曾志斌　彭莎莎　杨爱霞 袁　茜	湖南省 2019 年下半年中小学教师资格考试面试新增考官培训	湖南省中小学教师发展中心	省级
吴　瑶	数学骨干教师特训	江西风向标教育科技有限公司	省级

续表

教师姓名	项目名称	培训单位	参培层次
肖 莉	湖南省中学语文阅读研讨会	湖南省教育科学研究院	省级
周文涛	湖南长沙童声合唱训练营	长沙市少儿音乐学会歌唱专业委员会	省级
熊 健	"绿色课堂"教学开放日活动	长沙市教育局	省级
李香斌　欧阳荐枫	中小学校优秀传统文化教育培训教师研修（S203）	湖南省中小学教师发展中心	省级
贺仁亮	聚焦新高考，开启新征程——2019年高考备考研讨会	中国智慧工程研究会	省级
刘 玲	"国培计划"（2019）——双牌县语文教师写作支架教学第二期研修班（A132）	湖南师范大学文学院	省级

2020年

教师姓名	项目名称	培训单位	参培层次
黄月初	2020年湖南省师德养成教育培训者团队研修（E202）	湖南师范大学	国家级
汤 兵	2020年全国体育传统项目学校体育师资国家集中培训班	全国体育传统项目学校体育师资国家培训中心	国家级
唐建祥	第一期班主任升学教育培训班	中国高等教育培训中心	国家级
黄雅芩	高中学校青年精英干部培训（S401）	湖南师范大学	国家级
吴 瑶	工作室研修与新时代教师核心素养发展（新高考·生态智慧新课堂）	北京师范大学	国家级
李 钊	2020年全国中小学德育骨干网络培训示范班	国家教育行政学院	国家级
伍利成	2020年人教版普通高中新教材网络培训（必修）	人民教育出版社	国家级
伍利成	2020年人教版普通高中新教材网络培训（选择性必修）	人民教育出版社	国家级
左小青	湖南省师德师风建设管理干部研修（E201）	北京师范大学	国家级

续表

教师姓名	项目名称	培训单位	参培层次
蒋平波　向　超　李　勇	湖南省乡村优秀高中青年教师培养高端研修（A192）	华东师范大学	国家级
朱修龙	怀化市高中教师工作坊研修（高中数学 A450）	怀化市湖天中学	国家级
谢朝春	湖南省语文卓越教师领航研修（A189）	湖南第一师范学院	国家级
舒　滔	岳阳市高中体育骨干教师工作坊研修（E310）	岳阳市中小学教师发展中心	国家级
朱修龙　周　煌	涟源市乡村教师工作坊研修（高中数学 A578）	涟源市教研师资培训中心	国家级
朱修龙	邵阳市教师工作坊研修（高中数学 A441）	湘中幼儿师范高等专科学校	国家级
陈莎筠	宁乡市中小学骨干教师提升研修（初中英语 A134）	湖南第一师范学院	国家级
蒋清楚	全国中小学班主任网络培训示范班	国家教育行政学院	国家级
范晓轩	湘阴县新高考送培到县培训（A617）	湖南省中小学教师发展中心	国家级
李志艳	中小学心理健康教育省级示范培训（S203）	湖南师范大学	国家级
彭知文	长沙市培训团队信息技术应用指导力提升培训	高等教育出版社	国家级
曹　昊	永兴县师德养成教育示范项目县建设项目（E205-2）	永兴县教师发展中心	国家级
谢永红　蔡　毅	湖南省教育科学研究工作者协会 2020 年度学术年会	湖南省教育科学研究工作者协会	省级
黄月初	2020 年湖南省教育督导人员培训班	浙江大学	省级
黄雅芩	"省培计划"——湖南省高中学校青年精英干部培训专家讲座	湖南省教育管理干部培训办公室	省级
梁　平	"强基计划"背景下普通高中管理和教学应对培训	湖南师范大学	省级

续表

教师姓名	项目名称	培训单位	参培层次
闵 娟 肖 莉	2020 年高考语文学科培训及评卷工作	湖南师范大学教务处	省级
朱修龙	湖南师大附属五雅中学送教到校活动	湖南师范大学基础教育发展中心	省级
蒋平波	2020 年普通高中统编三科教材国家级示范培训	人民教育出版社	省级
刘国彬	2020 年湖南省普通高中学业水平考试研讨与技术培训会	湖南省教育考试院	省级
刘 婧	2020 年专业课教师专业技术人员网络课程培训	湖南师范大学继续教育学院	省级
彭知文	2020 年长沙市高中物理教师主题培训班专家讲座	湖南省中小学教师发展中心	省级
吴 瑶	高中数学学科组长专业化提升培训	湖南学院继续教育学院	省级
蔡 毅	成人继续教育骨干教师培训	四川大学成人继续教育学院	省级
蔡 毅 彭妍慧	湖南省 2020 年度教育科研课题学术在线培训	湖南省教育科学研究工作者协会	省级
毛 伟	2020 年全省中小学、幼儿园学生资助业务培训班	湖南省学生资助管理中心	省级
张 蕾 徐华华 戴屹峰 李朝文	湖南广益实验中学骨干教师培训班	四川大学成人继续教育学院	省级
陈莎筠	"省培计划"乡村优秀青年递进式研修（初中英语 S207-6）	高等教育出版社	省级
唐建祥 汤 彬	湖南省 2020 年普通高中新课程新教材省级骨干培训班	湖南省教育厅	省级
谢武锦 冯建国 李尚斌 彭 草 彭 娟 彭青春 王 勇 吴晓红 杨群英 曾志敏 朱昌明 贺 俊 向 阳 李隽之 陈佳健 黄 俊 罗 娟 周 娈 赵彩凤 田静乐	湖南省动植物学会基础教育分会第二届学术年会	湖南省动植物学会	省级
朱修龙 彭知文 曹菲菲 肖 莉 陈 超	湖南省高中教师"新课程、新高考"培训课程	湖南省中小学教师发展中心	省级

续表

教师姓名	项目名称	培训单位	参培层次
孙 骏	湖南省中小学教师发展中心省培项目示范课	湖南省中小学教师发展中心	省级
李志艳	省培项目"核心素养理念融入学科课堂教学·初中心理健康"专家点评	湖南省中小学教师发展中心	省级
刘国彬	历史学科省级骨干教师培训	湖南省教育厅	省级
刘忠诚	生物省级骨干教师培训	湖南省教育厅	省级
李淑平	信息技术学科省级骨干教师培训	湖南省教育厅	省级
李志艳	学生心理危机调研工作培训	湖南省教育科学研究院	省级
舒 滔	学生心理问题的解决策略培训	湖南中小学教师发展网	省级

2021 年

教师姓名	项目名称	培训单位	参培层次
谢永红 黄月初 李春莲 陈迪勖 苏建祥 廖 强 陈胸怀	湖南师范大学处级干部治理能力提升专题培训	国家教育行政学院	国家级
张光新 陈 兵 李智敏 谭 伟 汤 彬 叶越冬 周 琼 陈莎筠 胡轶波 黄宇鸿 陈克剑	2021 年湖南师范大学基层党支部书记能力提升专题培训	国家教育行政学院	国家级
李 浩	2021 年全国中小学心理健康教育教师网络培训示范班	国家教育行政学院	国家级
张 凌	初中骨干校长提升工作坊研修（书法 E112）	湖南省中小学教师发展中心	国家级
刘进球 周鹏之	国培省培管理者研修（A509）	湖南省中小学教师发展中心	国家级
左小青	湖南省能力提升工程 2.0 省级考核专家研修（A503）	湖南省中小学教师发展中心	国家级
张 凌	泸溪县中小学幼儿园校园安全管理干部法治与安全培训（F502）	长沙师范学院	国家级

续表

教师姓名	项目名称	培训单位	参培层次
毛　伟	落实立德树人创新班主任工作艺术暨李镇西教育思想实践智慧研讨会	中国管理科学研究院	国家级
陈胸怀	首批中小学文化教育导师高级研修（E116）	湖南省中小学教师发展中心	国家级
李志艳	邵阳市心理健康教育骨干教师工作坊研修项目（A332）	邵阳学院	国家级
温　宇	中小学政治课省级卓越教师领航工作坊研修（A403）	湖南省中小学教师发展中心	国家级
叶越冬	2021年普通高中统编三科教材国家级示范培训	人民出版社	国家级
蔡　茜	2021秋季学期译林版普通高中英语新教材网络培训	译林出版社	省级
张　凌	2021年湖南省教育学会学校文化研究专业委员会学术年会	湖南省教育学会	省级
汤　彬	2021年普通高中体育与健康学科省级骨干教师培训班	湖南省教育厅	省级
张　凌	中国少年培育联盟2021年会暨兴发教学研讨会	湖南师范大学古典教育研究中心	省级
彭青春　邢新林	2021年人教版普通高中新教材网络培训	人民教育出版社	省级
颜　莹	2021年人教版普通高中新教材网络培训（信息技术）	人民教育出版社	省级
刘　玲	2021年湖南省基础教育精品课征集培训	湖南省教育厅	省级
贺淑兰	2021年人教版普通高中新教材网络培训（生物）	人民教育出版社	省级
李志艳	湖南省中小学心理健康教育专业研修活动	湖南省教育科学研究院	省级
彭知文	湖南省2021年中学物理优秀教学案例展示暨观摩研讨活动	湖南省教育科学研究院	省级

续表

教师姓名	项目名称	培训单位	参培层次
张 凌	湖南省首届中小学家庭教育骨干教师公益研修班	湖南省教育学会	省级
阳 雪	湖南省2021年中学生物学优秀教学案例展示观摩暨研讨活动	湖南省教育科学研究院	省级
王朝霞 殷建波 张 凌 梁 平 苏建祥	湖南师范大学附属学校教育质量提升专题培训	湖南师范大学	省级
张 凌	菁师优课2021年春季全国著名教育专家中学精品课堂教学展示研讨会	中国智慧工程研究会	省级
李昌平 谢美丽 尹 明	全省中学数学青年教师课堂教学展示与观摩研讨活动	湖南省教育科学研究院	省级
谌跃飞 雷冬旭	通用技术学科省级骨干教师培训班	湖南省教育厅	省级
王 建 张光新 梁 梁 陈迪勋 陈淼君 陈胸怀 黄月初 李文昭 李智敏 廖 强 莫 晖 舒 玻 苏晓玲 谭 伟 汤 彬 谢朝春 谢永红 熊 康 杨晓春 叶越冬 周大勇 周 彦 焦 畅 周 琼 苏建祥 左小青 胡轶波 邓子峻 蔡 毅 邓 刚 柳 叶 温 宇 吴 卿 彭 琳 谭卫泽 李春莲	湖南师范大学附属中学、湖南广益实验中学党务干部培训班	浙江大学	省级

2022 年

教师姓名	项目名称	培训单位	参培层次
陈胸怀	名师名校长领航团队工作坊高级研修·文化教育（C220）	湖南省中小学教师发展中心	国家级
陈胸怀	名师名校长领航团队工作坊首席名师和核心名师高级研修（C201-1）	湖南省中小学教师发展中心	国家级
陈胸怀	中小学文化教育指导校长研修（D116）	湖南省中小学教师发展中心	国家级

续表

教师姓名	项目名称	培训单位	参培层次
陈胸怀　刘进球	芙蓉学校"一对一"精准帮扶学校校长能力提升研修（D104）	湖南省中小学教师发展中心	国家级
朱修龙　许小平	"双减"背景下加强义务教育学校作业管理、提升课后服务水平培训（D115）	浙江大学	国家级
孙　骏	2022年人教版普通高中新教材网络培训会	人民教育出版社	国家级
陈　兵　黄雅芩　刘国彬杨晓春	2022年普通高中三科统编教材国家级示范培训	人民教育出版社	国家级
罗爱斌	智能化教育名校长名师高级研修（C102）	清华大学	国家级
向　超　周鹏之	2022年度国培管理者研修	湖南省中小学教师发展中心	国家级
许小平	名师名校长领航团队工作坊高级研修·初中校长（C218）	国家教育行政学院	国家级
张　志	"双减"背景下义务教育学校课程改革培训（D114）	清华大学	国家级
石胜兵	2022年人教版普通高中新教材网络培训会（高一信息技术必修）	人民教育出版社	国家级
刘　芸	2022年人教版普通高中新教材网络培训会（高二数学选择性必修）	人民教育出版社	国家级
左小青	能力提升工程2.0管理团队培训（C304-2）	湖南省中小学教师发展中心	国家级
唐雨晴　张子豪	初中化学实验课骨干教师提升培训（A1032-2）	湖南科技大学	国家级
邓子峻	2022年全国中小学（幼儿园）安全管理干部网络培训示范班	国家教育行政学院	国家级
蔡　毅	民办义务教育阶段校长领导力培训（D110）	湖南省中小学教师发展中心	国家级
李艳妮	省级农村小学心理健康优秀教师高级研修（A2004）	湖南师范大学	国家级

续表

教师姓名	项目名称	培训单位	参培层次
陈胸怀	义务教育课程方案和课程标准校长研修班（S403）	北京尚睿通教育科技股份有限公司（中国教师研修网）	省级
黄立夫	2022年中小学教师资格考试（面试）新增考官培训	湖南省中小学教师发展中心	省级
黄立夫　张轻　邓轶轩　夏燧	湖南省田径教练员能力提升培训	湖南省田径协会	省级
李碧慧	2022年湖南省芙蓉教师培训	湖南省杨海文体育芙蓉名师工作室	省级
李志艳	2022年湖南省中小学心理健康教育教师岗位胜任能力提升工作坊研修	湖南省中小学教师发展中心	省级
刘国彬	高中历史学科省级骨干教师培训班	湖南省教育厅	省级
罗勇	2022年望城区校级领导高级研修班	湖南第一师范学院	省级
汤彬	体育与健康学科省级骨干教师培训班	湖南省教育厅	省级
石胜兵	人工智能教育虚拟机器人教师培训	湖南省教育学会创客教育中心	省级
杨夏	地理学科省级骨干教师培训班	湖南省教育厅	省级
毛伟	湖南省高中阶段学校军事教师集训	湖南省教育厅	省级

2023年

教师姓名	项目名称	培训单位	参培层次
黄月初　陈胸怀　向超　周鹏之	红色教育基地送培送教项目县管理者高研班（DZX005）	湖南省中小学教师发展中心	国家级
陈胸怀　陈益	中小学（幼儿园）党组织书记混合式研修（DZX001）	湖南省中小学教师发展中心	国家级
张志雄	湖南师范大学附属学校干部教师综合素养提升培训班	国家教育行政学院	国家级

续表

教师姓名	项目名称	培训单位	参培层次
陈兵 莫晖 欧阳荐枫 黄雅芩	2023年普通高中三科统编教材国家级示范培训	人民教育出版社	国家级
陈益 李文昭	中小学集团化办学优秀管理者高研班（DZX007）	湖南省中小学教师发展中心	国家级
李志艳	中国心理学会2023年临床与咨询心理学学术大会	北京师范大学文理学院	国家级
刘海涛	市县青年骨干校长工作坊高端研修项目（中学校长D0009-6）	北京大学	国家级
罗爱斌	第48期全国初中骨干校长高级研修班	教育部中学校长培训中心	国家级
罗鹏飞	馆校合作中小学教师科学教育实践能力提升培训	山东省科技馆	国家级
彭知文 马顺存	湖南省新时代卓越教师培养对象高端研修项目（A0006）	北京师范大学	国家级
向超 李湘黔	湖南省新时代名师名校长培养计划专项管理研修班（C0001）	湖南省中小学教师发展中心	国家级
向超 李湘黔	湖南省新时代名师培养对象高端研修项目（A0002）	北京师范大学	国家级
向超 宋泽艳 杨夏	市县青年骨干教师工作坊高端研修项目（中学地理A0033）	湖南师范大学	国家级
杨群英	全国名师工作坊高质量建设与发展论坛	北京中教市培教育研究院	国家级
张凌	湖南省新时代卓越校长培养对象高端研修项目（D0005）	清华大学	国家级
李湘黔	市县青年骨干教师工作坊高端研修项目（中学物理A0014-7）	湖南师范大学	国家级
陈莎筠	湖南省新时代卓越教师培养对象高端研修项目（A0008）	湖南师范大学	国家级
邓子峻	市县青年骨干校长工作坊高端研修项目（初中校长D0010-4）	国家教育行政学院	国家级

续表

教师姓名	项目名称	培训单位	参培层次
李 勇	北京大学中小学卓越校长数字领航高级研修班	北京大学	国家级
吴 菲	2023年长沙市"英才工程"初中数学教师高级研修班	陕西师范大学	国家级
袁春龙	义务教育学校心理健康教育骨干教师专业综合能力提升（A0028）	中南大学	国家级
李艳妮	市县青年骨干教师工作坊高端研修项目（特殊教育A0014-16）	湖南师范大学	国家级
李艳妮	市县青年骨干教师工作坊高端研修项目（中小学心理健康教育A0014-15）	湖南师范大学	国家级
朱子红	初中英语教师主题培训	长沙市中小学教师发展中心	国家级
朱子红	心理健康教育教师培训	国家中小学智慧教育平台	国家级
李 浩	2023年全国中小学心理健康教育教师网络培训示范班	国家教育行政学院	国家级
徐 柳	2023年十四城市第八届中小学优质体育课展示研讨活动	中国教育学会体育与卫生分会	国家级
张芳群	"新一代人工智能教师成长营"课程培训	上海人工智能创新中心	国家级
张芳群	全国中小学教师科学素质提升培训	山东省科技馆	国家级
黄立夫	县级教师发展机构负责人研修（C303）	湖南省中小学教师发展中心	国家级
周 琼	市级教师发展机构管理者高级研修（C302）	湖南省中小学教师发展中心	国家级
李艳妮	省级农村初中心理健康优秀教师高级研修（A2009）	湖南师范大学	国家级

续表

教师姓名	项目名称	培训单位	参培层次
谢永红　黄月初　李春莲 陈迪勋　苏建祥　廖　强 李智敏　陈胸怀　王　建 陈鹤龄　陈雄略　成志强 郭在时　黄雅芩　姜小明 李　度　李尚斌　李文昭 刘惠平　舒　玻　苏晓玲 谭　伟　汤　彬　向　超 熊　康　徐冬阳　许小平 严勇华　叶越冬　尹一兵 袁建光　张　志　张　凌 周　琼　向　阳　邓子峻 谢　良　陈　超　李　钊 周　娈　吴　卿　周鹏之 江　腾　李云虎　梁文婷	普通高中教育研究基地教科研骨干研修（S201）	湖南师范大学附属中学	省级
李小军	湖南省新时代卓越教师培养对象高端研修项目（S105）	北京大学	省级
伏炎安	湖南师范大学基础教育合作办学干部教师暑期培训班	湖南师范大学	省级
伏炎安　苏晓玲　严勇华 叶越冬	首届湖湘初中校长论坛	湖南省教育学会	省级
黄雅芩　向　超	全省教育科学研究成果培育及推广培训	湖南省教育科学规划领导小组办公室	省级
黄雅芩	顺德区勒流街道中小学骨干教师培训班	湖南师范大学文学院	省级
黄　赞　吴晓红　周育苗 李　栋　杨有志　周雅珊	2023明德云学堂第二届德育管理干部与班主任高峰论坛·杭州	北京明德云教育科技有限公司	省级
李志艳	第八届中国认知行为治疗学术大会	湖南省心理卫生协会	省级
李志艳　李凌智	2023年年会暨用"心"育人——中小学教师心理健康教育能力提升研讨会	湖南省教育学会	省级
舒　玻	市县青年骨干校长工作坊高端研修项目（高中校长S114-1）	国家教育行政学院	省级
王朝霞　胡轶波	全省县域普通高中管理者专项培训党组织书记、校长班	桃源县教师进修学校	省级

续表

教师姓名	项目名称	培训单位	参培层次
周琼	湖南省"领雁计划"——走进厦门大学"事业单位人事制度改革与领导干部能力提升"专题研修班	湖南省人力资源和社会保障厅	省级
许小平	"国培计划（2023）"——市县青年骨干教师工作坊高级研修项目（中学数学A0022-2）	湖南省中小学教师发展中心	省级
刘奕	湖南省教育科学研究工作者协会第三届换届选举大会	湖南省教育科学研究工作者协会	省级
严志	湖南省中小学红色教育基地送培送教项目县精准帮扶行动	湖南省中小学教师发展中心	省级
李勇	高中校长任职资格培训班	湖南师范大学	省级
张芳群	2023年湖南省青少年科技教育科创名师示范性培训	湖南省科学技术协会	省级

2024 年

教师姓名	项目名称	培训单位	参培层次
陈胸怀　伏炎安	践行教育家精神专题研修	湖南省中小学教师发展中心	国家级
付小红　宁静	中小学生应急教育及常见病预防与干预研修班	湖南教育音像电子出版社有限责任公司	国家级
张凌	湖南省新时代卓越校长培养对象高端研修项目（D0005）	清华大学	国家级
张蔷	中小学体育（校园足球）课程骨干教师培训	湖南师范大学	国家级
李勇	长株潭地区实验教学管理与实验教学质量提升研修	长沙教育学院	国家级
陈超	2024年度中学语文课堂展示大会暨"读书种子计划"读书经验交流活动	中国教育学会中学语文教学专业委员会	国家级
陈宇星　毛伟　李汨洵　金刘博文　刘艺博	2024明德云学堂第三届德育管理干部与班主任高峰论坛·成都	北京明德云教育科技有限公司	省级

续表

教师姓名	项目名称	培训单位	参培层次
张凌 谢武龙 王辉	第二届全国基础教育数字化论坛暨明德云学堂2024年学术年会	北京明德云教育科技有限公司	省级
谌跃飞 焦畅 张芳群	湖南省中小学生信息素养提升实践活动骨干教师培训班	湖南省电化教育馆	省级
姜小明 张凌 梁平	湖南师范大学附属学校年会暨质量建设专题培训班	湖南师范大学	省级
罗勇 张凌	2024年湖南师大附中星城实验青石学校管理干部培训班	湖南师大新型师资培训中心	省级
陈晓 彭越	2024年义务教育新课程新教材省级骨干教师培训	湖南省教育厅	省级
伏炎安	湖南师范大学基础教育合作办学干部教师暑期培训班	湖南师范大学	省级
黄治清	中小学"思政课与课程思政"教师工作坊研修（课程建设工作）	湖南省中小学教师发展中心	省级
刘国彬	2024年长沙市名师工作室（站）领衔人主题培训	长沙市中小学教师发展中心	省级
罗鹏飞	2024年中学生英才计划物理学科中学教师交流研讨活动	哈尔滨工业大学物理学院	省级
莫晖	湖南湘江新区教育局区属公办中小学校校长综合能力提升培训班	中共湖南省委党校（湖南行政学院）	省级
张凌	2024明德云学堂新课标背景下初中语文教学研讨会·长沙	北京明德云教育科技有限公司	省级
张凌	2024年乡村学校安全管理者能力提升培训	西安市长安区教育局中小学教师继续教育办公室	省级
张凌	师德成长论坛主题讲座	湖南师范大学教师教育学院	省级
唐雨晴	2023—2024学年湖南省义务教育化学教师教学竞赛活动	湖南省基础教育研究院	省级
唐雨晴	首届湖南省基础教育教学改革研究项目研讨会	湖南省基础教育研究院	省级
梁平	2024年长沙市望城区中小学党组织书记、校长高端研修班	衡阳师范学院马克思主义学院	省级

续表

教师姓名	项目名称	培训单位	参培层次
贺淑兰	2024 年人教版义务教育新教材网络培训会	人民教育出版社	省级
曾友良　闫　娟　蒋艳云　刘　熠　邹　瑜　李　珊　陈子菊	2024 明德云学堂第二届课程与教学专题研讨会·杭州	北京明德云教育科技有限公司	省级
谢永红　黄月初　李春莲　苏建祥　廖　强　李智敏　陈胸怀　王　建　陆　稳　郭在时　贺仁亮　刘　芳　刘海涛　欧阳荐枫　屈雪辉　舒　玻　苏晓玲　谭　伟　向　超　许小平　叶越冬　袁建光　郑　喜　焦　畅　张　凌　陈　晓　向　阳　肖　莉　邓子峻　蔡　毅　邓　慧　刘雄昆　杨　夏　李　勇　陈　超　李昕玲　李　兰　刘冉旭　杨章远　邓轶轩　孙　沅　李　钊　杨玉茜　袁春龙　周鹏之　周瑞颖	湖南普通高中教育研究基地教科研骨干研修班	复旦大学	省级

18. 2025 年教职工名单

（1）2025 年在校教职工名单（436 人）

语文组（50 人）

高　中：谢兰萍　傅晓原　陈鹤龄　曾文峰　陈　琳　刘　芳　吴彩霞　刘　婧
　　　　李香斌　温剑鹏　谢朝春　刘海燕　张　婷　肖　莉　徐　卫　马正扬
　　　　刘爱国　李　达　李小军　邓莉玲　丁中一　周雅珊　李　栋　邓雅云
　　　　陈　超　黄依婷　兰海波　高慧雯　闫　娟　梁　梁　陈　浩　刘　倩
　　　　肖　瑜　王慧莹　江　腾　阳　雪　周宇轩

初　中：徐海玲　杨冬琴　田　芳　刘　玲　邓卓扬　刘智明　刘　睿　陈　哲
　　　　谭　丹　王小姣　宋　珍

支　教：杨　茜　杨晓春

数学组（57 人）

高　中：汤礼达　谢美丽　杨章远　苏　萍　张汝波　龚红玲　刘东红　彭晓红

肖 婕	贺祝华	谭泽仁	徐凡训	周艳军	贺忠良	钱 华	王 丹
黄 钢	欧阳普	张天平	赵优良	邓 云	刘伟才	张湘君	陈天择
李韧舟	柳 叶	刘海军	袁名波	吴 浩	彭如倩	曹菲菲	李 玲
周 煌	孙 瑶	杨旭东	尹 明	吴雪飞	肖文轩	吴 瑶	隆希辰
刘艺博	刘 芸	胡美玲	檀 思	唐博文			

初　　中：吕发林　刘　奕　李艳妮　刘　帅　李朝文　唐依婷　刘　波　谢　青
　　　　　李宇平　邓戡艳　刘新巧

支　　教：张志雄

英语组（50人）

高　　中：周　彦　邓　慧　尹一兵　朱　蔚　李　艳　黄　赞　蔡　茜　甘智英
　　　　　王蔚蓝　何畅舒　邓云浩　莫　俐　王春梅　袁　秀　罗　毅　张　添
　　　　　刘雄昆　雍　琼　何　妍　欧阳红英　王思为　文　馨　唐鑫龙　邓　芳
　　　　　杨　洁　童　心　王心怡　杨　敏　罗晓雯　肖添宇　肖思宇　吴　燕
　　　　　蔡蕴鑫　彭妍慧　周欣韵　袁晓杰　梁茂林　李倬林　马　雪

初　　中：陈莎筠　赵　佳　李赛花　陈歆彤　周瑞颖　朱子红　陈笑敏　陈　琳
　　　　　王　亦

支　　教：胡玲玲　谭　莎

物理组（38人）

高　　中：彭知文　刘建军　成志强　陈国荣　郭志君　罗　章　潘高扬　刘　静
　　　　　周　曼　邱莉华　王璐珠　何艳君　李　兰　沈睿哲　曾　静　王慧芳
　　　　　李　响　李昕玲　刘　风　王海波　刘玉琴　杨有志　曾　心　张日东
　　　　　孙　骏　蒋清楚　胡天琛　舒　愉　张海翔　陶华丽　卢泽林

初　　中：邹　瑜　黎映莲　邓　阳　赵艳君

实验教师：杨一鸣　唐利辉

支　　教：马顺存

化学组（33人）

高　　中：殷艳辉　雷光华　刘惠平　姜平贵　卿卫群　明正球　陈子菊　曹艳荣
　　　　　刘冉旭　秦　飞　雍湘鹏　郑洪开　喻诗琪　邓　鹏　蒋艳云　田　恬
　　　　　刘逸敏　颜以晴　张子豪　许　诺　李争凡　王宇欣　唐珑畅　张　鈗
　　　　　李子建　吕小龙　陈浩霖

初　　中：唐雨晴

实验教师：张　彬　曾友良　吴　瑶　谭慧怡

支　　教：李　莉

生物组（33人）

高　　中：周　娈　李尚斌　冯建国　王　勇　吴晓红　曾志敏　彭　草　彭　娟

李　慧　彭青春　陈佳健　谢武锦　刘忠诚　李隽之　罗　娟　贺　俊
赵彩凤　陈小龙　田静乐　郭勇辉　吴宇翔　彭　宇　陈宇星　张虓峰
刘　珂　陈心悦

初　　中： 陈　晓　彭　越　胡美秀

实验教师： 贺淑兰　徐学君　易任远

支　　教： 杨群英

政治组（18人）

高　　中： 蒋平波　唐海燕　黄治清　陈　兵　李　度　杨征宇　温　宇　李云虎
熊　珊　游淑雲　李汨洶　范晓轩

初　　中： 曾志斌　屈正红　刘爱香　彭　艳　张长鹰

支　　教： 杨玉茜

历史组（15人）

高　　中： 唐建祥　刘国彬　李　珊　谌湘蓉　朱　皓　周育苗　陈　瑶　黄雅芩
张云礼　何泓磊　拉海荣

初　　中： 许　萍　廖雨皓　严　志　陈丹敏

地理组（15人）

高　　中： 杨　夏　杨　婷　肖雨琳　张　琳　祝　航　陈　媛　王家琪　宋泽艳
陈柳逸　蒋　聪　覃兴雯

初　　中： 徐冬阳　朱丰年　赵璐琳

支　　教： 彭建锋

体育组（20人）

黄立夫　汤　彬　廖凌智　李碧慧　汤　兵　徐华华　张　轻　张　蔷　吴　忧
邓轶轩　周星秀　周景绩　刘嘉琪　夏　燧　舒　滔　徐　柳　郑　啸　师子扬
鄢杰辉

支　　教： 尹庆元

艺术组（10人）

李鹏程　熊　康　李志雄　郑　喜　戴子丹　熊枝义　袁　茜　彭莎莎　周文涛

支　　教： 杨爱霞

通用技术组（4人）

罗鹏飞　谌跃飞　雷冬旭　张芳群

信息技术组（7人）

许　力　颜　莹　邢新林　黄　坚　石胜兵　孙　沅　户建坤

心理教研组（5人）

李志艳　袁春龙　李　浩　李凌智　陈贵劲

中层以上管理干部（31人）

谢永红　黄月初　李春莲　苏建祥　廖　强　李智敏　陈胸怀　吴　卿　鲁　荣
苏晓玲　欧阳荐枫　向　阳　左小青　蔡　毅　陈淼君　朱修龙　王　建　吴　菲
刘进球　向　超　邓　刚　谭　伟　谢小超　张冰洁　周　琼　李湘黔　黄　俊
焦　畅　张光新　李文昭　李海汾

党委办公室（1人）

梁文婷　李　典（兼）

校办公室（2人）

李　典　李娴雅　杨　洁（兼）

纪检办公室

向　阳（兼）

教育督导室（1人）

李　娜

德育与学生发展处（11人）

旷昭红　张丽欣　宁　静　付小红　赵红艳　毛　伟　李蔓丽　金刘博文　林倩芝
谢珩鑫　朱　茜

课程与教学处（9人）

谢玉容　熊　健　高琪玲　谢武龙　雷　晟　熊　笛　沈迪聪　王　辉（教务员）
王　辉（教学设备管理员）

科研与教师发展处（4人）

管若婧　万红梅　周鹏之　潘媛媛　梁　锐（兼）

财务处（3人）

张润齐　段潇潇　张　琪

工会（1人）

彭　琳　李娴雅（兼）

团委、少先队

张冰洁（兼）　林倩芝（兼）

人力资源管理中心（2人）

任　琼　罗　丹　陈柚希（兼）

科技创新中心（1人）

苏　林　邢新林（兼）

体育美育中心

谭　伟（兼）　周文涛（兼）　刘嘉琪（兼）

后勤服务和安全保卫中心（9人）

欧阳伟　张立智　谭卫泽　李永强　黄建良　王　翔　蔡　姣　聂　灿　张周杰

教育集团办公室（2人）

刘　覃　陈柚希

校友会（1人）

赵锦云　焦　畅（兼）

普通高中教育研究中心（1人）

肖　莉（兼）　梁　锐

外　教（2人）

Jack（英国）　Fanglin Zhu（澳大利亚）

（2）2025年外派教职工名单（共43人）

湖南师大附中博才实验中学（8人）

许小平　罗爱斌　陈雄略　贺仁亮　解立平　江武华　曾仲明　殷建波

湖南师大附中星城实验学校（2人）

叶越冬　熊进道

湖南师大附中高新实验中学（2人）

姜小明　陆　稳

湖南师大附中梅溪湖中学（2人）

张　志　李　勇

湖南师大附中植基中学（2人）

刘新民　洪利民

湖南师大附中双语实验学校（2人）

陈　益　严勇华

湖南师大附中星城实验青石学校（2人）

张　凌　罗　勇

湖南师大附中凌云中学（2人）

屈雪辉　谢　良

湖南师大附中雨花学校（2人）

舒　玻　成子通

湖南师大附中芙蓉中学（2人）

邓子峻　陈克剑

湖南师大附中特立学校（2人）

李　钊　胡轶波

湖南师大附中星城实验谷山中学（1人）

梁　平

湖南师大附中桐梓实验中学（2人）

莫　晖　李显亮

湖南师大附中梧桐实验学校（2人）

周大勇　陈小虎

湖南师范大学附属涟源三一学校（1人）

姜建平

湖南师范大学附属春华学校（1人）

彭顺钢

湖南师范大学附属陶子湖学校（1人）

伏炎安

湖南师范大学竹埠港实验中学（1人）

刘海涛

湖南师范大学附属三一云谷实验学校（1人）

樊希国

湖南师大附中张家界市民族中学（2人）

袁建光　邓建安

湘西花垣县边城高级中学（2人）

郭在时　刘　熠

绥宁县第一中学（1人）

王朝霞

（3）2015 年以来退休及其他异动的教职工名单

年份	退休人员	其他异动人员
2015	章　立　郭湘苏　汤正良　周穗农 杨俊武　王星明　黄长泰　欧阳昱北 何晓梅	辞职人员：王梦琳　黄　芳　赵婷玉　覃事勇 　　　　　王树国　肖晓辉　李　红　汤新文
2016	王祚飞　关庆湘　魏晓红　柳运芳 李　安　李　蓝　肖秀英　张艳秋 刘伟立　梁良樑　吴沙龙　邵小萍 胡建斌　谭富桃　陈　实	辞职人员：张胜利　羊明亮
2017	李迪淼　金　莉　杨兴林　张汉平 刘探宇　吴其林	辞职人员：谷辰晔
2018	邓放明　程友香　周晓芳　杨秋玲 姚永安　戴绍南　吴艳容　陈　宇	调离人员：曾少华　刘邵来 辞职人员：吴绪芳　陈克勤　李立文　李晓聪 　　　　　周启勇
2019	杨　桦　陈学梅　李慈香　李玉牛 周松蕾　吴若美　何立林　陈　艳 张　宇　蒋立耘　康辛勇　吴麒辉 杨　萍	调离人员：厉行威 辞职人员：熊　威　王　超　李显亮①
2020	陈清花　熊瑞兰　曹奉洁　刘桂芳 刘丽珍　王立新　周　红　段芳芳	辞职人员：蔡任湘
2021	李新霞　佘杰明　张宇红　刘明春 薛慧红　刘淑英	辞职人员：刘敬鑫　吴音莹　甘舒展　谭天俊 　　　　　蔡忠华　丁跃萍　许若辰
2022	彭支玉　谭　硕　黄　瑶　熊　晖 吴建明　张静桃　张迪平　杨美英 文常青　蔡孟辉　欧阳其　蒋向华 龚新宇　凌　亮　朱海棠　汪训贤 杨　帆　刘新芝	调离人员：周泽宇 辞职人员：黄靖雅　刘文哲　张　磊　蔡　毅② 　　　　　王全胜　喻　永　彭荣宏　陈顺峰 　　　　　胡轶波③
2023	何宗罗　周正安　邓洁辉　肖鹏飞 周国强　黄志清　韩秀莲　王　缨 祝琳丽　罗培基　晏荣贵　张海蛟 李淑平　蒋碧蓉　程继炳　戴屹峰 肖正阳　童建庭　张先早　黄国强 吴锦坤　刘旭华　李师力　陈迪勋 刘军林	辞职人员：李学钊　吴　乐　朱昌明　李毛川 　　　　　彭　涛　易庆华　曹　昊　符艳芳
2024	张比学　刘军杰　郑海燕　鲁芬芬 李江平　袁　庆　肖　强　李昌平 黄祖军　曾克平　彭君辉　谢如良 杨　飞　彭　萍　陈长罗	辞职人员：罗梓维　唐嘉驰　袁江涛　朱玮晨 　　　　　张圆圆　黄宇鸿
2025	李迎春	

---

① 李显亮于 2021 年再次录用。

② 蔡毅于 2024 年再次录用。

③ 胡轶波于 2024 年再次录用。

19．2015 年以来学校校友会历届正、副理事长和正、副秘书长名单

届别	理事长	副理事长	秘书长	副秘书长	备注
第六届	谢永红	曾少华　张希范 徐斐尔　承　伟 杨懿文　高　鹏	陈胸怀	吴　卿 周晓芳	周晓芳、赵景云先后负责校友会日常工作
第七届	谢永红	陈迪勋　廖　强 黄月初　李春莲 苏建祥　余　丁 陈青山　刘可夫 杨伟武　杨志伟 谭伟民　舒　晓 汪小知　熊伟文 曾　兆　江　峦 于　飞	谭　伟	谢小超 赵景云 谭伟民（兼） 张　旸（兼）	陈迪勋为执行副理事长，廖强为常务副理事长，焦畅、赵景云先后负责校友会日常工作

20．2015 年以来各地校友会理事会名单

第六届

（2019 年）

北京校友会

名誉理事长：佘健明

名 誉 理 事：王厚卿　张学东　杨　佳

理 事 长：承　伟

副理事长：王晓明　余　丁　冉盛曾文

秘 书 长：曾　文

副秘书长：薛　奕　宋非非　文　戈　刘昱珂　彭　晶　张　原

理　　　事：赵聚春　黄　剑　黄岳峰　刘莉莎　周长玲　李　晖　黄　炫

　　　　　　肖　欣　杨　峰

上海校友会

名誉理事长：邓牛顿　王跃

理 事 长：高鹏梁彬

副理事长：王珂弟　刘宇清　罗　凯　许晓茵　李　军　杨　柳　夏　斌
　　　　　朱汉华　张志斌　周　伟
秘 书 长：杨　柳
理 　　 事：范　辉　段海涛　刘　琛　卢向前　袁　媛　欧阳春晓　唐　怡
　　　　　康小康

北美校友会

理 事 长：徐　丰
副理事长：何　敏　易　凡　喻　江　刘桓铭　蒋　莉　言　音　夏宇纲
　　　　　彭建波　徐胜文
秘 书 长：喻　江
副秘书长：何　锴　孙　滢　肖　菲　肖　樱　姚　惠　胡　萌　葛　佳
　　　　　肖锦琨
理 　　 事：李咏琴　刘　清　李佳玉　肖丹华　简　丹　陈　烜　原　野
　　　　　张　勇　易　峰　向　荣　林　牧　何　迁　戴西子　雷旭平
　　　　　段丽婷　贺环宇　王　璨　吴禹瑶　贺杰锋　莫　醉　彭思尧
　　　　　刘梦洁

广州校友会

理 事 长：张希范
副理事长：李赉周　刘可夫　赖　斌　张　容　郭志波　李若岚　朱　剑
　　　　　叶　青
秘 书 长：叶　青
副秘书长：谭湘倩
理 　　 事：谢诗芳　芦　苇　陈国春　尹景明　柳　芳　杨　帆　张　维
　　　　　宋经玮　黄锦周

深圳校友会

理 事 长：徐斐尔
副理事长：童明社　蒋怀宇　刘群山　曾慧明　陈益清　罗　霆　杨威武
　　　　　谭伟民
秘 书 长：陈益清
副秘书长：黎　陨　李淑瑾
理 　　 事：易建芳　王中伟　李绍华　黎　红　周　红　李　笑　万　明
　　　　　段贤斌　周　智　曹　峻　夏　军　苏　杨　黄　露　滕　腾
　　　　　高雅岚　韩　翌　巢中柱　周慧璇

香港校友会

理 事 长：彭永过
副理事长：田碹珠　黄新平　蒋　岚　李　捷　叶　梅　杨东宁　张　帆
　　　　　谭伟民
秘 书 长：张　帆
副秘书长：唐聪聪　谢辰曦　周小涵　陈敬维
理　　事：李　勇　孙　瑜　赵　琛　刘　奕　章　帆　黄梦琳

珠海校友会

理 事 长：王　靓
副理事长：吴克坚　袁雪菲
秘 书 长：袁雪菲
副秘书长：杨志伟

长沙校友会

名誉理事长：刘智诚
理 事 长：谢　军
副理事长：李宗苑　谭岳华　何铁凡　于树林　彭志刚　梁　涛　文　方
　　　　　陶大军　任　文　范　龙　曹龙泉　刘　亮
秘 书 长：范　龙
副秘书长：金　谊　刘　晖　叶蔚青　成　钢　戴思远　罗　凯　曾文彬
　　　　　罗　波　汤睿丰　王天翼　井　然　王　珏　李　享　曾梓峻
理　　事：胡光启　李中湛　张陆军

贵州校友会

理 事 长：廖先宏
副理事长：赵克立
秘 书 长：阳　薇

海南校友会

名誉理事长：肖晓辉
理 事 长：龚绍平
副理事长：张章虹　方　列　舒晓曹　雯　娟　朱　江
秘 书 长：朱　江
副秘书长：马添翼　黄开阳

河南校友会

理　事　长：赵怀庆

副理事长：李乐圆　刘长海

辽宁校友会

名誉理事长：言颐荪

理　事　长：赵德芳

副理事长：张执奎

秘　书　长：张执奎

山东校友会

理　事　长：谭中书

副理事长：邹循敏　付　翔

秘　书　长：付　翔

四川校友会

理　事　长：唐文卫

副理事长：周志斌　王　南　吴进学

秘　书　长：王　南

副秘书长：朱　昆

武汉校友会

名誉理事长：黄弗同

理　事　长：方　兴

副理事长：刘承智　郭昊龙　李　昕　邹　江

秘　书　长：唐梓珈

副秘书长：刘厚康　魏　超　刘　聪

西安校友会

理　事　长：官亦兵

副理事长：樊晓桠　张德慧

秘　书　长：张德慧

邵阳校友会

理　事　长：周淑兰

副理事长：彭鸣皋　龚高理

秘　书　长：龚高理

衡阳校友会

名誉理事长：雷元凯

理　事　长：夏剑霓

副理事长：罗晓兰

秘　书　长：张立英

湘潭校友会

名誉理事长：吴介夫

理　事　长：钟岳峰

副理事长：冯　波　黄启航

秘　书　长：冯　波

益阳校友会

理　事　长：肖固球

副理事长：夏政元　王兆虹　邹凌晔

秘　书　长：邹凌晔

理　　　事：徐蜀勤

岳阳校友会

顾　　　问：欧政文

名誉理事长：王惠湘

理　事　长：刘强国

副理事长：郑德华　易国云

秘　书　长：易国云

副秘书长：骆细媛　欧华良

株洲校友会

名誉理事长：彭　德

理　事　长：刘　蓉

副理事长：周培余　刘　辉　谭　宪　王放明　廖亚雄

秘　书　长：廖亚雄

第七届

（2024 年）

北京校友会

名誉理事长：张履谦　朱作言

名 誉 理 事：王厚卿　张学东　杨　佳　申　丹　承　伟　黄　剑　曾　文

理 事 长：余　丁

副 会 长：唐文卫

常 务 理 事：袁志达　龙丹妮　刘　罡　杨玄典　肖　欣　杨　峰　卞卓丹
　　　　　　　易德胜　彭　晶　熊宇平

理 　 　事：李幸璐　邵　红　黄　炫　张　强　文　戈　吕　华　李曼舒
　　　　　　　江　涛　熊振华　周　宁　罗　京　刘文砚　方　蕾　徐梓人

上海校友会

荣 誉 会 长：丁　洪　高　鹏

会 　 　长：陈青山

副 会 长：杨　柳　曹　玥　张芮源　朱汉华　罗　波

秘 书 长：谭　研

副 秘 书 长：刘倩藜　黄湘阳　康小康　易锦澜

专 家 理 事：周　笑　李大力　陈　敏　周　瑶

理 　 　事：李　军　夏　斌　唐劲松　冯小波　刘　琛　刘　春　谢　启
　　　　　　　刘　澍　张媛媛　刘　洋　龙团尧　成维纬　杨　茜　姚依然
　　　　　　　宁　静　曾　兆

理 事 候 选：王　岳　崔育琳　彭凌箐　刘　非

广州校友会

荣 誉 理 事 长：张希范

理 事 长：刘可夫

常 务 副 理 事 长：叶　青

副 理 事 长：邓　青　李赟周　赖　斌　郭志波　李若岚　夏萌颖

秘 书 长：夏萌颖

副 秘 书 长：张睿东

理 　 　事：尹景明　欧阳艳　柳　芳　王　颖　杨　帆　张　维
　　　　　　　杨颖宜　宁争志　张碧波　邓　锴

2024 年增补理事：宁争志　张碧波

深圳校友会

荣 誉 会 长：徐斐尔
会 　 　 长：杨伟武
副会长兼秘书长：朱代欢
副 　 会 　 长：张晓丹　万　明　黄　进　周启勇　张立明　柳　杨　徐　飞
副 秘 书 长：杨　叶　朱　毅　曹　健　肖　赫

香港校友会

荣 誉 会 长：彭永过　蒋　岚　熊　恺　张　帆
会 　 　 长：谭伟民
执 行 会 长：曾　兆
副会长兼秘书长：贺　悦
副 　 会 　 长：曹　政　吴子卿　陈天星子　蒋晓晖　刘　奕　郭　炜　焦　隽
　　　　　　　郭远祥　刘　瞻
副 秘 书 长：曹俐圆　邓　博　吴雅岚　刘梦斓　蒋　欣　谭旷明　刘燕春
　　　　　　　何昂立　何芷珊　易书曼　涂森翔　袁闻骏　熊九玖

珠海校友会

荣 誉 会 长：董　凡　王　靓　袁雪菲
会 　 　 长：杨志伟
副 　 会 　 长：周　波　王华洲
秘 书 长：胡欣月
副 秘 书 长：钟　海　何黄靖

长沙校友会

名 誉 会 长：谢　军
会 　 　 长：江　峦
副 　 会 　 长：谭岳华　李　曦　杨　隽　罗　波　杨奇乐　谭伟宏　万　路
　　　　　　　刘　双　刘　润
秘 书 长：田晓萍
副 秘 书 长：陈　杲　何　成　王天翼　张继敏　王　珏　张　旸　李孟孚
　　　　　　　周　雄　袁思伊

海南校友会

理　事　长：舒　晓

副理事长：曹雯娟

秘　书　长：马添翼

杭州校友会

会　　　　长：方晓红

副会长兼秘书长：汪小如

副　会　长：何征宇　于　飞

副　秘　书　长：周德萍　柳　华　张云柯

二、学生干部（校级）

1. 2015 年以来校学生会主席、副主席，校团委会副书记名单

时间	学生会主席	学生会副主席			校团委会副书记	
2015—2016	黄依萌	李卓倪	熊汝苗	段晓婧	尹璐瑶	舒华章
2016—2017	陈滢颖	华益伟	禹浩明	张爱儿	汪咏怡	秦璐瑶
2017—2018	禹 湘	蒋 品	陈雨娴	张正旭	刘杰畅	葛 豪
2018—2019	缪海坤	李诗绪	肖静轩	刘承启	徐 敏	
2019—2020	刘叶子	张祖凤	孟子昕	宁毅超	向锦睿	刘鸿睿
2020—2021	田 雅 张祖凤	杨熹之	陈宇欣	刘徐德 刘 婷	徐雨晨	雷承睿
2021—2022	刘 婷	陶梦雨	叶未央	邓心颜	向思瑾	
2022—2023	高圆圆	吴桐禹	金凌宇	程静仪	余牧韩	
2023—2024	肖 玥	李佩瑶	向思哲	杨婧瑀	朱敏绮	
2024—2025	梁韶贻	李嘉熙	李嘉涛	谭谨谦	李彭锐	

2. 2015 年以来校学生纪律监察委员会（纪委）书记、副书记，学生社团联合会（学社联）主席、副主席名单

时间	纪委书记	纪委副书记			学社联主席	学社联副主席		
2015—2016	李品间	唐敏璟	姜奕含	郑 晔	陈知新	杨 洲	贺 熹	刘懿樊
2016—2017	冷延春	罗毓芳	杨晨昊	潘 林	刘懿樊	蒋济帆	杨景涛	刘思芊
2017—2018	罗毓芳	罗贻琳	胡铭睿	周俊杰	廖浩然	刘佩玉	许涵钰	李梓锟
2018—2019	周俊杰	曾雪钰	张云翔	王钰婷	唐子越	吕亚亭	刘 翀	向吉坤
2019—2020	张云翔	彭悦珈	田 雅	欧茹兮	向吉坤	张蕴祺	彭博帅	王诗绮

续表

时间	纪委书记	纪委副书记	学社联主席	学社联副主席
2020—2021	—	—	伍海璇	柳卓智 刘熙雅 欧阳汐怡
2021—2022	杨熹之	戴雨榕 高圆圆 胡博涵	刘熙雅	刘子亮 骆文萱 唐捷妮
2022—2023	何嘉馨	冯偲瑶 孙铱然 李远瞻	刘子亮	陈柏冰 李艺扬 雷鑫凯
2023—2024	段叶霖	胡康凡 莫承志	雷鑫凯	唐紫妍 梁韶贻 童祺
2024—2025	胡康凡	罗天盈 曾炜栋	童祺	王曼可 唐思墨 邵诣国

3. 2015 年以来校融媒体中心主任、主任助理，电视台台长、副台长，广播站站长、副站长名单

时间	融媒体中心主任	融媒体中心主任助理	电视台台长	电视台副台长	广播站站长	广播站副站长
2015—2016	—	—	杨岳敏	舒一 梁家龙 黄菁 龚颖璇	蔡虎庭	戴戈晖 李相潮 壮婕 孔卓霖
2016—2017	—	—	冯子珊 黄馨	王守正 欧阳沐岚 葛豪 宋伟凡	黄耀中	陈彦宏 邹子豪 毛佳纯
2017—2018	—	—	李雅雯 陈心萌	吕怡雯 高明媛 谢之骄 戴圆圆	陈彦宏	曾意桐 吴何悦
2018—2019	—	—	吕怡雯 谢之骄	刘鸿睿 李雨馨 李希然 刘芊蕊	曾意桐	晏川川 彭炜骞 陈伊琳
2019—2020	—	—	李希然 魏朗轩	雷茗雅 黄茜格 周馨瑜 贺文熠	陈伊琳	杨宜 张文澜 吴柯岑
2020—2021	—	—	陈可 周馨瑜	邵轶 尹伊 李可 李宛忆	申婧奕	李淑湘 刘龄泽
2021—2022	—	—	梅益嘉	胡家琳 刘哲含 谢奥璠	陈雁	胡景仪 梁博涵
2022—2023	—	—	周语汐	周子琦 廖家麟 周姝含	丁相宜	谢思枚 龙林卉 邓雯轩
2023—2024	唐颖婷	陈佳鑫 刘宇涵	周姝含	刘清悦 万和 杨景行	龙林卉	王雪妍 易诗 周煜展
2024—2025	陈佳鑫	纪敏才	万和	李蓬熙 邵奕泽 朱梓言	王雪妍	徐筱仪 唐糖 向彭菀琪

学校要事志

2015 年

4月5日，我校北美校友会在美国旧金山举行成立大会，谢永红校长代表学校出席和祝贺，并宣布北美校友会正式成立。

4月7日，我校师生代表500余人在副校长陈迪勋的带领下赴创校先贤禹之谟烈士墓、黎尚雯先生墓开展祭扫活动。

4月10日，高考指导专家郭建民老师为高三全体文科学生和高二部分文科学生作了题为"探究高考真题，体验学科素养"的高考复习指导讲座，并与历史教研组教师进行了交流。

4月10日，校庆系列活动之第十四届优秀主题班会展示活动顺利结束。

4月10日，2015年读书文化月特别活动在图书馆报告厅如期开讲。高一年级的何润楚同学为大家带来了题为"1949—2015进击的台湾民主"的讲座。

4月11日，2015年学生跳蚤市场活动圆满举行。

4月12日，1415班全体师生及家长代表在慈济慈善基金会志工的带领下开展了主题为"垃圾分类爱地球、资源回收捐助学、爱的循环1+1"的环保宣传活动。

4月13日，长沙市教育局党委委员、机关党委书记胡慎信，安全处处长熊建忠来校调研校园安全情况。

4月13日，在第六届"北斗杯"全国青少年科技创新大赛全国总决赛中，陈希娅同学的《基于北斗导航的宠物线圈》作品荣获中学组一等奖，刘新月的《北斗卫星导航系统在城市公共基础设施维护中的应用》和叶子豪、王岸东、李倩颖三名同学合作的《北斗在边境管控上的应用》获竞赛奖，我校荣获本次大赛中学组"优秀组织奖"。

4月14日，湖南省教育厅党组书记、厅长、省委教育工委书记王柯敏来校考察调研。省教育厅基教处王玲处长、我校谢永红校长等校领导陪同考察调研。

4月15日，湖南省规划课题"基于学生发展的高中化学实验教学策略研究与实践"研讨活动在我校科学楼化学实验室举行。全体与会人员听取了我校曾有良老师执教的化学选修课"实验化学·焰色反应"及刘冉旭老师执教的化学课"酸碱中和滴定（第二课时）"。

4月16日，《中国教育报》刊文报道我校现代教育实验学校的探索。

4月16日，长沙市副市长夏建平一行来校考察调研。夏建平一行在学校四会议室召开了座谈会，听取了谢永红校长关于学校办学情况的汇报。

4月16日，湖南师大附中高新实验中学办公室主任兼工会主席鲁荣对我校来自高一、高二年级的两百多名志愿者及校史讲解员进行了首次集中培训。

4月16日，我校模拟联合国协会举办了主题为"我们在一起"的社团专场展示活动。

4月17日，我校杰出校友何继善院士应邀来校讲学，正式拉开了110周年校庆系列活动之校友学术论坛的序幕。

4月17日，教学开放日活动成功举办，展示了我校良好的精神风貌。

4月17日，"2015年湖南省高中学业水平考试准备会议"在图书馆报告厅召开。

4月19日，以"迎校百有十年，展我社团风采"为主题的第十二届学生社团节圆满落幕。各社团在活动中充分彰显了附中社团的魅力，展现了附中学生的综合素质。

4月20日，2015年第8期《人民教育》刊发了谢永红校长撰写的《湖南师大附中：为学生提供可持续的发展力》一文，系统推介了我校课程改革新进展。

4月20日，郑州市扶轮外国语学校校长董慧蕴带领各科老师一行共32人来校交流。副校长樊希国、校办公室主任陈胸怀、教务处主任张胜利热情接待了客人。

4月20日，潇湘晨报《十几岁TEEN》杂志出版发行我校110周年校庆特刊，全刊以"直面·校长接招""直选·票选名片""直击·名校风采""直忆·校友典藏""直趋·名师驾到"和"直白·有你真好"六大板块展示了我校的多样风采。

4月21日，李有为、周尚彦2名同学入选全国青少年信息学奥林匹克竞赛省代表队。在此前的全国青少年信息学奥林匹克联赛（湖南赛区）中，高铭鸿、李有为、段志健、周尚彦、武毓涵、邓凯文、杜逸闲等7名同学获得联赛一等奖。

4月21日，湖南师范大学工程与设计学院服装艺术表演专业苏巧如教授在大会议厅对我校近300名学生志愿者进行了礼仪培训。

4月22日，2015年第2期（总第227期）《中国教师》杂志刊发四篇文章介绍我校学科特色、管理特色和文化特色。湖南省教育厅党组成员、省委教育工委委员王建华特撰文予以推荐。

4月22日，中国教育学会郭永福副会长来校访问，对我校办学成绩给予了高度肯定和赞扬。

4月22日，广东惠州高中生物骨干教师培训班近50名学员来校参加为期一天的高中课堂展示与研讨活动，活动由湖南师范大学继续教育学院和生命科学学院联合组织。我校生物教研组全体老师就高中课堂教学与学员们进行了深入的研讨。

4月23日，湖南师大附中教学联盟第二次会议在湖南广益实验中学成功举行。

4月23日，湖南师大附中物理学科大教研暨何宗罗名师工作室活动在湖南师大附中博才实验中学南校区举行。湖南师大附中教育集团本部及成员校的80多位物理教师参加此次活动。特级教师何宗罗作了题为《漫谈物理研究论文的撰写》的专题报告。

4月24日，广东惠州高中历史骨干教师培训班50名学员来我校参加为期一天的高中课堂展示与研讨活动，活动由湖南师范大学历史文化学院组织。

4月24日，校级家长委员会主任黄东红率领15位委员向我校捐赠一幅名为《旭日东升》的大型湘绣，并赠送由校级家长委员会秘书长文伟玲女士亲自撰写的110周年校庆贺卡，为110周年校庆送上来自家长们的美好祝福。

4 月 25 日，1986 届校友、中航技进出口有限责任公司副总经理曾文作了题为"国际军贸与中航工业"的讲座，全体高三学生聆听了讲座。讲座由学工处主任郭在时主持。另外，1986 届校友向母校捐赠了校训石，以表达对母校教育之恩的感谢。

4 月 27 日，1986 届校友、中国科学院物理学家丁洪应邀来校讲学。活动由学生工作处主任郭在时主持。在学生活动中心，丁洪校友为全体高二学生作了题为"大话超导"的讲座。

4 月 27 日，2005 届校友蒋柯夫返回母校，为母校 110 华诞捐赠了 5000 套手绘明信片，总价值约 10 万元人民币。副校长陈迪勋、学工处副主任黄雅芩代表学校接受了捐赠。据悉，5000 套明信片将在校庆当天发放给返校校友。

4 月 27 日，《潇湘晨报》发表了题为《湖南师大附中迎 110 周年校庆 请你"回家"看看》的报道。

4 月 27 日，《三湘都市报》发表了湖南师大附中迎 110 周年校庆的相关报道，题目为《老中青校友 5 月一起"致青春"》。

4 月 28 日，《湖南日报》头版以《为学生的人生幸福奠基》为题报道了我校教学改革探索。

4 月 28 日，1992 届校友、湖南广播电视台卫视频道节目制作中心副主任、《爸爸去哪儿》栏目总监制谢涤葵先生应邀来校讲学。讲座由学工处主任郭在时主持。在学生活动中心，谢涤葵校友作了题为"爱青葱校园，做三心少年"的讲座。

4 月 29 日，全国自主招生百强排行榜出炉，我校排湖南第一。

4 月 29 日，岳麓区区长周志凯来校指导校庆安保工作，湖南师范大学副校长周俊武，岳麓区交警、环卫、政府办、教育局、公安局等相关部门负责人，我校谢永红校长、曾少华书记、罗培基副校长等校领导陪同接待。

4 月 30 日，《潇湘晨报》刊载题为《抗战期间广益中学三次迁移，仍坚持全英文教学》的文章。

4 月 30 日，来自世界各地的 200 多名 1985 届校友欢聚长沙，共贺母校 110 周年生日。我校副校长陈迪勋以及黎长昭、谢碧悟、吴雁驰、杜雅丽、梁良樑等 10 多位 1985 届任课教师出席聚会晚宴。本次聚会由长沙校友会承办。

4 月 30 日，湖南省副省长李友志莅临我校考察指导工作，对附中建校 110 周年表示祝贺，盛赞我校办学成就，并殷殷寄语学校建设发展。

4 月 28 日—5 月 1 日，我校友好校——法国顾拜旦中学校长 Legroux Serge 先生、财务后勤部长 Gilot 先生、中文教师 Finard Dongqin 及学生代表一行共 41 人专程来到我校，进行为期三天的友好访问。

5 月 1 日，由中国教育学会高中教育专业委员会主办、湖南省教育学会普通高中校长工作研究专业委员会协办、我校承办的"2015 年中国高中教育发展论坛——新常态下深化高中教育综合改革的再探索"在学校会议厅举行。

5月1日，我校校友会第六届理事会第一次会议在图书馆报告厅召开。

5月2日，我校建校110周年庆典暨文艺演出在学生活动中心隆重举行。谢永红在110周年校庆典礼上致辞。来自全国各地的领导、嘉宾、校友欢聚一堂，共襄盛典。

5月3—4日，我校友好校——加拿大文思博学校校长鲍德温先生一行在我校举行了2015—2017年度"湖南学者"选拔工作，我校高二年级刘艺纯、刘汉儒、李思颐同学成功获选第八届"湖南学者"。

5月4日，我校对口支援校——新疆吐鲁番市第二中学校长王永芳带领该校各学科老师共10人来校访问交流。校长谢永红、副校长黄月初热情接待了新疆客人。

5月5日，在校史馆贵宾室内，校长谢永红与加拿大文思博学校校长鲍德温先生举行会谈。

5月7日，我校多元校区化学教学研讨活动在湖南师大附中高新实验中学举行。

5月8日，广东省中山市濠头中学德育干部培训班学员一行25人来校访问交流。副校长陈迪勋和教科室主任左小青分别作了主题发言。

5月9日，湖南省武术段位制推广工作会议暨"中国武术协会段位考试点"授牌仪式在湖南师大附中梅溪湖中学召开。

5月10日，全国中小学语文素养大赛湖南总决赛在长沙闭幕，我校语文组荣获本次大赛优秀组织奖。决赛中，我校荣获辩论赛第一名，10人获个人全能一等奖，8人获二等奖，17人获三等奖。获单项奖的学生多达117人次。

5月11日，校长谢永红、副校长黄月初赴湖南师大附中高新实验中学调研、指导工作，受到高新实验中学校长康辛勇、党总支书记许金陵等校领导的热情接待。

5月11日，第十四届优秀主题班会展示评比活动颁奖仪式暨第八次班主任沙龙活动在图书馆报告厅举行。在本次主题班会竞赛中，朱昌明、刘新民、李兰、黄俊、张婷等5位班主任获一等奖，陈克剑、刘熠、雍琼、杨洁、兰海波等5位班主任获二等奖。

5月12日，校长谢永红、副校长黄月初在教务处主任张胜利、学工处主任郭在时、教科室主任左小青和人事科科长肖晓辉的陪同下，到湖南师大附中星城实验学校调研指导工作。

5月13日，我校在湖南师范大学2014年度安全维稳工作考评中被评为"优秀单位"，保卫科邹欣鸿被评为"先进个人"，王广菊、钟运庭被授予"特别奖"。

5月13日，九三学社哈尔滨市委员会办公室主任、延寿县人民政府副县长林岩带领延寿县"树人工程"调研组一行共10人来校交流，调研组一行对我校突出的办学成绩、深厚的文化底蕴予以盛赞。

5月13日，校长谢永红、副校长黄月初、教务处主任张胜利、学工处主任郭在时、教科室主任左小青、人事科科长肖晓辉一行赴湖南师大附中博才实验中学调研。

5月13日，由长沙市教育科学研究院组织、我校承办的"长沙市2015年英语学考研讨会"在学校会议厅举行。高二欧阳红英老师上英语单元复习课，特级教师杨美英点评，蒋立耘老师介绍了我校今年学考的备考策略。

5月14日，校长谢永红、副校长黄月初、教务处主任张胜利、学工处主任郭在时、教科室主任左小青、人事科科长肖晓辉一行赴湖南师大附中梅溪湖中学调研。

5月14日，湖南省教育厅党组书记、省委教育工委书记、省教育厅厅长王柯敏考察调研湖南师大附中梅溪湖中学，对该校开创的良好局面给予了充分肯定，对后阶段工作做了具体指导。

5月14日，语文教研组全体教师赴湖南师大附中梅溪湖中学开展教研活动。教研活动由附中语文教研组组长李新霞老师主持，湖南师大附中梅溪湖中学教务处主任张迪平出席研讨活动。

5月15日，2014—2015学年度第二学期半期教育工作总结大会暨110周年校庆总结大会在会议厅召开。学工处主任郭在时、教务处主任张胜利、教科室主任左小青、后勤服务中心主任李文昭分别就半期教育、教学、教研和后勤工作作了总结发言。副校长黄月初作110周年校庆总结报告。谢永红作总结发言。

5月16—17日，全国中小学英语能力大赛湖南省决赛在长沙举行。我校英语组荣获优秀组织奖。在快速拼词比赛中，李逸俊获得决赛季军；在英文电影配音大赛中，我校学生参赛的节目《冰雪奇缘》和《马达加斯加的企鹅》揽获两个一等奖；魏琰和欧阳汕超获得个人全能银奖；肖玖玖、李逸俊和董宇凡获得个人全能铜奖。我校包揽了此次比赛的所有银奖和铜奖。

5月17日，2015年湖南省中学六校联盟学生干部论坛在长沙市一中图书馆报告厅举行。我校学生会主席周毅鹏同学介绍了我校学生干部的机构设置、特色活动等，掀起了整场论坛的高潮。

5月18日，校长谢永红、副校长黄月初、教务处主任张胜利、学工处主任郭在时、教科室主任左小青、人事科科长肖晓辉一行赴湖南广益实验中学调研。

5月20日，在谌跃飞老师的带领下，由雷炜、唐安然与何奕璇、楚天舒等同学分别组成的我校机器人代表队经过顽强拼搏，勇夺湖南省第八届青少年机器人竞赛高中组即兴擂台赛团体金牌。

5月20日，"大附中"地理教研组和长沙市梁良樑地理名师工作室联合教研活动在湖南广益实验中学举行。

5月21日，第37期结业典礼暨新团员宣誓仪式在图书馆报告厅举行。

5月22日，2014—2015学年度学生表彰大会在学生活动中心隆重举行。

5月23日，中国科学技术大学"郭沫若奖学金"颁奖典礼在安徽合肥隆重举行，我校2011届优秀毕业生马飘荣获中国科学技术大学第34届"郭沫若奖学金"。我校教务处主任张胜利、教练卿卫群应邀出席颁奖典礼。

5月23日，第二十三期青年业余党校结业典礼在图书馆报告厅举行。

5月27日，湖南师范大学常务副校长卢岳华来校考察，看望慰问了备战高考的高三年级师生，并对我校考点的组考工作提出了要求与希望。

5月27日，望城一中副校长肖忠平带领各科老师一行共14人来校交流。

5月30日，我校足球俱乐部的同学与来自长沙市一中足球社的同学展开了一场别开生面的足球友谊赛。

6月1日，长沙大学附属中学校长陆佳宾、党委书记刘孟佳带领该校各部门负责人一行10人来校考察交流。

6月1日，体艺工作会议在图书馆教师研修室召开。校长谢永红、副校长陈迪勋出席会议并讲话。会议由学生工作处主任郭在时主持。

6月3日，我校在会议厅召开"三严三实"专题党课暨专题教育部署会。党委书记曾少华讲"三严三实"专题教育党课，党委副书记兼纪检书记彭荣宏主持会议，并对学校"三严三实"专题教育进行具体部署。

6月5日，《潇湘晨报》A06版2015年高考系列报道晒出长沙市14个高考考点楹联，一展各考点学校的精神风采与文化特色，我校高考楹联位列榜首。

6月5—7日，由湖南师范大学工会组织的教职工气排球赛在师大体育馆举行。我校教职工代表队在6月7日下午的决赛中取得第一名的好成绩。

6月9日，2015届毕业典礼暨十八岁成人宣誓仪式在学生活动中心隆重举行。

6月9日，我校启动对口帮扶常德桃源县芦花潭乡中学工作。

6月15日，长沙市环保征文大赛颁奖典礼在长沙市群众艺术馆隆重举行。我校高二年级1303班邓凯文同学的作品《翠穹梦远吟》荣获一等奖。

6月16日，在2015年全国中学生生物学联赛中，我校生物竞赛组8名同学获得全国联赛一等奖，其中有3人入选湖南省代表队。

6月18日，湖南省体育局青少年体育处副处长刘滨、体育专家彭建国，长沙市体育局青少年体育处处长李强等一行3人来到我校核查体育传统项目学校评估工作。

6月15 19日，我校对口援助新疆吐鲁番市高昌区第二中学。

6月25日，孙嘉玮同学夺得湖南省2015年高考理科状元。

6月25日，我校2015年高考再续辉煌，60名学生被国外名校录取。

6月28日，生物教研组组织师生参观洋湖湿地再生水厂。

7月1日，庆"七一"表彰暨新党员宣誓仪式在会议厅隆重举行。

7月1日，2015年第7期（总第851期）《湖南教育》刊载了校长谢永红撰写的《现代教育实验学校的建立与完善》一文，报道我校现代教育实验学校建设成果。

7月2日，2014—2015学年度本部中层干部考核测评会在图书馆报告厅召开。

7月5日，第九次班主任沙龙活动在图书馆报告厅举行。

7月5日，我校由谭泽睿、朱涵琦、杨芳璇3名同学组成的智能车代表队荣获第七届湖南省"时代杯"大学生智能汽车竞赛二等奖。

6月25日—7月6日，我校考核外派多元校区管理干部。

7月10日，党委中心组举行"三严三实"专题教育第一次学习研讨会。

7月11日，2014—2015年度第二学期期末总结大会在会议厅召开。

7月12日，舒华章、彭浩东同学参加2015年先锋中学生国际圆桌会议。

7月12—18日，生物联合教研组赴小溪国家自然保护区开展野外科学考察。

7月18—19日，2015年暑期管理工作研讨会在之谟图书馆教师研修室举行。

7月19日，学校党风廉政建设专题教育学习活动在之谟图书馆报告厅举行。

7月18—20日，第六届"外研社杯"中国青少年英语能力大赛全国总决赛在北京举行。我校本部11名同学参加高中组比赛，获得个人全能2金、3银、3铜的好成绩。国际部参赛队伍更是收获"团体二等奖"。指导老师陈小虎获得"一级英语辅导教师奖"，黎轩获得"优秀英语辅导教师奖"。

7月20—24日，我校教师参加2015年"师大附中（区域）合作体"优秀班主任教育思想研讨会。

7月25日，由共青团中央网络影视中心举办的第四届"奔跑吧，少年"全国校园主持人大赛颁奖典礼在山东济南举行。我校黄依萌、谭成两名同学获金奖，舒一、张僖真、龙曼雪、周宇巍等4名同学获银奖，刘洋、谭昕瑶、刘修谨、皮佩佩等4名同学获铜奖。黄依萌同学获大赛唯一最美声音奖。

7月25—29日，熊江韬、陈葭心同学参加复旦大学国际中学生模拟联合国大会。

7月，我校全面开展2015年暑期学生"农村生活体验"活动和"企业生活体验"活动。高一年级分别前往浏阳市沿溪中学、韶山学校、浏阳古港镇，宁乡花明楼镇，开展为期六天的"农村生活体验"社会实践活动。高二年级分别前往三一重工集团产业园、湖南省湘绣之乡——开福区沙坪小镇、湖南华菱湘钢集团、广汽菲亚特克莱斯勒汽车有限公司、长沙中传机械有限公司开展企业生活体验活动。

8月1—7日，我校学生干部开展2015远志夏令营活动。

8月3—9日，我校师生代表团访问台中一中。

8月17—20日，第二十四届全国中学生生物学竞赛在江西省鹰潭市举行。我校3名队员参赛，其中周易礽、罗宗睿2名同学入选国家集训队并保送清华大学，唐璟彧同学获清华大学自主招生降一本线优惠录取资格。

8月31日，2015—2016学年度开学典礼暨纪念抗战胜利和世界反法西斯胜利70周年庆祝活动在田径场隆重举行。

9月10日，我校在会议厅隆重举行庆祝第31个教师节暨优秀教师表彰大会。

9月25日，校党委中心组在办公楼三会议室召开了"三严三实"专题教育第二次学习研讨会议。

9月25日，我校举行了师徒结对仪式。本学年共有59对师徒结对。

10月3—5日，湖南省第五届"洞庭杯"民族器乐系列大赛决赛在湖南涉外经济学院音乐学院隆重举行。我校有9名学生晋级决赛，共获得金奖6个、银奖4个、铜奖1个。李鹏程老师荣获"优秀指导教师"称号。

10月10日，校级家长委员会换届会议暨2015—2016学年度校级家长委员会第一次全体会议在校史馆会议室召开。

10月10日，1324班年仅15岁的杨希微同学在湖南师范大学音乐学院音乐厅成功举办独唱音乐会，用汉语、英语、意大利语演唱了十二首抒情、花腔、戏剧女高音等不同风格的歌曲。

10月14日，长沙市政治名师工作室"社会主义核心价值观的德育渗透与价值生成"主题研讨会在我校图书馆报告厅举行。

10月14—15日，湖南省首届中学生运动会乒乓球赛、羽毛球赛相继落幕。我校乒乓球队员参加省直代表队，夺得了2金2银5铜；我校羽毛球队代表省直队参赛，取得了3金3银1铜的好成绩，并获得了团体总分第一名。其中陈瑞同学夺得男单金牌，陶祎仪同学夺得女单金牌，陶祎仪、涂慧纯、金晶、姜子欣同学夺得女子团体金牌。

10月14—18日，全国部分大学附中教学协作体第24届年会在我校举行。

10月21日，"大附中"地理联合教研组在湖南师大附中高新实验中学求真楼开展教研活动。

10月23日，800余名教育同仁参与我校教学开放日活动。

10月21—24日，政治组吴卿老师"价格变动的影响"一课在湖北省武汉市外国语学校举行的2015年度全国思想政治优质课竞赛中，被评为一等奖。

10月25日，北京校友会2015年年会在北京隆重举行。

10月26日，我校友好校——台中一中师生一行17人在图书馆主任彭佳伟的率领下来校开展教育文化考察交流。

10月26—27日，2015年湖南省中学历史课堂教学竞赛在怀化市鹤城区举行，周育苗老师获一等奖。

10月27—30日，2015年中国教育学会化学教学专业委员会第十五届年会暨第十二届化学实验教学创新研讨会在福建省厦门市第一中学举行。化学教研组组长周泽宇老师荣获2013—2015年中国教育学会化学专业委员会系统"先进工作者"称号，化学组彭涛老师执教的"喷出来的银镜反应"在此次会上被评为高中组一等奖。

10月29日，国培计划（2015）湖南师范大学高中语文班全体学员在湖南师大文学院周敏教授的带领下，来校参观并听课交流。

10月28—30日，生物组黄俊老师的"基因工程"一课在广西师范大学附属外国语学校举行的2015年中南六省（区）生物教学研讨会中荣获一等奖第一名。冯建国、彭青春、彭娟、朱昌明、陈佳健老师的论文荣获一等奖。

10月，我校被中国科学院大学授予"科教结合协同育人"杰出贡献奖。

10月，历史组朱皓老师制作的微课"新航路开辟的动因专题讲解"荣获2015年湖南省基础教育微课大赛一等奖。

10月30日—11月1日，历史组李珊老师的录像课"中美关系走向正常化"在山西太原十二中召开的中国教育学会历史教学专业委员会2015年年会上，获全国历史优质课（高中组）评比一等奖。

11月1—4日，地理组祝航老师"全球定位系统原理及应用"一课在第二届全国湘教版地理教材课堂教学大赛现场课比赛中，获得高中组一等奖第一名。陈克剑老师的课件荣获课件评比一等奖。

11月5日，生物组彭青春老师"染色体变异"示范课在长郡中学举行的2015年长沙市高中生物教学研讨会中荣获一等奖。

11月5日，由中国物理学会、全国中学生物理竞赛委员会主办，湖南省物理学会、湖南师范大学和我校承办的第32届全国中学生物理竞赛决赛顺利闭幕。我校18名参赛学生取得优异成绩，6人入选国家集训队，10人获得金牌，6人获得银牌，2人获得铜牌，入选国家集训队人数居全国第二。

11月9日，第十二次班主任沙龙活动在图书馆报告厅举行。

11月9—10日，党委书记曾少华、副校长兼扶贫工作执行组长陈迪勋一行前往邵阳市绥宁县关峡苗族乡插柳村开展"一进二访"活动。

11月8—11日，由湖南省教育科学研究院组织的湖南省中学地理教学竞赛暨湘江源学术研讨活动在蓝山二中举行。我校地理组杨夏老师荣获高中地理教学竞赛一等奖。

11月13日，益阳市第一中学领导、教师一行15人在教务科科长郭范的带领下，来我校考察交流。

11月13日，浙江绍兴鲁迅中学客人来校访问，与我校奥赛教练签约结对。

11月9—13日，湖南师大附中教育集团第五届"附中杯"排球联赛在本部体育馆举行。

11月14日，我校组织开展了2015—2016学年度第一学期家校交流活动。

11月14—15日，第7届全国中学生地理奥林匹克竞赛暨第13届国际中学生地理奥林匹克竞赛选拔赛在华南师大附中举行。经过师生共同努力，1420班楚锦程荣获银奖，1414班陈斯洲、莫肖玮荣获铜奖，我校代表队荣获集体二等奖，获奖人数比例位居全省第一，全国前列。

11月15日，170多位教职员工参加了校工会组织的秋季登山活动。

11月16日，华中师范大学副校长黄永林、教育发展部主任卫金磊带领基础教育合作办学平台专家们一行40人到我校考察交流。

11月16日，省高校党风廉政建设检查考核组来校检查指导工作，充分肯定了我校落实党风廉政建设责任制的工作，并对我校进一步落实党风廉政建设责任制提出了意见和建议。

11月18日，广西南宁三中校长、书记黄河清，副校长韦屏山、张红兵一行3人来我校交流访问。

11月21—22日，数学组杨章远老师、黄钢老师在长沙市一中举行的湖南省中学数学教师解题竞赛中分别获得高中组特等奖、高中组二等奖。

11月22日，陈益婕同学荣获首届"中译杯"全国青少年口译大赛华中大区总决赛冠军。

11月23日，我校友好校——韩国仁川晓星高等学校师生代表团第十一次来我校开展交流访问活动。

11月25日，国际部开展英语教学研讨活动。高一年级全体英语老师与国际部全体英语老师共同观摩了由国际部黎轩老师执教的"Northstar Ⅱ Unit 4 A Different Path to Justice"阅读课。

11月27日，谢永红在校史馆贵宾室会见了韩国仁川晓星高等学校校长李承馥一行，双方就进一步拓展合作交流进行了会谈。

11月27—29日，湖南省教师教育学会班主任工作专业委员会2015年年会在长沙举行。黄雅芩、欧阳荐枫、袁建光、李显亮、谢兰萍、祝琳丽等6位老师的论文获省级一等奖，曹艳荣、曾志敏、陈琳、秦飞、姜平贵、张婷、陈克剑、刘冉旭、游淑雲、成子通、万红梅等11位老师的论文获省级二等奖。

12月1号，香港校友会2015年年会在香港举行。

12月2日，数学教研组联合长沙市数学名师工作室开展高三学生教学研讨活动。

12月3日，湖南师大附中教育集团化学教研活动在湖南师大附中梅溪湖中学举行。

12月3日，广西壮族自治区梧州市教科院组织部分骨干教师及梧州市一中敏行工作坊成员来我校进行教学交流活动。

11月30日—12月4日，我校教师受邀参加福州一中教学开放周教学研讨活动。

12月4日，我校组织开展"12·4"宪法晨读活动。

12月4日，第30届校园文化艺术节之高三年级曲艺欣赏活动在学生活动中心举行。长沙市曲艺家协会给高三年级1000多名师生带来了一场精彩的表演。

12月4日，第30届校园文化艺术节之第4届"微力量"主持人挑战赛决赛在学生活动中心举行。

12月3—5日，物理老师彭知文、政治老师蒋平波受邀参加了西南大学附中主办的课堂教学观摩及研讨活动。

12月3—5日，湖南师范大学附属学校2015年年会在桂东一中举行。副校长樊希国一行5人参加了年会。

12月5日，第30届校园文化艺术节之第6届"中育剑桥杯"英语电影配音大赛决赛在学生活动中心圆满落幕。

12月5—7日，第十二届全国校园影视评比颁奖会在深圳举行，我校宣传片《荣光》荣获全国校园电视评比最高奖金犊奖。

12月8日，长沙市中小学大课间体育比赛评委团一行4人来校指导学生大课间活动。

12月9日，怀化市第五中学领导、教师一行11人在副校长尹春莲的带领下，来我校考察交流。

12月9日，在广东省鹤山市鹤华中学副校长代红的带领下，鹤华中学各年级备课组长、部分骨干教师和科组长一行20人来我校考察交流。

12月9日，第30届校园文化艺术节之高一年级"逐梦之音"合唱比赛暨班歌创作比赛在学生活动中心隆重举行。

12月10日，广东省佛山市南海区教育局中小学体育教育考察团来校交流。

12月10日，第30届校园文化艺术节之高二年级"民族魂·青春梦"舞台剧比赛在学生活动中心拉开序幕。

12月5—12日，以"国际志愿者日"为契机，我校开展了为期八天的以"志愿服务点亮梦想"为主题的志愿服务活动。

12月12日，第30届校园文化艺术节"民族魂·青春梦"闭幕式暨优秀节目展演在学生活动中心隆重举行。

12月14日，学校党委中心组在办公楼三会议室召开了"三严三实"专题教育第三次学习研讨会议。

12月14日，在执中楼三会议室召开新疆吐鲁番市高昌区第二中学来校就读学生座谈会。

12月16日，广东省化州市教育局教育干部高级研修班学员一行54人来我校考察交流。

12月17日，湖南省教育厅史志办、湖南省学校史志研究会联合组成的"优秀校史馆"评估专家组对我校校史馆进行了现场评估。

12月14—18日，第三十一届全国中学生数学奥林匹克竞赛决赛在江西省鹰潭市举行。我校5位队员参赛，4人荣获金牌，1人荣获铜牌，其中左都云、宋政钦两名同学入选国家集训队并保送清华大学，周文杰、罗文林、刘其灵第3名同学获北京大学降一本线优惠录取资格。

12月18日，湖南省教育国际交流协会第四届会员代表大会在益阳举行。校长谢永红当选为协会副会长兼基础教育分会会长。

12月18日，衡东县骨干教师高级研修班学员一行29人来我校考察交流。

12月19日，广州校友会2015年年会在羊城广州隆重举行。

12月16—20日，在地理教研组组长向超的带领下，湖南师大附中教育集团本部与集团成员校湖南广益实验中学、湖南师大附中博才实验中学地理教研组27位教师先后在东北师大附中、吉林市一中进行了考察、学习和交流。

12月17—20日，我校模拟联合国社团高一社员12人在团委书记吴卿的带领下，参加了在上海外国语大学附属外国语学校举办的2015年牛津大学模拟联合国大会。

12月20日，深圳校友会2015年年会在鹏城深圳隆重举行。

12月21日，新疆大学附中德育主任张书涛、副主任蒋娟以及两位班主任一行4人来我校考察交流。

12月22日，我校民乐团应邀参加海外华裔青少年"中国寻根之旅"冬令营活动。

12月23日，学生干部座谈会在校史馆会议室举行。

12月20—24日，我校师生代表团一行17人在教学与课程处副主任姜小明的带领下访问友好校韩国仁川晓星高等学校。

12月25日，福建省莆田第一中学教育考察团来校考察交流。

12月25日，高一年级工作研讨会在图书馆报告厅召开。

12月25日，武冈市第一中学一行14人在副校长黄荣新的带领下来我校考察交流。

12月25日，我校荣获2015年长沙市体育大课间武术操评比一等奖。

12月26日，历时近一个月，历经预赛、决赛两个阶段，湖南师大附中教育集团首届青年教师教学竞赛活动胜利落下帷幕。

12月26日，我校校史馆被湖南省学校史志研究会、湖南省教育史志编纂委员会授予"湖南省优秀校史馆"称号。

12月28日，第十四次班主任沙龙活动在图书馆报告厅举行。

12月，副校长黄月初及部分教师参与编著的《重塑课堂：超越分数的教学案例与评析》一书出版。

12月，西北工业大学、北京邮电大学、兰州大学先后发来喜报，祝贺我校优秀学子在高校取得优异成绩，并感谢我校的辛勤培育。

12月，我校举办第30届校园文化艺术节之美术书法摄影作品展。

12月，《湖南日报》报道我校援助浏阳市沿溪中学事迹。

12月，湖南省教育厅公布了全省138所省示范性普通高中2015年度督导评估结果，我校被授予"省示范性普通高中督导评估2015年度奖"。

12月，中国人民大学、天津大学、中国药科大学先后给我校发来喜报，祝贺我校学子在高校取得优异成绩，并感谢我校为高校输送了大批优秀学子。

12 月，谌跃飞老师在全国通用技术教学技能竞赛中荣获一等奖。

2016 年

1 月 6 日，长沙市第二届中学数学教师解题能力大赛结果揭晓，我校数学教研组 4 位参赛教师取得了优异成绩。其中杨章远、黄钢老师获特等奖，张湘君、柳叶老师获一等奖，我校荣获高中组团体总分一等奖。杨章远、黄钢老师晋级湖南省中学数学教师解题能力大赛决赛，并分别获得特等奖和一等奖。

1 月 7 日，同济大学给我校发来感谢信，感谢我校连续输送了大批优秀学子，成为同济大学卓越人才培养的坚实后盾。

1 月 7 日，接湖南省教育厅《关于认定湖南师范大学附中等 29 所学校为湖南省基础教育课程改革样板学校的通知》（湘教通〔2015〕572 号）文件，我校被认定为湖南省基础教育课程改革样板校。

1 月 7 日，我校与长沙县人民政府正式签订湖南师大附中星沙学校合作办学协议。

1 月 7 日，第 38 期少年团校开班典礼在图书馆报告厅隆重举行。

1 月 7—8 日，第九届"情系母校，感恩回归"之香港地区高校回访活动在图书馆报告厅举行。

1 月 8 日，2014—2015 年度长沙市中小学图书管理员工作总结大会暨图书管理员业务培训在长沙市一中顺利召开。我校图书馆被评为 2014—2015 年度长沙市中小学优秀图书馆，陈艳、熊健两位老师被评为中小学优秀图书管理员。

1 月 8 日，我校举行第七次学生发展论坛，主题为"湖南师大附中教育集团成员校体艺特长生培养及梯队建设"。

1 月 9 日，武汉校友会 2015 年年会在武汉湘鄂情大酒店隆重举行。

1 月 10 日，上海校友会 2015 年年会在上海隆重举行。

1 月 10 日，湖南省中学中国武术协会段位制（初段位）考试在我校体育馆二楼举行。我校高二、高三两个年级武术选修班共 86 名同学参加了考试，全员达到长拳三段水平，获长拳三段证书。

1 月 11 日，第十五次班主任沙龙活动在图书馆教师研修室举行。

1 月 13 日，我校收到了一封特殊的来信。这是一封署名为团中央书记处书记傅振邦的信件，来信对我校共青团的不俗工作成绩"点赞"。

1 月 14 日，湖南师大附中教育集团 2016 届九年级联合备课组组长聘任仪式在校史馆会议室举行，聘任程砣（广益语文）、黄爱清（博才数学）、朱岳玲（广益英语）、毛志仁（广益物理）、苏文权（博才化学）、符军（博才政治）、金贻富（博才历史）等教师为 2016 届九年级联合备课组组长。

1月15日，长沙市岳麓区2015年高等教育招生考试工作总结大会在博才洋湖小学召开。我校被评为岳麓区2015年度高等教育招生考试工作"先进单位"，高琪玲老师被评为"先进个人"。

1月18日，长沙市2014—2015年中学语文教学评优活动揭晓。我校语文组被评为长沙市优秀教研组，李新霞老师被评为长沙市"优秀教研组长"，欧阳荐枫老师被评为长沙市中学"优秀语文教师"。刘海燕老师的论文获湖南省中学语文教育教学论文一等奖，刘海燕、厉行威、吴音莹、欧阳荐枫、陈超、李钊、李香斌、陈琳、杨茜等老师的论文获长沙市一等奖，刘海涛、刘新民、张婷等老师的论文获长沙市二等奖。

1月18日，长沙市惟一青少年体育俱乐部揭牌仪式在我校体育馆举行。

1月18日，在长沙市教育科学研究院和长沙市物理教学专业委员会举办的2014—2015年度评优活动中，我校物理教研组荣获"优秀教研组"称号，彭知文老师荣获"优秀教研组长"称号，周曼老师荣获"优秀教研工作者"称号。

1月19日，"湘港澳青少年交流基地"授牌仪式在长沙市政府外事侨务办公室举行。我校被省、市外侨办认定为"湘港澳青少年交流基地"并被授牌。

1月20日，我校领导班子"三严三实"专题民主生活会在执中楼三会议室举行。

1月20日，在长沙市教育科学研究院和长沙市历史教学专业委员会举办的2014—2015年度评优活动中，我校历史教研组荣获"优秀教研组"称号，刘丽珍老师荣获"优秀教研组长"称号，李珊老师荣获"优秀教研工作者"称号。

1月20日，第九届"情系母校·感恩回归"校友回访活动开幕式在校图书馆报告厅成功举办，此次校友回访活动的主题为"梦回香樟，重见霞光"。

1月21日，2015年统战工作座谈会在三会议室召开。党委书记曾少华，党委统战委员、副校长樊希国，党委办公室主任叶越冬以及民盟、民进支部的负责同志，民革、三胞联谊会的代表参加了会议。

1月21日，退伍转业军人座谈会在三会议室召开。党委书记曾少华、工会副主席刘伟立、党委办公室主任叶越冬、退伍转业军人代表参加了会议。

1月21日，2015年度青年教师座谈会在校史馆会议室举行。校长谢永红，党委书记曾少华，副校长黄月初、陈迪勋及相关部门负责人参加了座谈会。

1月21日，2015年新退休教职工座谈会在校史馆会议室举行。

1月22日，湖南师大附中教育集团在校本部举办了武术教师培训班。来自教育集团7所成员校以及湖南师大附小的30余位体育教师参加了培训班。

1月22日，学校宣传、督导、档案、信息工作会议在校史馆会议室举行。副校长黄月初、樊希国、陈迪勋，各部门负责人以及各年级组、教研组、处室的宣传员、督导员、档案员、信息员共60余人参加了会议。

1月22日，湖南师大附中教育集团艺术工作会议在办公楼三会议室召开，会议就教育集团艺术特长生的整体培养进行了热烈的讨论。

1月22日，学科竞赛工作研讨会在校史馆会议室召开。

1月23日，从国家知识产权局获悉，高1320班罗蕃莛同学发明的一种有关伯努利原理研究的实验改进装置经国家知识产权局审核通过，获得实用新型国家专利权。

1月23—24日，我校举办省级"送培到校"项目——2016年寒假全员培训活动，并全程进行了网络同步直播，全体教职工参加了培训。

1月24日，王子豪、丁一开、黄轩宇3名同学以优异成绩光荣入选国家代表队。王子豪同学将代表中国参加2016年第47届国际中学生物理奥林匹克竞赛，丁一开、黄轩宇两名同学将代表中国参加2016年第17届亚洲中学生物理奥林匹克竞赛。

1月25日，2016年寒假管理工作研讨会在校史馆会议室举行。全体校领导、中层干部、学术委员会主任、教师委员会主任和集团各成员校正副校长参加了会议。

2月20日，2015—2016学年度第二学期开学工作会议在学校会议厅举行。

2月23日，根据《关于聘请汤素兰等同志担任省教育厅特约教育督导员的通知》（湘教通〔2015〕562号）文件，我校数学教研组张宇老师被聘为湖南省教育厅特约教育督导员。

2月23日，校长谢永红作为全省中小学校唯一代表应邀参加了在长沙召开的湖南省教育工作座谈会。

2月25日，湖南省军区司令部、湖南省教育厅、湖南省军区政治部共同发布了《关于表彰2015年全省学生军训工作先进单位和个人的通报》（湘学〔2016〕1号）。我校被评为"湖南省学生军训工作先进单位"。

2月26日，新学期第一次教育督导工作会议在校史馆会议室举行。

2月27日，值2016年高考仅剩100天之际，为做好备考动员工作，助力学子六月圆梦，我校隆重举行了"拼百日、夺桂冠、凌绝顶、展雄风"2016年高考百日誓师大会，擂响了高考百日冲刺的战鼓。

3月1日，湖南师大附中教育集团心理教育联盟成立大会暨第一次学术研讨会在湖南师大附中梅溪湖中学召开。

3月2日，湖南师大附中教育集团教学联盟2015—2016学年度第二次研讨会在湖南师大附中星城实验学校召开。

3月4日，2015—2016学年度第二学期开学党员大会在会议厅召开，全体教职工党员参加了会议。

3月4日，庆祝三八国际劳动妇女节暨表彰大会在会议厅召开。

3月5日，高一年级各班统一举行了研究性学习开题论证会。学生们以小组为单位展示了自己的观点和研究思路、方法、步骤，指导老师现场解答了学生们感到困惑的问题，并对各小组研究性学习课题的实施提出了操作性方面的有效指导。

3月7日，2015年度长沙市中小学德育论文评选颁奖仪式在图书馆报告厅举行。我校黄雅芩、刘淑英、袁建光、欧阳荐枫、刘婧、彭君辉、陈国荣、刘海燕、李兰、周育苗、李昕玲、丁中一、刘海涛、李钊等老师撰写的14篇论文获一等奖；王建等老师撰写的21篇论文获二等奖；陈迪勋、黄雅芩、袁建光、欧阳荐枫等4位老师被评为2015年度长沙市中小学德育研究"先进工作者"。

3月7日，第十六次班主任沙龙暨班主任工作室成立仪式在图书馆报告厅举行。

3月7日，省教育工会发文表彰第七轮"芙蓉杯"竞赛先进集体和先进个人。我校信息技术教研组组长李淑平老师被评为"芙蓉百岗明星"，历史教研组被评为"优秀女职工集体"。

3月8日，英语特级教师、优秀班主任刘淑英成为《班主任之友》杂志2016年第3期封面人物，其论文《高中生综合素质评价的思考与实践》为该期主打文章。

3月9日，在长沙市教育科学研究院和长沙市中学地理教学专业委员会举办的2014—2015年度评优活动中，我校地理教研组荣获"优秀教研组"称号，向超老师荣获"优秀教研组长"和"优秀教研工作者"称号。

3月10日，永州四中一行7人来校交流教育督导工作经验。

3月10日，我校在图书馆报告厅召开了学生社团指导老师工作会议。

3月10日，我校被评为"湖南省学生军训工作先进单位"。

3月11日，我校在之谟图书馆学术报告厅举办了第一次教育信息化专项培训活动。来自湖南师大附中教育集团本部及部分成员校的近100名教职工参与了此次培训。

3月11日，由学校小语种社和英语爱好者协会组织的语言风采配音大赛决赛圆满落幕。

3月12日，2015—2016学年度家长委员会第二次全体会议在校史馆举行。

3月14日，第57届国际数学奥林匹克中国国家集训队集训活动在我校之谟图书馆报告厅隆重开幕。

3月15日，重庆市涪陵实验中学领导、教师一行25人在书记廖万钧的率领下来我校考察交流。

3月15日，高二年级5人制班级足球赛于17：00拉开帷幕。

3月17日，生物教研组全体教师齐聚图书馆教师研修室，举行共读一本书"读书沙龙"活动启动仪式。

3月18日，参加2016年"教育部-中国移动中小学校长影子培训"的绥宁县的两位校长，开始在我校进行为期一周的跟岗培训。

3月20日，我校在校史馆会议室召开了学生校长助理座谈会。

3月14—22日，我校友好校加拿大文思博学校师生研修团一行10人在校长助理Johnny Li的带领下，来我校开展教学研修活动。其间，校长谢永红、副校长樊希国会见了来访团，并与加拿大师生们进行了亲切交流。

3月23日，经基层申报、省级推荐、专家评审，我校"明笃国学社"荣获"全国优秀中学生国学社团"称号。

3月24日，重庆市南开中学校领导、教师一行5人在副校长杨华跃的率领下来我校考察交流。

3月24日，山东省教育科学研究院领导、专家一行9人在副院长李文军的带领下来我校考察交流。座谈会上，双方就高考改革、教学教研等方面进行了深入的交流。

3月24日，长沙周南中学国际部一行10人在主任刘红卫的带领下来到我校国际课程中心进行学术、管理交流与研讨活动。此次交流活动是湖南省教育规划重点资助项目课题"长沙市普通高中中外合作办学项目发展研究"的实施内容之一，我校作为牵头学校之一，与周南中学合作承接了子课题"课程设置模块"的研究工作。

3月26日，新宁县第二中学师生一行42人在校长肖柏栋的带领下来我校访问交流。此次交流活动加强了两校的沟通，增进了两校间的友谊，为两校的共同提高、合作共赢提供了良好的机遇。

3月27日，为期两周的第57届国际数学奥林匹克中国国家集训队集训活动在我校正式落下帷幕。我校宋政钦同学经过顽强拼搏，以优异成绩光荣入选国家代表队，将于今年7月参加在中国香港举行的第57届国际数学奥林匹克竞赛。

3月28日，国际课程中心工作研讨会在之谟图书馆学术报告厅召开。

3月29日，广东顺德李兆基中学领导、教师一行27人在副校长谭锦石的带领下来我校考察交流。

3月29日，山东省胶州市普通高中校长、分管教学副校长、高三级部主任、高中教研室全体教研员一行30人在山东省胶州市教研室主任王茂刚的带领下来我校考察交流。

3月30日，深圳市海湾中学骨干教师一行35人来我校考察交流。校办公室主任莫晖热情接待了客人们。

3月30日，韶山学校三个附中班的师生130人来我校进行友好交流。

3月31日，教育部阳光高考信息平台公布了各省2016年保送生资格名单。我校共有12名同学获得清华大学、北京大学的保送资格，保送生人数位居全国第一。

3月31日，第十一届教职工代表大会第二次会议暨全校教职工大会在学校会议厅召开。88位第十一届教职工代表大会正式代表、18位列席代表在会议厅前排就座，全校教职工参加了会议。

3月31日，按照教研组工作计划，化学教研组全体教师在科学楼化学数字实验室开展集体教研活动。

4月5日，"两学一做"学习教育动员大会暨专题党课在之谟图书馆学术报告厅举行。

4月5日，"第十七次班主任沙龙暨第十五届优秀主题班会竞赛集体评议活动"在校史馆会议室举办。

4月6日，从中国化学会传来消息，经第48届国际化学奥林匹克中国代表队队员选拔赛的选拔，我校戴昱民同学经过顽强拼搏，以优异成绩光荣入选国家代表队，将于今年7月参加在格鲁吉亚举办的第48届国际中学生化学奥林匹克竞赛。

4月6日，第13届学生社团节之白帆文学社"新东方杯"汉字听写大赛决赛在科学楼会议厅举办。

4月7日，第13届学生社团节之"我评哲学家"演讲比赛决赛在学生活动中心举办。

4月7—8日，长沙市各学校200余名教师参加在麓山国际实验学校召开的高三物理复习研讨会。我校高三物理备课组全体教师参加了此次研讨会。

4月8日，团委书记吴卿、学生发展处熊威带领校学长团50余名同学赴博才实验中学开展回访活动。

4月8日，第18期"学达讲坛"精彩开讲，本次讲坛由国防军政社社员1518班向子蔚同学主讲，他主讲的题目是"被遗忘的战争——朝鲜战争1951—1953"。

4月8日，课程与教学处精心组织了2015—2016学年度第二学期教学开放日活动。来自30余所兄弟学校以及湖南师大附中教育集团成员校的700余名老师参加了此次活动。

4月9日，湖南师大附中教育集团第二届"附中杯"田径赛暨首届"附中杯"武术段位赛开幕式在湖南师大附中高新实验中学体艺馆举行。

4月9日，湖南省委原副书记、湖湘文化研究会会长文选德到湖南师大附中梅溪湖中学视察。湖南省委原副秘书长钟万民、长沙市体育局局长李平等陪同视察。我校党委副书记兼纪检书记、湖南师大附中梅溪湖中学校长彭荣宏等梅溪湖中学校领导热情接待了文选德一行。

4月10日，我校急救协会邀请了中南大学湘雅红十字会讲师团来校开展急救培训。

4月11日，张艺兴祝母校湖南师大附中111岁生日快乐。

4月12日，在长沙市第一届"图说时政"比赛中，我校高二年级1414班黄伊萌，1420班郭雨辰、李翰璋、李明远等4名同学在政治教研组唐海燕组长和蒋平波老师的指导下提交的参赛视频《炒饭还是炒作?》一举夺得长沙市一等奖，政治教研组获优秀组织奖。

4月13日，我校纪念建校111周年暨2016年春季马路赛跑活动在潇湘大道沿江风光带举行。

4月13日，应周南中学邀请，我校高三数学备课组与周南中学高三数学备课组开展了一次联合命题制卷研讨活动。

4月15日，浏阳一中计算机、研究性学习、音乐、心理学科组和理化生实验员共20余人在校长袁章军的带领下，来我校考察交流。

4月15日，团委书记吴卿、学生发展处万红梅带领校学长团50余名同学赴湖南广益实验中学开展校友回访活动，受到湖南广益实验中学副校长罗勇、学工处副主任蔡毅和校团委书记邓子峻的热情接待。

4月16日，海南校友会2015年年会于上午在海口中学举行，20余位校友参加了年会。

4月9—17日，校工会主席刘邵来、校办公室副主任刘进球、化学教研组组长周泽宇、英语教师杨秋玲一行4人赴加拿大文思博学校进行友好访问。

4月17日，珠海校友会2015年年会在北师大珠海校区综合楼C202室举行，来自珠海、澳门、中山等地的20余位校友参加了年会。

4月17日，2016年长沙市中小学羽毛球比赛在贺龙体育运动学校羽毛球馆落下帷幕。我校组队参加甲、乙两个组别的比赛，经过两天的激烈角逐，在十四个项目的比赛中，获得九金三银三铜的优异成绩。

4月18日，长沙市教育局副局长邓芸、国际教育交流处处长王天柱及督导办公室专家一行10人，来我校对国际课程中心开展中外合作办学项目专项督导工作。校长谢永红和各职能部门负责人参加了督导工作见面会。

4月19日，2016年度干部教育培训动员大会在校史馆会议室召开。湖南师范大学副校长王善平教授、组织部部长何旭娟出席会议。

4月20日，"第十八次班主任沙龙暨第十五届优秀主题班会竞赛集体评议活动"在校史馆会议室举行。

4月21日，湖南师大附中教育集团物理联合教研组在湖南师大附中梅溪湖中学开展专项教研活动，就八年级的课堂教学进行专题研讨。来自校本部、梅溪湖、广益、博才、星城和高新中学的八年级全体物理老师以及各校的教研组长参加了此次活动。

4月22日，广西师大附中高三学科老师、部分中层干部在校长刘新来的带领下来我校访问交流。

4月22—24日，湖南师大附中首届"生涯规划师认证班"认证培训在图书馆学术报告厅举行。

4月25日，北京市东城区中小学党建和教育管理干部高级研修班学员一行41人来我校考察。

4月25日，我校班主任工作室导师聘任仪式暨导师团队第一次会议在惟一楼第一多功能厅召开。

4月25日，第十九次班主任沙龙暨第十五届优秀主题班会竞赛总结颁奖活动在惟一楼第一多功能厅举行。

4 月 25 日，红网报道：由湖南省教育厅、湖南师范大学牵头，湖南师范大学附属中学与永州市双牌二中双方正式签署对口帮扶协议，宣布两校合作共建帷幕正式拉开。

4 月 26 日，2016 年度干部培训第三次集中培训在校史馆会议室举行。全体校领导、中层干部和派出到集团各成员校任职的校长、副校长参加了培训。

4 月 27 日，湖南省教育工会下文通报 2015 年度直属基层工会工作目标管理考评情况。我校工会被评为“综合管理先进单位”。

4 月 28 日，在刚刚结束的湖南省第 37 届青少年科技创新大赛上，我校王沛霖同学的作品《工业废液河底外排状况监控浮标》荣获金牌，周钒同学的作品《数字电度表单片机控制技术的开发与应用》和鄢楚楚同学的作品《光纤激光辅助加热数控车削 Al_2O_3 工程陶瓷试验》荣获二等奖。王沛霖同学将代表湖南省参加今年 8 月在上海举行的第 31 届全国青少年科技创新大赛。

4 月 28 日，新疆吐鲁番市高昌区第二中学一行 6 人在校长刘萍的带领下来我校访问交流。

4 月 28 日，我校在校史馆会议室举行了湖南师大附中教育集团第八次学生发展论坛，主题为“青岛考察汇报和学校艺术教育工作交流”。

4 月 28 日，湖南师大附中梅溪湖中学在该校图书馆一楼会议室召开了《湖南师大附中“十三五”改革与发展规划纲要》专题学习会。

4 月 30 日，我校民乐团携手附中博才民乐团在长沙市音乐厅举办了“爱在附中博才 · *N*+1”民乐专场音乐会，这是长沙市音乐厅建成以来首场中学生专场音乐会。

5 月 3 日，我校第 38 期少年团校结业典礼暨新团员宣誓仪式在图书馆报告厅举行。副校长陈迪勋、德育与学生发展处副主任黄雅芩、团委书记吴卿、高一年级党支部书记徐凡训出席仪式。

5 月 4 日，加拿大多伦多大学士嘉堡校区副校长 Bernie Kraatz 教授以及国际学术项目处招生负责人李炜老师来校访问。我校校长谢永红会见了来访客人，表达了我校愿为多伦多大学输送更多优秀人才的意愿。

5 月 4 日，共青团长沙市教育局委员会发布《关于表彰 2015 年度长沙市教育系统优秀青年岗位能手的通报》。我校团委书记吴卿老师被评为“2015 年度长沙市教育系统优秀青年岗位能手”。

5 月 4 日，我校召开了以“弘扬五四精神，奉献火热青春”为主题的超龄团员退团仪式暨青年教师座谈会，共同纪念五四运动 97 周年。

5 月 6 日，湖南师大附中教育集团本部足球队与湖南师大附中梅溪湖中学足球队在本部田径场举行了一场足球对抗赛。

5 月 1—8 日，第十七届亚洲中学生物理奥林匹克竞赛在中国香港举行。我校丁一开、黄轩宇同学代表中国参加了此次大赛，经过顽强拼搏，双双勇夺金牌。

5月6—8日，我校模拟联合国社团指导老师张添带领夏子涵、夏以尧、廖昕等同学赴北京参加了由外交学院举办的2016年北京模拟联合国大会。

5月9日，从湖南省教育厅网站获悉，我校高三1322班邓哲承同学荣获"2015—2016学年度湖南省普通高中省级优秀学生"称号。

5月9日，在江西省萍乡市教育局副局长黄琳的带领下，萍乡市教育考察团一行34人来我校考察。

5月11日，奥运跳水冠军、湖南省体育局副局长熊倪率省体育局青少处处长杜利民、副处长费勃、调研员刘滨来我校考察指导体育工作。

5月12日，受知名校友张艺兴委托，其工作室总经理孙于夕女士和张艺兴的母亲刘彦女士来到学校落实捐资奖学的相关事宜。谢永红校长和孙于夕签署了张艺兴工作室在我校设立"张艺兴奖学金"的协议。此次捐赠总金额为100万元，每年10万，将连续捐10年。

5月12日，2015—2016学年度学生表彰大会在学生活动中心召开。本次大会表彰2015—2016学年度省、市、校三好学生、优秀干部和各类单项积极分子，共计3582人次。718人次分别荣获优秀学生类、学科竞赛类、科技创新类、人文学科类、体育艺术类等5大类16项奖学金，共计发放奖学金141 900元。

5月13日，"两学一做"学习教育第二次专题党课在会议厅召开。省委党校党建部主任陈平其教授应邀来校上了题为"《中国共产党廉洁自律准则》与《中国共产党纪律处分条例》解读"的专题党课。

5月14日，经各地逐级推荐、网络投票、专家在线评审，中央电教馆依据专家复议结果，经报教育部基础教育二司同意，公布了2014年度"一师一优课、一课一名师"活动部级"优课"，我校刘丽珍老师的"王安石变法——社会危机四伏和庆历新政"一课荣获部级"优课"。

5月14日，湖南省教育科学研究工作者协会基础教育研究分会成立大会在校史馆会议室隆重举行。

5月14日，新东方教育科技集团总裁、新东方前途出国咨询有限公司总裁、被誉为新东方新"三驾马车"之一的周成刚老师为我校第69期惟一论坛带来了一场精彩的演讲。

5月15日，校党委副书记兼纪检书记彭荣宏带队到邵阳市绥宁县关峡苗族乡插柳村开展"一进二访"活动。

5月16日，省直机关工委宣传部部长、文明办主任向智勇一行来校指导文明创建工作。校长谢永红，党委书记曾少华，副校长陈迪勋、罗培基等校领导热情接待了向智勇一行。

5月17日，学校2016年度党风廉政建设专题学习报告会暨第五次干部集中培训在校史馆会议室举行。全体校领导、中层干部和派出到集团各成员校任职的校长、副校长参加了培训。

5月17日，天心区杨芳德育工作室专家、老师一行30余人来我校访问交流。

5月18日，在副校长戴飙的带领下，广东省惠州市东江高级中学一行20人来我校考察。

5月19日，湖南省教育厅、省教育工会组织的省教育厅直属机关、学校教职工羽毛球团体赛在长沙市民政学院隆重举行。我校教工羽毛球队在工会主席刘邵来的带领下，经过一天的奋力拼搏，以6战5胜1负的战绩夺得羽毛球团体赛第三名。

5月20日，学校在会议厅召开2015—2016学年度第二学期半期教育教学工作总结大会，全体教职工参加会议。

5月21日，湖南师大附中教育集团第一届第二次青年教师体育、心理学学科竞赛在湖南师大附中梅溪湖中学隆重举行。来自集团本部、湖南广益实验中学、湖南师大附中博才实验中学、湖南师大附中星城实验学校、湖南师大附中高新实验中学和湖南师大附中梅溪湖中学的12位青年教师参加了比赛。

5月22日，2016年湖南省中学六校联盟学生干部论坛在我校会议厅举行。

5月23日，在长沙市教育考试院召开的2016年全国高考和2016年学业水平考试工作会议中，我校被评为2015年全国高考考务工作"优秀考点"。

5月23日，在副校长吴青的带领下，华南师大附中一行8人来我校访问交流。

5月24日，湖南省第九届青少年机器人竞赛结果揭晓。由甚霖烨、段邓彬沛、宋彦清、黄佳栋（湖南师大附中梅溪湖中学）、李政翰、吴骏、雷卓、何展辰（湖南师大附中梅溪湖中学）等8名学生分别组成的我校机器人代表队经过顽强拼搏，勇夺高中组FLL（FIRST LEGO league）工程挑战赛、教育即兴擂台赛金牌和教育即兴擂台赛银牌。

5月25日，长沙市教育局党委书记、局长卢鸿鸣率局领导和相关处室负责人来我校调研。

5月25日，我校国际部学生在加拿大滑铁卢数学竞赛中荣获佳绩。

5月26日，湖南省教育科学"十三五"规划2016年度课题立项揭晓。我校5位老师作为主持人申报的5个课题成功立项，分获省级重点资助、省级一般资助与青年资助，为我校打造研究型校园搭建了新的平台。

5月26日，长沙市普通高中通用技术学科素养课堂教学研讨及学科微课竞赛的点评与颁奖活动在我校隆重举行。湖南省教育科学研究院基础教育研究所副所长、湖南省通用技术教研员林宏华老师，长沙市教育科学研究院办公室主任、长沙市通用技术教研员邹良老师及长沙市普通高中各兄弟学校通用技术教师共75人参加了本次活动。

5月28日，常德西洞庭管理区副区长李国良带领西洞庭管理区教育系统一行9人来我校考察。

5月30日，我校第二十次班主任沙龙活动在图书馆报告厅举行。

5月31日，党委书记曾少华、党委副书记兼纪检书记彭荣宏一行到集团成员校湖南广益实验中学开展调研工作。

6月2日，我校教工篮球队与湖南大学附属中学教工篮球队在我校体育馆二楼篮球场进行了一场篮球友谊赛。

6月3日，第九届北京大学生声音潮流季闭幕盛典暨颁奖典礼在中国传媒大学举行。我校学生发展处万红梅老师，学生代表蔡虎庭、孔卓霖、舒一等参加了此次盛典。我校今年共有五部作品成功晋级复赛。《谁的青春不曾五月天》与《行者·乌镇》两部作品荣获大赛中学生单元最高奖"十佳中学生奖"，我校荣获"最佳合作组织奖"。其中，"最佳合作组织奖"是大赛自创办以来第一次授予一所中学。

6月5日，南开大学、天津大学给我校发来喜报，祝贺我校多名毕业生在大学期间刻苦努力，成绩优异，全面发展，在2015—2016学年获得学校多项嘉奖。

6月5日，国际部1523班副班主任张圆圆与美籍教师Odalys Anthony带领该班唐晟、王婉婷、龚树清、刘钊怡、王琦、黄森、李金涛等7名同学赴永州新田县贫困镇新圩镇中心小学开展为期两天的支教活动。

6月16日，重庆市南岸区人民政府副区长莫裕全带领重庆市南岸区教育考察团一行7人来我校考察。

6月18日，江苏省前黄高级中学校长孔建华率领该校领导班子一行5人来我校考察。

6月19日，首届"贺龙杯"长沙市中学生软式棒垒球邀请赛在长沙市贺龙体育中心举行。我校棒球社受邀参赛，成功摘得桂冠。

6月20日，国际部管委会暨学期工作汇报会在执中楼四会议室召开。

6月24日，2015—2016学年度中层干部考核测评会在学校图书馆学术报告厅举行。校领导、学校中层干部、年级组长、教研组长、支部书记、工会组长、学术委员会负责同志、教师委员会代表、民主党派负责同志共计80余人参加了会议。

6月24日，由湖南省学校史志研究会、湖南省教育史志编纂委员会主办，湖南师大附中承办的湖南省第三届"校史与学校文化建设"论坛在学校图书馆学术报告厅举行。

6月24日，在学校图书馆学术报告厅召开了第十一届教职工代表大会第三次全体会议。

6月25日，2016年我校高考、奥赛全面丰收，再续辉煌。5人进入奥赛国家代表队，12人进入奥赛国家集训队。12人保送清华大学、北京大学，保送人数居全国第一。预计今年我校近50人可达清华大学、北京大学录取线。

6月18—29日，校长谢永红，党委书记曾少华，副校长樊希国，党委副书记兼纪检书记彭荣宏，副校长陈迪勋、罗培基等校领导带队，分别对派出到集团成员校博才实验中学、广益实验中学、梅溪湖中学、星城实验学校和高新实验中学任职的干部进行学年度考核测评。

7月1日，我校在会议厅隆重举办庆祝建党九十五周年大会暨"两学一做"学习教育专题党课，湖南师范大学党委委员、副校长周俊武，我校党委书记曾少华、校长谢永红、党委副书记兼纪检书记彭荣宏在主席台就座，全校教职工党员参加了会议。

7月5日，长沙市教育局下文命名第三届第一批十一个市级名师工作室。我校化学教研组特级教师肖鹏飞为"长沙市中学化学名师工作室首席名师"，我校数学教研组特级教师张宇为"长沙市中学数学名师工作室首席名师"。

7月7日，由省直机关工委委员余卫星、宣传部副部长黄瑜、宣传部主任科员黄美芝组成的省直机关工委文明办考核组一行对我校创建省直机关文明标兵单位工作进行考核验收。

7月8日，2015—2016学年度第二学期期末总结大会在学校会议厅召开。校长谢永红，党委书记曾少华，副校长黄月初、樊希国、陈迪勋、罗培基等校领导出席会议，全体教职工参加了大会。

7月11日，校长谢永红在学生发展处主任郭在时的陪同下，赴浏阳沿溪中学、浏阳三中、浏阳十一中，同时党委书记曾少华在党委办公室主任叶越冬的陪同下，赴攸县罗家坪实践基地和广汽菲克，看望慰问正在进行农村生活体验和企业生活体验的高一、高二师生。

7月11日，第2期"京师好老师成长营"活动在北京师范大学辅仁校区大礼堂正式开营。我校欧阳荐枫、马正扬、姜平贵、陈克剑、谢良等5位老师参加学习。

7月12日，共青团湖南省委在长沙为我校知名校友张艺兴颁发聘书，正式聘请张艺兴担任湖南省共青团宣传工作推广大使，并召开媒体见面会。

7月9—14日，高2015级千余名学生在老师们的带领下，走进浏阳、宁乡、韶山、株洲、益阳、岳阳等基地，开展"农村生活体验"活动。

7月11—15日，高2014级千余名学生在老师们的带领下，走进步步高集团、三一重工、广汽三菱、广汽菲克、沙坪湘绣产业园、湘潭湘钢集团、中南传动机械厂、湘阴远大可建厂、安化云台山黑茶基地等企业，开展"企业生活体验"活动。

7月14—15日，副校长陈迪勋、校长助理兼湖南师大附中博才实验中学校长苏建祥随湖南师范大学副校长王善平、蒋新苗，发展规划与学科建设处处长杨震和附属学校管理办公室主任龚民一行前往邵阳市绥宁县关峡苗族乡插柳村开展"一进二访"活动。

7月15日，我校31名同学走进永州市蓝山县高阳村高阳小学，开展重走办学路活动。

7月9—16日，第57届国际中学生数学奥林匹克竞赛在中国香港举行。我校宋政钦同学荣获银牌。

7月11—17日，第47届国际中学生物理奥林匹克竞赛在瑞士苏黎世举行。我校王子豪同学荣获金牌。

7月15—18日，第四届全国中小学生语文素养大赛全国总决赛（夏季赛）在北京市华北宾馆隆重举行。经过语文知识运用（笔试）和语文素养展示两场比赛，黄依萌、李依浓、唐懿、郭鑫瑶获得金奖，方裕琪、李晶晶、谭成获得银奖，刘易思、陈鼎铭、吴骏获得铜奖。谢朝春老师获得优秀指导教师奖。

7月16—18日，2016年暑假管理工作研讨会在校史馆会议室举行。全体校领导、中层干部、学术委员会主任、教师委员会主任和集团各成员校正副校长参加了会议。

7月11—20日，哈佛模联-国际青年领导力特训营在上海举办。英语教研组杨洁老师带领2015级夏子涵、夏以尧、丁文婕、张溢、蔡洁、任子沐、涂皓博等7名同学参加了这次特训营。

7月24—30日，历史教研组成子通老师带领彭嘉琪、梁家龙、周乐瑶、张楚珏、成泓实、邹芷玥等6名同学前往辽宁沈阳，参加由中国教育学会高中教育专业委员会和辽宁省实验中学共同主办、台湾素书楼文教基金会协办的第18届全国中学生国学夏令营活动。

7月23日—8月1日，第48届国际中学生化学奥林匹克竞赛在格鲁吉亚第比利斯举行。我校戴昱民同学荣获金牌。

8月1—3日，地理教研组组长向超老师率领30多名师生赴新宁县崀山进行地理科学综合野外考察。

8月1—5日，学生发展处副主任吴卿带领学生干部一行25人前往香港开展暑期学生干部远志夏令营活动。本次夏令营是一次香港文化之旅，学生干部们不仅探访了香港知名高校，还深入了解了香港的城市文化。

8月2—9日，湖南师大附中学生发展处主任郭在时、高一年级组长袁建光、生物教研组组长杨群英、生物教师吴晓红带领学生干部一行49人，前往新疆开展暑期学生干部远志夏令营活动。

8月17日，2016级高一新生"军营生活体验"动员大会在学校学生活动中心举行。

8月23日，2016级高一新生"军营生活体验"活动总结大会在庄严的国歌声中拉开了帷幕。经过7天艰苦训练的1200名高一新生在田径场以饱满的热情、高昂的士气、整齐的步伐接受了学校领导、训练教官及学生家长的检阅。

8月25日，湖南省中小学教育发展中心与我校联合举办了2016年省级"送培到校"项目——湖南师大附中暑期全员培训班活动，全校300余名教职工全员参与现场培训。

8 月 26 日，2016—2017 学年度开学工作会议在会议厅召开。

8 月 27 日，我校在校史馆会议室召开新疆吐鲁番市高昌区第二中学第二批来校就读学生座谈会。

8 月 29 日，2016—2017 学年度开学典礼在田径场隆重举行。全校 4000 多名师生员工参加了典礼，2016 届部分毕业生来校见证和参与了仪式。

8 月，2016 年 WRO 世界青少年机器人奥林匹克竞赛中国总决赛结果揭晓。我校高一学生徐绮彬、易达、谌霖烨取得华中区选拔赛太空探险中学组二等奖。

8 月 31 日，在四川绵阳举行的第 25 届全国生物奥林匹克竞赛决赛中，我校谭泽州、贺子逸同学双双获得金牌，入选国家集训队，并被保送至清华大学。

9 月 1 日，我校召开社团指导老师工作会议，推动"社团课程化"改革，规范社团活动。

9 月 3 日，我校举办社团招新游园会，44 个社团展示特色活动。

9 月 4 日，行政一党支部赴花明楼镇刘少奇故里开展"两学一做"学习教育活动。

9 月 5 日，我校举行首批生涯规划师颁证仪式，60 位教师通过认证。

9 月 6 日，岳麓区区长刘汇一行来我校调研指导。

9 月 7 日，我校教师梁良樑、苏建祥、吴彩霞在长沙市庆祝第 32 个教师节暨优秀教师表彰大会上获奖。

9 月 9 日，我校举行庆祝第 32 个教师节暨表彰大会。

9 月 9 日，湖南省人大常委会副主任李友志视察湖南广益实验中学并慰问教职员工。

9 月 10—11 日，湖南师大附中教育集团生物联合教研组赴浏阳大围山开展生态考察活动。

9 月 14 日，长沙市首批地理教研示范基地学校授牌仪式暨地理教研组长会议在我校举行。我校被遴选为长沙市首批高中地理教研示范了基地（唯一）。

9 月 14 日，湖南师范大学文学院国培班学员到我校交流学习。

9 月 18 日，邵阳武冈一中监察室主任李建涛、办公室主任唐平来我校挂职锻炼。

9 月 19 日，河北衡水中学校长张文茂等来宾访问我校。

9 月 21 日，历史教师谌湘蓉被遴选赴香港担任教学指导教师。

9 月 21 日，湖南师大附中教育集团英语教研组召开教考结合研讨会，来自附中集团各大校区的 100 多名老师参与了此次活动。

9 月 23 日，我校召开 2016—2017 学年度第一次党员大会。

9 月 24 日，我校召开 2016—2017 学年度家长委员会第一次全体会议。

9 月 25 日，我校举办第二十一次班主任沙龙活动。

9 月 25—28 日，我校田径代表队在湖南省中学生田径锦标赛中获得团体总分第三名。

9月29日，湖南师大附中第30届校园体育节暨田径运动会开幕。

9月29日，长沙市第三届第一批名师工作室授牌仪式在长郡中学举行。我校肖鹏飞、张宇两位名师分别任长沙市中学化学名师工作室、中学数学名师工作室的首席名师。与会领导为首席名师颁发了工作室牌匾。

9月27—30日，全国部分大学附中教学协作体第25届年会在福建师大附中举行。我校副校长樊希国、黄月初，课程与教学处主任姜小明率领杨章远、胡玲玲、王建、彭建锋等4位老师参会。

9月26日—10月1日，湖南师大附中成功举办2016年第三期全国信息学奥林匹克（NOI）教师培训，55位信息学指导教师参加。

10月1—3日，在湖南音乐"金芙蓉奖"2016年湖南省"古韵·双帆杯"竹笛独奏邀请赛总决赛中，我校有4名学生获金奖。李鹏程老师获"优秀指导教师"称号。

9月30日—10月7日，我校师生代表团赴法国顾拜旦中学交流学习。

10月7日，我校与民航湖南空管分局开展"青春有约"联谊活动，两个单位共计40余名员工参加。

10月9日，我校举行湖南师范大学2013级本科生实习欢迎仪式暨工作动员会，102名本科生将在我校进行为期五周的实习。

10月9日，第30届校园体育节暨2016年田径运动会胜利闭幕。

10月11日，法国加莱市市长娜塔莎·贝查尔一行访问我校。

10月12日，我校组织2016年离退休教职工重阳节活动，老人们在花果园农庄欢度佳节。

10月13日，校长谢永红为湖南省第17期高中校长高级研修班学员作现代教育实验学校建设讲座。

10月13日，我校举办肖鹏飞中学化学名师工作室挂牌仪式暨首次学术活动。

10月10—14日，我校友好校——韩国仁川晓星高等学校师生来校交流访问。

10月14日，600余名省内外教师参加我校教学开放日活动，观摩52堂对外交流展示课。

10月14日，我校召开第二十六届共青团员、学生代表大会。

10月14—16日，我校师生参加PKUNMUN（北京大学模拟联合国会议）社团指导教师以及社团领袖论坛。

10月16日，我校170多位教职员工参加校工会组织的秋季登山活动。

10月16—17日，我校受邀参加中国科学院大学"基础教育论坛"并被授予基础教育杰出贡献奖。

10月14—19日，我校羽毛球队在湖南省大中学生羽毛球比赛中勇夺3金3银。

10月20日，湖南师大附中教育集团语文教研组召开新高考大纲解读研讨会，近30位教师参加。

10月20日，湖南师大附中教育集团生物教研组在博才中学南校区开展教研活动，80余位教师参加。

10月21—23日，由湖南省教育厅主办、省教育生产装备处和长沙市一中共同承办的2016年全省中学化学教师实验技能竞赛在长沙市举办。我校化学教研组喻永老师在本次实验技能竞赛中获得高中组一等奖。周泽宇老师作为专家库遴选和抽调的评委参与整个评审过程，并接受了媒体采访。

10月22日，我校2016级全体师生参加"研究性学习方法指导"讲座活动。

10月23日，北京校友会隆重举行2016年年会，70余位新老校友出席。

10月24日，河北衡水中学领导、教师来我校考察交流。

10月25日，我校学生在长沙市历史论文竞赛中获奖。

10月25日，英国伦敦St Olave's Grammar School（圣奥拉夫文法学校）校长Aydin Onac及英国湖南同乡会代表团访问我校。

10月26日，第39期少年团校开班仪式在我校隆重举行。

10月26日，我校友好校台中一中彭佳伟主任、郑人文老师以及17名学生来我校开展为期一周的年度互访交流活动。

10月27日，广东实验中学一行30人在教学处主任黎小敏的带领下，来我校考察交流。

10月27日，国际部在学校体育馆二楼举行了隆重的万圣节变装晚会。国际课程中心主任熊进道、国际部各班主任和任课老师参加了此次晚会。

10月29日，我校召开2017届高三年级工作研讨会，校领导及高三全体教师参会。

10月29日，我校高三武术选修班的学生代表学校参加湖南省首届校园武术段位比赛（决赛）集体项目比赛，荣获二等奖。

10月，《湖南教育》"治校方略"栏目刊发我校校长谢永红的文章《奠基高素质创新型人才》。

11月1日，"吉林省中小学幼儿园第二批杰出校（园）长培养工程"湖南省名校访学学员一行27人到我校开展考察交流活动。

11月1日，我校历史老师携同高二年级部分师生举行禹之谟先生诞辰150周年纪念系列活动。

11月1日，在湖北黄冈举行的第33届全国中学生物理奥林匹克竞赛决赛中，我校获得5金3银2铜的优异成绩。何乐为、孟凡强、罗雯瑛、戴文越、刘宇堂荣获金牌，其中何乐为、孟凡强、罗雯瑛、戴文越等4名同学入选物理奥赛国家集训队，同时获得保送清华大学、北京大学的资格。罗雯瑛荣获全国最佳女生奖。

11月1日，由教育部港澳台办和中央人民政府驻香港特区联络办公室组织的香港行政长官卓越教学奖获奖教师交流团一行30人来我校开展交流活动。副校长黄月初、樊希国热情接待了客人们。

11月2日，我校隆重举行张宇中学数学名师工作室挂牌仪式暨首次研修活动。

11月2—4日，在课程与教学处主任姜小明、广益实验中学党总支书记廖强、政治教研组组长唐海燕的带领下，湖南师大附中教育集团本部与广益校区政治教研组教师赴新疆吐鲁番市高昌区第二中学、吐鲁番市实验中学开展送课送培及考察交流活动。

11月4—5日，"湖南省高中英语教师教学素养优秀案例展示与研讨活动"在长沙市一中举行。我校甘舒展老师荣获优秀案例展示一等奖。

11月5日，湖南省教育科研工作者协会基础教育分会在通程麓山大酒店召开了2016年年会，全省基础教育领域130多名科研工作者参加了会议。会议由基础教育分会理事长单位湖南师大附中组织，由湖南师大附中副校长黄月初主持。

11月2—6日，在副校长樊希国、化学教研组组长周泽宇的带领下，我校化学教研组全体教师先后前往云南师大附中、下关一中、大理一中考察学习。

11月6日，在湖南师大附中教育集团本部机器人教练谌跃飞、湖南师大附中博才实验中学教导处主任黄赛、机器人教练詹青松和周科的带领下，湖南师大附中教育集团机器人团队队员和部分家长一行来到湖南大学电气与信息工程学院国家级机器人实验室开展观摩交流活动。

11月5—6日，柳叶老师在湖南省高中数学"核心概念"微课教学设计和视频评比活动中荣获一等奖。

11月7日，湖南师范大学文学院国培班70余名学员来我校开展教学研讨活动。此次活动由湖南师范大学文学院周敏教授主持。

11月9日，国际课程中心第7届"中育剑桥杯"英语电影配音大赛在学生活动中心成功举办。国际课程中心主任熊进道、中育剑桥学术总校长刘荣文、国际课程中心全体外教和各班英语老师出席并担任了本次比赛的评委。

11月9日，湖南师范大学历史实习队在我校第一多功能厅展示了近两个月以来的实习成果。

11月10日，我校在校史馆会议室召开全校信息员、宣传员工作会议。

11月12日，由校级家长委员会、家长学校联合主办，高一年级家长委员会教育教学部承办的"家长论坛"第二期在学校会议厅举行。

11月11—13日，在校长谢永红、副校长樊希国、校办公室副主任刘进球的带领下，我校高三年级组长李勇、副组长陈淼君和高三年级各学科备课组长先后前往河北石家庄一中、石家庄二中、衡水中学考察学习及交流，受到三所学校领导及教师的热情接待。

11月14日，在中国青少年科学素质大会各赛区学生选拔活动中，我校5名同学入选中国青少年科学素质大会全国决赛。我校为全国入围这一活动决赛人数最多的学校。

11月14日，湖南师范大学生命科学学院2013级实习队在我校科学楼第三多功能厅进行了实习成果汇报。

11月15日，我校生物特级教师、奥赛金牌教练黄国强经过第18选区选民直接投票选举，光荣当选为岳麓区第五届人民代表大会代表。

11月16—18日，2016年湖南省中学地理教学竞赛在常德市芷兰中学举行。我校陈克剑老师荣获高中组一等奖第一名。

11月17—18日，为期两天的湖南省2016年中学物理青年教师教学竞赛活动在湘潭市圆满落幕。我校何艳君老师荣获高中组一等奖。

11月18日，我校在会议厅召开2016—2017学年度第一学期半期教育教学总结大会。全体教职工参加会议，副校长黄月初主持会议。

11月18日，我校党委中心组（扩大）学习会在校史馆会议室举行，全体党委委员、处级干部和党支部书记参加了集中学习。学习活动由党委书记曾少华主持。

11月19日，省内媒体报道我校"对话职场·预见未来"选择专业深度分享活动。

11月19日，韩国仁川外国语学校校长康寅洙一行3人来我校访问。校长谢永红等代表学校接待了韩国客人。

11月19日，我校举行了"家长开放日"活动，3000多位学生家长参加。

11月14—20日，2016年长沙市中学生足球比赛暨校园足球四级联赛分别在麓山国际实验学校和长郡湘府中学进行。我校足球队在半决赛与决赛中顽强拼搏，分别战胜长郡中学和开福区第一中学，获得第五名的好成绩，教练吴忧老师捧回优秀教练员奖杯。

11月19—20日，杨章远老师在湖南省第二届中学数学教师解题能力大赛决赛中荣获高中组特等奖。

11月20日，学校第二十三次班主任沙龙活动在校史馆会议室举行。活动主题为"如何激发高三学生学习内驱力"，校班主任工作室专家团队成员、高三年级班主任等26人参与了本次交流。

11月21日，湖南师大附中教育集团第六届"附中杯"教职工排球赛正式开幕。

11月23日，长沙教育学院师训处副主任汤新文带领50位学员来校考察学习。这50位学员来自深圳市龙岗区第四批教坛新秀长沙高级研修班。

11月24日，山东省青州市教育局领导，教研室主任、部分教研员，普通高中学校校长、副校长，高三级部主任、高三备课组长等一行37人在青州市教育局局长徐继中的带领下来我校考察。

11月24日，西安交大附中副校长刘郡率领学科教师一行6人来我校考察交流。

11月24日，湖南师范大学体育实习队在我校办公楼一会议室举行了实习成果汇报座谈会。

11月25日，湖南师大附中教育集团第六届"附中杯"排球联赛在本部体育馆胜利闭幕。

11月26日，湖南师大附中教育集团第二届第一次青年教师教学竞赛活动落下帷幕。

11月27日，华声在线报道，湖南师大附中学子通过街头义卖为贫困学校及抗战老兵筹集善款献爱心。

11月27日，广州校友会2016年年会在广州白云山召开。

11月28日，清华大学授予我校"2016年优质生源中学"称号。2016年我校共有23人被清华大学录取。

11月28日，教育部机关服务局原副局长、中国教育后勤协会常务副会长、中小学后勤分会理事长张文忠一行来我校考察指导工作。

11月29日，在第30届全国中学生化学奥林匹克竞赛中，我校陈一乐、徐铂林、何诗晴3名同学荣获金牌，并入选化学奥赛国家集训队，同时获得保送清华大学、北京大学的资格。

11月29日，在2016长沙市中学生田径运动比赛中，我校共夺得7金9银4铜，以总分253分遥遥领先兄弟学校的历史最高分，重回长沙市金牌数、奖牌数、团体总分第一的位置。

11月29日，由中国化学会主办，湖南省化学化工学会、湖南师范大学化学化工学院、中南大学化学化工学院承办的第30届中国化学奥林匹克（决赛）暨冬令营顺利闭幕，闭幕典礼在我校学生活动中心举行。

11月30日，在长沙市中小学生艺术展演舞蹈专场比赛中，我校舞蹈节目《不想说再见》获得全场最高分29.55分（总分30分），以绝对优势获得一等奖第一名。

11月，在第八届全国中学生地理奥林匹克竞赛中，我校获得1金3银2铜的优异成绩。郭程新同学入选地理奥赛国家集训队。

12月1日，校长谢永红光荣当选为长沙市第十五届人大代表。

11月30日—12月2日，在湖南省高中语文课堂教学竞赛中，李显亮老师执教的《祝福》荣获省一等奖，杨茜老师提交的《赤壁赋》教学设计荣获省二等奖，李新霞老师被评为优秀指导教师。

12月2日，副校长黄月初、樊希国，校长助理兼湖南广益实验中学校长晏荣贵带领高三年级10名骨干教师前往绥宁县开展送教活动。绥宁县一中、二中近200名教师参加研讨活动。

12月2日，副校长黄月初、樊希国，校长助理兼湖南广益实验中学校长晏荣贵一行来到邵阳市绥宁县关峡苗族乡插柳村开展"一进二访"活动。

12月3日，第十三届中国中小学校园影视评比颁奖晚会在江苏省徐州市音乐厅举行。我校学生电视台报送两部作品参加评比，获得1个一等奖，1个二等奖。

12月4—5日，我校当选为湖南省教育学会舞蹈教育研究专业委员会常务理事单位，并被确定为湖南省舞蹈素质教育基地。我校艺术教研组熊康老师当选为湖南省教育学会舞蹈教育研究专业委员会常务理事。

12月6日，广州市黄埔区教育集团化考察团一行13人在广州市黄埔区教育局党委委员、主任督学姚建华的带领下来校考察交流。

12月8日，广东省顺德华侨中学考察团一行15人在顺德华侨中学校长吴剑平、副校长申水源的带领下来校考察交流。副校长陈迪勋热情接待了客人们。

12月9日，广东省邝维煜纪念中学德育考察团一行70人在邝维煜纪念中学校长林志聪、德育副校长杨树锋的带领下来校考察交流。副校长陈迪勋热情接待了客人们。

12月9日，我校10多名学生志愿者在德育与学生发展处万红梅老师的带领下来到咸家新村润泽园看望抗战老兵刘炳胜。

12月9—10日，第十届艺考团校友组织开展了主题为"好久不见，我好想你"回访活动。对此，我校也在校内各电子屏上给出了"好久不见，我也想你"的浪漫回应。

12月10日，第31届校园文化艺术节之"艺术与人生"讲座在学生活动中心举行，高一年级全体学生学习、聆听了此次讲座。

12月10日，第31届校园文化艺术节之高三年级"长征魂·走向胜利"综艺展演在学生活动中心成功举办。

12月11日，我校党委组织对新任职干部进行集体廉洁谈话。党委副书记兼纪检书记彭荣宏出席会议并讲话，8位新任干部接受了谈话。

12月12日，第31届校园文化艺术节在学生活动中心隆重开幕。

12月12日，第31届校园文化艺术节之高一年级"长征魂·播撒希望"班级合唱及班歌演唱比赛在学生活动中心隆重举行。

12月14日，第31届校园文化艺术节之高二年级"长征魂·续写华章"舞台剧比赛在学生活动中心成功举办。

12月16日，第31届校园文化艺术节"长征魂·圆梦青春"闭幕式暨优秀节目展演在学生活动中心成功举办。

12月16日，武汉大学副校长、博士生导师周叶中教授，武汉大学招生工作处王福处长等一行4人访问我校。

12月22日，在校长谢永红的带领下，副校长黄月初、集团办公室主任康辛勇、湖南师大附中高新实验中学校长陈胸怀、办公室主任鲁荣一行前往浏阳市沿溪中学，参加湖南师大附中对口支援浏阳市沿溪中学续签仪式。

12月22日，我校在图书馆报告厅召开2016年度课余体育训练总结表彰暨冬训动员大会。

12月23日，数学教研组6位参赛教师在长沙市第三届中学数学教师解题能力大赛中取得优异成绩，其中杨章远、黄钢老师获特等奖，贺祝华、张湘君、柳叶、吴浩老师获一等奖，我校荣获高中组团体总分一等奖。

12月23日，由学校图书馆主办，学生会、校团委、校学社联协办的元旦灯谜会在图书馆一楼大厅举行。

12月23日，湖南省教育厅下发《关于第四届湖南省基础教育教学成果奖获奖结果的通报》（湘教通〔2016〕599）号文件，通报第四届湖南省基础教育教学成果奖获奖结果。我校申报的教学成果《湖南师大附中现代教育实验学校建设的实践与探索》荣获特等奖。

12月23日，湖南省学校史志研究会2016年年会在长沙市一中举行。我校陈迪勋和袁建光的论文荣获省一等奖。

12月23日，学科竞赛培训工作总结会在校史馆会议室隆重召开。

12月24日，上海校友会2016年年会在由我校杰出校友、国务院前总理朱镕基创办的上海国家会计学院隆重举行。

12月27日，第39期少年团校结业典礼暨新团员宣誓仪式在惟一楼第一多功能厅举行。

12月27日，深圳校友会2016年年会在深圳福田区的福青龙大酒楼隆重举行。

12月28日，第31届校园文化艺术节之美术书法摄影作品展在艺术楼展出。

12月28日，离退休教职工年度总结表彰暨迎新年茶话会在艺术楼三楼教职工文娱活动室举行。

12月29日，湖南师大附中教育集团教职工2017年元旦联欢晚会在学生活动中心隆重举行并取得了圆满成功。

12月30日，高一、高二年级各班在教室组织开展了各具特色的迎新喜乐会活动，庆祝新年的到来。

12月31日，我校办公室发布2017年新年贺词。

2017 年

1月，教育部下发《关于批准2018年国家级教学成果奖获奖项目的决定》（教师〔2018〕21号），我校申报的《湖南师大附中现代教育实验学校建设的实践与探索》荣获基础教育国家级教学成果二等奖。

1月3日，学校召开了第三届学术委员会成立大会暨第一次全体委员会议。黄月初宣读第三届学术委员会名单，谢永红颁发聘书，连任主任汪训贤作报告并谈设想。

1月3日，新年的第一个工作日，学校2016—2017学年度"校长有约"学生座谈会在校史馆会议室举行。23名学生代表与校长谢永红、副校长陈迪勋等展开交流。此次座谈会围绕学生培养目标，学生们结合调研积极发言，涉及学校传统、硬件软件保障、课程设置、校园设施、校园活动等方面。

1月4日，"湖南师范大学附属中学谭曼基金"捐赠签约仪式在我校校史馆会议室举行。

1月6日，我校在校史馆会议室召开2017年湖南师大附中教育集团信息学奥赛工作研讨会。

1月6日，信息技术处组织召开评审会议，全校众多二级网站和100余件PPT作品参赛。会议通过UMU互动平台现场线上投票评选，表彰了获奖单位和个人，促进了学校信息化建设和教学资源优化。

1月8日，2016—2017学年度三级家长委员会会议在图书馆报告厅举行。

1月10日，2017年统战及退伍转业军人座谈会在执中楼三会议室召开。党委书记曾少华，党委办公室主任叶越冬，民盟、民进支部负责同志，民革、三胞联谊会代表和退伍转业军人代表参加了会议。

1月10日，2016年度青年教师座谈会在校史馆会议室举行。新进教师及学校第二届青年名师培养对象，校长谢永红，党委书记曾少华，副校长黄月初、樊希国，党委副书记兼纪检书记彭荣宏，副校长陈迪勋、罗培基等校领导及相关部门负责人参加了座谈会。

1月10日，2016年新退休教职工座谈会在校史馆会议室举行。

1月10日，湖南师大附中梅溪湖中学对口援助桃源县教仁学校工作协议签约仪式在教仁学校教仁讲堂举行。

1月13日，我校党委领导班子在执中楼三会议室召开2016年度民主生活会。

1月14—15日，我校与湖南省中小学教师发展中心联合举办2017年省级"送培到校"项目——湖南师大附中班寒假全员培训，学校300余名教职工全员参与现场培训。

1月15日，2016—2017学年度第一学期总结大会在学校会议厅召开。

1月15日，学校召开2016年度文明创建工作总结暨创建湖南省文明单位动员大会，全体教职员工积极响应。

1月15日，我校在全校教职工大会上隆重举行了第二届青年名师工程启动仪式，启动仪式由谢永红校长主持。黄月初宣读名单，校领导颁发证书，厉行威、李珊分别代表第一届青年名师和第二届培养对象发言。该工程始于2008年，旨在培养优秀青年名师，已取得一定成果。

1月16日，我校12名青年志愿者与团委书记李钊一同来到学堂坡社区，用爱心义卖所得的部分善款，为社区6户困难家庭送去了米、油、牛奶等生活物品，并带去了附中学子对他们最诚挚的新年祝福。

1月16日，我校在校史馆会议室召开2017年寒假管理工作研讨会。全体校领导、中层干部、学术委员会主任、教师委员会主任、年级组长和集团各成员校领导参加了会议。

1月20日，在农历春节到来前夕，校领导谢永红、曾少华、黄月初、樊希国、彭荣宏、陈迪勋、罗培基、刘邵来分别带队开展走访慰问离退休老同志和困难教职工的活动。

2月5日，校长谢永红率领副校长陈迪勋、德育与学生发展处主任郭在时、课程与教学处副主任王朝霞、团委书记李钊一行来到各训练场馆慰问正在参加冬训的体训队师生。

2月11日，2016—2017学年度第二学期开学工作会议在学校会议厅举行。

2月13日，我校举行了2016—2017学年度第二学期开学典礼，全校4000多名师生员工参加。

2月13—14日，我校举办了"好久不在，我好想你"第十届校友回访活动，陈迪勋副校长欢迎校友回访并介绍了活动内容。

2月17日，我校校友张艺兴向母校捐赠一台钢琴，易弹公司副总裁代表捐赠方张艺兴与副校长陈迪勋为钢琴剪彩，杨萍老师讲解示范钢琴用法。

2月21日，共青团湖南省委《年轻人》杂志社主编魏斌一行来到我校，副校长陈迪勋、学生发展处主任郭在时、副主任吴卿、校办副主任伏炎安、团委书记李钊热情地接待了客人们。

2月22日，学校隆重举行第二届青年名师培养工程师徒见面会暨第一次培训活动。湖南师范大学文学院教授张良田等12位校外导师、我校语文教研组组长李新霞等15位校内导师、吴音莹等18位青年名师培养对象及校长谢永红、副校长黄月初、副校长樊希国和相关部门领导出席了此次会议。会议由黄月初主持。

2月23日，湖南省财政厅副厅长胡贺波率省财政厅预算处处长陈祥东，教科文处处长刘见、副处长王剑来我校考察田径场升层改造建设项目。

2月25日，由我校和长沙校友会共同主办的"老田径场回忆之旅"暨校友冠军杯足球赛在田径场隆重举行。

2月，由我校主办的学术刊物《探索》全新面世，著名教育家顾明远先生为其题写了刊名。

2月，在教育部组织开展的2015—2016年度"一师一优课、一课一名师"活动中，我校数学组邓云老师报送的课例被评为部级"优课"。

2月，在长沙市教育科学研究院和长沙市中学政治教学专业委员会举办的2016年度评优活动中，我校政治教研组荣获"优秀教研组"称号，黄治清、唐海燕老师荣获

"优秀教研工作者"称号。

2月，校党委委员、副校长罗培基在校长助理兼湖南师大附中星城实验学校校长陈克勤、校总务处李师力老师的陪同下，前往邵阳市绥宁县关峡苗族乡插柳村开展"一进两访"活动，看望慰问我校精准扶贫对象苏进雄一家。

3月1日，我校召开2016—2017学年新进教师汇报课反馈座谈会，评议新进教师汇报课并提出专业发展建议。

3月2日，校长谢永红和副校长黄月初到湖南广益实验中学、湖南师大附中梅溪湖中学走访调研，强调教师队伍和管理队伍建设。

3月3日，党委书记曾少华在2016—2017学年度第二学期开学党员大会上作题为《加强基层党建，迎接党的十九大胜利召开》的党委工作报告。会上，叶越冬宣读了党委2016—2017学年度第二学期党委委员联系党支部工作分工名单。

3月3日，《三湘都市报》报道我校青年志愿者学雷锋活动：师大附中学子在长沙市咸嘉新村社区雷锋超市整理"爱心专柜"货架上的爱心物品，传承雷锋精神。

3月6日，党委书记曾少华到湖南广益实验中学调研党建工作。

3月6—7日，校党委委员、副校长陈迪勋和湖南广益实验中学党总支书记许小平赴邵阳市绥宁县关峡苗族乡插柳村开展"一进两访"扶贫工作。

3月7日，校工会被评为2016年度工作目标管理先进单位。

3月8日，我校冯睿杰同学入选地球科学奥赛国家集训队。

3月8日，校工会向全校女教职员工送上三八国际劳动妇女节的节日祝福。

3月8日，我校举行第十六届优秀主题班会展示评比活动，主题为"传承和弘扬优秀传统文化"。

3月9日，学校召开2016—2017学年度家长委员会第二次全体会议，讨论家长委员会工作计划。

3月11日，副校长陈迪勋带领100多名志愿者赴望城区铜官街道"雷锋林"植树基地开展义务植树活动。

3月12日，湖南师大附中教育集团第八次学生发展论坛在宁乡关山小镇举行，主题为"新的教育改革与学生发展指导"。校本部学生发展处主任郭在时作主题报告，副校长陈迪勋主持会议并对教育集团相关工作提要求。

3月13日，娄底市新化县第一中学督导室主任李茂秋一行来校访问交流教育督导评估工作。副校长黄月初介绍学校开展教育督导评估工作情况，双方就教育督导评估相关方面分享经验。

3月14日，我校四项省教育科学"十二五"规划课题顺利结题。

3月15日，广西桂林中学党总支书记陈现梅率领学科教师一行24人来我校考察交流。

3月16日，湖南师大附中教育集团生物联合教研组在湖南师大附中高新实验中学开展八年级生物复习研讨活动，高新实验中学颜芸老师上复习课，课后进行了评课和经验交流，联合教研组组长杨群英做总结。

3月16日，怀化三中副校长欧阳晓梅一行4人来我校交流学习。

3月17日，我校多位教师当选湖南省教育学会中学语文教学研究专业委员会第八届理事会成员。

3月17日，我校召开2017年创建湖南省文明单位工作推进会，部署推进相关事宜。

3月20日，上海大学招生办汪宏斌副主任一行5人来我校访问。副校长樊希国等接待，上海大学与我校签署优质生源基地备忘录并授牌我校。

3月20日，我校举行第二十六次班主任沙龙暨第十六届优秀主题班会竞赛集体评议活动。

3月24日，深圳外国语学校领导、教师一行6人来校考察交流。

3月24日，陈一乐同学光荣入选化学奥赛国家代表队。

3月24日，厦门外国语学校高三老师们来校交流。

3月24日，化学教研组深入开展高三第二轮复习研讨活动。

3月23—25日，学校领导和教师代表在副校长黄月初的率领下，前往深圳市教育局和三所深圳名校考察交流，了解深圳教育发展和名校创新经验，为学校深化教育综合改革积累经验。

3月25日，湖南师大附中教育集团"附中·金茂杯"田径运动会在湖南师大附中梅溪湖中学隆重举行。

3月26日，我校工会组织女教职工开展户外踏青拓展活动，60多名女教职工参加。

3月26日，第14届学生社团节系列活动之第三届"Tempo"（节奏）乐队挑战赛决赛在学生活动中心举行。

3月27日，湖南师范大学2014级教育技术系15名学生来我校开展为期两个月的教育实习。

3月27日，谌跃飞老师被评为青少年机器人竞赛国家级二级裁判。

3月27日，第14届学生社团节开幕式暨中华传统文化大会在学校会议厅举行。

3月28日，四川成都七中嘉祥外国语学校、成都棠湖外国语学校领导、教师来校考察交流。

3月30日，第14届学生社团节之第二届"我评哲学家"演讲赛决赛在会议厅举行，1615班付悦思获"最佳演说家"称号。

3月30日，校长谢永红会见学校精准扶贫对象苏知平。

3月30—31日，西北工业大学、湖南省科学技术馆"科普进校园"活动在我校举行。

3月31日，我校举办2016—2017学年度第二学期教学开放日活动。

4月1日，我校师生深切缅怀学校创始人禹之谟先生。

4月5日，第二届"倾听你的声音"电影配音大赛决赛在学生活动中心举行。

4月6日，数学教研组深入开展高考二轮复习策略研讨活动。

4月6日，我校举办第14届学生社团节游园会。游园会首次引入模拟城市概念。

4月7日，第30届校园科技节之高二年级"奇思妙想闯七关"表演赛在会议厅、攀登广场举行。

4月7日，高一年级开展"研究性学习"成果汇报与结题答辩活动。

4月7日，第14届学生社团节闭幕式暨优秀节目展演在学生活动中心举行。

4月8日，我校举行第六期"家长论坛"。家庭教育专家朱大军作"引领孩子渡青春"讲座，分析亲子矛盾。

4月6—9日，我校学术委员会全体成员赴东北师大附中考察交流。

4月8—9日，我校6位教师赴郑州参加2017年全国著名高中同课异构展示交流活动，杨茜和陈小虎老师的展示课获好评。

4月10日，江西省樟树中学副校长邹志军、唐榕一行9人来校交流。

4月11日，我校党委中心组集中学习2017年全国两会精神。

4月11日，云南大学与云南师大研修班学员来我校考察交流。

4月12日，我校纪念建校112周年暨2017年春季马路赛跑活动在潇湘大道沿江风光带举行。

4月13日，广东省韶关市政协考察团来校考察集团化办学工作。

4月14日，高一年级开展"向你推荐一本书"主题班会。

4月14日，湖南大学文学院胡遂教授来我校讲学，作题为"诗和远方"的学术报告。

4月14日，湖南师大附中教育集团2017年校友回访活动正式启动，第一站前往湖南师大附中博才实验中学。

4月14日，第30届校园科技节之高一年级重力车竞赛活动在体育馆举行。

4月15日，校图书馆组织开展"和经典相伴，与书香同行"读书文化月系列活动之跳蚤市场活动。

4月13—15日，法国顾拜旦中学师生团来校访问交流。两校续签合作协议，并在交流期间开展了丰富多彩的活动，增进了彼此的友谊。

4月17日，浙江省杭州第四中学副校长钟建富、娄雨奇带领高一、高二班主任一行55人来校交流。

4月18日，我校高二学生麻诗杨获第十二届中国中学生作文大赛一等奖。

4月18日，我校学生在第八届"北斗杯"全国青少年科技创新大赛中喜获佳绩。

付晋宇等同学获奖，焦畅老师获优秀科技教师奖。

4月21日，湘西自治州民族中学高三老师来校交流。谢永红校长接待并介绍学校情况，双方老师交流了高考复习策略。

4月23日，由学生发展处和高一年级家长委员会教育教学部组织的"对话职场·预见未来"活动筹备会在学校会议厅召开。

4月25日，福建省厦门第一中学德育专干培训班学员来校交流。

4月25日，中国科学院院士汪景琇来我校作题为"谈谈太阳与太阳活动"的科普报告。

4月26日，《中小学德育》杂志刊发我校"普通高中学生社会责任感培养校本创新研究"课题成果系列文章。

4月26—27日，我校4名学子入选全国第13届学生运动会湖南省中学生田径代表队。

4月27日，我校读书文化月推出系列活动之书签设计大赛。

4月27日，湖南师范大学"未来教育家"竞赛团队来我校观摩研讨。刘海涛执教观摩课，课后与刘光成教授等研讨交流。

4月28日，我校读书文化月系列活动之班级图书角建设比赛进入最终评比环节。

4月28日，校领导察看学校田径场改造工程建设情况。

4月，我校5名同学获选第十届加拿大"湖南学者"。"湖南学者"项目是我校与加拿大南玻尔特学校合作后，与友好校加拿大文思博学校继续合作开展的一项学生奖学金交流项目。

5月2日，我校诗词大会总决赛在图书馆报告厅举行。

5月4日，我校团委被评为2016年度"湖南省五四红旗团委"。

5月4日，我校召开"迎五四"青年教师座谈会。陈迪勋副校长对青年教师提出希望，青年教师畅所欲言，曾少华书记最后作总结发言。

5月5日，我校召开2017年上学期半期工作总结暨研究型高中建设考察报告会。会上，校办公室副主任刘进球，校学术委员会主任、特级教师汪训贤，校学术委员会委员、特级教师刘淑英分别就赴深圳、东北进行研究型高中建设考察的心得体会作了精彩发言。

5月5日，湖南师大附中教育集团2017年校友回访团前往第二站——湖南师大附中星城实验学校。回访团介绍了我校情况。

5月5日，湖南师大附中教育集团2017年校友回访团前往第三站——湖南师大附中高新实验中学。高新实验中学校长陈胸怀、团委书记刘柱、九年级学部主任舒波等老师热情接待。

5月4—6日，我校三个科技项目在第38届湖南省青少年科技创新大赛中获一等奖。

5月5—7日，湖南师大附中第二届"生涯规划师"认证培训在图书馆学术报告厅举行。50余位老师参加培训，学习生涯规划理论。我校此前已有百余位老师接受相关培训。

5月8日，我校举行第十六届优秀主题班会竞赛总结颁奖活动。

5月8日，我校成为对外经济贸易大学"优质生源基地"。

5月10日，我校学子晋级第六届全国语言学奥林匹克竞赛暨2017国际语言学奥林匹克竞赛（中国区）选拔赛决赛。

5月10日，曾悦琦同学被6所世界名校录取。

5月10日，广州市培训者培训班学员来我校考察交流。

5月11日，我校离退休党支部开展红色之旅——杨开慧烈士故里行。

5月11—12日，校长谢永红率队赴浙江杭州二中参加"基于新课改，聚焦新高考——走进原生态的杭州二中"中学教育改革实践系列研讨会。

5月10—12日，我校当选为全国中学生物理竞赛金牌联盟常委学校。

5月12日，湖南师大附中教育集团2017年校友回访团前往第四站——湖南广益实验中学。

5月12日，湖南师大附中教育集团2017年校友回访团前往第五站——湖南师大附中梅溪湖中学。

5月12日，我校在惟一论坛举办母亲节主题讲座"学会感恩，与爱同行"。

5月18日，冯睿杰同学光荣入选第11届国际中学生地球科学奥林匹克竞赛国家代表队。

5月19日，广东省中山市实验中学60余名老师来我校交流，副校长陈迪勋热情接待并作"基于核心素养的中学德育工作"报告。

5月19日，我校举行2016—2017学年度学生表彰大会，共表彰3436人次，发放奖学金总额217 300元。

5月20日，湖南师大附中教育集团第二届第二次青年教师（艺术）教学竞赛在耒阳分校举行，我校戴子丹、杨爱霞老师荣获一等奖。

5月20日，2013届毕业生邓思怡荣获中国科学技术大学"郭沫若奖学金"。

5月22日，我校机器人代表队在湖南省青少年机器人竞赛中勇夺两项金牌。

5月22日，我校荣获2016年度高考考务工作"优秀考点"称号。

5月23日，广东省江门市教育局中小学财务规范管理培训班学员来我校考察交流。

5月8—23日，加拿大文思博学校教师Dougtam来我校开展教学研修与交流活动。

5月24日，1612班荣获长沙市高中班级合唱比赛一等奖。

5月26日，我校学生在第十届北京大学生声音潮流季比赛中喜获佳绩。

5月31日，我校举行2017届学生毕业典礼暨成人仪式。典礼分为成人、寄语、毕业、感恩四个篇章。

6月1日，北京市顺义牛栏山第一中学校领导、教师来我校考察交流。

6月1日，我校举行2017年教职工子弟"庆六一"表彰大会暨家庭游艺会。

6月7日，湖南省委副书记乌兰来我校巡视高考组考工作。

6月9—11日，党委书记曾少华带队赴新疆吐鲁番市实验中学、高昌区第二中学考察交流。

6月14日，上海中学校长冯志刚一行来我校访问交流。

6月14日，新疆吐鲁番市实验中学9位管理干部来校挂职交流。学校举行见面会，希望挂职干部顺利完成任务，促进两校交流合作。

6月15日，云南省嵩明县教育考察团访问我校。

6月16日，我校召开2016—2017学年度师德师风优秀事迹报告会。李勇、杨群英、朱昌明、金莉4位教职工分享成长经历和工作业绩，展现师德师风。

6月17日，《湖南日报》《三湘都市报》报道我校"对话职场·预见未来"职业深度分享活动。

6月21日，《科教新报》报道我校现代教育实验学校建设取得的丰硕成果及成功经验。

6月23日，校长谢永红应邀参加复旦大学2017届学生毕业典礼，与毕业生之星提名奖获得者沈铎交谈合影，并与校友交流。

6月25日，蔡哲同学荣获"我爱我家"中小学创新作文大赛高中组特等奖。

6月26日，我校举办2017年高校招生咨询活动，80多所国内外高校参加，为考生和家长提供招生信息。

6月27日，1403班全班58人高考分数均在600分以上。

6月27日，李昌平、苏林老师分别当选湖南省数学学会初等数学研究会副理事长、常务理事。

6月28日，我校成为北京外国语大学"优质生源基地"。

6月29日，谢永红校长被评为长沙市优秀体育管理人员。

6月30日，我校樊莫分同学获得湖南省第三届语言艺术节最佳风采奖。

6月30日，我校举行庆祝建党九十六周年暨创先争优表彰大会。

6月30日，湖南省教育学会中学数学专业委员会第十届理事会召开。我校教师张宇、朱修龙当选副理事长，苏林当选理事。

7月1日，2016—2017学年度第二学期期末总结大会召开。校领导出席，各部门总结工作。

7月5—6日，谢永红等校领导赴实践基地，看望慰问在农村和企业体验生活的师生，关心师生工作生活，鼓励学生通过实践锻炼自我。

7月3—7日，2015级学生分别在广汽三菱、三一重工、沙坪湘绣、三一重起、步步高梅溪新天地、华菱湘钢、广汽菲克等企业进行实践。实践内容包括参观、学习、实践操作、调研等。

7月4—7日，2016级近千名高一学生分别在攸县罗家坪村和莲花镇开展农村生活体验活动，体验农村生活，进行课题调研。

7月7日，1997届200班校友举办毕业20周年纪念活动。

7月8—9日，我校召开2017年暑假管理工作研讨会。

7月10日，我校到宁乡七中慰问并捐助受灾家庭。陈迪勋副校长一行携带爱心款和物资慰问受灾学生家庭，鼓励学生克服困难，努力学习。

7月14日，我校远志夏令营师生一行48人前往新疆吐鲁番市高昌区第二中学和吐鲁番市实验中学进行文化交流，捐赠网络课堂学习卡，开展文化联谊活动，促进了两地文化交流。

7月17日，陈一乐同学荣获第49届国际中学生化学奥赛银牌。

7月21日，杨帆老师荣获湖南省中小学教师队伍建设"双百工程"2016年度优秀著作奖。

7月25—28日，我校田径队在全国中学生田径锦标赛中取得优异成绩。李丹以11秒67的成绩打破全国中学生女子100米纪录，陈龙以2.1米的成绩获得男子乙组跳高金牌。

7月25—31日，我校师生参加"阳明文化与屯堡文化融合"国学夏令营活动。其间，营员们聆听专家演讲，进行文化交流，参观了贵州的名胜古迹。我校学生在多个活动中表现出色，获得一致好评。

8月2—5日，我校学子在第二届中部六省中学生模拟联合国活动中再创佳绩。1620班曾星辰、欧阳沐岚、李宇轩，1601班钟忱荣获英文委员会杰出代表奖，1606班王旖荣获最佳谈判奖，我校荣获团体风采奖。

8月6—11日，我校师生赴友好校台中一中参访交流，学生随学伴上课，体验当地生活，两校开展多方面互动，增进彼此了解与情谊。

8月5—12日，第十七届"湖湘文化之旅"在长沙、张家界、株洲等地开展活动，我校民乐团参与其中。

8月13—14日，我校羽毛球队在全国羽毛球锦标赛中表现出色，获得女双冠军、男双亚军、女团亚军、女单亚军的好成绩。

8月11—16日，地理教研组教师带领学生赴福建省进行地理科学综合野外考察。

8月16日，冯煜阳同学荣获2017年全国女子数学奥赛第一名。

8月18—19日，我校运动健儿参加第十三届全国运动会青少年田径团体赛，李丹获女子4×100米第四名，吴冕获女子三级跳远第三名、团体第五名，刘昌盛获男子4×

100 米第三名。

8 月 19 日，我校举行 2017 级学生军营生活体验动员大会暨开营仪式。

8 月 20 日，我校联队勇夺第十七届中国青少年机器人竞赛高中组 FLL 工程挑战赛银牌。

8 月 22 日，谢永红校长一行慰问军训师生。

8 月 22 日，北京大学第二届物理科学营暨物理培优教学论坛在我校举行。

8 月 24 日，副校长陈迪勋会见学校精准扶贫对象。

8 月 24 日，红网报道我校新生军训情况，军训内容包括战伤救护、轻武器使用、军体拳等。

8 月 25 日，我校举行 2017 级学生军营生活体验总结大会暨联欢晚会。

8 月 28 日，我校被评为全国群众体育先进单位，谢永红校长受到习近平总书记亲切接见。

8 月 29 日，我校学子在第三十二届全国青少年科技创新竞赛活动中喜获佳绩。我校周江盟、林湘祺、胡开域 3 名同学共同研究的《桥墩受损实时撞击波智能警示装置》荣获金牌；研究性学习成果《株洲攸县罗家坪新农村建设考察报告》荣获二等奖；由王家齐同学研究的《废旧混凝土骨料无损再生技术研究》荣获三等奖。

8 月 30 日，唐海东同学在第十八届全国中小学生电脑制作活动中勇夺高中组电脑程序设计全国二等奖。

8 月 30 日，冯睿杰同学荣获第 11 届国际地球科学奥林匹克竞赛金牌。

9 月 13 日，学校召开 2016—2017 学年度课余体育训练总结表彰大会，回顾体育比赛成绩，总结经验问题，表彰优秀。

9 月 15 日，福建省邵武第一中学教育教学和管理考察团来我校交流。副校长樊希国介绍教学情况，双方高三年级组就备考工作进行深入交流。

9 月 15 日，学校召开 2017—2018 学年度第一次党员大会。党委书记曾少华作报告并部署党务工作，强调党建工作要求。

9 月 15 日，向子蔚同学荣获第二届中华学子青春国学荟"国学达人"挑战赛冠军，实现湖南省在该赛事上的突破。

9 月 19 日，学校举行"四中心一工作室"揭牌仪式，校长谢永红等领导出席。

9 月 20 日，课程与教学处主任姜小明率高二年级组长贺仁亮、各学科备课组长一行 10 人赴湖南师大附中梅溪湖中学进行教学交流活动。

9 月 21 日，湖南省高中骨干校长跨年度递进式提高培训班学员来校考察交流。校长谢永红等接待，学员考察校园、听讲座、观摩跑操，收获颇丰。

9 月 21 日，我校学生在第七届同济大学全国中学生结构设计邀请赛中获土木工程专业团体赛第七名。

9月21日，肖鹏飞老师主持的省"十三五"规划课题获准立项。

9月22日，湖南师大附中吐鲁番联校在吐鲁番市实验中学挂牌。两校签约合作，旨在促进教育资源整合与交流。吐鲁番市委书记接见我校校长一行。

9月22日，我校学生在第四届"北大培文杯"全国青少年创意写作大赛中获佳绩。谭瑞敏等学生获奖，语文老师陈超被授予"伯乐奖"，我校被授予"组织奖"。

9月22—23日，中国大学先修课程试点项目2017研讨会在北京市十一学校举行。我校成为中国大学先修课程试点项目首批示范基地。

9月21—24日，我校应邀参加香港科技大学2017年内地重点中学代表访问活动。

9月25日，湖南师范大学2014级本科生来我校实习。我校举行欢迎仪式暨实习工作动员会，副校长陈迪勋致欢迎辞。

9月26日，《湖南师大附中研究型高中建设方案》正式发布，明确我校建设目标、举措、进程和保障，推动我校向卓越高中迈进。

9月26日，冯子健等8名学生入选第34届全国中学生物理奥赛省代表队。

9月28日，2016级学生的多项"研究性学习"成果在2017年长沙市成果评比中获奖。

9月28日，2017级全体师生参加"研究性学习方法指导"讲座。

9月29日，我校党委中心组（扩大）开展集中学习，学习湖南师范大学党委文件，强调换届纪律，布置"两学一做"任务。

9月29日，我校举办"信仰的力量"红色故事会暨烈士纪念日主题活动，邀请党史馆宣讲团讲述红色故事，赠送红色书籍，加强理想信念教育。

10月10日，我校举行师徒结对仪式。55对师徒参加，校领导出席并为师傅颁发聘书。

10月11日，湖北省襄阳市第四中学领导、教师来校考察交流。副校长樊希国介绍学校情况，双方教师进行交流。

10月12日，福建省莆田市教育局教育考察团来校交流。副校长樊希国接待，双方围绕学科奥赛、自主招生等主题座谈。

10月12日，刘佳鑫等6名学生入选第三十一届全国中学生化学奥赛省代表队。

10月11—13日，校办公室副主任、文明办主任伏炎安参加2017年省直机关文明办主任培训班，培训内容充实，为学校文明创建工作指明方向。

10月12—13日，湖南省科技教育示范学校授牌及经验交流会在株洲市第二中学举行。我校被授予"湖南省青少年科技活动示范学校"，罗鹏飞老师分享科技教育成果。

10月13日，湖南省高中优秀校长省内外高级研修班学员来校考察交流，副校长黄月初接待并作专题讲座。

10月14日，我校召开家长委员会换届会议暨2017—2018学年度第一次全体会议。

10月12—15日，2017年湖南省高中生物教学研讨会在衡山县岳云中学举行。我校杨群英、陈佳健、周变老师参会，周变老师荣获2017年湖南省高中生物青年教师课堂教学竞赛高二组一等奖第一名。

10月16日，我校荣获2016届"省直机关文明标兵单位"称号。

10月17日，我校刘其灵等5名同学入选第三十三届全国中学生数学冬令营省代表队。

10月18日，红网报道我校教师张宇拄拐上讲台的事迹。

10月18日，我校党委组织教职工党员集中观看党的十九大开幕会。

10月20日，我校举办2017—2018学年度第一学期教学开放日活动。活动吸引了全国40余所兄弟学校及附中集团校区千余名老师观摩，展示了学校教学成果。

10月20日，离退休教职工协会举行2017年迎重阳休闲娱乐活动。黄月初副校长作报告，老同志们在农庄进行多种活动，体验新农村新气象。

10月20日，学校召开第二十七届共青团员、学生代表大会。

10月20日，学校党委集中开展"喜迎十九大、听红色故事、学先烈榜样"主题党日活动。

10月21日，"国培计划"——乡村高中骨干教师新高考改革专题研修培训班在我校开班。省教育厅领导、我校校领导出席开班典礼，樊希国作专题讲座。

10月15—22日，谢永红校长随团出访北美，访问加拿大和美国高校，举办海外人才招聘会，并会见我校校友。

10月22日，学校举行教育集团班主任名师工作室启动仪式暨第二十八次班主任沙龙。校领导为名师团队成员颁发聘书，黄雅芩主持并作主题讲座。

10月22日，2017年长沙市中学历史教学竞赛活动隆重举行。我校朱皓老师荣获一等奖。

10月22—24日，2017年湖南省中学德育课程教学风采大赛在怀化市芷江一中举行。我校杨玉茜老师参赛并获一等奖第一名。

10月25日，我校师生在2017年长沙市"三独"（独唱、独舞、独奏）比赛中荣获佳绩。28人获比赛一等奖，15人获比赛二等奖。

10月25日，《潇湘晨报》报道：湖南师大附中师生为白血病学子筹款52万余元。

10月26—27日，我校举行第31届校园体育节田径运动会。本次体育节的主题是"强健体魄，追求卓越"。

10月22—28日，台中一中师生团来我校交流。双方开展课程改革、社团管理等交流活动，来访师生还参与多项校园活动并参观人文景点。

10月28日，我校顺利举行了"国培计划"——乡村高中骨干教师新高考改革专题研修项目培训结业典礼。

11月1日，湖南省高中教学副校长新高考改革专题研修班全体学员一行70人来校考察交流。樊希国作题为"坚守与改进——教育改革背景下的高中教育构建"的讲座。

11月3日，湖南师范大学文学院实习队汇报课圆满结束。

11月4日，我校举办"青春·凌云"首届校园心理剧展演活动。

11月5日，北京校友会2017年年会举行。陈迪勋副校长通报学校发展情况，校友分享经验。

11月6日，李进良、丁守谦两位教授回母校讲学，介绍学术成果，向母校赠送著作并留言祝福，与师生互动。

11月6日，山东省青岛市第二中学领导、教师来我校考察交流，双方就高考备考进行座谈。

11月7日，2015级高三年级工作研讨会举行。谢永红校长作动员讲话，上届年级组长李勇分享经验，本届年级组长袁建光报告工作，分组讨论后汇报成果，樊希国副校长总结发言。

11月8日，第40期少年团校开班。党委办公室主任叶越冬、团委书记李钊出席开班仪式。

11月8日，重庆大学授予我校"优秀生源基地"牌匾。

11月8—12日，我校年级组长、班主任代表赴浙江学习考察，收获颇丰。

11月12日，我校圆满完成"国培计划"送培到衡东县第一中学项目。黄月初副校长带队，培训方式多样，提升了衡东县第一中学教师教学水平。

11月13日，我校学生参加湖南省第十八届中小学电脑制作活动并喜获佳绩。

11月16日，浙江省安吉县教育局教育考察团来校考察交流。

11月13—17日，广东省"百千万人才培养工程"地理学科培养对象杨建瑜等5位名师来校开展为期5天的跟岗学习交流。

11月17日，江西省鹰潭市第一中学校长曾有华带领学科竞赛教练一行13人来我校考察交流。

11月17日，湖南师大附中高新实验中学举行办学五周年汇报暨合作办学续签仪式。各级领导和嘉宾出席，共同见证学校发展。

11月17日，全国精神文明建设表彰大会举行。我校被评为第一届全国文明校园，谢永红校长受到习近平总书记接见。

11月17日，2017年中国数学奥林匹克暨第33届全国中学生数学冬令营落下帷幕，我校3人获全国金牌，2人获全国银牌，陈天择同学光荣入选数学奥赛国家集训队。

11月18日，谢永红校长受到湖南省委书记杜家毫的接见与慰问，并作为第一届全国文明校园代表向书记作典型汇报发言。

11月18日，湖南省教育厅王玉清副厅长一行来校调研指导，黄月初副校长汇报工作。

11月18日，湖南省普通高中学生生涯规划教育研讨会举行。陈迪勋副校长分享经验。袁春龙主任的生涯课堂获同行好评。

11月17—19日，湖南省第二届"湖湘教育家大讲坛"在我校举行，众多领导专家出席。

11月22日，广西桂平市教育局考察团来校考察交流。

11月23日，2017级召开研究性学习开题答辩会，全年级217个课题组参加答辩。

11月22—24日，马顺存老师荣获湖南省中学物理教师实验能手大赛一等奖。

11月25日，校领导慰问在我校学习和生活的19位新疆学生。

11月25日，我校党委副书记、湖南师大附中梅溪湖中学原校长彭荣宏和我校副校长罗培基被评为"全国中小学后勤工作优秀校长"并在北京接受表彰。

11月25—26日，我校深圳校友联谊会、广州校友联谊会在深圳、广州两地分别举行。陈迪勋副校长应邀出席并分享学校发展情况，校友们进行了交流互动。

11月26—28日，中南六省（区）生物教学研讨会举行。我校周娈老师获高二组一等奖，杨群英老师担任高一组评委。

11月28—30日，湖南省2017年普通高中心理健康教育优质课与校园心理剧录像观摩评比活动在我校顺利举行。

11月29日，衡阳市教育科学研究院教研员来校考察交流，樊希国副校长分享学科竞赛及自主招生经验。

11月30日，湖南省教育科学研究工作者协会基础教育分会论坛举行年会，年会由我校组织，全省基础教育领域科研工作者参加了年会。

11月，语文教研组赴哈尔滨师大附中、东北师大附中考察学习。

12月1日，第32届校园文化艺术节开幕。

12月1日，湖南省教育学会中小学心理健康教育教学研究专业委员会换届选举大会暨2017年年会在我校举行。

12月3日，湖南师大附中教育集团班主任名师工作室开展研修活动，李显亮老师作"让爱升级"主题讲座。

12月4日，学校举行传染病防治知识教师培训会，普及传染病防治知识，强调晨检的重要性。

12月4日，浙江金华第一中学学科竞赛教练来校考察交流。

12月4日，我校10名学生获2017年全国青少年信息学奥林匹克联赛（NOIP）复赛提高组一等奖。

12月6日，张宇中学教学名师工作室举办论坛。许月良、杨敏教授作讲座，黄月初副校长分享体会。

12月7日，在第31届中国化学奥林匹克（决赛）暨冬令营中，我校5名学子入选化学奥赛国家集训队，6人喜获全国金牌。

12月8日，我校举行党的十九大精神宣讲报告会。徐晨光教授来校作党的十九大精神宣讲报告，从四个方面阐释全面从严治党要求。

12月8日，湖南师大附中新任党委书记任职宣布大会在学校会议厅召开，黄月初任湖南师大附中党委书记。

12月8日，香港校友会2017年联谊会举行，陈迪勋副校长致辞。

12月8日，中国科学院大学举办"科教结合协同育人工作研讨会"。我校被授予"中国科学院大学2017年科教结合协同育人突出贡献奖"。

12月7—9日，情暖冬日，爱满心间——我校2000余名志愿者开展爱心义卖活动。

12月9日，我校举行第二届"亲近专业·预见未来"专业深度分享活动。

12月10日，第32届校园文化艺术节之第5届主持人挑战赛决赛举行，12名选手参赛。

12月10日，我校学生电视台作品在全国中小学校园影视评比中获佳绩，共4个一等奖，1个二等奖，1个三等奖，谢武龙获"先进工作者"称号。

12月11日，云南省下关第一中学领导、教师来校考察交流，两校就尖子生培养及学科竞赛等座谈交流。

12月12日，广州市第一批、第二批省级骨干教师培养项目学员来校考察交流。黄月初书记介绍学校情况，樊希国副校长作讲座。

12月12日，长沙市蒋雁鸣中学语文名师工作室本年度第三次教研活动在我校成功举办。

12月12日，长沙市李剑玲德育（班主任）名师工作研讨会在我校顺利召开。王建老师授课，陈迪勋副校长介绍德育工作，黄雅芩老师作讲座。

12月13日，我校举行南京大屠杀死难者国家公祭日悼念活动。全体师生默哀，接受爱国主义教育。

12月13日，我校"校长有约"学生座谈会召开。座谈会主题为"如何成为一名研究型学生"，谢永红校长颁发聘书并阐述主题。

12月13日，湖南省第40期高中校长任职资格培训班学员来校考察交流，黄月初副校长作讲座并对话交流。

12月14日，湖南师大附中教育集团生物联合教研组召开2018届高三生物教学研讨会。研讨会开展了课例展示、复习研讨、命题分析等活动，促进了教学交流。

12月11—15日，湖南师大附中教育集团第七届"附中杯"教职工排球赛举行，共十二支代表队参赛。

12月15日，"迎元旦灯谜会"顺利举行。

12月15日，我校行政领导班子换届工作大会召开。谢永红校长述职，教职工评价并推举新一届班子成员。

12月15日，我校与吐鲁番市实验中学开展班级结对认亲仪式，增进了民族友情。

12月15—16日，我校参加2017中国高中学校文学社团和校报校刊高峰论坛。

12月16日，"江苏好大学"联盟授牌我校为"人才培养战略合作伙伴"。

12月16日，我校4名学生入选2018年度湖南省"英才计划"受培对象。

12月14—17日，我校学子在2017年牛津大学全国中学生模拟联合国活动中获佳绩。1616班樊莫兮获得英文委员会荣誉代表奖，我校获最佳组织奖。

12月15—18日，我校组团送课吐鲁番市实验中学，通过讲座、示范课、集体备课等传递教学理念，促进民族教育交流。

12月18日，谢永红校长、陈迪勋副校长赴邵阳市绥宁县关峡苗族乡插柳村开展"一进二访"活动。

12月17—19日，湖南师范大学附属学校2017年年会在武冈市第一中学举行。

12月19日，湖南师大附中教育集团第三届第一次青年教师教学竞赛活动胜利落下帷幕。

12月19日，湘潭市高中理、化、生实验管理员培训班学员来校考察交流。

12月20日，以"奋进新时代，筑梦新征程"为主题的第32届校园文化艺术节之高一年级合唱及班歌演唱比赛在学生活动中心举行。

12月21日，双牌二中2018届高三年级教师来校考察交流。

12月21日，长沙市黄洪才物理名师工作室在我校举行教研活动。彭知文老师上示范课，黄洪才老师报告课题研究进展。

12月25日，广州市第六中学领导、教师来校考察交流。

12月26日，我校召开2017年"新进教师汇报课"总结暨新教师座谈会。

12月27日，离退休工作办公室、离退休协会在艺术楼三楼工会活动室举行2018年离退休教职工迎新茶话会。

12月25—28日，第五届全国中小学实验教学说课活动在广州国际会展中心举行。我校刘静、向阳老师双双荣获"2017年度全国中小学实验教学能手"光荣称号。

12月28日，湖北省校外教育管理研究会研学团来校考察交流。陈迪勋副校长作讲座，教育部督学、湖北省教育厅调研员胡甫清肯定我校工作。

12月30日，我校发布2018年新年贺词，回顾2017年成绩，展望2018年创建研究型高中愿景。

12月，南京大学授予我校"2017年度最佳生源基地"称号。

2018 年

1 月 5 日，信息技术处组织召开了 2017—2018 学年度第一学期学校二级网站建设评比会议。

1 月 6 日，我校上海校友会 2017 年联谊会在浦东张江举行。校长谢永红、副校长陈迪勋、校办公室主任莫晖与近百位在沪校友共同参加了活动。

1 月 10 日，"湘博杯"长沙市中学生"图说传统文化演讲比赛"举办决赛。我校高二年级 1615 班的陈彦宏和 1617 班的蒋济帆的演讲作品《图说十二生肖》荣获特等奖。

1 月 11 日，山东省青岛市教育局教育考察团一行 20 人，在副局长王洪琪的带领下来我校考察交流。

1 月 11 日，我校 1979 届校友黄剑荣获 2017 年"最美湘女"。

1 月 11 日，我校校友丁洪团队科研成果入选《物理评论》125 周年纪念论文集。

1 月 11 日，第 40 期少年团校结业典礼暨新团员入团仪式在图书馆报告厅举行。

1 月 12 日，我校党委换届选举大会在会议厅隆重举行。苏建祥、李春莲、陈迪勋、罗培基、黄月初、彭荣宏、谢永红、廖强、樊希国等 9 位同志当选为湖南师大附中新一届党委委员。

1 月 15 日，我校足球队历史性进入湖南省四强。

1 月 17 日，我校数学教研组荣获"长沙市优秀教研组"称号。

1 月 18 日，东北师大附中领导班子一行 12 人在校长邵志豪的带领下来我校考察交流。

1 月 19 日，我校党委理论学习中心组（扩大）集中学习会在三会议室召开。

1 月 20 日，2018 年湖南省"英才计划"师生见面会在我校图书馆报告厅举行。

1 月 21 日，2018 年"社彩未来，团聚梦想"湖南省中学生十校社团发展论坛在我校学生活动中心举行。

1 月 22 日，我校第七批教师境外访学团圆满完成研修任务。

1 月 22 日，湖南师范大学及我校与定安县人民政府合作共建的湖南师范大学附属定安中学签约暨揭牌仪式在海南省定安县举行。

1 月 23 日，校长谢永红、党委书记黄月初、副校长陈迪勋等在四会议室会见了我校精准扶贫对象——邵阳市绥宁县关峡苗族乡插柳村村民周云香。

1 月 27 日，我校召开 2017—2018 学年度第一学期学科竞赛培训工作总结会。

1 月 30 日，我校召开 2017 年度统战及退伍转业军人座谈会。

1 月 30 日，我校召开 2017 年新退休教职工座谈会。离退休协会会长蔡卫红、离退休支部书记周升令及相关部门负责人参加了座谈会。会议由党委书记黄月初主持。

1 月 30 日，湖南师大附中教育集团体艺工作经验交流会在湖南师大附中博才实验中学学士校区召开。

1月，在中国化学会2017年度表彰活动中，我校校友张健荣获"杰出青年科学家奖"，吕华和徐海超荣获"青年化学奖"。

1月，我校校友李晓萱荣获2017年北京大学"学生年度人物"。

2月1日，我校10名志愿者与团委书记李钊一同来到学堂坡社区，为社区里的5户困难家庭送去了米、油、牛奶等生活物品，并带去了学校最诚挚的新年祝福。

2月2日，我校召开2017年度文明创建工作总结表彰大会。全体校领导为23名"文明创建工作突出贡献奖"获得者颁奖。总务处职员彭琳和文明办主任伏炎安作为获奖代表发言。

2月2日，2017—2018学年度第一学期总结大会在学校会议厅召开，全体教职工参加了大会。

2月2—3日，我校与湖南省中小学教师发展中心联合举办的"省级'送培到校'项目——湖南师大附中班2018年寒假全员培训"在学校会议厅举行，全体教职员工参与了现场培训。

2月4日，湖南师大附中与双牌二中对口帮扶签约仪式在我校一会议室举行。

2月4日，湖南师大附中教育集团2017年年会在我校会议厅召开。

2月2—5日，高一年级组长李勇老师、学生发展处万红梅老师带领学生干部一行46人前往江西南昌开展学生干部远志研学旅行活动。

2月5日，党委书记黄月初前往湖南师大附中高新实验中学，指导该校2017年度党总支领导班子民主生活会。

2月9日，校长谢永红，党委书记、副校长黄月初，副校长樊希国，党委副书记彭荣宏，副校长陈迪勋、罗培基，纪检书记李春莲分别带队走访慰问部分老领导、离退休老同志和困难教职工，向他们致以节日的问候。

2月11日，我校在2016—2017学年度省示范性普通高中督导评估中获评优秀等次。

2月6—14日，我校师生代表团一行27人赴加拿大文思博学校进行友好访问。代表团由副校长罗培基带队，23名学生代表全部来自高二年级。

3月1日，我校荣获教育部2017年"国防教育特色学校"称号。

3月3日，2017—2018学年度第二学期开学工作会议在会议厅召开。谢永红校长传达文件精神，苏建祥、李春莲等发言，谢永红总结强调新学期工作重点。

3月3日，第21届德育工作研讨会暨新学期教育工作会议在学校图书馆学术报告厅举行。德育与学生发展处副主任吴卿传达文件并部署工作，黄赞老师分享心得，陈迪勋副校长作总结发言。

3月4日，我校北美校友2018年新春联谊会成功举行。

3月5日，2017—2018学年度第二学期开学典礼在会议厅隆重举行。

3月5日，我校党委组织教职工观看全国人大会议开幕会。

3月8日，校工会发布三八国际劳动妇女节慰问信，向女教职员工致以节日祝福。

3月9日，2017—2018学年度第二学期第一次党员大会在会议厅举行。

3月10日，我校德育与学生发展处副主任吴卿、团委书记李钊、综合实践指导中心主任徐凡训、青年教师袁春龙带领我校36名学生志愿者开展了以"拥抱春天·播种绿色"为主题的义务植树、植保活动。

3月11日，校工会组织学校女教职工赴望城柏乐园开展拓展培训活动，近70名女教职工参加。

3月12—13日，由加拿大文思博学校承办的"第二届中加友好学校校长论坛"在温哥华举行。本届论坛的主题是"教育很重要"，我校校长谢永红应邀出席论坛并作主题演讲。

3月15日，长沙市化学教研活动在我校举行。活动旨在研讨高考复习策略，筹备全市化学教师高考复习研讨会。

3月21日，我校在执中楼三会议室开展了新任职中层干部集体廉政谈话活动。

3月23日，我校4位教师荣获全省中小学教师队伍建设"双百工程"2017年度优秀教育教学论文奖。

3月23日，湖南师范大学教育科学学院党委副书记向兵、教育技术系教师贺亚毛、刘娟带领15名实习教师来我校高一年级开展为期70天的教育实习工作。

3月23日，学校党委理论学习中心组（扩大）集中学习会在三会议室召开。全体党委委员、处级干部和党支部书记参加了学习会，会议由党委书记黄月初主持并主讲。

3月23日，湖南师大附中第十二届教职工代表大会第一次会议召开，审议多项报告，选举产生新一届工会委员会。

3月24日，秦俊龙同学光荣入选化学奥林匹克竞赛国家代表队。

3月24日，2017—2018学年度家长委员会第二次全体会议在校史馆召开。

3月25日，民盟湖南师大附中支部为"脑瘫村"儿童献爱心，捐赠物资并了解情况。张宇主委发言鼓励。

3月26日，惠州市第一中学副校长李海媚带领高一年级教师一行12人来我校考察交流。

3月26日，湖南师大附中教育集团班主任名师工作室学年度第四次研修活动暨第三十一次班主任沙龙在心理发展中心举行。活动聚焦学生心理问题，陈兵反馈调查情况，李志艳主讲并组织活动。

3月26日，湖南省教育督导与评价协会2017年年会暨学校督导学术报告会在长沙举行。我校被评为优秀等级，综合评分再次名列全省第一。

3月26日，第15届学生社团节开幕式暨第6届"新生杯"辩论赛总决赛在会议厅隆重举行，胡罗福获"最佳辩手"。

3月27日，特级教师、正高级教师肖鹏飞入选第三批国家"万人计划"教学名师名单。

3月28日，副校长陈迪勋、团委书记李钊和40多名志愿者代表提着一袋袋师生们捐赠的爱心物资步行前往岳麓区学堂坡社区，为我校在此设立的雷锋爱心超市补充物资。

3月29—30日，2018年长沙市高三生物二轮复习教学研讨会在长沙外国语学校举行。我校高三生物备课组全体老师参加了此次会议。

3月31日，湖南师大附中教育集团"附中·广益杯"田径运动会在湖南广益实验中学隆重举行。

4月1日，社团节专场活动之第4届乐队挑战赛在学生活动中心隆重举行。来自不同学校的6支乐队与现场近700名观众共同度过了一个音乐之夜。

4月3日，我校师生清明节祭奠禹之谟烈士，举行多项祭扫活动，传承先烈遗志。

4月4日，新高考主题高级研修班在长沙举行，全省各市州、县（市）区400多位高中校长、30多位教育局及教研室领导参加。我校校长助理苏建祥应邀在此次研修活动中作《新时代新征程新高考新作为》主题报告。

4月8日，语文组在学校图书馆教师研修室召开了"助力青年教师发展"座谈会。

4月9日，湖南师大附中星沙学校（暂名）筹建工作会议在长沙县政务中心举行。

4月9日，第十七届优秀主题班会竞赛集体评议活动在校史馆会议室举行。

4月10日，第15届学生社团节专场活动之第3届"我评哲学家"演讲比赛决赛在会议厅举行。选手表现精彩，谭畅获"最佳演说家"。

4月10日，华容县教育体育局副主任督学刘克祥率6位管理干部和骨干教师来校跟岗培训。

4月11日，浙江省台州市教育局副局长袁相千带领该市重点中学校长一行17人来我校考察交流。

4月12日，湖南师范大学首批教师行动研究基地签约仪式暨基地建设推进会在湖南师范大学办公楼二楼会议室举行。我校签约成为湖南师范大学生物教师行动研究基地。

4月13日，"当音符来敲门"校园歌手大赛在学生活动中心举办。12名选手献唱，朱音璇等同学获奖。

4月13日，我校举办第15届学生社团节之主题游园会。

4月13日，我校开展政治学习，宣讲全国两会精神。第十三届全国人大代表、长沙雅礼中学校长刘维朝应邀来我校作题为《开启奋进新时代的新航程》的专题报告。

4月16日，我校纪念建校113周年暨2018年春季马路赛跑活动在潇湘大道沿江风光带举行。师生分组参赛，展示精神风貌，增强爱校情怀。

4月18日，由《湖南日报》、湖南卫视、湖南交通电台、红网、《长沙晚报》、长沙新闻频道、长沙政法频道、新闻广播、星辰在线等媒体组成的"首届全国文明校园巡礼"采访团来我校集中采访。

4月18日，我校举办第15届学生社团节之第2届传统文化大会。

4月18日，2018学年师德师风优秀事迹报告会在校会议厅召开，我校全体教职员工参加。

4月19日，2018届高三工作研讨会在图书馆学术报告厅召开。

4月19日，我校开展"读书·分享"读书文化月系列活动之班级图书角建设评比活动。

4月20日，河北省石家庄市第一中学教学副校长沈建军带领该校领导、教师一行8人来我校考察交流。

4月20日，长沙市杨捷英语名师工作室和我校共同开展学术活动，就工作室"以读促写"课题进一步加强学习和研讨。

4月20日，湖南师范大学化学化工学院陈波院长率12位大学教授来我校听课。

4月20日，我校在攀登广场举行了一年一度的读书文化月系列活动之跳蚤市场活动。

4月24日，在印度举行的世界中学生羽毛球锦标赛上，代表中国参赛的湖南师大附中校女子羽毛球队以三比二战胜土耳其队，获得此次比赛校队组第三名。

4月25日，我校入选"全国中学生志愿服务示范校"创建单位。

4月25日，第三届配音大赛决赛在学生活动中心举行。

4月25—27日，在第39届湖南省青少年科技创新大赛中，我校高1619班朱浩淼同学研究的《高温油烟及余热回收利用装置》，以及高1703班李元乔同学、罗逸豪同学，高1612班杨浩巍同学共同研究的《生物聚合膜对草甘膦的吸附作用及应用研究》双双获得金牌，朱浩淼同学的研究项目同时获得"格科微科技创新专项奖"。

4月27日，校长谢永红在学校体育馆接见我校载誉而归的女子羽毛球队运动员和教练员。

4月27日，第15届学生社团节闭幕。

4月，我校学术委员会委员、湖南省地理特级教师杨帆的新著《追寻去功利化的教育模式》由湖南教育出版社正式出版发行。

3月25日—5月2日，加拿大文思博学校派遣数学兼生物教师Michael Powell、经济学教师Matthew Robson以及英语和社会学教师Kieran Forry 3人分批来校开展教师研修。

5月3日，湖南师大附中教育集团物理联合教研活动在本部科学楼五楼物理数字化录播实验室举行。

5月4日，包括我校校长谢永红在内的120位校长，齐聚北京大学附属中学图书馆大礼堂，参加北京大学120周年校庆中学校长论坛，共同为北京大学百廿校庆献上祝福。

5月4日，共青团长沙市教育局委员会举办五四表彰大会暨纪念五四运动99周年主题团日活动，我校黄俊老师被授予"2018年度长沙市教育系统青年岗位能手"称号。

5月7日，湖南雷锋交通发展集团在我校设立"红光奖教奖学金"，捐赠签约仪式在我校校史馆会议室举行。

5月8日，党委书记黄月初、副校长陈迪勋、校长助理兼湖南广益实验中学校长廖强一行前往邵阳市绥宁县关峡苗族乡插柳村开展"一进二访"活动。

5月8日，第31届校园科技节之航模科普展示及飞行表演活动在我校隆重举行。

5月9日，北京教育学院朝阳分院党总支书记文必勇带领北京市朝阳区中小学党支部书记一行33人来我校考察交流。

5月9—10日，第31届校园科技节之高一年级重力车竞赛活动在体育馆一楼大厅举行。

5月10日，2017—2018学年度学生表彰大会在学生活动中心隆重举行。

5月11日，华中师范大学第一附属中学党委书记王忠带领该校党建工作考察团一行15人来我校考察交流。

5月12日，由校级家长委员会、家长学校联合举办的第七期"家长论坛"在学生活动中心举行。

5月15日，我校离退休党总支开展主题党日活动。

5月16日，教育部考试中心特聘研究员杨志明来我校作新高考专题学术讲座，"新高考"校本实施方案起草小组全体成员以及部分学科教研组长聆听了报告。

5月17日，著名教育家张楚廷教授应邀来我校作主题为《校长如何创建特色学校》的学术报告。

5月17日，地理教研组荣获2017年度长沙市中学地理优秀教研组称号。

5月18日，我校在会议厅召开2017—2018学年度第二学期半期教育教学工作总结大会。大会由校长谢永红主持，全体教职工参加会议。

5月18日，深圳实验学校学科组组长和竞赛教练在该校科技教师，深圳市综合实践、通用技术兼职教研员陈宏的带队下，一行6人来我校进行考察交流。

5月19日，湖南师大附中教育集团第三届第二次青年教师（技术）教学竞赛在湖南广益实验中学隆重举行。

5月10—20日，第31届校园科技节之高二年级"奇思妙想闯七关"表演赛活动在高二年级各班举行。

5月18—21日，第十一届湖南省青少年机器人竞赛隆重举行。我校由谌跃飞老师指导的1711班陈子睿、周际批，1719班杨道源，1710班唐马松等4名同学最终获得FLL工程挑战赛高中组金牌，荣获一等奖。

5月24日，长沙市体育局、长沙市教育局、长沙市体育发展基金会召开表彰大会。我校陈迪勋被评为长沙市优秀体育管理人员，受到表彰和奖励。

5月24日，语文组特邀康复专家乐美鑫老师来校对语文老师进行肩颈康复指导。

5月24日，我校信息技术处在图书馆学术报告厅召开2017—2018学年度第二学期学校二级网站评比暨信息员会议。

5月24日，我校开展了"奋斗青春筑梦前行"2018年高考减压心理户外拓展活动。

5月24日，语文组吴音莹老师在长沙市蒋雁鸣名师工作室作高考作文冲刺讲座。

5月25日，谢永红校长会见第11届"湖南学者"获选学生。

5月26日，我校举办了第三届"对话职场·预见未来"高一学生职业深度分享会。

5月26—27日，第15届湖南省中小学机器人竞赛隆重举行。我校由谌跃飞老师指导的1610班龚梓贤、1716班陈宸两名同学最终荣获WER工程挑战赛高中组铜牌。

5月28日，湖南省教育工会副主席王常华、主任朱永贵来我校考察指导基层工会工作。我校副校长兼工会主席陈迪勋向王常华一行汇报了工会之家建设情况和学校工会工作情况。

5月29日，湖南省食品安全委员会办公室主任，湖南省食品药品监督管理局党组书记、局长刘湘凌带队，来我校对"两考"期间学校食品安全展开现场监督检查。

5月31日，校工会在图书馆报告厅举行了庆"六一"教职工子女表彰大会，会议由学校团委书记李钊主持。

5月，吴音莹老师的学术专著《高中语文选修课学生个性的实现》由湖南师范大学出版社正式出版发行。

5月，汉文化学社荣获"全国优秀中学生国学社团"称号。

6月1日，"青春追梦人"长沙市首届中小学校园心理剧展演暨颁奖活动举行。我校心理剧《双面》荣获一等奖。曾志敏、李志艳、袁春龙、杨爱霞等4位老师荣获优秀指导教师奖。

6月1日，2018届学生成人仪式暨毕业典礼在学生活动中心隆重举行。谢永红校长讲话，祝贺学生毕业，寄语学生相信梦想、坚持方向。

6月2日，我校5名学生入选全国中学生生物奥赛省代表队，17名学生获省一等奖。

6月1—3日，我校获"弦歌八十载　奋进新时代"湖南师范大学教职工羽毛球混合团体赛第五名。

6月6日，长沙市委副书记、市长胡忠雄率队来我校巡查高考考点组考工作，副市长陈中、市政府副秘书长厉江华、市教育局局长卢鸿鸣、岳麓区区长周凡等领导参加巡查，湖南师大附中考点主考、我校校长谢永红，副主考、我校校长助理苏建祥陪同巡查。

6月15日，广东省中山市一中高三骨干教师高级研修班学员一行50余人来我校考察交流。

6月20日，湖南师范大学附属定安中学校长郭在时率4位骨干教师来我校跟岗学习。

6月20日，湖南省教育厅、省委教育工委直属单位教职工羽毛球团体赛领队会议在我校校史馆会议室召开。

6月21日，广西梧州市一中副校长苏举红率高三年级领导、教师一行34人来我校考察交流。

6月22—24日，在党委书记黄月初的带领下，我校历史教研组全体教师赴怀化市靖州、通道、芷江三县开展送教下乡暨主题党日活动。

6月28—29日，我校教职工羽毛球队获湖南省教育厅直属单位羽毛球团体赛冠军。

6月29日，党委理论学习中心组召开专题学习会，深入学习领会习近平新时代中国特色社会主义思想的科学理论体系。

6月29日，学校庆祝建党九十七周年暨创先争优表彰大会在会议厅隆重举行。

7月3—4日，副校长陈迪勋、纪检书记李春莲一行前往邵阳市绥宁县关峡苗族乡插柳村开展"入户见人一小时"活动。

7月9日，校长谢永红应邀出席北京大学2018本科生毕业典礼。

7月13日，2018年上学期期末总结大会在校会议厅召开。

7月13日，我校在校会议厅对41位换届中层干部开展任前集体谈话。

7月21日，1988届校友以"三十年话深情，奉献一点爱心"为主题，举行了高中毕业三十周年纪念大会。

7月21日，2016级学生进行企业生活体验，多家企业提供实践机会，学生收获颇丰。

7月23日，吐鲁番市实验中学名校长工作室举行名校长论坛，特邀请我校党委书记黄月初为校长们作题为"校长的领导力"的专题讲座。

7月23日，我校学子在首届全国中学生国学大赛复赛中斩获佳绩。

7月20—25日，湖南省新高考教师培训团队高端研修班在华东师范大学举办。我校高2018级全体教师参加了此次培训。

7月23—25日，湖南师范大学党委书记李民教授一行5人，赴吐鲁番市考察教育援疆工作，看望并考察我校援疆干部彭荣宏同志。

7月27—31日，湖南师大附中教育集团党性教育培训班在井冈山干部教育学院成功举办。

7月28日，秦俊龙同学在第50届国际中学生化学奥林匹克竞赛中夺得金牌，被保送至北京大学。

8月4日，我校学子在2018年全国中学生田径锦标赛、中国中学生羽毛球锦标赛中获佳绩。

8月8日，彭凌峰、谢真乐、钟砺涵同学入选第27届全国中学生生物奥赛国家集训队。

8月6—13日，信息技术处主任周大勇与周红、朱修龙、杨茜3位老师，带领我校

2016级15名同学，一行19人到友好校台中一中参访交流。

8月14—20日，第33届全国青少年科技创新大赛隆重举行。1703班李元乔、罗逸豪，1612班杨浩巍同学的《生物聚合膜对草甘膦的吸附作用及应用研究》（指导教师：罗鹏飞）和1619班梅驭皓同学的《农田镉污染调控措施研究》（指导教师：杨帆、吴敏、雷光华）两项科技创新研究项目分别荣获银牌、铜牌。

8月16—17日，2018年暑假管理工作研讨会在校史馆会议室召开。

8月18日，张馨月同学获第17届全国女子数学奥林匹克竞赛第八名，夺得金牌并获清华大学、北京大学高考降一本线优惠录取资格。

8月23日，我校及湖南师大附中博才实验中学2018级高一新生"军营生活体验"开营仪式在湖南警察学院举行。

8月28日，我校党委理论学习中心组（扩大）专题学习会在执中楼三会议室召开，本次专题学习的主题为：深入学习党的十九大相关知识。

8月29日，广东省广州市荔湾区教育发展研究院教师院本培训班的63位学员来我校进行考察交流。

8月30日，我校田径场升层改造工程项目顺利通过验收。

8月30—31日，我校成功举办了2018年省级"送培到校"项目——暑期全员培训。

9月1日，2018—2019学年度开学工作会议在会议厅召开，全体教职工和长沙市内集团成员校领导参加。

9月1日，新学年德育工作论坛在图书馆学术报告厅举行。

9月3日，2018—2019学年度开学典礼在新落成的田径场举行。谢永红致辞，师生代表发言。

9月3日，湖南师大附中星沙实验学校揭牌仪式暨新学年开学典礼在新建校园举行。

9月3—4日，我校开展了丰富多彩的新生入学教育活动。

9月4日，暑假综合实践活动成果汇报会在学生活动中心召开。2018级全体新生参加。

9月7日，在长沙市庆祝第34个教师节暨优秀教师表彰大会上，我校校长谢永红被授予长沙市"首席名校长"称号，化学教研组组长周泽宇老师荣获长沙市"华天优秀教师奖"，湖南师大附中梅溪湖中学副校长张迪平老师荣获长沙市"国开教育公平奖"。我校13位教师入选卓越教师名单。

9月9日，湖南师大附中教育集团生物联合教研活动暨教师节联谊活动在百果园开展。

9月10日，湖南师范大学召开2018年教师节表彰大会。我校获评湖南师范大学"三育人"先进集体，我校4位教师获评"三育人"优秀个人。

9月10日，我校教育督导办公室组织进行了学校秋季开学工作督导内部检查。

9月13日，国培计划（2018）示范性高中语文班学员来我校访问交流，围绕作文教学与我校语文教研组进行了深入探讨。

9月14日，在湖南省第十三届运动会上，我校田径、羽毛球、乒乓球运动员取得优异成绩，勇夺11枚金牌。

9月14日，中国教育学会2018年"中国开设大学先修课程的理论与实践研究"湖南师大附中专项课题"'核心素养'视域下CAP（中国大学先修课程）课程一体化及教学策略研究"研讨会召开。

9月17日，语文组全体老师齐聚校史馆会议室，聆听知名教授杨志明先生妙谈整本书阅读的重要意义和推行方案。

9月19日，1979届校友、美洲投资银行首席经济学家邹刚回访母校。

9月19日，我校承办长沙市黄敏兰历史名师工作室"新课标背景下历史核心素养"主题研修活动。校长助理苏建祥致欢迎辞，李珊老师执教公开课。

9月21日，由我校承办的"省培计划（2018）"——高中生涯规划教育培训者研修圆满落幕。来自湖南省14个市州的80名专业教师相聚我校，围绕"高中生涯规划教育"这一课题开展了为期7天的研修活动。

9月21日，2018—2019学年度第一次党员大会在会议厅召开。

9月24日，我校创新型语文兴趣课开讲，由湖南师范大学文学院教师开设的4门语文兴趣课，深受学生喜爱。

9月28日，湖南省2018年普通高中化学教学竞赛在衡阳市岳云中学落下帷幕，我校教师明正球喜获一等奖第一名。

9月29日，首届全国文明校园测评复查小组来校检查，我校文明创建工作获得高度评价。

9月，湖南省教育科学规划领导小组办公室下达了《湖南省教育科学"十三五"规划2018年度课题立项通知书》，我校谢永红校长所主持的课题"研究型高中建设的校本探索与实践"获准立项，课题类别为省级重点课题，课题批准号为XJK18AJC005。

9月，我校被评为"2017年度省直非税收入执收工作优秀单位"，财务资产处王翔被评为"先进个人"。

10月11日，湖南师大附中教育集团初中部生物联合教研活动在湖南师大附中星城实验学校举办。

10月12日，以"享受阳光，爱上运动"为主题的我校第32届校园体育节暨田径运动会开幕式隆重举行。

10月13日，我校"新高考背景下的选课走班与学科教学研究"课题组在校史馆会议室开会，就将该课题申报为长沙市教育科学规划重大招标课题事项展开全面研讨。

10月14日，校级家委会换届会议暨2018—2019学年度第一次全体会议在校史馆会议室举行。

10月15日，我校学子陈龙以2米22的个人最好成绩打破青奥会纪录，勇夺男子跳高金牌。这是中国田径队在2018年夏季青奥会上获得的首枚金牌。

10月15日，我校承办的"长沙学子与桥牌世界冠军手拉手"活动在图书馆学术报告厅举行。

10月16日，我校举办慰问离退休教职工重阳节活动。

10月16日，广州市荔湾区教育局一行来校交流。

10月18日，我校隆重举行了第二届青年名师培养对象集中研修活动。

10月18日，我校9名同学入选第35届全国中学生数学冬令营。

10月19日，华南师大附中汕尾学校、厦门双十中学的校领导、教师来我校考察交流。

10月19日，2018年新聘教师入职培训在校史馆会议室举行。

10月19日，我校党委开展了集中培训，在职党组织书记共19人参加。

10月17—20日，全国部分大学附中教学协作体第27届年会在陕西省西安市陕西师大附中举行。教学协作体秘书长、我校副校长樊希国带队参加此次活动。

10月21日，2018年湖南中学生羽毛球比赛胜利闭幕。我校羽毛球队勇夺4金4银。

10月21日，多家媒体争相报道我校学子陈龙勇夺青奥会跳高冠军的事迹。

10月23日，广东省茂名市高三骨干教师辅导培优能力提升培训班学员来我校考察交流。

10月24日，广东省江门市高中科学策略与科学备考高级研修班学员来校考察交流。

10月24日，2018年长沙市中学思想政治（道德与法治）教师教学风采比赛在湘一立信实验学校举行。我校游淑雲老师在唐海燕老师的带领下参赛，荣获一等奖。

10月24—25日，湖南省2018年高中生"三独"比赛在湖南教育电视台举行。1617班梁辰同学、1603班王俞珺同学、1617班朱音璇同学均获湖南省一等奖，李鹏程老师、杨萍老师、郑喜老师获"优秀指导教师"奖。

10月25日，湖南师人附中教育集团课堂教学研究共同体成立大会在校史馆会议室召开。

10月20—26日，友好校台中一中师生参访团来我校进行友好交流访问并续签合作协议。

10月26日，谢永红校长的理论文章《改革传统育人方式，培养拔尖创新人才》在《湖南日报》刊发。

10月26日，第二十八届共青团员、学生代表大会在会议厅召开。

10月27日，第二届"附中校友杯"足球赛在我校新田径场隆重举行，校友队与教职工队参赛，2005 级校友队夺冠。

10 月 26—28 日，由清华大学主办的 2018 中美中学校长论坛在美国波士顿隆重举行。我校校长谢永红应邀参加论坛。

10 月 28 日，北京校友会 2018 年年会在北京中海广场隆重举行。

10 月 29 日，2018 年湖南省中学生田径比赛在株洲市体育中心闭幕。我校田径代表队共摘得金牌 7 枚、银牌 2 枚、铜牌 1 枚，并以 110 分获团体总分第二名。

10 月 29 日，山东青岛西海岸新区教育体育局领导来我校考察交流。

10 月 29 日—11 月 6 日，我校 2018 年度教职工排球赛顺利举行。

10 月 30 日，浙江省杭州市第 65 期中学校长任职资格班学员来校考察交流。

10 月 30 日，长沙市肖鹏飞中学化学名师工作室本学期第三次活动在我校举行。国家课标组核心成员、北京师范大学王磊教授作专题讲座。

11 月 1 日，生物组黄俊老师参加第四届全国高中"审美课堂"教学研讨活动并授课。

10 月 31 日—11 月 2 日，我校明正球老师参加全国高中化学课堂展示与观摩活动，其展示课广受好评。

11 月 2 日，2018 年全省中小学实验教学说课活动落下帷幕。我校化学组姜平贵老师、生物组罗娟老师均获一等奖。

11 月 2 日，我校领导班子在三会议室召开巡视整改专题民主生活会。湖南师范大学纪委书记唐贤清到会指导。

11 月 2 日，西南大学附属中学领导、教师来我校考察交流。

11 月 2 日，我校学子在全国物理奥赛冬令营中勇夺 4 金，2 人入选国家集训队。

11 月 1—4 日，加拿大文思博学校校长 Galyna 女士一行来校访问。

11 月 2—5 日，语文教师吴音莹赴新疆为吐鲁番市全体高中教师作专题学术讲座，并参与我校定点援助的新疆吐鲁番市实验中学开展的听评课系列调研活动。

11 月 5 日，浙江省台州市郑志湖、曹保义名校长工作室领衔人及成员来校考察交流。

11 月 5 日，党委书记黄月初带队赴"慢天使之家"开展帮扶活动，捐赠康复器材。

11 月 7—9 日，物理教研组联合湖南广益实验中学、湖南师大附中博才实验中学、湖南师大附中梅溪湖中学物理教师一行 56 人赴云南师大附中、下关一中考察交流。

11 月 9 日，湖南师范大学教育学院张绍军博士应邀来校，指导我校"研究型高中建设的校本探索与实践"课题研究。

11 月 10 日，湖南都市频道《都市晚间·名师说》专题报道我校名师肖鹏飞。

11 月 6—11 日，历史教研组 13 人以及湖南广益实验中学历史教研组 18 人前往新疆吐鲁番市实验中学、高昌区第一中学、高昌区第二中学进行了送课送培和学习交流活动。

11月12日，广州市育才中学校长、育才教育集团理事长刘国辉一行来校访问。

11月12日，我校课程委员会成立仪式暨工作研讨会在执中楼三会议室举行。

11月12日，谢永红校长应湖南省教育管理干部培训办公室邀请，在我校图书馆学术报告厅为湖南省省级示范性高中校长高研班作专题讲座。

11月14日，江苏省南京市第一中学校领导、教师来我校考察交流。

11月16日，湖南省衡东县第一中学领导、教师来我校访问交流。

11月16—19日，"第十三届全国中学物理青年教师教学大赛"在深圳市桃源居中澳实验学校举行，马顺存老师参加比赛并获奖。

11月18—20日，2018年湖南省中学地理教学竞赛在衡阳市二中举行。我校地理组肖雨琳老师执教"褶皱与地表形态——以岳麓山为例"一课，荣获高中组一等奖。

11月19—21日，2018年"湖南省高中语文教师专业素养竞赛"在湖南师大附中梅溪湖中学举行。李钊老师现场执教《父母与孩子之间的爱》，荣获一等奖。

11月21日，由湖南省教育科学研究院院长石灯明、规划办副主任李小球，长沙市教科院党委书记胡志豪，湘潭市教科院院长周大明，长郡梅溪湖中学校长刘欣组成的专家组来校，就我校申报"湖南省示范性高中研究型教师队伍建设研究基地"进行实地考察。

11月22日，尹顺同学入选2019中国数学奥林匹克国家集训队。

11月22日，长沙市2019届高三物理一轮复习教学研讨会暨长沙市黄洪才物理名师工作室专题学习活动在我校会议厅举行。

11月19—23日，湖南师大附中教育集团第八届"附中杯"教职工排球赛在我校体育馆顺利举行并圆满落幕。

11月22—23日，2018年湖南省高中数学核心概念教学设计比赛暨微课展示评比活动在怀化市芷江一中举行，我校数学组欧阳普老师获一等奖。

11月23日，云南省下关第一中学校领导、教师来我校考察交流。

11月23日，香港校友会2018年年会在香港西营盘举行。

11月23日，"青春·凌云"湖南师大附中第二届校园心理剧展演在学生活动中心举行。

11月19—24日，2018—2019学年度对外开放周活动成功举办，涵盖多项课程展示，吸引众多教师观摩。

11月26日，第三届"亲近专业·预见未来"专业深度分享活动在高三年级各班教室举办，22位来自不同专业领域的专家、教授对20个不同专业进行了深度解读和分享。

11月27日，教育部中学校长培训中心第10期全国优秀中学校长高级研究班学员来校考察交流。

11月27日，我校工会组织教职工开展登山活动。教职工登岳麓山赏景，锻炼身体。

11 月 27 日，南方科技大学发来喜报，我校多名毕业生荣获奖励。

11 月 28 日，以"加强文化认同"为主题的湖南师大附中教育集团第十次学生发展论坛在我校图书馆学术报告厅举行。

11 月 28 日，长沙市第二批中小学名校长工作室授牌仪式在长沙市教育局举行。我校校长谢永红等 9 位中小学校长成为长沙市名校长工作室首席名校长。

11 月 28 日，教育部中学校长培训中心领导、专家及广州教育家培养工程培养对象来校考察访问。

11 月 28 日，第 41 期少年团校开班仪式在图书馆学术报告厅举行。

12 月 1 日，教育部中学校长培训中心副主任田爱丽带领第 11 期全国优秀中学校长高级研究班学员来我校考察。

11 月 29 日—12 月 2 日，第十五届全国中小学校园影视教育成果展示活动暨校园影视媒体应用研讨会举行。谢武龙老师指导的 2018 届毕业 MV《光源》，荣获金校奖提名奖。我校有四部学生作品和两位小主持人参赛，共获两个一等奖，四个二等奖。此外，谢武龙获年度"先进工作者"称号。

11 月 30 日—12 月 2 日，我校受邀参加 2018 年中国大学先修课程年会。

12 月 1—2 日，我校参加以"学校文化与美育"为主题的 2018 年湖南省教育学会中小学美育专业委员会年会。

12 月 4 日，我校组织开展了以"尊崇宪法、学习宪法、遵守宪法、维护宪法、运用宪法"为主题的宪法诵读活动。

12 月 5 日，为庆祝第 33 个国际志愿者日，进一步打造全员志愿服务格局，提升志愿服务质量，我校召开湖南师大附中志愿者总队成立大会。

12 月 6 日，我校学习贯彻全国教育大会精神首场宣讲会在会议厅召开。

12 月 6 日，2018—2019 年度第一学期半期教育教学工作总结大会在会议厅召开，全体教职工参加会议。

12 月 7 日，我校 12 名同学荣获 2018 年全国青少年信息学奥林匹克联赛复赛提高组一等奖。

12 月 7 日，第 33 届校园文化艺术节在学生活动中心隆重开幕。高一年级合唱及班歌演唱比赛在学生活动中心举行。

12 月 8—9 日，我校行政综合二党支部全体党员赴娄底市、涟源市开展"悼英烈、寻足迹、不忘初心"主题党日活动。

12 月 10 日，怀化市溆浦县第一中学领导、教师来我校考察交流。

12 月 11 日，湖南省教育厅在湖南宾馆举行全省中小学德育工作会议。我校志愿服务工作探索获评省中小学德育工作优秀案例。

12 月 11 日，"改革开放，薪火相传"第 33 届校园文化艺术节之高二年级舞台剧比赛在学生活动中心拉开序幕。

12月10—12日，生物组杨群英、李隽之、周雯老师作为生物学科行动研究基地校的代表参加了2018年教师行动研究工作坊活动。

12月13日，我校举行南京大屠杀死难者国家公祭日悼念活动。

12月14日，行政综合一党支部、教研联合党支部共32名党员赴宁乡市花明楼镇刘少奇故里开展"不忘初心，对党忠诚"主题党日活动。

12月14日，副校长陈迪勋一行4人前往邵阳市绥宁县关峡苗族乡插柳村开展精准扶贫回访活动，看望、慰问帮扶对象。

12月15日，我校在校史馆会议室举行省"十三五"规划重点资助课题"研究型高中建设的校本探索与实践"开题论证报告会。

12月16日，广州校友会2018年年会在广州建国酒店举行。

12月16日，第33届校园文化艺术节之"镕金琢玉，时代芳华"第3届镕琢风采大赛决赛在学生活动中心拉开帷幕。

12月18日，中国名校校长创新峰会暨颁奖典礼在北京举行。第八届"全国百强中学"名单出炉，我校光荣上榜。

12月19日，《中国教育报》刊发了我校校长谢永红关于新高考背景下课程体系与研究型高中建设的理论文章《湖南师大附中："二次开发"拓宽校本边界》。

12月18—21日，高一、高二年级2000余名学生志愿者积极开展爱心义卖活动，为我校对口支援的贫困学校学生和社区贫困家庭筹集善款。

12月15—22日，"省培计划"（2018）——高中生物、历史学科骨干教师新高考改革专题研修活动在我校开班。

12月23日，深圳校友会2018年年会举行。

12月23日，民盟、民进湖南师大附中支部联合召开了庆祝改革开放四十周年座谈会。

12月28日，"改革开放，薪火相传"——湖南师大附中第33届校园文化艺术节闭幕式暨优秀节目展演在学生活动中心拉开序幕。

12月29日，湖南师大附中教育集团2019迎新年"改革开放，薪火相传"教职工文艺晚会在校本部活动中心隆重举行。

12月29日，湖南师大附中教育集团2018年年会胜利召开。校长谢永红作题为《同心同行，善作善成，推动集团高质量特色化发展》的讲话。

12月29日，长沙市谢永红校长工作室挂牌成立。湖南师范大学副校长王善平，长沙市教育局党委副书记、副局长孙传贵等领导出席，谢永红作表态发言。

2019 年

1月2日，我校荣获2018年长沙市中小学大课间体育评比一等奖。

1月3日，我校舞蹈作品《十八岁的天空》、民乐作品《老司城随想》荣获全省第六届中小学艺术展演一等奖。

1月4日，彭荣宏同志任新疆吐鲁番市实验中学党委副书记、校长。

1月4日，我校化学校本课程获长沙市高中优秀校本课程一等奖。

1月6日，上海校友会2018年年会于浦东五峰讲堂举行，近60位校友参加了此次活动。

1月6日，我校于图书馆一楼大厅举行"迎元旦，猜灯谜"活动。

1月7日，我校被确认为湖南省"十三五"教育科学研究基地，校长谢永红被确认为基地首席专家。

1月7日，我校学生作品《千字文》荣获全省第六届中小学艺术展演一等奖。

1月9日，我校于校史馆会议室召开2018年文明创建工作总结大会、宣传工作总结大会。党委书记黄月初、副校长陈迪勋出席会议并讲话。

1月10日，我校在校史馆会议室召开全体信息员暨第二届课件模版制作比赛表彰会议。

1月11日，湖南师大附中教育集团体艺工作总结交流会在湖南广益实验中学召开，党委书记黄月初等人参会。

1月14日，校长谢永红、副校长陈迪勋等于四会议室会见我校精准扶贫对象。

1月14日，我校成立湖南师范大学附属中学宣讲团，并于校史馆召开湖南师范大学附属中学宣讲团成立大会。校长谢永红出席会议并讲话。

1月14日，我校两项课题获准立项为长沙市教育科学"十三五"规划课题。

1月15日，我校在执中楼一会议室召开班主任名师工作室工作总结会议。

1月15日，我校教师蔡任湘入选享受国务院政府特殊津贴人员名单。

1月18日，我校课程委员会召开第三次工作会议。课程委员会主任、校长谢永红主持会议。

1月18日，陈俊豪同学光荣入选物理奥赛国家代表队，将作为全省唯一选手代表中国参加第50届国际中学生物理奥林匹克竞赛。

1月18日，我校4名同学入选第28届全国中学生生物奥赛省代表队。

1月18日，校办公室公布"湖南师范大学附属中学2018年十件大事"。

1月19日，我校在心理发展中心举行湖南省"十二五"规划课题"普通高中学生积极心理品质培养的校本实践研究"结题鉴定会，校长谢永红主持会议。

1月19日，我校于会议厅召开2018—2019学年度第一学期总结大会。全体教职工参会，校长谢永红主持会议。

1月19—20日，我校成功举办2019年省级"送培到校"项目——湖南师大附中班寒期全员培训。

1月22日，校长谢永红、党委书记黄月初等校领导带头开展节前走访、慰问离退休老同志活动。

1月26日，我校杰出校友代表回访母校活动隆重举行。

1月26日，湖南师范大学党委委员、副校长梅军指导我校党委领导班子民主生活会，我校党委书记黄月初主持该会。

2月16日，我校召开2018—2019学年度第二学期开学工作会议。

2月18日，我校隆重举行新学期开学典礼。

2月20日，我校参加中国中学生体育协会足球分会年会。

2月20日，政治教研组荣获2018年度长沙市"优秀教研组"称号。

2月20日，我校师生参访团赴友好校加拿大文思博学校进行友好交流访问。

2月20日，彭凌峰同学以总分全国第一名的成绩光荣入选生物奥赛国家代表队，将于7月参加第30届国际生物奥林匹克竞赛。

2月22日，我校举办第二届青年名师培养对象研修活动。

2月23日，全省法院"送法进校园"活动启动仪式暨省法院机关"送法进校园"活动在我校举行。

2月25日，我校足球队荣获全国青少年足球邀请赛亚军。

2月26日，我校师生赴海南开展学生干部远志研学冬令营。

3月1日，湖南师大附中教育集团科研与教师发展共同体成立。

3月1日，湖南师大附中教育集团2019年工作研讨会召开。

3月5日，我校开展离退休教职工慰问活动。

3月6日，我校召开湖南师大附中教育集团科研与教师发展共同体工作会议。

3月7日，我校荣获长沙市优秀体育传统项目学校评比一等奖，体育教研组获评长沙市优秀教研组。

3月7日，校领导慰问罹患白血病的附中学子，并送去附中大家庭募集的118万元治疗款。

3月8日，我校开展第109个三八国际劳动妇女节系列纪念活动。

3月8日，我校召开"校长有约"学生座谈会。

3月11日，多家媒体争相报道我校学子高考前夕罹患白血病，我校师生一周募捐118万元治疗款的事迹。

3月13日，我校组织师生开展义务植树活动。

3月14日，我校获批全国教育硕士联合培养示范基地。

3月15日，我校召开2018—2019学年度第二学期第一次党员大会。

3月15日，我校召开2018—2019学年度家长委员会第二次全体会议。

3月18日，我校举行第16届学生社团节开幕式暨中华优秀传统文化大会。

3月18日，我校举办第三十三次班主任沙龙活动。

3月20日，我校行政综合二党支部赴雷锋故里开展主题党日活动。

3月20日，湖南师范大学纪委书记唐贤清来我校调研。

3月21日，共青团湖南省委书记汤立斌一行来我校调研。

3月21日，我校入选"改革开放40年'学校教改探索案例40个'"名单。

3月25日，谢永红校长一行赴珠海走访我校杰出校友董凡、唐颖。

3月26日，联合国教科文组织和平中心访问团来我校交流访问。

3月27日，我校被授予湖南省"十三五"教育科学研究基地匾牌。

3月27日，珠海校友会举行2018年年会。

3月28日，香港培侨中学伍焕杰校长率师生参访团来我校考察交流，樊希国副校长热情接待、全程陪同。

3月30日，西北工业大学航模队师生来我校考察交流。

3月30日，副校长陈迪勋、罗培基一行赴邵阳市绥宁县关峡苗族乡插柳村开展扶贫活动。

4月1日，湖南师大附中教育集团第四届第二次课堂教学竞赛决赛圆满落幕。

4月1日，陈虹汀同学同时被7所世界名校录取。

4月2日，我校举行第16届学生社团节闭幕式暨优秀节目展演。

4月2日，我校课程委员会赴北京、上海学习考察。

4月2日，我校举办第16届学生社团节之游园会活动。

4月2日，我校召开中国教育学会教育科研专项课题开题论证报告会。

4月3日，长沙市谢永红校长工作室开展第二次集中研修活动。

4月4日，我校师生祭奠学校创始人禹之谟等革命英烈。

4月8日，我校"雷锋月"活动受到社会广泛关注，多家媒体报道。

4月11日，我校召开湖南师大附中教育集团教研科研工作会议。

4月11日，我校与俄罗斯喀山市第183中学缔结友好校。

4月11日，英国赛特福德文法学校校董委员会主席、校长等一行4人来我校访问交流。

4月12日，湖南师大附中教育集团政治教师学习贯彻习近平思想政治课教师座谈会重要讲话精神。

4月12—14日，我校举办第32届校园科技节系列活动。

4月15日，《湖南教育》刊发我校校长谢永红、党委书记黄月初署名文章《"走班制"教学新样态下办学策略探微》。

4月15日，我校开展纪念建校114周年春季马路赛跑活动。

4月16日，长沙市人大常委会联工委副主任张建华一行在岳麓区人大常委会副主任江南等的陪同下，走访长沙市人大代表、我校校长谢永红。

4月16日，我校读书月活动之班级图书角建设评比结果揭晓。

4月18日，我校召开体育教研组建设与发展督导反馈会。

4月18日，法国顾拜旦中学师生参访团来校访问。

4月18日，我校与新疆吐鲁番市实验中学共话思政课。

4月19日，我校教工团支部开展纪念五四运动100周年主题团日活动。

4月19日，我校多项科研成果荣获第四届湖南省教育科学研究优秀成果奖。

4月19日，离退休党总支开展主题党日活动。

4月22日，我校开展全体教职工政治学习活动。

4月22日，我校开展"新青年，耀青春"五四主题教育活动。

4月23日，民乐团惊艳亮相全国第六届中小学生艺术展演活动。

4月24日，地理教研组组长向超老师主持的长沙市教育科学"十三五"规划课题顺利开题。

4月25日，校友回访湖南师大附中高新实验中学和湖南师大附中梅溪湖中学。

4月25日，我校学子在第40届湖南省青少年科技创新竞赛中荣获佳绩。

4月26日，长沙市美术教研活动在我校举行。

4月28日，我校荣获湖南省教育工会2018年度直属基层工会工作目标管理考评综合工作先进单位。

4月29日，谢永红校长应邀参加清华大学第二届基础教育论坛。

4月30日，邓慧老师获评"2019年度长沙市教育系统青年岗位能手"。

4月30日，我校两项湖南省教育科学规划课题顺利结题。

4月30日，我校师生集中收看纪念五四运动100周年大会实况。

4月30日，"亲近经典　走进经典"读书文化月活动圆满落幕。

5月6日，我校在校史馆会议室举行"张庆华周晓莉奖"捐赠签约仪式。张庆华、周晓莉夫妇向我校捐赠100万元。

5月7日，我校成为浙江大学"新时代人才培养战略伙伴中学"。我校校长谢永红等校领导参加仪式。

5月7日，我校在校史馆会议室召开纪念五四运动100周年青年师生代表座谈会。

5月9日，我校第41期少年团校结业典礼暨新团员入团仪式于图书馆报告厅隆重举行。

5月10日，我校在学生活动中心隆重召开纪念五四运动100周年暨2018—2019学年度学生表彰大会。

5月14日，校团委书记李钊带领我校校友回访湖南广益实验中学。

5月15日，李钊老师获评2018年度"长沙市青年岗位能手"。

5月16日，我校举办教育科学规划课题主持人培训活动，党委书记黄月初等人出席。

5月16日，湖南省教育科学研究院副院长兼工会主席杨敏一行来我校交流指导工会工作。

5月13—17日，校长谢永红率师生团访问友好校韩国仁川晓星高等学校。

5月17日，我校校友、中国教科文卫体工会教育工作部副部长彭晶回母校指导工会工作，校长谢永红等领导接待。

5月17日，2018—2019学年度第二学期半期教育教学工作总结大会在会议厅召开。全体教职工参会，党委书记黄月初主持。

5月20日，我校机器人代表队在第十二届湖南省青少年机器人竞赛中勇夺两枚金牌。

5月20日，我校2019年教职工乒乓球混合团体赛开幕。

5月21日，我校与长沙市一中生物联合教研暨湖南师范大学生命科学学院教育见习活动成功举行。

5月22日，我校开展"放飞青春·铸就辉煌"2019年高考减压增能团体心理户外拓展活动。

5月23日，我校被评为长沙市2018年度高考优秀考点。校长助理苏建祥代表学校领奖。

5月23日，我校与新疆吐鲁番市实验中学开展"联校联班"主题团日活动。党委书记黄月初和吐鲁番市实验中学校长彭荣宏出席。

5月24日，我校开展全体教职工政治学习活动。党委书记黄月初主持，谢资清作专题报告。

5月24日，高一年级成功举行研究性学习结题报告会，150多个课题顺利结题。

5月24日，2019年教职工乒乓球比赛圆满落幕。

5月31日，2019届高三学生成人仪式暨毕业典礼在学生活动中心举行。校长谢永红致辞。

5月31日，邵阳广益世才高级中学领导、教师来校访问交流。

6月3日，我校舞蹈作品《十八岁的天空》和民乐作品《老司城随想》在全国第六届中小学生艺术展演中分别荣获一等奖和二等奖。

6月5日，校友回访湖南师大附中星城实验学校，分享学习经验与备考方法。

6月6日，我校学长团回访湖南师大附中博才实验中学学士校区，分享中考经验。

6月10日，我校学子在2019年国际地球科学奥赛全国决赛中勇夺1金1银。

6月11日，语文教研组组长厉行威老师新著《高考作文：命题原理与应对策略》出版发行。

6月12日，2002届校友吕华入选中国青年化学家元素周期表。

6月13日，我校多项课题获准立项为湖南省教育科学规划课题。

6月14日，《湖南日报》报道化学特级教师肖鹏飞的先进事迹与突出成就。

6月17日，2017级"综合实践——企业生活体验课程"启动仪式在田径场举行。校长助理苏建祥发表讲话。

6月17—21日，湖南师大附中组织实施2017级学生"综合实践——企业生活体验课程"，1000多名"准高三"学子分赴市内外10家知名企业体验企业生活。

6月21日，谢永红校长应邀出席复旦大学2019届学生毕业典礼，并与复旦大学校长许宁生院士座谈。

6月21日，我校举行2017级"综合实践——企业生活体验课程"结业表彰暨高三学习动员大会。

6月21日，我校举行全校教职工政治学习活动，党委书记黄月初主持。

6月24日，校长谢永红、党委书记兼副校长黄月初等领导出席湖南省"十三五"教育科学研究基地建设成果推进会。

6月28日，我校庆祝建党九十八周年暨表彰大会在会议厅隆重举行。

6月29—30日，教职工乒乓球代表队蝉联湖南省教育厅、省委教育工委直属单位教职工乒乓球团体赛冠军。

7月1日，在湖南师范大学党委庆祝中国共产党成立98周年暨表彰大会上，我校获得"先进二级党组织""优秀党支部""优秀共产党员""党务工作示范岗"等多项集体和个人荣誉。

7月1—2日，我校党委组织开展了2019年"七一"走访慰问生活困难党员和老党员活动。

7月2日，我校举行第29期学达讲坛，主题为"旁观者效应"。

7月2日，我校党委副书记，吐鲁番市实验中学党委副书记、校长彭荣宏同志分别被中共湖南省援疆前方指挥部委员会、中共吐鲁番市委员会评为"优秀共产党员"。

7月5日，我校召开第十二届教职工代表大会第二次会议暨工会会员大会。

7月8日，我校召开第二次湖南省"十三五"教育科学研究基地建设成果推进会。

7月13日，我校组织"十三五"教育科学规划2019年度校级课题集中开题报告会。

7月13日，我校召开2019年上学期期末教职工大会。

7月14日，我校组织开展2019年农村实践活动课程，我校学子分赴各地开展农村生活体验。

7月15日，陈俊豪同学在第50届国际中学生物理奥林匹克竞赛中夺得金牌。

7月21日，彭凌峰同学在第30届国际中学生生物奥林匹克竞赛（IBO）中以世界第一的成绩勇夺金牌。

7月26日，刘文莉、谢佳妮、张蕾、周佳、唐铭同学在第34届全国青少年科技创新竞赛中荣获科技实践活动类全国二等奖。

7月28日，我校田径队在2019全国中学生田径锦标赛中以3金1银、打破跳高纪录、总分64分的成绩勇夺全国团体总分第4名。

7月29日，我校羽毛球队在2019年中国中学生羽毛球锦标赛中获得2金2银4铜，金牌数和奖牌数均位居第一。

8月1日，长沙市领导来我校看望为即将到来的中日韩青少年运动会而备战集训的长沙市田径代表队。

8月1日，我校2019届师生、家长举行孔子雕像揭幕仪式。

8月5日，清华大学致信我校，祝贺陈俊豪和彭凌峰同学勇夺国际学科奥赛金牌。

8月10—14日，在第28届全国高中学生生物学竞赛中，向好菡、潘周捷两名同学荣获金牌并入选生物奥赛国家集训队，保送清华大学。朱瑾煜、邓骏毅两名同学获得银牌。

8月15日，湖南师大附中教育集团管理干部在清华大学参加管理干部素养能力提升高级研修班培训。

8月15日，校长谢永红应邀参加清华大学2019年开学典礼，陈俊豪同学给校长献花。

8月15日，高三数学竞赛组张馨月同学在2019年女子数学奥林匹克中表现出色，以全国第三名的成绩获得金牌，直接获得中国数学奥林匹克（第35届全国中学生数学冬令营）资格。

8月16日，我校机器人代表队在第十九届中国青少年机器人竞赛中获得1金1银的成绩。

8月17日，我校被评为湖南省2017—2018年度优秀体育传统项目学校。

8月20日，我校足球队在湖南省第三届中学生足球决赛中获得第三名。

8月20日，我校及湖南广益实验中学、湖南师大附中博才实验中学、湖南师大附属德山学校2019级高一新生"军营生活体验"开营仪式在湖南警察学院举行。

8月22日，校长谢永红在《湖南教育》发表文章《且与时代共潮头——百年名校湖南师大附中改革创新之路》。

8月23日，华南师大附中副校长吴青等17人来我校交流学习。

8月23日，我校乒乓球队在第四届康特许绍发杯国际青少年乒乓球赛中获得7金5银9铜的成绩。

8月25日，我校师生参加"华夏诗蕴·天府寻踪"国学夏令营活动。

8月25日，我校田径队4名运动员在第27届中日韩青少年运动会上取得3金1银的成绩。

8月26日，我校召开2019级新生"军营生活体验"实践活动总结大会。

8月28日，我校党委委员、各党（总）支部书记等共18人参加学校党委理论学习中心组（扩大）专题学习会。

8月29—30日，我校举办2019年省级"送培到校"项目——湖南师大附中班暑假全员培训。

8月31日，我校召开2019—2020学年度开学工作会议。

9月2日，我校隆重举行2019—2020学年度开学典礼，全校3000多名师生参加。校长谢永红在开学典礼上发表《做一个有趣的人》的讲话。

9月2日，我校多名教师获评"国培""省培"先进个人。

9月2—3日，我校开展2019级新生入学教育活动。

9月1—4日，我校荣获2019年湖南省青少年田径锦标赛团体总分第二名。

9月9日，校长谢永红和党委书记黄月初接待融创中国华中区域湖南公司总经理于鲲一行。融创湖南公司决定出资捐建我校田径场二期工程。

9月9日，我校召开庆祝第35个教师节暨优秀教师表彰大会。

9月10日，我校教师排练的舞蹈《映山红》亮相全省教育系统庆祝新中国成立70周年教职工文艺会演。

9月10日，长沙市召开庆祝教师节暨表彰大会，我校10位教师获奖。

9月10日，第35个教师节前夕，清华大学、华东师范大学以及天津大学发来贺信，向我校教师致以节日的问候。

9月11日，我校举行"青蓝工程"师徒结对仪式暨集中研修活动。

9月11日，我校英语教研组在校史馆会议室举行电子词典辅助英语教学项目启动仪式。

9月16日，蔡任湘老师在长沙市庆祝第35个教师节暨优秀教师表彰大会上被评为"全国模范教师"。

9月17日，我校党委举行"不忘初心、牢记使命"主题教育启动仪式。党委书记黄月初带领全体党员重温入党誓词。

9月17日，校长谢永红获评省国培办"先进工作者"。

9月18日，我校师生集中收看垃圾分类宣传视频，提高垃圾分类意识。

9月18日，"科学家巡讲团"进校园活动在我校举行，袁婺洲教授为学生讲解转基因知识。

9月19日，湖南师大附中教育集团课堂教学竞赛组织工作会议召开。

9月20日，我校召开"不忘初心、牢记使命"主题教育工作会议。党委书记黄月初作主题报告。

9月20日，我校召开2019—2020学年度第一学期党员大会。党委书记黄月初作党委工作报告。

9月21日，1999届校友举行高中毕业二十周年聚会活动。

9月22日，校工会举行庆祝中华人民共和国成立70周年暨"附二代"母婴协会成立活动。

9月22日，我校组织2019年新聘教职工开展入职培训。

9月24日，在2019年中学化学教学和实验创新展示、观摩及研讨活动中，化学教研组刘冉旭老师和吴瑶老师的课例获评"省级示范课"。

9月25日，我校启动2016级师范类本科生教育教学实习工作，校长助理苏建祥出席会议。

9月26日，谢永红校长参加西安交通大学卓越生源基地校长论坛。我校被授予"西安交通大学卓越生源基地"牌匾。

9月26日，我校召开省规划课题、协会课题开题论证报告会。

9月26日，我校教职工合唱团荣获湖南师范大学"为祖国歌唱——庆祝新中国成立70周年"教职工合唱比赛第一名。

9月26日，我校召开2019—2020学年度第一次信息员（宣传员）会议。

9月27日，各班团支部开展"党旗飘扬·国歌嘹亮"主题团日活动，弘扬爱国主义精神。

9月27日，校工会和离退休协会组织离退休教职工参加重阳节活动。党委书记黄月初等领导出席。

9月27日，为纪念孔子诞辰2570周年，我校校长助理苏建祥与师生代表向孔子塑像敬献花篮。

9月29日，校长谢永红、党委书记黄月初等人参加之谟教师研修院揭牌仪式，杨帆老师作为执行院长发言。

9月30日，党委书记黄月初主持召开党委理论学习中心组专题学习会，学习习近平总书记关于党的初心和使命的重要论述。纪检书记李春莲、副校长陈迪勋等36人参会。

9月30日，化学教研组编著的《竞赛化学》正式出版发行。

9月30日，杨帆老师获评2019年度湖南省芙蓉教学名师。

9月30日，《中国教育报》刊载了我校校长谢永红的文章。

10月10日，我校召开研究型卓越高中建设成果推进会。校长谢永红、党委书记兼副校长黄月初等领导出席。

10月10—11日，我校党支部书记和主题教育联络员参加湖南师范大学基层党支部书记集中轮训。

10月11—12日，我校举行第33届校园体育节暨田径运动会。

10月12日，学堂坡社区组织开展社区联合党建活动。我校党员代表参加，参与活动的同志进一步增强了"不忘初心、牢记使命"的历史责任感。

10月14日，8所学校教师参与的湖南师大附中教育集团第五届第一次课堂教学竞赛高中组决赛在我校圆满结束。

10月15日，我校召开"省培计划2019"——高中生涯规划教育省级骨干教师培训（S204）项目集体备课会议。

10月15日，湖南师范大学离退休处王齐处长一行5人来我校调研离退休工作。

10月14—17日，全国部分大学附中教学协作体第28届年会在山东师大附中举行，校长谢永红、校长助理苏建祥一行参加。

10月17日，9位优秀党员教师参与了我校开展的"对外开放周"之"共产党员示范课"活动。

10月13—18日，2019—2020学年度以"立足课堂优化育人方式，聚焦素养提升育人水平"为主题的对外开放周活动成功举办。

10月18日，"青春·凌云"第三届校园心理剧展演活动在学生活动中心举行。

10月18日，长沙市政协副主席、体育局局长李平一行来我校调研。我校副校长陈迪勋等接待了嘉宾们，李局长高度肯定我校体育工作的成就。

10月19—20日，由湖南师大附中校友会主办的第三届"校友杯"足球赛在田径场隆重举行。

10月22日，我校在校史馆会议室举行第二届教师委员会成立大会暨聘任仪式。校长谢永红、党委书记黄月初等出席仪式。

10月23日，我校在校史馆会议室召开第一届教研员聘任暨教科研工作研讨会议。校长谢永红、党委书记黄月初等出席会议。

10月23—25日，我校在中国教育学会教育管理分会2019年学校后勤管理学术论坛上再次获得"全国后勤工作先进单位"荣誉称号。副校长陈迪勋、后勤与保卫处主任李智敏参加了本次论坛。

10月24—25日，党委书记黄月初受邀至上海出席第三届IEIC国际教育创新大会，并在"世界格局背景下人才发展与生涯教育论坛"主题的圆桌论坛上发表看法。

10月25日，湖南师范大学副校长黎大志授予我校"全国教育硕士专业学位研究生联合培养示范基地"牌匾。

10月25日，湖南师大附中教育集团第五届第一次课堂教学竞赛初中组决赛在湖南师大附中博才实验中学（学士校区）举行。

10月25日，高中生涯规划教育省级骨干教师培训（S204）在我校圆满落幕。

10月25日，第二十九届共青团员、学生代表大会在会议厅召开。省直团工委书记王盛、校长谢永红、党委书记黄月初等出席。

10月25日，学校党委在校史馆会议室举行"担使命，履职责，矢志为民服务"主题理论学习中心组（扩大）专题学习会暨管理干部读书班集中学习活动。党委委员及全体中层干部、各（总）支部书记等参会。

10月28日，纪检书记李春莲在"不忘初心、牢记使命"主题教育暨全校师生政治学习中发表"爱国，从唱响国歌开始"的主题演讲。

10月21—30日，2019年度教职工排球赛在校体育馆举行。校长谢永红、党委书记黄月初等出席开幕式，并于闭幕式上为获胜队伍颁奖。

10月24—31日，台中一中师生参访团到我校进行友好交流访问，受到我校领导、师生的热情接待。

10月30—31日，在杭州学军中学举行的第36届中国物理奥林匹克竞赛决赛中，我校4人入选国家集训队，金牌总数和奖牌总数稳居全国第一。我校学子谢荣靖获总成绩全国第一，李世昌获理论成绩全国第一。

9—10月，我校由1825班向锦睿、1809班王妍、1811班高家农3名同学组成的代表队在校团委书记李钊的带领下赴京参加《SK极智少年强》节目2019年秋季赛录制，获得全国亚军。

11月1日，我校党委会召开"不忘初心、牢记使命"主题教育对照党章党规找差距专题会议。党委书记黄月初主持会议。湖南师范大学第六督导组组长何扬波等到会指导。

11月3日，北京校友会2019年年会于京华梦湘餐厅举行。学校工会副主席兼校友会秘书长谭伟等参会并进行交流。

11月3日，长沙市中小学教师发展中心主办、我校承办的"2019年长沙市高中语文名师公益大课堂"活动在我校学生活动中心举行。厉行威、欧阳荐枫两位老师为高三学子讲学。

11月5日，湖南师范大学党委组织部副部长彭建国在我校宣布湖南师范大学党委决定：任命苏建祥、蔡任湘两同志为湖南师大附中副校长。湖南师范大学副校长王善平出席并讲话。

11月6—10日，副校长苏建祥带领英语教研组一行31人赴江苏考察学习，参访南京外国语学校等三所知名中学并与译林出版社交流。

11月8—10日，在长沙市体育训练竞赛管理中心举办的长沙市青少年U系列乒乓球锦标赛上，我校和湖南师大附中博才实验中学联合参赛，取得4金3银1铜的优异成绩。

11月8日，数学高级教师李昌平被选为第四届湖南省政府特殊津贴人员。

11月9日，我校行政综合二党支部部分党员在党委书记黄月初的带领下赴宁乡市刘少奇故里开展主题党日活动。

11月10—13日，我校之谟教师研修院承办"省培计划（2019）——普通高中新课程新高考省级骨干教师培训（S201）"。湖南省教育厅教师工作与师范教育处副处长王俊良、我校党委书记黄月初等出席开班仪式。培训结束后举行了总结表彰与结业典礼。

11月13日，上海交通大学在我校举行"创新人才培养一体化伙伴中学"授牌仪式。上海交通大学招生办主任王琳媛、我校党委书记黄月初等出席仪式。

11月9—14日，应法国顾拜旦中学邀请，校长谢永红一行4人前往法国参加该校建校50周年庆典并进行交流访问，该校校长Rigollet女士与校长谢永红会谈合作。

11月15日，校长谢永红、纪检书记李春连赴湖南师范大学附属怀化学校考察调研，深入了解其办学情况。

11月15日，我校在惟一楼多功能教室召开课题主持人培训暨中期督导动员会议。

湖南师范大学教育科学学院张绍军博士作讲座，湖南师大附中教育集团近 50 项在研课题将参与中期督导。

11 月 15 日，"卓越大学联盟"高校开放日暨第 115 期惟一大讲坛在我校学生活动中心举行，副校长苏建祥致欢迎辞。

11 月 16 日，党委书记黄月初参加清华大学国培计划（2019）湖南省中小学卓越校长领航研修班学习并在开班典礼上发言。

11 月 18—19 日，湖南省思想政治课改革创新暨"立德树人"教学风采竞赛在湘潭县一中举行。温宇老师荣获一等奖。

11 月 20 日，我校与上海大学在校史馆会议室举行单片机捐赠仪式。副校长苏建祥、课程与教学处副主任王朝霞与上海大学经济学院执行院长聂永有等参会并交流合作。

11 月 21 日，我校校报创刊 60 期暨校报编辑部座谈会在执中楼三会议室召开。校报主编、副校长陈迪勋出席并讲话。

11 月 21 日，第 42 期少年团校开班仪式在会议厅举行。党委办公室主任伏炎安、德育与学生发展处副主任袁建光、团委书记李钊出席。

11 月 22 日，2019 年中国工程院院士增选结果揭晓。我校校友、湖南师范大学生命科学学院刘少军教授当选。

11 月 22—23 日，"拔尖创新人才培养路径的实践研究"研讨会暨全国部分师范大学附属中学合作体第五届年会在江苏南京师大附中举行。

11 月 24 日，校级学生干部在校团委书记李钊的带领下于学校田径场开展综合素质拓展活动。

11 月 25 日，我校在校史馆会议室举办湖南师大附中教育集团第 10 届"学生工作的传承与创新——谈教育教学融合发展"主题学生发展论坛。

11 月 25—26 日，湖南师范大学文学院国培计划（2019）示范项目——国家级骨干教师（高中语文）高级研修班学员来我校交流考察。

11 月 18—27 日，湖南师大附中教育集团第九届"附中杯"教职工排球赛在我校体育馆举行。

11 月 29 日，半期教育教学工作总结大会在会议厅召开。副校长苏建祥主持会议，袁建光、黄宇鸿作报告。

11 月 30 日，第 35 届中国数学奥林匹克竞赛结束。我校侯傑夫、王琇两位同学入选数学奥赛国家集训队。

11 月，湖南省数学会初等数学研究会 2019 年年会在双峰一中召开。我校当选为"湖南省数学会初等数学研究会常务理事单位"，李昌平、苏林老师参会。

11 月，湖南省文明办对湖南省第一届全国文明校园进行督导检查，我校再次以总分全省第一通过全国文明校园年度测评复查。

11月，我校被认定为首批长沙市未来学校创建校之一。

12月2日，湖南省第四届"关爱雏鹰·呵护健康"预防儿童青少年意外伤害知识进校园专场讲座在我校会议厅举行。

12月3日，党委书记黄月初、副校长陈迪勋开展扶贫慰问活动。

12月4日，我校组织高一、高二年级的学生开展"12·4"宪法诵读活动。

12月4日，长沙市赵优良中学数学名师工作室揭牌仪式在我校校史馆会议室举行。长沙市教育局领导、学校领导及工作室成员等出席仪式，校长谢永红致辞。

12月5日，美国南犹他大学孔子学院教育官员团在湖南师范大学国际交流处副处长唐存忠的陪同下来我校访问。我校校长谢永红会见并进行交流。

12月6日，我校在校史馆会议室举行长沙市教育科学"十三五"规划重大委托课题"新高考背景下选课走班体系构建与实践研究"开题论证报告会。校长谢永红、党委书记黄月初等参会。

12月6日，长沙市社会科学界联合会会议召开。我校黄雅芩、吴音莹、厉行威3位老师获长沙市第二十届社会科学优秀成果奖。

12月6日，第34届"歌唱祖国，舞动青春"主题校园文化艺术节在学生活动中心开幕。校长谢永红、党委书记黄月初等出席。

12月6日，第34届校园文化艺术节之高一年级合唱及班歌演唱比赛在学生活动中心举行。校长谢永红等领导出席。

12月7日，校长谢永红当选为中国教育学会高中教育专业委员会和中国教育学会中小学德育研究分会常务理事。

12月7日，上海校友会2019年年会在上海举行。学校副校长兼工会主席、校友会执行副理事长陈迪勋，工会副主席兼校友会秘书长谭伟出席。

12月9日，梁行之同学入选第17届国际中学生地理奥林匹克竞赛国家集训队。

12月10日，第34届校园文化艺术节之高二年级舞台剧表演比赛在学生活动中心举行。党委书记黄月初等领导出席。

12月12日，第42期少年团校第四次"讲好中国故事，传承附中精神"主题团课在会议厅进行。

12月7—13日，校长谢永红随湖南师范大学校长刘起军访问德国柏林媒体设计学院和意大利罗马美术学院。

12月13日，我校举行南京大屠杀死难者国家公祭日主题教育活动。

12月13—15日，我校师生参加2019年"牛津大学"全国中学生模拟联合国大会。学校获"优秀组织奖"，陈小虎获"最佳指导老师奖"。

12月14—15日，长沙杰出校友（北京）创新创业对接座谈会在北京举行。我校6位校友及副校长兼工会主席、校友会执行副理事长陈迪勋，工会副主席兼校友会秘书长谭伟应邀参加。

12月15日，第34届校园文化艺术节之"时代新人说——我与祖国共成长"主题演讲比赛决赛在学生活动中心举行。校长谢永红、副校长苏建祥出席。

12月17日，第34届校园文化艺术节之曲艺欣赏专场在学生活动中心举行。

12月16—18日，我校工会女职工委员会主任唐海燕老师参加湖南省第十三次妇女代表大会。

12月18—19日，我校组织开展语文教研组建设与发展专项督导。校长谢永红任组长。

12月20日，我校召开全体党员大会。党委书记黄月初主持，大会增补蔡任湘、陈胸怀为党委委员。

12月20日，我校在图书馆举行"猜灯谜，迎元旦"活动。

12月21日，长沙校友会2019年年会在学校会议厅举行。副校长兼工会主席、校友会执行副理事长陈迪勋，工会副主席、校友会秘书长谭伟等出席。

12月23日，2019级师生参加研究性学习课程讲座，姜平教授指导。

12月24日，西藏林芝市第一中学书记靳兵建一行15人来我校考察交流，党委书记黄月初接待参观。

12月25日，长沙市赵优良中学数学名师工作室第二次集中研修活动在我校图书馆学术报告厅举行。

12月29日，广州校友会2019年年会举行。党委书记黄月初出席。

12月29日，第34届校园文化艺术节闭幕式暨优秀节目展演在学生活动中心举行。

12月30日，第四届学术委员会成立仪式在校史馆会议室举行。校长谢永红、党委书记黄月初出席。

12月31日，离退休党总支、离退休协会和志愿者协会总结会召开。校长谢永红、党委书记黄月初出席。

12月，校办公室公布"湖南师范大学附属中学2019年度十件大事"。

12月，我校开展文明校园创建活动并评选出2019年度文明办公室30个、文明个人103人、五好文明家庭10个。

12月，我校11名学子获2019年全国青少年信息学非专业级软件能力认证（CSP2019）senior（高级）组一等奖。

12月，第33届中国化学奥林匹克决赛落幕，我校刘颖豪、吴钒瑞两名同学入选化学奥赛国家集训队。

12月，李新霞老师荣获湖南省教育系统"芙蓉百岗明星"称号。

12月，李世昌同学入选第51届国际中学生物理奥赛国家代表队。

2020 年

1月1日，校长谢永红、党委书记黄月初发表新年贺词。

1月5日，湖南师大附中教育集团第三届体艺工作总结交流会在湖南师大附中梅溪湖中学召开。

1月6日，我校研究型卓越高中建设成果推进暨教研员工作会议召开。党委书记兼副校长黄月初出席。

1月8日，1902班周子曦同学获评2019年度"新时代湖南好少年"。

1月9日，岳麓区2019年度国家教育考试工作总结会举行。我校获"2019年度教育考试工作先进考点"。

1月10日，我校教职工和离退休志愿者赴"慢天使之家"开展爱心捐助活动。

1月11日，我校成功开展2020年省级"送培到校"项目——湖南师大附中班寒假全员培训。

1月12日，2019—2020学年度第一学期总结大会召开。全体教职工参会，校长谢永红主持会议。

1月12日，2019年文明创建工作总结大会在会议厅召开。全体教职工参会，副校长陈迪勋作总结讲话。

1月12日，2019年度工作质量奖表彰大会在会议厅召开。校长谢永红主持会议。

1月12日，我校召开"不忘初心、牢记使命"教育活动总结会议。党委委员、校长谢永红主持会议。

1月13日，校长谢永红、党委书记黄月初等看望杰出校友、新晋院士刘少军。

1月14日，高三蒋品同学被牛津大学莫德林学院数学专业录取。

1月18日，校长谢永红、党委书记黄月初、副校长陈迪勋带队开展走访慰问离退休老同志活动。

1月18日，国防科技大学致信感谢我校培养了2019届成绩优异的毕业生肖予特。

1月20日，我校足球队勇夺2020"陶行知·星耀五洲杯"冠军。吴忧教练获最佳教练员，肖子健同学获金球奖。

1月28日，我校召开新型冠状病毒疫情防控工作会议。校长谢永红主持会议。

1月28日，我校发布《众志成城，齐心抗疫——致师生及家长的一封信》。

1月31日，《长沙晚报》报道我校1825班刘芊蕊写信给抗疫前线的爸爸的故事，引发热议。

1月，《高中生》杂志以影像记录的方式宣传我校校史、校园和办学成绩。

1月，校工会副主席谭伟获评"湖南省职工最可信赖娘家人"。

1月，由校长谢永红等编著的教育理论专著《育人方式改革：全员育人理论与校本实践研究》出版。

1月，《湖南教育》刊发校长谢永红文章《走班制教学新样态下普通高中办学策略调整》。

2月4日，方盛制药董事长张庆华、周晓莉夫妇向我校捐赠口罩4000个、消毒液一批，副校长陈迪勋代表学校接受捐赠。此前夫妇二人曾在我校设立奖教奖学金。

2月10日，《湖南日报》报道我校教师陈子菊的抗疫"战事"。

2月15日，多家媒体报道，湖南师大附中北美校友会捐赠近7000个口罩给湘雅医院，副校长陈迪勋、校友会秘书长谭伟等作为代表转赠，口罩由校友张宇欣等在美国筹集，校友接力合作完成捐赠。

2月21日，中联重科向我校捐赠10 000个防疫口罩。副校长陈迪勋代表学校接受捐赠。

2月，多家媒体报道，1901班班主任吴彩霞老师给学生写了近5000字的亲笔信，鼓励学生在疫情期间强身健体、勤奋学习、做好自己、担当使命。

3月4日，湖南华菱钢铁集团有限责任公司党委委员、副总经理、工会主席肖骥一行向我校捐赠10 000个口罩。校长谢永红、副校长苏建祥接受捐赠。

3月5日，我校开发的新冠肺炎疫情防控与学科知识融合课程在智学网首播。党委书记黄月初讲授第一课。

3月7日，我校党委、行政、工会发表以"在蛰伏中等待，在春天里希望"为主题的国际妇女节致全校女教职工慰问信。

3月9日，校长谢永红发表文章《协同发力，为学生居家学习健康成长赋能》，强调各方应协同帮助学生居家学习，学校要做好规划，教师要调整教学，家长要积极配合，学生要增强内驱力。

3月9日，语文教研组组长欧阳荐枫做客《潇湘晨报》生涯公益大讲堂，讲解高考文学类文本阅读命题趋势及应对策略，该活动旨在帮助高三学子提高学习效率。

3月11日，长沙市教育局机关纪委书记杨志军一行到我校督导春季开学工作。党委书记黄月初等校领导陪同，督导组对学校各项工作给予高度评价。

3月20日，湖南华菱钢铁集团有限责任公司办公室副主任龙新建一行再次向我校捐赠防疫用品，校长谢永红、党委书记黄月初接受捐赠。此前该集团已向学校捐赠口罩。

3月20日，我校疫情防控工作领导小组召开会议。校长谢永红主持，会议总结前期工作，讨论开学方案，部署后续防控工作。

3月20日，湖南师范大学附属颐华学校在平江举行首任校长聘任仪式。我校党委副书记彭荣宏出任校长，该校由多方合作办学，投资大、规模大、教学模式新颖。

3月26日，长沙江湾教育发展有限公司向湖南师大附中捐赠口罩10 000个、额温枪50支，常务副总曾爱群等送至学校，副校长陈迪勋接受捐赠。此次捐赠缓解了学校防疫物资紧缺状况。

3月26—28日，我校8名高二学生在周雅珊老师的带领下，赴扬州参加叶圣陶杯全国中学生新作文大赛总决赛。

3月，党委书记黄月初发表文章《一二三四五阻击战》，从组织领导、队伍组建、工作重点及取得成果等方面讲述学校抗疫工作。

3月，唐海燕老师被评为"长沙市三八红旗手"。

3月，中国科协青少年科技中心发布奥赛国家集训队名单。湖南24人入选，位居全国第二；我校10人入选，成绩突出。

3月，我校开展多种线上教学活动，老师积极探索新教学模式。学校开发了疫情防控与学科融合校本课程，引导学生关注疫情。

3月，湖南师大附中心理教研组组长李志艳在"同心抗疫"方案征集大赛中获一等奖。其方案以疫情"逆行者"为选题，结合生涯规划教育，引导学生思考职业目标。

4月1日，我校举行春季开学暨疫情防控演练。高三教师模拟学生进行演练，谢永红、黄月初任总指挥。演练涵盖从入校到就寝各环节，确保开学安全有序。

4月2日，长沙市教育局等部门联合检查我校春季开学与防疫准备工作。曹攀、张英、成施平等领导专家到校，学校领导汇报工作，检查组实地检查后同意开学。

4月7日，高三年级开学。学生分批错峰入校，学校推广"一米文化"，开展防控培训和心理辅导，学生分享疫情感受，当日还进行了开学第一课等活动。

4月7日，湖南师范大学副校长匡乐满督查我校疫情防控与高三开学工作。匡乐满一行查看相关场所，听取汇报，对学校工作给予高度肯定并提出要求。

4月9日，校领导和师生代表祭奠学校创始人禹之谟。谢永红、黄月初带领师生向禹之谟铜像敬献花篮、鞠躬、诵读祭文并瞻仰铜像。

4月10日，谢永红校长在《湖南教育》上发表文章《为新时代教师专业化发展铺路搭台》，指出教师是立教之本、兴教之源。

4月13日，我校举行2020春季开学典礼暨开学第一课。全体师生参加，李钊主持，学生代表、教师代表发言，刘纯校友视频分享抗疫经历，谢永红、黄月初分别讲话和做心理辅导。

4月14日，湖南省教育厅厅长蒋昌忠检查我校春季开学和疫情防控工作。蒋昌忠一行查看多个场所，肯定学校工作，强调要统筹抓好相关工作，还参观了学校新设施。

4月16日，三一集团向我校捐赠6万个医用口罩，助力疫情防控。

4月17日，我校荣获长沙市教育系统"2019年度文明创建工作先进集体"称号。

4月17日，我校召开图书馆局部改造工程现场办公会议。黄月初、陈迪勋出席，会议讨论改造设想、设计方案等，黄月初强调工程意义及推进要求。

4月20日，湖南省财政厅副厅长陈博彰来我校开展调研工作，并考察体育运动中心。

4月22日，长沙市赵优良中学数学名师工作室举行线上研修活动。赵优良介绍课题，朱修龙分享经验，黄仁寿提出建议，成员讨论交流，活动取得圆满成功。

4月23日，湖南悟空家电子商务公司向我校捐赠价值105 000元的酒精消毒喷雾。

4月26日，湖南师大附中对口援助湘西自治州保靖民族中学签约仪式在保靖民族中学多功能报告厅举行。我校党委书记黄月初，保靖县委副书记、县长杨志慧等出席签约揭牌仪式。

4月27日，党委书记黄月初带领附中优秀教学团队前往花垣边城高级中学进行教学交流活动。

4月28日，因综合工作成绩突出，我校工会在湖南省教育工会2019年度直属基层工会考评中被评为综合工作先进单位。

4月29日，我校课程委员会召开第九次工作会议。课程委员会主任谢永红校长主持会议，课程委员会全体委员参加会议。

4月30日，我校党委理论学习中心组（扩大）专题学习会在校史馆会议室召开。本次专题学习的主题是深入学习领会习近平新时代中国特色社会主义思想的基本精神、基本内容、基本要求。会议由党委书记黄月初主持。

4月，国防科技大学向我校赠送2000个医用口罩助力高三学子备战高考，并附感谢信，再次肯定我校对肖予特同学的培养。

4月，我校编创"战'疫'漫画"，包括把住三道大门、测量三次体温等内容，以指导学校疫情防控工作。

4月，我校高二学生创作公益MV《请相信我》，张文俊作曲，刘叶子、侯依阳作词，刘鸿睿剪辑，展现附中学子担当，传递爱与温暖。

5月8日，我校召开2019—2020学年度第二学期第一次党员大会。

5月8日，湖南师范大学附属田家湖学校副理事长任职大会在学校党建活动室召开。会议由湖南师范大学附属田家湖学校总校长晏荣贵主持，学校全体行政干部列席会议。湖南师大附中党委委员、副校长兼工会主席陈迪勋正式出任湖南师范大学附属田家湖学校副理事长。

5月8日，在校团委的统一部署下，我校各班团支部开展了"奋斗青春·不负韶华"主题团日活动。

5月9日，在我校副校长陈迪勋的带领下，高一4位教师代表赴岳阳华容县湖南师大附属田家湖学校开展送课活动，并与湖南师大附中博才实验中学、湖南师大附属田家湖学校、华容二中、北景港中学的专家和教师团队一起开展同课异构等教学交流活动。

5月12日，我校在校史馆前坪广场隆重举行2020年新团员入团仪式。

5月14日，我校在会议厅召开研究型卓越高中建设课题研究报告会。校长谢永红、党委书记黄月初、纪检书记李春莲等领导出席会议。

5月15日，在心理发展中心温馨的会场里，我校30余名宣传员（信息员）聆听了来自《三湘都市报》科教新闻部主任黄京的一堂宣传业务培训课。培训会议由党办副主任苏晓玲主持。

5月19日，长沙市教育局开学工作专项督导组第二组组长、长沙市教育局副调研员王天玉一行6人来校进行开学工作督导。

5月20日，长沙市赵优良中学数学名师工作室在长沙市一中开展本学期第二次研修活动。

5月21日，我校首届教学指导委员会在校史馆会议室举行成立仪式。校长谢永红、党委书记黄月初、副校长苏建祥与会。

5月26日，心理健康教育30周年座谈会在愉悦的气氛中顺利召开。党委书记黄月初，德育与学生发展处、课程与教学处、科研与教师发展处、国际课程中心4个部门的负责人，湖南师大附中教育集团心理教研联组的老师们参与了本次座谈会。

5月27日，2019—2020学年度学生表彰大会在田径场隆重举行。

5月27日，2020年抗击新冠肺炎疫情先进集体和个人表彰大会在学校田径场隆重举行。学校党委、行政决定，对在学校疫情防控工作中表现突出的15个先进集体及150名先进个人予以表彰。

5月28日，长沙市开福区教育局与我校合作举办的湖南师大附中植基中学的签约仪式在开福区机关会议室举行。

5月29日，我校党委理论学习中心组（扩大）专题学习会在校史馆会议室召开。党委委员、党（总）支部书记、团委书记、党办负责人等共19人参会。本次专题学习的主题为：深入学习领会习近平总书记关于坚持和完善中国特色社会主义制度、推进国家治理体系和治理能力现代化的重要论述。

5月29日，纪检书记李春莲主持的课题"新时代示范性高中师德师风建设校本研究"，被立项为湖南省"十三五"教育科学研究基地重大资助专项课题；党委书记黄月初主持的课题"普通高中学生生涯发展规划教育研究"、长沙市赵优良中学数学名师工作室首席名师赵优良主持的课题"基于中学生数学核心素养发展的深度学习研究"，被立项为一般资助课题；英语教研组甘智英老师主持的课题"新高考背景下'以读促写'在高中英语教学中的应用研究"、体育教研组李碧慧老师主持的课题"示范性高中体育作业的设计与实施研究"，被立项为一般课题。

5月30日，我校离退休党总支、离退休协会委员和校友会党支部一行10余人赴平江县红色教育基地，开展"不忘初心、牢记使命，追寻红色足迹，弘扬湘鄂赣精神"主题党日活动。

5月，《湖南教育》C版总第1085期推出系列文章，回望了湖南省心育工作30年历程，推介湖南心育典型。卷首语推出的是我校党委书记黄月初的文章《一切为了孩子的心理成长》。

6月1日，我校1903班开展主题为"疾病与性行为"的高中性教育课程。

6月2日，"校长有约"座谈会在校史馆会议室召开。本次座谈会以"勇磨砺·能担当"为主题。

6月4日，湖南师大附中国际部的陈晓宇在英国物理奥林匹克挑战赛中拿下金奖。

6月5日，我校校友会2020年校友工作座谈会在执中楼四会议室召开。湖南省民政厅社会组织管理局调研员龙吉士，我校副校长陈迪勋、校友会秘书长谭伟、副秘书长焦畅参会。会议由谭伟主持。

6月8—11日，我校教学指导委员会10多位委员和专家在高三年级开展了教学指导工作。教学指导工作主要围绕"临近高考，如何应对'高原反应'"的主题而展开。

6月12日，我校党委理论学习中心组（扩大）专题学习会在校史馆会议室召开。党委委员、党（总）支部书记、全体中层干部等共28人参会。本次专题学习的主题为：学习2020年全国两会精神和习近平总书记关于贯彻新发展理念、做好经济工作的重要论述。

6月15日，6位来自湖南师大附属颐华学校的青年教师来我校跟岗学习。

6月17日，长沙市赵优良中学数学名师工作室在长沙市雅礼中学开展主题为"融合信息技术，深研主题教学"的2020年第三次研修活动。

6月22日，在第33个国际戒毒日来临之际，湖南省麓山强制隔离戒毒所的戒毒警官们应邀来到我校，为同学们上了一堂别开生面的禁毒教育课。

6月24日，来自湖南师大附属颐华学校的青年教师结束了在我校为期十天的跟岗培训。

6月28日，"湖南省中小学卓越校长领航研修校长工作室"在我校挂牌成立。

6月29日，陈永志同学入选2020年全国青少年信息学奥林匹克竞赛湖南省代表队。

6月29日，"附中加油"四社联展主题书画展在艺术楼正式开展。校长谢永红，副校长陈迪勋，纪检书记李春莲，副校长苏建祥等领导来到现场与艺术教研组全体老师为本次书画展开幕。

6月30日，校长谢永红在2020届高三学生毕业典礼暨成人仪式上作题为《让理性之光照亮前行的路》的致辞。

6月，香港中文大学（深圳）向我校发来喜报，对我校学子在港中大（深圳）的优异表现表示祝贺，同时感谢我校对港中大（深圳）招生工作的大力支持。

6月，教育部阳光高考信息公开平台公布了2020年度保送生资格名单。湖南省27人提前拿到保送资格，我校有12人。

6月，湖南省教育科学规划领导小组办公室下达结题证书。我校三项省级规划课题均被评定为"合格"，顺利结题。

6月，长沙市未成年人思想道德建设工作创新案例征集评选结果出炉。我校选送的《校园心理剧大赛》案例在长沙市未成年人思想道德建设创新案例征集评选活动中荣获一等奖和推广奖。

6月30日—7月1日，我校党委组织开展了2020年"七一"走访慰问生活困难党员和老党员活动。走访期间，慰问组还向生活困难党员和老党员们详细介绍了学校发展现状，认真听取了他们对学校工作的意见和建议。

7月3日，为全力保障学生高考的食品安全，湖南省市场监管局局长向曙光一行来我校督查高考考点餐饮安全。我校副校长陈迪勋全程陪同督查。

7月4日，为确保高考期间各项工作平稳进行，岳麓区区长周凡带领公安、交警、疾控、城管等十余个相关部门以及相关街道工作人员来我校调研高考考点工作。我校副校长陈迪勋、苏建祥全程陪同调研。

7月6日，湖南师范大学校长刘起军、副校长王善平一行来我校检查指导高考考点组考工作。我校校长谢永红，副校长陈迪勋、苏建祥陪同检查。

7月8日，长沙市副市长刘明理率相关部门负责人来我校巡查2020年高考考点工作。我校校长谢永红，副校长陈迪勋、苏建祥陪同巡查。

7月14日，党委书记黄月初、副校长兼工会主席陈迪勋一行前往邵阳市绥宁县关峡苗族乡插柳村开展精准扶贫慰问活动。

7月17—18日，我校工会赴湖南省职工疗养院开展为期两天的工会工作总结评优和工会干部培训活动。

7月20日，我校在一会议室召开长沙市教育科学"十三五"规划重大委托课题"新高考背景下选课走班体系构建与实践研究"研究推进会议。副校长苏建祥、科研与教师发展处主任刘进球、首席理论研究员杨帆和课题组全体成员参加会议，会议由课题组项目秘书李小军老师主持。

7月22日，为贯彻湖南省文明委员会及文明创建工作部署会议精神，2020版湖南省中小学校文明校园测评细则讲评暨文明创建工作部署会在我校校史馆召开。党委书记黄月初出席会议，各部门负责人及资料员共23人参加会议。会议由主管文明创建工作的副校长陈迪勋主持。

7月23日，我校党委理论学习中心组（扩大）专题学习会在校史馆会议室召开。党委委员、党（总）支部书记、团委书记共18人参会。本次专题学习的主题为：学习习近平总书记关于脱贫攻坚、全面小康的重要论述。

7月24日，我校在学生活动中心召开2020年首届全国文明校园复评迎检工作推进会。

7月24日，长沙市教育科学"十三五"规划2019年度课题集中开题会议在市教科院举行。我校邓云老师主持的"高一学生数学学习适应性问题及心理干预对策研究"课题参加了这次开题活动。

7月24日，我校举办了以"与经典名著同行、让悦读充满力量"为主题的湖南师大附中"湘悦读·工力量"阅读活动。

7月24日，2020年上学期期末教职工大会在会议厅召开。校长谢永红，党委书记黄月初，党委副书记彭荣宏，副校长陈迪勋，纪检书记李春莲，副校长苏建祥、蔡任湘等校领导出席会议，全体教职工参加了会议。会议由谢永红主持。

7月24日，高一年级暑假综合社会实践活动正式启动，整个活动将持续到8月10日。

8月1日，校长谢永红、党委书记黄月初、副校长陈迪勋、纪检书记李春莲检查暑期正在施工的维修项目。后勤与保卫处主任李智敏及相关项目负责人陪同检查。

8月1日，校长谢永红、党委书记黄月初、副校长陈迪勋、纪检书记李春莲到执中楼二会议室，检查指导文明创建工作。

8月3日，我校宣布，9月起将游泳课纳入高一学生必修课。

8月7日，党委书记黄月初、副校长兼工会主席陈迪勋一行前往湖南省邵阳市绥宁县关峡苗族乡插柳村开展精准扶贫慰问活动。

8月15日，安徽省桐城市副市长张文芳率桐城市教育考察团来校参观访问。我校校长谢永红、副校长蔡任湘在校史馆会议室热情接待了远道而来的客人们。

8月17—18日，中华全国青年联合会第十三届委员会全体会议、中华全国学生联合会第二十七次代表大会在北京召开。湖南设分会场，通过电视电话、网络视频会议等形式与主会场保持步伐一致。我校学生会主席刘叶子作为湖南省中学生代表参会。

8月19日，七年级、高一新生"军营生活体验"开营仪式在田径场举行。全体七年级、高一年级班主任和学生参加了开营仪式。

8月23日，校长谢永红、党委书记黄月初、副校长苏建祥及高一家长代表团等一行来到田径场视察学生军训工作，看望2020级参训同学，并亲切慰问奋战在军训一线的班主任和教官们。

8月24日，我校组织开展新生消防安全演练。

8月25日，2020级学生"军营生活体验"活动总结大会在体育运动中心田径场举行。

8月28日，我校在学生活动中心召开首届全国文明校园复评迎检工作动员大会，全体教职工参加。

8月28日，2020—2021学年度开学工作会议在学生活动中心召开。全体教职员工参加了会议，会议由党委书记黄月初主持。

8月26—28日，我校举办了2020年省级"送培到校"项目——湖南师大附中暑假全员培训。

8月29日，我校党委理论学习中心组（扩大）专题学习会在校史馆会议室召开。党委委员、党（总）支部书记、中层干部等共20人参会，会议由党委书记黄月初主持。本次专题学习的主题为：深入学习领会习近平总书记关于学习马克思主义经典的重要论述。

8月30日，湖南师大附中对口援助三官寺土家族乡中学揭牌仪式暨恳谈会在慈利县三官寺土家族乡中学举行。恳谈会上，我校副校长陈迪勋宣读了《关于师大附中对口支援三官寺土家族乡中学的实施方案》，我校党委书记黄月初讲话。

8月31日，我校在田径场举行2020—2021学年度开学典礼。

9月3日，我校开展本学年第一次教职工政治学习活动，组织教职员工在会议厅集中收看纪念中国人民抗日战争暨世界反法西斯战争胜利 75 周年大会实况，共同铭记历史、缅怀先烈、珍爱和平、开创未来。

9 月 3 日，我校组织七年级师生开展了一场别开生面的防溺水安全教育活动，这也是七年级"家长进课堂"系列活动的第一课。活动邀请湖南省应急救援队员、望城区水上救援队瓯宝教官主讲。

9 月 3 日，由湖南省委宣传部文明创建二处副处长张志辉担任组长的全国文明校园复查考核组来校，对我校 2017—2020 年度全国文明校园创建工作进行复查考核。

9 月 9 日，在长沙市庆祝第 36 个教师节暨优秀教师表彰大会上，我校李勇老师获评长沙市 2020 年度"优秀教师"，杨群英老师获长沙市 2020 年度"星城优秀教师奖"，朱昌明老师获长沙市 2020 年度"英才导师奖"，黄雅芩老师获长沙市 2020 年度"友谊教育科研奖"二级二等奖。

9 月 9 日，2020—2021 学年年级工作组会议在校史馆会议室召开。各年级工作组全体成员参会。

9 月 10 日，庆祝第 36 个教师节暨优秀教师表彰大会在学生活动中心召开。

9 月 16 日，校长谢永红、党委书记黄月初、副校长兼工会主席陈迪勋为"湖南师大附中职工之家"揭幕，工会副主席谭伟、学校工会干部及部分教职工代表参加了揭幕仪式。

9 月 16 日，长沙市教育局副调研员王天玉一行 7 人来校进行了秋季开学工作督导。我校校长谢永红、党委书记黄月初、副校长陈迪勋、副校长苏建祥及各部门负责人陪同检查。

9 月 16 日，为增强高三一轮复习有效性，提高湖南师大附中教育集团政治学科教学质量，我校政治教研组组织了本学年度第二次集团联合教研活动。

9 月 16 日，湖南省教育科研"十三五"规划重点资助课题"新时代教育背景下研学旅行课程创新与劳动实践育人机制研究"研究推进第四次会议在校史馆会议室召开。

9 月 17 日，湖南省教育工会主席高新明、办公室主任彭峰来我校指导模范职工之家创建工作。

9 月 18 日，湖南师范大学后勤管理处党委书记龚向明一行来校指导工会及后勤、物业工作，我校副校长兼工会主席陈迪勋陪同。

9 月 18 日，2020—2021 学年度第二批青年名师培养对象集中研修暨青蓝工程师徒结对仪式在学校会议厅隆重举行。党委书记黄月初、副校长苏建祥等校领导出席活动。

9 月 18—19 日，我校举行 2020 年新聘教职工入职培训，我校新入职的 19 位高中部教师与 7 位初中部教师，我校领导以及各职能部门负责人参加了此次培训。

9 月 21 日，第三十六次班主任沙龙活动在会议厅举行，本次活动主题为：如何坚持做好班主任工作。副校长苏建祥，德育与学生发展处主任吴卿、副主任张磊，团委书记李钊，年级组长及全体班主任参加了本次活动，活动由吴卿主持。

9月22日，我校在校史馆会议室召开湖南师大附中教育集团第六届第一次课堂教学竞赛筹备会议。

9月23日，长沙市赵优良中学数学名师工作室2020年第五次研修活动在长沙市长郡中学开展。本次研修活动主题是"概念课教学与研讨"。

9月22—25日，为深入学习贯彻习近平新时代中国特色社会主义思想，增进"不忘初心、牢记使命"主题教育实效，我校创新开展政治学习活动，组织全校教职工分批次集中观看影片《半条棉被》。

9月28日，我校师生代表在孔子雕像广场前集会，共同纪念孔子诞辰2571周年。纪念仪式由初2003班王雪妍同学主持。

9月28日，长沙市教育局进行了"停课不停教、停课不停学"网络教学活动集体表彰，我校被评为"长沙市'停课不停学'网络教学活动优秀单位"。洪利民、欧阳普、彭晓红、甘智英、向阳、贺俊、宋泽艳、杨婷、吴敏、袁茜、彭莎莎、周文涛等老师荣获"优秀授课教师"称号，朱修龙、向超、刘国彬等老师荣获"优秀指导教师"称号。

9月29日，我校以"运动促健康，'疫'路展风采"为主题的第34届校园体育节暨田径运动会开幕式在田径场隆重举行。

9月29日，我校党委理论学习中心组（扩大）专题学习会在校史馆会议室召开。党委委员、党（总）支部书记、中层干部等20人参会。本次专题学习的主题为：深入学习领会习近平总书记关于历史特别是党史、新中国史、改革开放史的重要论述，关于百年未有之大变局的重要论述。

9月30日，在我校第34届校园体育节暨2020年田径运动会上，一场垃圾分类趣味接力赛气氛热烈又意义不凡。

9月，2020年长沙市教育局组织的"三独"比赛结果揭晓。我校32人获高中组长沙市一等奖，获一等奖总人数在长沙市遥遥领先。李鹏程、熊康、郑喜、戴子丹、周文涛老师获"优秀指导老师"奖。

10月2—4日，清华大学物理系2020年"大中衔接"研讨与教学活动在我校成功举办。来自全国各地近160名物理竞赛学子和几十名中学教练参加了由清华大学精心设计的研讨和教学活动。

10月5日，全国部分师范大学附属中学合作体第六届年会在吉林省长春市东北师大附中举办。合作体成员校的领导们齐聚长春，共话教育大计，共享办学经验。此次年会的研讨主题是：新课程新教材背景下的学校管理改革创新。我校党委书记黄月初和来自合作体成员校的近40位学校管理人员出席了会议。

10月6日，为弘扬尊老、敬老、爱老的传统美德，2001班30多名同学一起走进天心区大托镇敬老院奉献爱心，用实际行动给孤寡老人送去温暖。

10月6日，在班主任祝琳丽的组织和带领下，2015班全体同学和家长来到长沙县

"慢天使"残疾儿童公益服务中心开展爱心志愿服务活动。

10月7日，在广州白云国际会议中心举行的"第18届中国日报社'21世纪杯'全国英语演讲比赛"全国总决赛中，我校1918班郭睿司同学斩获高中组全国一等奖，为湖南省唯一获此殊荣的选手。

10月9日，我校第34届校园体育节暨田径运动会胜利闭幕。

10月9日，副省长吴桂英对我校七年级家长致杜家毫书记感谢信作出批示，表示将继续关注、支持我校初中办学。

10月12日，我校举行了常态化疫情防控"发现—隔离—转运"全真模拟演练活动。

10月12日，在即将迎来少先队建队71周年纪念日之际，我校七年级全体师生集结于校会议厅，隆重举行庆祝中国少年先锋队建队纪念日暨少先队大队成立仪式。

10月12—13日，我校工会副主席兼校友会秘书长谭伟、校友会副秘书长焦畅一行在湖南省民政厅社会组织管理局副局长陈群、调研员龙吉士的率领下，与湖南省跆拳道协会、湖南省砂石协会一道赴泸溪县洗溪镇达力寨村看望慰问贫困村民，为贫困学子送去温暖，助力他们完成学业。

10月13日，党委书记黄月初精彩开讲，作了题为《学习〈习近平谈治国理政〉第三卷的思考》的专题报告，为2020—2021学年度开放周系列活动拉开帷幕，也正式启动了我校迎接建党100周年系列活动。

10月14日，我校科技创新处邀请国际物理奥赛金牌教练蔡任湘老师为高一学生作"新高考 新强基 新奥赛"的专题讲座。

10月14—15日，我校成功组织名优特教师示范课活动。数学、历史、政治、地理、物理等学科的5位名优特教师展示了精彩的示范课。

10月15—16日，湖南师范大学2020年科级干部"提升岗位胜任力"专题培训班在湖南师范大学中和楼342报告厅举办。湖南师范大学党委书记蒋洪新、校长刘起军为培训班授课。我校张迪平等11位2016年以来提任的科级干部参加了培训。

10月16日，我校成功举办对外开放周系列活动之同课异构暨附中集团第六届第一次课堂教学竞赛。

10月17日，我校与张家界市慈利县三官寺土家族乡中学对口援助协议签订仪式在校史馆会议室隆重举行。校长谢永红、党委书记黄月初、党委副书记彭荣宏、副校长陈迪勋、纪检书记李春莲、副校长苏建祥和挂职校长杜军等领导出席活动，三官寺中学校长胡祖乐及24位领导、教师参加活动。

10月15—18日，国培项目"名校与张家界市慈利县三官寺中学手拉手培训（A372）"第二轮线下培训在我校举行。三官寺中学校长胡祖乐率该校班子成员、中层干部及全体班主任共24人，来我校参加"手拉手"培训活动。

10月18日，清华大学物理系朱邦芬院士莅临我校，在学生活动中心作"和中学生朋友谈谈世界一流科研人才的成长之道——现在如何学习、将来如何创新"的主题讲座。

10 月 21 日，全国部分大学附中教学协作体第 29 届年会在云南师大附中召开。我校课程与教学处主任黄宇鸿、语文教师李小军、英语教师袁秀、化学教师明进球、生物教师陈佳健、音乐教师戴子丹参加了年会。

10 月 21 日，2020—2021 学年度第一学期党员大会在会议厅召开。

10 月 22 日，离退休教职工"健康长寿，心之所向"重阳节活动在长沙望城区乔口古镇进行。

10 月 23 日，我校党委理论学习中心组（扩大）专题学习会在执中楼三会议室召开。党委委员、党（总）支部书记、中层干部等共 16 人参会。本次专题学习的主题为：深入学习领会习近平总书记关于宣传思想工作、意识形态工作及思想政治工作的重要论述。会议由党委书记黄月初主持。

10 月 24 日，我校师生代表来到长沙第三干休所，开展"铭记红色历史·传承红色基因"纪念中国人民志愿军抗美援朝出国作战 70 周年主题活动，看望和慰问抗美援朝老战士，聆听他们的英雄故事。

10 月 26 日，按照课程安排，我校高一年级 2001 班和 2002 班学生首批进入学校新建的恒温游泳池上课。

10 月 25—27 日，在望城区雷锋中学举行的湖南省中学生田径赛落下帷幕，我校田径队健儿奋力拼搏，夺得 2 金 4 银 1 铜，以 125 分的成绩获得团体总分第三名。

10 月 28 日，校长谢永红到初中部进行教育教学工作调研。副校长苏建祥、相关部门负责同志、相关教研组骨干教师陪同调研。

10 月 29 日，湖南省"十三五"教育科学研究基地中期督导评估专家组一行在湖南省教育科学研究院原党委书记田刚研究员的率领下，前来我校开展"省示范性高中研究型教师队伍建设研究基地"中期督导评估。

10 月 29 日，我校"应对新变革，寻求新突破"拔尖创新人才培养研讨会在三会议室召开。校长谢永红、党委副书记彭荣宏、著名国际物理奥赛金牌教练蔡任湘、科技创新处副主任蔡忠华、学科竞赛教练组组长及各学科竞赛教练、竞赛班班主任代表参加了会议。会议由蔡忠华主持。

10 月 29 日，我校在校史馆会议室召开湖南省"十三五"教育科学研究基地重大资助专项课题"新时代示范性高中师德师风建设校本研究"开题论证报告会。

10 月 30 日，"新课程改革背景下生涯教育理论与实践研究"全国峰会暨全国部分师范大学附属中学合作体第六届年会在西南大学附属中学拉开帷幕。我校党委书记黄月初、课程与教学处副主任李勇、心理教研组组长李志艳应邀参加了此次研究与交流活动。

10 月 30 日，第三十届少先队员、共青团员、学生代表大会在学生活动中心召开。

校长谢永红、党委副书记彭荣宏、副校长陈迪勋、纪检书记李春莲、副校长苏建祥、挂职副校长杜军及相关部门负责人出席会议。各年级组组长、党支部书记与300多名代表参加会议。会议由团委书记李钊主持。

10月26—30日，2020年度教职工排球赛顺利举行。

10月24—31日，湖南省大中学生羽毛球比赛在常德市石门县举行。我校羽毛球运动健儿捧得4金4银，金牌总数位居第一。这也是近八年来我校羽毛球队第七次在省级赛事中获得金牌总数第一的好成绩。

10月，在2020年湖南省青少年田径（传统校组）锦标赛女子100米决赛中，代表我校出战的17岁小将黄美霞以11秒64的成绩夺得冠军，达到国家健将标准。

10月，1822班的金翔明同学入选全国青少年校园足球夏令营总营最佳阵容，且是湖南省唯一入选队员，荣获一级运动员证书，并将代表湖南参加中国校园足球国家队的选拔。

10月，2017级高三年级组获评湖南师范大学2018—2019年度"三育人"先进集体，陈迪勋、张光新、朱昌明、刘桂芳4位同志获评湖南师范大学2018—2019年度"三育人"优秀个人。

11月3日，在高二年级组和生物教研组的组织下，我校高二年级全体选修生物的同学前往湘江风光带进行野外生态调查活动。本次生物实践活动围绕"用样方法调查植物种群密度""土壤中小动物类群丰富度"两个专题探究展开。

11月4—6日，我校送培送教团队赴张家界市慈利县三官寺土家族乡中学开展第三轮"手拉手"国培活动。

11月4—7日，长沙市谢永红校长工作室开展第五次研修活动，并赴广州、深圳开展考察学习。

11月5—7日，我校课程与教学处主任黄宇鸿和政治教研组组长蒋平波受邀参加由教育部中学校长培训中心、江阴市教师发展中心联合举办的第六届全国高中"审美课堂"公开教学研讨活动。

11月6—7日，民盟、民进湖南师大附中支部前往汨罗市任弼时故居参加政治学习，并赴长沙县青山铺镇洪河村彭正明家开展帮扶活动。

11月6—8日，由教育部高等学校大学物理课程教学指导委员会大中物理教育衔接工作委员会主办，我校、湖南师大附属颐华学校承办的全国大中物理教育衔接研讨会暨教育部高等学校大学物理课程教学指导委员会大中物理教育衔接工作委员会常务委员工作会议在湖南师大附属颐华学校召开。

11月9—12日，国培计划（2020）——厅直学校青年精英后备管理干部研修班（B101）在清华大学开展研修培训活动。我校数学组全体教师、学术委员、第二届青年名师培养对象及部分处室干事共70人参加了培训。

11月9—12日，副校长苏建祥、课程与教学处副主任李勇带领全体教研组长和高三年级组长、副组长、备课组长赴山东省兄弟学校考察学习。

11月11—15日，我校体育教研组20位老师在工会副主席谭伟、教研组组长汤彬的组织下，前往海南省开展交流学习活动。

11月16日，我校党委在校史馆会议室召开党委扩大会议，专题部署党支部"五化"建设自评工作和近期党建工作重点任务。

11月16日，湖南师大附中教育集团第十届"附中杯"教职工排球赛正式开幕。

11月18日，湖南师范大学生命科学学院师大附中实习队实习汇报暨实习总结会在科学楼互动显微镜实验室举行。

11月18日，我校课程委员会召开第十一次工作会议。课程委员会主任谢永红校长主持会议，课程委员会全体成员参加会议。

11月18日，我校与湖南师大附中梅溪湖中学历史教研组联合教研活动在梅溪湖中学举行。梅溪湖中学校长张迪平、副校长陈益出席活动。

11月19日，谭翔、黄章毅、张毅、李飞扬4名同学在第34届中国化学奥林匹克决赛中荣获全国金牌，我校金牌总数位列湖南省第一；綦雄飞同学荣获全国银牌。其中谭翔、黄章毅以优异的成绩入选国家集训队，并获得清华大学、北京大学的保送资格。

11月19日，长沙市高中生物教学研讨会在我校会议厅召开。本次研讨会由长沙市教育科学研究院，教育部课程教材发展中心、课程教材研究所，普通高中生物学科长沙教研基地和长沙市邓毅萍名师工作室联合举办。

11月19日，初中部积极开展金融学习实践活动。中国人民银行长沙中心支行联合中国银行湖南省分行来到我校，给初中部全体师生带来了金融知识系列课程。

11月20日，第43期少年团校开班仪式在会议厅举行。党委书记黄月初，德育与学生发展处主任吴卿，团委书记李钊、副书记杨一鸣出席。仪式由团委会学生副书记徐雨晨主持。

11月21日，在党委书记黄月初、纪检书记李春莲、德育与学生发展处主任吴卿、课程与教务处副主任朱修龙的率领下，2019级千余名师生赴韶山、湘潭等地开展以"红色基因代代相传"为主题的研学活动，此次活动为期两天。

11月25日，湖南省教育科学研究工作者协会2020年学术年会在长沙市麓山大酒店召开。会议表彰了一批先进会员单位、先进个人和优秀论文，我校获评2020年度湖南省教育科学研究工作者协会先进会员单位。

11月25日，由湖南省中小学教师发展中心主办、我校承办、远播教育集团协办的"省培计划（2020）"——高中生涯规划教育省级骨干教师研修（S202）圆满落幕。来自湖南省14个州市的70名管理干部或骨干教师相聚湖南师大附中，围绕高中生涯规划教育这一改革热点开展了为期7天的集中研修培训活动。

11月25日，湖南师大附中教育集团第十届"附中杯"教职工排球赛在我校体育馆举行闭幕式。

11 月 27 日，我校党委理论学习中心组（扩大）专题学习会在执中楼三会议室召开。党委委员、中层干部等共 16 人参会。本次专题学习的主题为：深入学习贯彻党的十九届五中全会精神。

11 月 27 日，教育教学半期工作总结大会在会议厅召开。全校教师及广东茂名市教学管理跟岗学习的 22 位干部学员参加了本次会议，会议由副校长苏建祥主持。

11 月 30 日，校长谢永红、党委书记黄月初与望城区政府副区长苏敏芳、区政府办公室副主任刘本日、区教育局副局长李晟一起到湖南师大附中星城实验学校进行调研和指导。

11 月，2020 年广东茂名市高中学校教学管理人才跟岗学习见面会在校史馆会议室召开。湖南师范大学教育科学学院院长刘铁芳，我校校长谢永红、党委书记黄月初、副校长苏建祥及湖南师大附中教育集团成员校校长出席了会议。

12 月 1 日，校党委委员、副校长兼工会主席陈迪勋，获评 2019 年度建设更高水准全国文明城市工作"优秀个人"。

12 月 1 日，刘宇东、梁行健（高一）同学在第 36 届中国数学奥林匹克决赛荣获全国金牌，艾宇航（高二）同学荣获全国银牌，其中刘宇东以优异的成绩入选国家集训队，并获得清华大学、北京大学的保送资格。

12 月 1 日，"弘扬抗疫精神，飞扬艺术青春"第 35 届校园文化艺术节在学生活动中心开幕。

12 月 1 日，"青春·凌云"第四届校园心理剧展演在 2001 班带来的心理剧《印象派》中拉开帷幕。

12 月 3 日，袁春龙老师在 2020 年湖南省高中心理健康教育教师专业能力竞赛中获一等奖。

12 月 3 日，华中师范大学第一附属中学周鹏程校长来我校访问。我校校长谢永红、党委书记黄月初、副校长苏建祥一同热情接待，并进行座谈交流。

12 月 4 日，学校开展 2020 年"12·4"宪法活动周系列活动。启动仪式在室内升旗仪式上举行，由团委副书记杨一鸣主持。

12 月 4 日，我校学子在湖南省"三独"比赛中喜获佳绩。我校红枫民乐团 1921 班易雨萱、1913 班沈子翰，红枫舞蹈团 1920 班廖婧汐，红枫合唱团 1821 班黄诗音代表学校参赛，其中易雨萱、沈子翰获湖南省一等奖，廖婧汐、黄诗音获湖南省二等奖，李鹏程、熊康、郑喜 3 位老师获"优秀指导教师"奖。

12 月 6 日，2020 年教职工登山活动顺利开展。

12 月 7 日，我校召开安全大检查工作部署会议。我校安全工作委员会主任、副校长陈迪勋，安全工作委员会副主任、副校长苏建祥以及学校安委会小组全体成员参加会议。会议由后勤与保卫处主任李智敏主持。

12 月 7 日，校长谢永红应邀参加 2020 年清华大学全国重点中学校长会暨 2020 年基础学科拔尖人才衔接培养论坛。来自全国近百所知名高中校长线下参加了会议和论坛。

12 月 7 日，教育部基础教育司举办、国家教育行政学院承办的"2020 年全国中小学校党组织书记示范培训班"举行开班仪式。我校党委书记黄月初被湖南省教育厅选派，与其余 5 人一起代表湖南省参加培训。

12 月 8 日，刘叶子同学获 2020 年度长沙市"最美中学生（标兵）"光荣称号。

12 月 8 日，第 35 届校园文化艺术节之"飞扬艺术青春·献礼建党百年"高二年级舞台剧表演比赛及七年级合奏表演比赛在学生活动中心隆重举行。

12 月 11 日，第 43 期少年团校第四次团课在会议厅进行。党委书记黄月初为全体团校学员讲授团课。

12 月 12 日，湖南师大附中星城实验学校隆重举行办学十周年成果汇报暨艺术展演活动。省、市、区相关领导，我校校长谢永红，党委书记黄月初，党委副书记彭荣宏，副校长陈迪勋、苏建祥，纪检书记李春莲，部分教师代表及集团成员校主要负责人出席了本次活动。

12 月 12 日，校长谢永红，党委书记黄月初、副书记彭荣宏，副校长陈迪勋，纪检书记李春莲，教育集团办公室主任李文昭一行 6 人前往湖南师范大学附属五雅中学指导工作。

12 月 13 日，长沙市历史学会第 26 届年会在长沙教育学院隆重召开。学会创始人之一、我校退休教师、历史教研组原组长何善曾老师和我校部分历史教师参加了年会。学会宣读了 2020 年度优秀论文评比结果，我校历史教师共获三个一等奖、两个二等奖。

12 月 13 日，第 35 届校园文化艺术节之"为时代发声"第 6 届主持人挑战赛决赛在学生活动中心精彩上演。

12 月 15 日，在第 51 届国际中学生物理奥林匹克竞赛中，我校李世昌同学以世界第三名的优异成绩勇夺金牌。

12 月 17 日，我校在校史馆会议室召开湖南省"十三五"教育科学规划 2020 年度课题开题论证报告会。

12 月 18 日，湖南省教育科学规划课题"普通高中学生生涯发展规划教育研究"开题报告会在湖南师大附属颐华学校举行。湖南省中小学教师发展中心名师科科长龚明斌、湖南省教科院基础教育研究所副所长邹海龙、湖南师范大学教科院教育系主任常思亮教授、我校特级教师杨帆等领导、专家出席会议，相关课题组的主持人和骨干成员参加会议。会议由特级教师杨帆主持。

12 月 18 日，《长沙晚报》、红网等媒体报道我校王全胜、谢良、马正扬、欧阳红英、杨征宇、周曼、田静乐、杨旭东、刘冉旭等 9 位老师组团在耒阳支教的感人事迹。

12 月 18 日，1822 班金翔明同学光荣入选参加由教育部体育卫生艺术教育司、全国青少年校园足球工作领导小组办公室举办的全国青少年校园足球冬令营活动。

12 月 19 日，湖南省卓越校长领航研修小、初、高名校长工作室专题研讨活动在湖南师大附属颐华学校圆满落幕。湖南省教育厅党组副书记、副厅长、省委教育工委副书记王瑰曙作专题讲座。

12 月 20 日，我校信息组选手陈永志、谭伯睿、陈长、詹一夫、周凯等 5 名同学在 2020 年全国青少年信息学奥林匹克联赛（NOIP2020）第二轮复测中荣获一等奖。

12 月 20 日，湖南省动植物学会基础教育分会第二届学术年会在我校召开。本次活动由湖南省植物学会、湖南省动物学会、湖南省动植物学会基础教育分会、湖南省中学生生物学竞赛委员会主办，我校承办。

12 月 23 日，党委书记黄月初率领由党委办公室、督导室组成的督查组前往湖南广益实验中学开展党支部"五化"建设专项督查工作。

12 月 24 日，我校生物组教师易任远主持的课题"高中生物学新教材实验指导微课的校本开发"获准立项为市级重点资助课题。

12 月 25 日，"清华大学校园艺术普及版画公益巡展"在我校予倩艺术楼开幕，此次画展共展出清华大学美术学院版画工作室师生作品 40 余幅。校长谢永红，副校长陈迪勋，纪检书记李春莲，副校长苏建祥、杜军（挂职）及部分部门负责人出席了本次画展的开幕仪式。

12 月 25 日，"弘扬抗疫精神，飞扬艺术青春"——湖南师大附中第 35 届校园文化艺术节闭幕式暨优秀节目展演在学生活动中心上演。闭幕式开场司仪由德育与学生发展处主任吴卿担任。

12 月 25 日，我校举行 2021 年"立师德，铸师魂——附中好声音"教职工迎新演唱会。

12 月 24—26 日，由湖南师范大学主办的"2020 粤湘基础教育论坛暨湖南师范大学附属学校年会"在广州隆重举行。我校党委书记黄月初、副书记彭荣宏应邀参加活动并作讲座。

12 月 25—26 日，由我校科研与教师发展处主办，校学生会和学社联协办的湖南师大附中"欢度元旦线上线下灯谜会"活动如期举行。

12 月 26 日，由《教育家》杂志社、光明日报基础教育智库委员会主办的"现代学校治理研讨会暨第三届中国好校长盛典"在天津举行。我校党委副书记、湖南师范大学附属颐华学校校长彭荣宏当选为"中国好校长"。

12 月 30 日，湖南师大附中教育集团 2020 年年会顺利召开。

12 月 30 日，湖南师大附中教育集团"弘扬抗疫精神·献礼建党 100 周年"教职工新年联欢会在我校学生活动中心隆重举行。

2021 年

1 月 5—6 日，我校组织开展了数学教研组建设与发展专项督导。此次督导工作由谢永红校长、黄月初书记担任督导工作组组长。教育督导室协同多个部门，并聘请了5名校外专家，通过听课和访谈等方式，全面细致地督查了数学教研组的队伍建设工作。

1月6日，长沙市赵优良中学数学名师工作室2021年第一次研修活动在长郡湘府中学举行。

1月7日，长沙市蒋雁鸣中学语文名师工作室在我校开展高中语文整本书阅读课堂教学实践研究活动。

1月8日，我校被评为湖南师范大学"脱贫攻坚先进集体"，被湖南省人力资源和社会保障厅、湖南省扶贫开发办公室记功并授予奖牌。陈迪勋被评为湖南师范大学"脱贫攻坚优秀个人"，被湖南省委组织部、湖南省人力资源和社会保障厅记功并授予奖章。

1月8日，我校当选为湖南省啦啦操运动协会副主席单位，谭伟老师当选为湖南省啦啦操运动协会副主席。

1月12日，国务院联防联控机制督查组组长、财政部副部长余蔚平率队到我校督查新冠肺炎疫情防控工作，校长谢永红、党委书记黄月初等校领导陪同督查。

1月12日，湖南师范大学副校长唐贤清在基础教育发展中心主任龚民的陪同下来我校调研。校长谢永红、党委书记黄月初等校领导陪同调研。

1月15日，湖南师大附中教育集团体艺拔尖人才培养交流研讨会在湖南师大附中星城实验学校召开。

1月15日，湖南师大附中教育集团拔尖创新人才培养工作推进会顺利召开。

1月19日，我校在"小家传大爱 共筑家国梦"2020年长沙市家风家教主题宣传季暨家庭教育公益讲座活动中荣获优秀组织奖。

1月20日，长沙市委宣传部未成年人工作处处长张晓梅，长沙市教育局副主任督学、文明办副主任曹攀带领市教育局、长沙市文联、长沙天际传媒、长沙晚报社等相关负责人一行7人，来校开展少儿期刊与未成年人思想道德教育专题调研，并为我校颁发"继续保留全国文明校园荣誉称号"的证书。我校党委书记黄月初、副校长陈迪勋陪同调研。

1月20日，长沙市赵优良中学数学名师工作室开展了2021年第二次研修活动。因受新冠肺炎疫情影响，本次研修活动通过钉钉直播平台在线上举行。

1月22—23日，中国共产党湖南师范大学第十　次代表大会胜利召开。我校代表团共11人参加了此次会议。我校党委委员、纪检书记李春连当选为新一届湖南师范大学纪委委员。

1月23日，湖南师大附中考点2021年新高考适应性考试组考工作有序进行。

1月26日，长沙市委常委、政法委书记廖建华来校督查安全防范和管理工作。长沙市政法委副书记闵文，长沙市教育局党委副书记、副局长孙传贵，长沙市公安局党委副书记、副局长李湘江，岳麓区委常委、政法委书记张铁炎参与督查，我校校长谢永红、副校长苏建祥陪同。

1月26日，我校在校史馆会议室召开七年级教育教学总结研讨会。校长谢永红，副校长、七年级工作组组长苏建祥，七年级工作组成员以及七年级全体任课老师参加会议。会议由团委书记、七年级工作组副组长李钊主持。

1月25—26日，校党委书记黄月初，党委委员、副校长陈迪勋，党委委员、纪检书记李春莲一行9人，在湖南师范大学扶贫工作队队长郑阳辉、关峡乡党委书记龙景星、乡长成有道的陪同下，看望慰问学校精准扶贫对象苏进雄和周云香，积极探索乡村振兴教育帮扶新实践。我校生物教研组李尚斌老师、英语教研组李艳老师，湖南广益实验中学党总支书记兼副校长叶越冬参加慰问。

1月28日，2020年度统战工作座谈会在执中楼三会议室召开。党委书记黄月初，党委统战委员陈胸怀，党委办公室主任伏炎安，民盟、民进支部负责同志，民革、三胞联谊会代表参加了会议。会议由陈胸怀主持。

1月30日，2020长沙市校园足球联赛（高中组）联赛男子组决赛在我校田径场落幕。我校足球队展示了强劲的综合实力和昂扬的精神风貌，夺得此次联赛亚军，实现了历史性突破。

1月30日，我校召开党委理论学习中心组（扩大）专题学习会，特别邀请到湖南省法学会破产法学秘书长、民商法学会理事，武汉大学民商法学博士、德国萨尔大学访问学者、湖南师范大学法学院讲师张永兵博士，以"《中华人民共和国民法典》解读"为主题为全校教职工解读《民法典》。

1月31日，我校在学生活动中心举行了"湘阅读·工力量"教职工主题阅读活动总结表彰会。

1月31日，我校采用主会场加分会场的形式，在学生活动中心和之谟图书馆学术研修室召开了2020—2021学年度第一学期总结大会。全体教职工参加会议。会议由校长谢永红主持。

1月31日，教职工荣退仪式在学生活动中心隆重举行。12位新近退休的教职工在前排就座，全体教职工参加了仪式。仪式由校长谢永红主持。全体校领导为陈宇、陈清花、熊瑞兰、曹奉洁、刘桂芳、刘丽珍、周红、王立新、刘明春、李新霞、张宇红、佘杰明等同志颁发了光荣退休荣誉匾牌。

1月31日，2020年文明创建工作总结大会在学生活动中心召开。全体教职工参加了会议。

1月31日，2020年度工作质量奖表彰大会在学生活动中心召开。校长谢永红、党委书记黄月初、党委副书记彭荣宏、副校长陈迪勋、纪检书记李春莲、副校长苏建祥、副校长（挂职）杜军出席会议并在主席台就座，全校教职工参加了会议。会议由谢永红主持。

2月2日，我校党委在执中楼三会议室召开了2020年度领导班子民主生活会。湖南师范大学党委委员、副校长唐贤清教授到会督查指导。会议由我校党委书记黄月初主持，全体党委委员参加会议。

2月3日，"十三五"规划总结暨"十四五"规划编制工作会议在校史馆会议室召开。会议由校长谢永红主持，校领导班子成员和各部门负责人参加会议。

2月4日，我校课程委员会第十二次工作会议在执中楼三会议室举行。课程委员会主任谢永红校长、执行主任苏建祥副校长出席，全体课程委员会成员与会。会议由谢永红主持。

2月7日，校长谢永红、党委书记黄月初发表2021年新年贺词。

2月25日，数学教研组名师、享受湖南省政府特殊津贴人员李昌平老师被授予湖南省"特级教师"荣誉称号。

2月26日，经湖南省水利厅、教育厅、机关事务管理局、节约用水办公室联合组织专家评审，我校通过验收，被授予"公共机构节水型单位"称号。

2月27日，2020—2021学年度第二学期开学工作会议在学生活动中心召开。校长谢永红、副校长陈迪勋、纪检书记李春莲、副校长苏建祥、挂职副校长杜军出席，全体教职工参加了会议。会议由谢永红主持。

2月27日，我校召开意识形态工作专题会议，研究和部署学校当前和今后一个时期意识形态领域相关工作。

1月—2月，校长谢永红、党委书记黄月初、党委副书记彭荣宏、工会主席陈迪勋、纪检书记李春莲、副校长苏建祥带领由中层干部、支部书记、党员志愿者等组成的6个慰问组分路开展走访慰问离退休老同志活动。

3月1日，2021年春季开学典礼暨开学第一课在学生活动中心隆重举行。本次活动的主题是"奋斗吧，了不起的附中人"。

3月1日，校长谢永红专门邀请我校获得2020年长沙市"新时代好少年"的戴宜珊同学来到会议室，与她进行亲切座谈。副校长苏建祥、德育与学生发展处主任吴卿、文明办主任苏晓玲、团委书记李钊陪同座谈。

3月5日，校团委副书记杨一鸣老师带领团员、少先队员共10名志愿者前往学堂坡社区开展志愿服务活动。

3月8日，我校隆重庆祝第111个三八国际劳动妇女节。校领导们分组到教学楼等处对女教职工们进行慰问，召开了以"学习先进，感恩母亲"为主题的"芙蓉杯"达标竞赛表彰大会。

3月9日，长沙市教育科学"十三五"规划2020年度课题集中开题会议在市教科院举行。我校易任远老师主持的"高中生物学新教材实验指导微课的校本开发"课题参加了本次开题活动。

3月11日，我校与天心区人民政府合作举办的湖南师大附中双语实验学校的签约仪式在天心区区委常委会会议室举行。湖南省政府办公厅副主任贺建壬，天心区委副书记、区长黄滔，区委副书记、常务副区长周志军，区政府副区长黄会，区教育局党委书记、局长张伟，我校校长谢永红、党委副书记彭荣宏等校领导出席签约仪式。

3月11日，在2021年长沙市学生体育协会第四届会员大会第一次会议上，我校工会副主席谭伟老师再次当选为长沙市学生体育协会副会长。

3月12日，我校党委召开2020年度党支部书记"双述双评"大会。11位党（总）支部书记分别从落实党支部政治建设责任、加强支部建设、完成重点任务、联系服务群众、廉洁自律、存在的问题和下一步打算等七个方面作了履职情况汇报。党委委员分别作了点评，与会人员进行了现场测评。

3月12日，2020—2021学年度第二学期党员大会在学生活动中心召开。本部全体在职教职工党员、离退休党总支、湖南广益实验中学党总支成员及支部书记共230余人参加会议。会议由彭荣宏主持。

3月13日，七年级师生们来到浏阳致远园林研学基地，一起参加了"希望树上种春天"植树节活动。

3月15日，湖南师范大学副校长刘怀德、后勤管理处党委书记龚向明来我校调研，校长谢永红、党委书记黄月初等校领导陪同调研。

3月16日，我校在之谟图书馆学术报告厅举办教育科研课题结题专项培训活动。

3月17日，我校在之谟图书馆学术报告厅举行由清华大学承办的国培计划（2020）——厅直学校青年精英后备管理干部研修班（B101）第二阶段研修培训。由我校数学教师、学术委员、第二届青年名师培养对象和部分处室干事组成的70名学员，以及全体学科教研员、科研与教师发展处职员和部分教师代表参加了培训活动。

3月19日，我校获评长沙市2020年度建设更高水准全国文明城市工作"先进集体"，文明办主任苏晓玲获评"先进个人"。

3月22日，"奋斗百年路，青春新征程"第18届学生社团节开幕式暨2020—2021年"品中华诗词雅韵，看附中俊采星驰"诗词大会总决赛在学生活动中心举行。

3月23日，湖南师大附中双语实验学校首任校长任职见面会在天心区政府举行。我校校长谢永红，党委书记黄月初、副书记彭荣宏，天心区人民政府副区长黄会，天心区教育局全体领导班子成员、部门负责人等出席见面会。会议由天心区教育局党委书记、局长张伟主持。

3月23日，我校百余名师生与岳麓区社会禁毒协会、岳麓区天顶街道干部群众一行来到尖山社区，开展"守护绿水青山，建设美丽中国"义务植树活动。

3月24日，2021年档案工作会议在校史馆会议室召开。校长谢永红出席，各部门负责人和档案员参加了会议。会议由办公室主任莫晖主持。

3月24日，长沙市赵优良中学数学名师工作室2021年第三次研修活动在我校举行。

3月24日，英语教研组在图书馆一楼报告厅举办了湖南师大附中高中英语读写教考融合策略论坛。我校副校长苏建祥、教学处副主任熊进道、中南大学莫友元教授以及湖南师大附中教育集团高中部全体英语老师出席了本次论坛。本次论坛由英语教研组组长尹一兵老师主持。

3月24日，2020年度本部中层干部考核述职测评大会在之谟图书馆学术报告厅召开。

3月25日，"创新体验，科技圆梦"第34届校园科技节开幕式在学生活动中心拉开帷幕。

3月26日，第18届学生社团节闭幕式暨优秀节目展演在学生活动中心隆重举行。校长谢永红，副校长陈迪勋、苏建祥出席并观看演出。本次活动还邀请到了长沙市一中、雅礼中学、明德中学、麓山国际实验学校等兄弟学校的社团干部到场交流。

3月27日，湖南师大附中教育集团第六届"附中杯"田径运动会在湖南师大附中博才实验中学梅溪湖校区举行。

3月27日，2020届高一党支部全体党员前往韶山开展"学党史、知党恩、跟党走"主题党日活动。

3月31日，我校在学生活动中心组织召开党史学习教育动员大会暨教职工政治学习会，全校教职工参会。会议由党委副书记彭荣宏主持。党委书记、党史学习教育领导小组组长黄月初作动员报告。

3月31日，长沙市中小学心理健康教研活动在我校会议厅举行。党委书记黄月初、督导室主任左小青、德育与学生发展处主任吴卿、课程与教学处主任黄宇鸿出席。长沙市教科院心理教研员梁珊与长沙市中小学心理健康教育老师以及我校心理组全体老师近400人参加了此次活动。

3月31日，清华大学首届"丘成桐数学科学领军人才培养计划"录取名单出炉。我校高二年级1901班陈苗卓同学成功入选首届丘成桐数学科学领军人才培养计划，将就读于清华大学求真书院。

3月31日，我校党委理论学习中心组（扩大）暨党史学习教育读书班第一次专题学习会在校史馆会议室召开。党委委员、各支部书记、中层干部等参会。会议由党委书记黄月初主持。

3月31日—4月1日，2021年长沙市地理新高考新教材教学研讨会在我校大会议厅成功举办。来自长沙市各区、县（市）近200名地理教师参加了此次会议。此次研讨会开幕式由我校地理教研组组长向超主持。

4月1日，我校离退休党总支和离退休协会全体党员前往翦伯赞故居开展"党史学习教育"主题党日活动。

4月2日，我校党委班子成员、党支部书记、团委书记一行20余人在党委书记黄月初、校长谢永红的带领下，前往新民学会成立会旧址开展党史学习教育现场教学，在蔡和森故居前，大家高举右手，面对鲜红的党旗，重温入党誓词。

4月2日，在校长谢永红的带领下，全体校领导、中层干部及部分师生代表于清明节来临之际举行了对禹之谟先生的祭奠活动。

4月3日，1988届校友、珠海健帆生物科技集团股份有限公司董事长兼总裁董凡与1988届130班校友一行回母校访问并看望班主任陶步农老师。校长、校友会会长谢永红，副校长、校友会执行副理事长陈迪勋热情接待了董凡一行。

4月8日，长沙市2021届高三化学二轮复习研讨会在我校会议厅成功举办。来自长沙市各区、县（市）约170多名高中化学教师参加了此次会议。研讨会由我校化学教研组组长周泽宇主持。

4月8日，北京大学博雅人才共育基地启动仪式在英杰交流中心阳光厅举行。我校校长谢永红应邀与来自全国36所知名中学校长共聚燕园，共同见证博雅人才共育基地建设的启动。经层层选拔，我校成功获批成为北京大学首批"博雅人才共育基地"。

4月12日，致敬湖南师大附中建校116周年、致敬奥林匹克学科竞赛30周年的微电影《攀登》正式首映。

4月13日，我校开展了庆祝建党100周年暨建校116周年系列活动。

4月14日，2021年集体廉政谈话会议在之谟图书馆报告厅召开。党委书记黄月初主持会议，校领导班子成员、中层管理干部、年级组长、党支部书记、纪检委员及风险高的岗位工作人员参加会议。

4月14日，我校与汝城一中结对帮扶签约仪式在省教育厅举行。湖南省教育厅副厅长王玉清，基教处处长曾四清、副处长刘积成，我校校长谢永红、党委书记黄月初、党委副书记彭荣宏，汝城县委二级调研员欧惠祥，汝城一中校长刘战友出席仪式。仪式由曾四清主持。谢永红、刘战友代表两校在结对帮扶协议上签字。

4月15日，为期一个月的"国培计划（2020）"——厅直学校青年精英后备管理干部研修班线上培训落下帷幕。清华大学通过网络举行了培训结业"云仪式"。出席仪式的有清华大学继续教育学院副主任李涛、国培班主任刘奇，我校党委书记黄月初、工会主席兼副校长陈迪勋以及我校70名学员。刘奇老师宣布70名学员考核合格，准予结业。

4月15日，湖南省教育科学研究院副院长杨敏率院办后勤处处长徐庆生、工会副研究员胡蓉来我校"职工之家"观摩交流。我校副校长兼工会主席陈迪勋、工会副主席谭伟热情接待。

4月15日，湖南师大附中植基中学人事任用工作会议在开福区政府举行。开福区人民政府副区长朱江，区教育局党组书记、局长谭树茗，党组成员、副局长谭广林、王平，我校校长谢永红、党委书记黄月初，开福区教育局各部门负责人，湖南师大附中植基中学筹备组成员等出席见面会。会议由谭树茗主持。

4月16日，第34届校园科技节之首届物理学家挑战赛决赛在会议厅拉开帷幕。

4月15—17日，我校送培送教团队在党委书记黄月初的带领下前往张家界市慈利县三官寺中学开展"手拉手"国培活动（A617）。

4月17日，我校教师和集团心理教育联盟成员一行22人先后前往张家界市武陵源一中、张家界民族中学等兄弟学校考察学习。

4 月 19 日，湖南省直团工委召开全委会（扩大）会议，对过去一年省直共青团系统的工作进行了总结。会议表彰了一批在 2020 年表现优异的团（青）组织。我校团委凭借扎实的工作、出色的成绩被评为 2020 年度省直"五型"团（青）组织标准化建设工作"示范团组织"。

4 月 19 日，在中国化学会第 32 届学术年会上，我校化学教研组组长周泽宇老师荣获"2020 年度中国化学会化学基础教育奖"。我校 2003 届校友、华南理工大学材料科学与工程学院教授、博士生导师胡蓉蓉荣获"2019 年度中国化学会青年化学奖"。

4 月 20—21 日，湖南师大附中开展"学党史、强信念、跟党走"党史学习教育主题班会暨第 19 届主题班会展示评比活动，向建党 100 周年献礼。

4 月 22 日，陈永志、谭伯睿同学在 2021 年全国青少年信息学奥林匹克竞赛（NOI）湖南省队选拔赛中脱颖而出，成功入选湖南省队。

4 月 17—23 日，国培计划（2020）——湖南省中小学卓越校长领航研修项目在清华大学开展第二次集中研修。我校党委书记黄月初参加研修并作精彩分享。

4 月 23 日，为庆祝第二十六个世界读书日，我校与长沙市新华书店联合举办了"赏宋画，知历史，掌握历史学习法"专题讲座。著名作家、宋史研究专家吴钩先生应邀来校讲学，高二全体选修历史类的学生和部分老师前往学校会议厅听取专家讲座。

4 月 26 日，长沙杰出校友（上海）创新创业对接座谈会在上海大酒店举行，曾在长沙 12 所知名中学就读初高中、今在上海工作的 30 位杰出校友和 2 位关心长沙发展的特邀嘉宾参加。

4 月 26 日，在第 53 届国际中学生化学奥林匹克竞赛中国代表队选拔赛中，1801 班黄章毅同学以优异成绩光荣入选中国代表队。

4 月 27 日，共青团中央下发《共青团中央关于表彰全国五四红旗团委（团支部）、全国优秀共青团员、全国优秀共青团干部的决定》。我校团委凭借扎实的工作、出色的成绩被评为"全国五四红旗团委"，这是我校团委继 2009 年之后再次获此殊荣。

4 月 29 日，在第 17 届国际中学生地理奥林匹克竞赛中国代表队选拔赛中，1911 班杨宜同学以优异成绩光荣入选国家代表队。

4 月 29 日，湖南省庆祝"五一"国际劳动节暨先进集体先进个人表彰大会在长沙召开，我校校长谢永红荣获 2021 年湖南省五一劳动奖章。

4 月 29 日，在湖南省人民政府召开的全省深化教育督导体制机制改革推进工作电视电话会议上，我校党委书记黄月初被聘为第八届省政府督学，任期三年。

4 月 30 日，中国新闻网以《33 年 12000 多个日夜，扎根教育的他荣获湖南省五一劳动奖章》为题，报道我校校长谢永红事迹。

4 月 30 日，党委书记黄月初、校长谢永红带领学校党委领导班子、党支部书记等近 30 人到楚天科技股份有限公司开展党史学习教育体验式学习。

岁月如歌——湖南师大附中校志（2015—2025）

3—4月，课程与教学处、教学指导委员会、学术委员会在高三年级联合开展了第二轮为期三周的调研工作。由省、市教科院部分学科教研员以及湖南师范大学部分学科教授组成的教学指导委员会，就我校2021届高三师生如何应对新高考、如何开展二轮复习等问题，分学科进行了课前问询、现场听课、课间交流、课后评课、作业抽查、试卷批阅等环节的现场调研。

5月1—2日，我校组织七年级学子们前往浏阳市秧田村开展"谁知盘中餐"主题研学活动。

5月6日，湖南师大附中、湘西州民族中学、保靖民族中学、花垣县边城高级中学2021年春学期校际教研联动工作会在保靖民族中学召开。党委书记黄月初、课程与教学处副主任李勇带领我校骨干教师刘熠、殷艳辉、彭草、李度、陈克剑前往参会并作指导。

5月6日，我校与湘西土家族苗族自治州民族中学缔结"友好合作学校"签约揭牌仪式在湘西州民族中学隆重举行。

5月7日，我校部分党员干部、教师在党委书记黄月初、校长谢永红的带领下，赴花垣县十八洞村、矮寨大桥开展党史学习教育"学史增信"专题学习。

5月7日，党委书记黄月初在湘西州民族中学校长彭学军的陪同下前往凤凰县千工坪九年制学校进行回访交流。凤凰教育局副局长龙敏、千工坪九年制学校校长张继武热情接待了黄月初一行。

5月12日，首届新时代中小学心理健康教育湖湘论坛在长沙召开。本次论坛由湖南省心理学会主办，来自全省各中小学校的心理教育负责人、心理老师、心理学从业者等共约260人参加了本次活动。我校党委书记黄月初作为心理学会的专家作精彩分享。

5月11—13日，我校组织开展了生物教研组建设与发展专项督导工作。此次督导工作组组长由校长谢永红、党委书记黄月初担任。教育督导室协同学校多个部门，并聘请了校外专家，通过听课、访谈、查阅资料及数据统计分析等方式，全面细致地督查了生物教研组的工作。

5月13日，2021年新团员入团仪式在会议厅隆重举行。党委书记黄月初，党委委员、副校长苏建祥，党委办公室主任伏炎安、副主任苏晓玲，德育与学生发展处主任吴卿，团委书记李钊、副书记杨一鸣，2018级党支部书记谢朝春，2019级党支部书记陈兵，2020级党支部书记张光新出席入团仪式。仪式由团委学生副书记徐雨晨主持。

5月14日，"绽放青春奋斗之花，献礼建党百年华诞"湖南师大附中2020—2021学年度学生表彰大会在我校学生活动中心隆重举行。

5月14日，在校史馆会议室，我校与五凌电力有限公司正式签署校企合作共建协议，开展校企合作共建。五凌电力有限公司党委副书记兼工会主席徐树铨、工会副主席兼群团工作部主任熊立新，我校校长谢永红、副校长兼工会主席陈迪勋、工会副主席谭伟共同见证了这一重要时刻。

5月16日，我校组织了近50名女教职工赴黑麋峰培训基地开展了拓展研训活动。我校副校长兼工会主席陈迪勋、工会副主席谭伟、女职工委员会主任唐海燕一同参加了此次活动，活动由谭伟主持。

5月17日，清华大学向我校发来喜报，对我校多年来一直为清华大学输送优质生源表示衷心感谢，对附中学子在清华的优异表现表示热烈祝贺。在2020年清华大学评优评奖工作中，我校多名校友光荣上榜。

5月13—17日，人民教育出版社《义务教育实验教科书 音乐》使用及编写征求意见会在北京召开。我校艺术教研组熊康老师应邀参加了会议，并入选人民教育出版社首批"全国优秀音乐教师培养计划"名单。

5月17日，庆祝中国共产党成立100周年"红色华诞 荣光百年"湖南师大附中学生画展在图书馆一楼大厅顺利开展。校长谢永红，副校长陈迪勋、苏建祥等出席了本次画展的开幕仪式。

5月17—19日，2021年教职工羽毛球比赛在体育馆开赛。高一年级队、高三年级队、教研联队和高二年级队分别获得前三名，高一年级队和高二年级队获精神文明奖。陈迪勋、杜军为运动员颁奖并合影留念。

5月19日，地理特级教师、湖南省首届芙蓉教学名师、学术委员会委员、科研与教师发展处首席研究员杨帆老师的新著《基于核心素养的新高考地理测评与教学研究》，近日由中南大学出版社正式出版发行。

5月19日，长沙市赵优良中学数学名师工作室第五次研修活动在湖南师大附中高新实验中学举行。

5月19日，我校学生社团联合会组织社团干部代表在会议厅举行了湖南师大附中2021—2022学年度学生社团干部换届大会暨2020—2021学年度学生社团表彰大会。大会由学生社团联合会副主席刘熙雅主持，团委书记李钊、副书记杨一鸣及所有学生社团干部出席本次大会。

5月20日，由上海交通大学和上海人工智能实验室联合主办的"AI见未来——2021浦江教育论坛"在上海举办，我校党委书记黄月初应邀参加。

5月21日，教育教学半期工作总结大会在会议厅召开。全校专任教师，德育与学生发展处、课程与教学处、科研与教师发展处、科技创新处、信息技术处五部门职员，学校中层以上管理干部参加了本次会议，会议由副校长苏建祥主持。

5月22日，2019级党支部45名党员在党支部书记陈兵的带领下，赴韶山、衡东两地开展为期两天的"学党史、知党恩、跟党走"主题党日活动。

5月26日，2021年"校长有约"学生座谈会在校史馆会议室召开。校长谢永红、副校长苏建祥、相关部门负责人出席会议，并与学生代表、学生校长助理、校级学生干部代表共21名同学进行了面对面交流。

5月27日，2021年长沙市普通高中生物学教学研讨培训暨"激—探—创"教学案例展示与研讨活动在我校隆重举行。

5月28日，我校党委理论学习中心组（扩大）专题学习会在三会议室召开。党委委员、各支部书记、中层干部等参会。本次专题学习的主题是"学史崇德"，会议由党委书记黄月初主持。

5月29日，《长沙晚报》报道湖南师大附中双语实验学校主体结构完工情况。

5月30日，党委书记黄月初、行政综合二党支部书记黄宇鸿带领行政二支部全体党员同志前往杨开慧纪念馆及任弼时纪念馆，开展主题为"学史崇德"的专题党日活动。

5月31日，我校举行2021届学生毕业典礼暨成人仪式。谢永红校长致辞《做新时代的追梦人》。

6月1日，学校举行2021年庆"六一"教职工子女表彰大会暨亲子游艺活动。我校副校长兼工会主席、关工委主任陈迪勋，纪检书记李春莲，工会副主席兼关工委副主任谭伟，关工委副主任蔡卫红，女工委主任唐海燕等出席了此次活动。活动由学校团委书记李钊主持。

6月1日，"附二代"母婴协会、志愿者总队、行政一党支部、七年级党支部携物资到万家丽路上"慢天使爱心屋"开展志愿服务。

6月2日，我校多名教师入围市信息技术与教育教学融合研究团队。李小军老师入围该团队语文学科组成员，彭知文、宋铁柱老师入围该团队物理学科组成员，其中彭知文老师被确认为该团队物理学科组核心专家。此外，湖南师大附中梅溪湖中学的龚兴浪（化学）、胡俊成（政治）、龙松青（音乐）、邓素（体育）、唐招葵（通用技术）等老师也入围该团队。

6月3日，我校发布湖南师大附中考点2021高考对联：千尺新梧春秋代序，一椽斗笔俊彦登程。撰写者为湖南师大附中语文教研组组长欧阳荐枫。

6月3日，校长谢永红、党委书记兼副校长黄月初、党委副书记彭荣宏等赴湖南师大附中植基中学调度学校建设和开办工作，以确保今秋如期开学。

6月4日，校党委在之谟图书馆学术报告厅隆重举行中共湖南师范大学党校附属中学教育集团分校第一期"青年马克思主义者培训班"开学典礼。典礼由党委副书记彭荣宏主持。

6月4日，岳麓区委书记周凡率领区领导杨利成、李舜及相关部门负责人检查我校高考考点准备工作。我校校长、考点主考谢永红，副校长、考点副主考陈迪勋、苏建祥陪同检查。

6月7日，2021年高考拉开序幕。相关领导先后来我校巡查高考组考工作。我校校长、考点主考谢永红，副校长、考点副主考陈迪勋、苏建祥陪同巡查。

6月16日，我校400余名学子前往韶山营地，开展为期5天4晚的"伟人故里学劳动·建党百年溯初心"农村社会实践活动。

6月17日，生物实验室备课组长、生物竞赛实验教练易任远老师的新著《高中生物学实验实施指南》由湖南师范大学出版社出版。

6月15—19日，我校1907班、1908班、1909班、1910班、1911班、1912班、1913班七个班级的同学赴步步高梅溪新天地开展为期五天的企业实践活动。

6月18—19日，中国教育学会中小学整体改革专业委员会第六届理事会换届会议暨2021年学术年会在北京一零一中学召开。我校校长谢永红被聘为该专业委员会第六届理事会常务理事。

6月19日，《长沙晚报》以《校长教学生插秧，这课堂太接地气》为题报道我校农村实践活动课程。

6月25日，第十二届教职工代表大会第四次会议暨工会会员大会在会议厅召开。全体校领导、大会主席团成员与正式代表、特邀代表、列席代表共300余人参加大会。党委书记黄月初主持会议。

6月27日，在副校长兼工会主席陈迪勋、工会副主席谭伟和各科指导教师的带领下，我校语文、数学、英语、思政4个学科的6位教师在长郡梅溪湖中学参加2021年"星城杯"长沙市教育局直属中小学青年教师教学竞赛。经过激烈角逐，我校高中语文教师闵娟、高中数学教师吴浩、高中政治教师游淑雲、初中英语教师陈莎筠获得教学竞赛第一名。

6月28日，校团委书记李钊荣获"湖南省青年岗位能手"称号。

6月28日，我校党委开展慰问"光荣在党50年"老党员、80岁以上老党员、困难党员的活动，并为行动不便、年老体弱的老党员开展"送学上门"主题党日活动，同时为他们送上党史学习教育资料。

6月29日，我校隆重举行庆祝中国共产党成立100周年主题党日活动。

6月30日，我校召开了2020—2021学年度新教师考核课总结会。

6月30日，湖南师范大学副校长唐贤清教授到我校走访慰问老党员刘敬明老师。我校校长谢永红、党委书记黄月初、副校长兼工会主席陈迪勋一同慰问。

7月1日，庆祝中国共产党成立100周年大会在北京天安门广场隆重举行，中共中央总书记、国家主席、中央军委主席习近平发表重要讲话。我校教职员工热切关注大会盛况，在学校会议厅集中收看大会直播，认真学习领会大会精神。

7月6—7日，以"为党育人，为国育才，培养有志有为的新时代青年"为主题的全国部分师范大学附属中学合作体第七届年会在华东师范大学第二附属中学举行。我校党委书记黄月初与其他来自全国十个省、自治区、直辖市共十二所师范大学附属中学的校领导齐聚党的诞生地，深入开展党史学习教育，共话"为党育人、为国育才"的初心使命。

7月8—9日，我校党委班子成员、行政二党支部党员同志、党员教师志愿者代表在党委书记黄月初的带领下，赴郴州市汝城县文明瑶族乡沙洲村开展党史学习教育，并与结对帮扶的汝城一中开展交流活动。

7月10日，2021年上学期期末教职工大会在会议厅召开。校长谢永红、党委书记黄月初、党委副书记彭荣宏、副校长陈迪勋、纪检书记李春莲、副校长苏建祥、挂职副校长杜军等领导出席会议，全体教职工参加了会议。会议由谢永红主持。

7月11日，为进一步深入贯彻落实党史学习教育，提升广大党员的责任感和使命感，"师德映党旗"师德师风演讲比赛在学生活动中心举行。

7月14日，中国工程院院士、全国人大代表、哈尔滨工业大学校长周玉来校访问并讲学，湖南省教育厅党组成员、工委委员、一级巡视员徐伟陪同访问。我校校长谢永红、副校长苏建祥热情接待了周玉一行。

7月15—16日，学校召开2021年暑期务虚会，就学校改革发展重点议题进行研讨。校长谢永红、党委书记黄月初分别主持会议，学校党委、行政领导班子成员、集团成员校校长、各部门负责人等参加会议。

7月17—23日，为进一步增强全体党务干部的党建工作意识、提升党务工作能力，促进党建工作与教育教学深度融合，湖南师大附中、湖南广益实验中学全体党务干部50余人赴浙江大学开展了为期一周的专题培训。

7月31日，湖南上工坊健康科技有限公司总经理蒋利娅一行向我校捐赠20 000个一次性医用口罩，用于我校的疫情防控工作。校长谢永红、副校长陈迪勋代表学校接受了捐赠，并对上工坊及时而温暖的善举表示衷心感谢。

8月1日，2021年全国中学生生物学联赛（湖南赛区）成绩出炉。我校9名学子入选湖南省代表队，入选人数位列湖南省各中学第一。

8月3日，黄章毅同学勇夺第53届国际中学生化学奥林匹克竞赛金牌。

8月3日，我校召开疫情防控工作领导小组会议。

8月6日，我校召开15—17周岁学生新冠病毒疫苗接种工作专题部署会。

8月7日，校长谢永红接受"新湖南"采访，谈全员育人教育生态建设。

8月8日，我校开展12—17周岁学生新冠病毒疫苗接种工作。

8月13日，1901班王秭如同学荣获2021年中国女子数学奥林匹克金牌。

8月15日，1911班杨宜同学以中国大陆地区代表队最好成绩勇夺第17届国际中学生地理奥林匹克竞赛银牌。

8月23日，我校召开文明创建迎检工作部署会议。

8月24日，党委书记黄月初获评2020年度建设更高水准全国文明城市工作"优秀个人"。

8月27日，我校召开党委理论学习中心组（扩大）专题学习会。会议集中学习了《关于进一步减轻义务教育阶段学生作业负担和校外培训负担的意见》。

8月29日，我校开展2021年秋季开学暨新冠肺炎疫情防控演练。

8月29日，我校召开新学年开学工作会议，校长谢永红作开学工作报告。

8月30日，我校开展15—17周岁学生新冠病毒疫苗第二针接种工作。

8月31日，多名教师在"国培计划""省培计划"项目实施工作中获奖。

8月31日，之谟教师研修院5个教师研修室正式启用。数学、英语、物理、化学、生物和七年级组、八年级组的全体教师成为首批使用者。

9月1日，长沙市公安局岳麓分局局长彭迟平一行检查我校开学安全工作。

9月1日，我校开展"牵手青春，志愿同行"八年级牵手七年级新生活动。

9月3日，湖南省卫健委国际交流中心向我校捐赠了一批防疫物资。

9月3日，我校召开生涯教育融入学科教学专题研讨会。

9月5日，2019级高三年级召开新学年第二次全体教师会议。

9月6日，在广大师生们的热切期盼中，由我校和长沙市新华书店共同倾力打造的"惟一书屋"正式开业。校长谢永红，湖南新华书店集团副总经理沈剑锋，长沙市新华书店党委书记、总经理李海峰等出席开业仪式并为惟一书屋揭幕。

9月7日，2021级学生军训启动，校领导看望慰问军训师生和教官。

9月7日，我校举行2021—2022学年度开学典礼。

9月9日，我校召开庆祝第37个教师节暨表彰大会。

9月12日，我校举行新生消防演练及消防安全知识讲座。

9月12日，2021年全国中学生数学奥林匹克竞赛（初赛）暨全国高中数学联合竞赛（湖南赛区）在我校举行。

9月13日，数学特级教师、长沙市赵优良中学数学名师工作室首席名师赵优良主编，工作室成员陆稳、张湘君、田彬、吴业分以及我校数学教研组组长谢美丽等老师参与编写的《高中数学教材核心素养同步解读》由湖南教育出版社出版发行。

9月15日，长沙市教育局来我校督导2021年秋季开学工作暨师德师风建设。

9月16日，校长谢永红荣获全国群众体育"先进个人"并受到习近平总书记接见。

9月18日，学校开展"九一八"事变90周年纪念日主题活动。

9月18日，2021年社团招新活动顺利开展。

9月23日，湖南省政府发展研究中心专家来校开展STEM教育调研。

9月24日，长沙市第十届运动会青少年足球赛落幕。我校足球队荣获第五名。

9月24—26日，我校参加全国部分师范大学附属中学合作体第八届年会。

9月25日，我校举行2021年新进教职工入职培训。新入职我校的38位教职工，校长谢永红，党委副书记彭荣宏，副校长、工会主席陈迪勋及各职能部门负责人参与培训。

9月26日，我校召开党委理论学习中心组（扩大）专题学习会暨干部培训会。

9月27日，学校举行2021—2022学年度"青蓝工程"师徒结对仪式。校长谢永红、党委书记黄月初、纪检书记李春莲、副校长苏建祥等领导出席仪式，全体师傅、徒弟和相关部门负责人参加活动。活动由科研与教师发展处副主任向超主持。

9 月 27 日，第十四届全国运动会在陕西西安闭幕。我校共有 3 名校友参加了本次比赛，他们分别是 2021 届黄美霞、陈龙，2017 届刘苏仪。

9 月 28 日，师生代表在孔子雕像广场集会，共同纪念孔子诞辰 2572 周年。

9 月 30 日，校长谢永红主持的湖南省"十三五"重点资助课题"研究型高中建设的校本探索与实践"圆满结题并获"优秀"等第。

9 月 30 日，湖南省生态环境保护厅督察处领导来校调研实验室危险废物环境管理工作。

9 月 30 日，正值第八个全国烈士纪念日之际，为弘扬烈士英勇无畏的奉献精神，进一步凝心聚力、激励斗志、鼓舞士气，我校开展烈士纪念日纪念活动，深切缅怀为维护国家安全、社会稳定和人民幸福而献出宝贵生命的英烈。

10 月 1 日，我校在湖南省党史陈列馆设立思想政治教育和红色文化基地。

10 月 3 日，在中华人民共和国成立 72 年之际，我校初中部开展"我和国旗合个影"活动，致敬国旗，祝福祖国。全校师生用不同形式表达了对祖国母亲的由衷热爱和真挚祝福。

10 月 6 日，第 35 届校园体育节暨 2021 年田径运动会胜利闭幕。

10 月 8 日，我校召开文明创建工作部署大会和 2021—2022 学年度第一学期党员大会。

10 月 9 日，我校学习传达全省中小学心理健康教育工作现场推进会和乌兰副书记讲话精神。

10 月 13 日，我校组织离退休教职工开展庆祝重阳节活动。

10 月 13 日，七年级举行庆祝中国少先队建队日暨建队仪式。

10 月 13 日，惟一书屋获"最 in 校园店"荣誉称号。

10 月 14 日，《湖南教育》刊发《改革高中育人方式，优化学生成长生态——访湖南师范大学附属中学校长谢永红》，全面推介谢永红校长教育专著《育人方式改革：全员育人理论与校本实践研究》和他关于高中育人方式改革的思考与主张。

10 月 14 日，我校召开教育集团科研与教师发展共同体工作会议。

10 月 14 日，我校课程委员会第十三次工作会议暨换届会议在校史馆会议室召开。

10 月 15 日，校友郭曲荣登全球百大 DJ 排行榜。

10 月 15 日，我校足球队勇夺湖南省中学生足球赛第三名。

10 月 15 日，谢永红校长实地考察实验室和艺术楼提质改造工程。

10 月 18 日，由湖南省教育厅、湖南省总工会联合主办的第二届湖南省中小学青年教师教学竞赛在衡阳圆满闭幕。我校闵娟、吴浩、游淑云、陈莎筠 4 位老师，作为省直队高中语文、高中数学、高中政治和初中英语四个科目代表均获得各学科二等奖，均被授予"湖南省教学能手"称号。

10 月 18 日，我校在之谟图书馆学术报告厅召开研究型中学建设课题研究报告会暨课题结项培训动员会议。

10月18日，国培计划（2019）湖南省中小学卓越校长领航研修班在清华大学结业。卓越校长领航研修班班长、高中校长工作室主持人、我校党委书记兼副校长黄月初向湖南省教育厅和清华大学表示衷心感谢，向圆满完成研修任务的学员表示祝贺。

10月18日，长沙市谢永红校长工作室在湖南师大附中星沙实验学校召开校长论坛，探讨"双减"背景下的教育挑战与应对。湖南省教科院杨敏副院长、长沙教育学院肖万祥院长、长沙县教育局彭刚副局长，我校党委书记黄月初、纪检书记李春莲出席论坛。我校校长、长沙市谢永红校长工作室首席名校长谢永红主持论坛。

10月19日，我校召开2022届高三一轮复习调研意见反馈会。

10月19日，正高级教师、特级教师、国际奥林匹克化学竞赛金牌教练肖鹏飞老师主编的《基于新课程标准的课例研究·高中化学·必修》，近日由湖南教育出版社正式出版发行。

10月19日，我校荣获湖南师范大学教职工红色经典歌曲接力传唱一等奖。

10月20日，全国文明校园督导测评小组来校检查。我校文明创建工作获得高度评价。

10月21日，政治教师黄治清主持的课题"中学思政课教材学段特点及一体化教学研究"获准立项为长沙市教育科学"十四五"规划一般课题。

10月19—22日，语文教师刘芳作为新一届委员出席政协长沙市岳麓区第六届委员会第一次会议。

10月23日，长沙市委副书记阚保勇来我校巡查成人高考组考工作。

10月23日，我校举办国培项目"名校与张家界市慈利县三寺中学手拉手"第二轮培训。

10月23日，我校获湖南师范大学教职工乒乓球比赛第五名。

10月20—24日，岳麓区人大代表，我校党委副书记彭荣宏、副校长苏建祥、湖南师大附中博才实验中学校长许小平参加了岳麓区第六届人民代表大会第一次会议。

10月25日，我校多项论文成果获评2021年湖南省教育科学研究工作者协会优秀论文。

10月26日，由中国青少年研究会组织编写的《强基固本——新时代中学共青团工作创新典型100例》出版，我校工作案例《推进民主治校，增强中学共青团先进性》被写入书中。

10月27日，湖南省第四届中学生运动会闭幕，我校运动健儿获4金10银6铜，4支运动队均获"优秀代表队"。

10月28日，2021年教职工排球比赛开赛。

10月29日，我校召开第十七届少先队员、共青团员、学生代表大会第二次全体会议，总结工作并选举新一届校级学生干部。

10月31日，王秭如、向芊蓓同学荣获首届丘成桐女子中学生数学竞赛诺特奖。湖南省仅我校两名同学获奖。

10月，科技创新处副主任李湘黔新作《中国传统民间文化与科技趣象》出版。该书由中国工程院院士何继善为其作序。

10月，第30届全国中学生生物竞赛决赛落下帷幕。我校5名同学以优异的成绩入选国家集训队，并被保送至清华大学、北京大学。我校入选国家集训队人数和获得全国金牌总数位列全省第一、全国第二。

10月，第38届全国中学生物理竞赛复赛湖南赛区成绩出炉。我校11名同学入选湖南省代表队，进入省队人数（除奖励名额外）位列全省第一。

11月3日，湖南省教育厅二级巡视员柴世钦来校指导平安校园建设工作，肯定我校相关工作。

11月3日，我校召开党委理论学习中心组（扩大）第八次专题学习会，深入学习习近平法治思想和师德师风建设内容。

11月5日，我校召开第五期"校长有约"学生座谈会。校长与学生校长助理交流，鼓励学生成长。

11月8日，我校11名选手获2021年全国信息学竞赛CSP提高组一等奖，湖南师大附中教育集团26名同学获普及组一等奖。

11月10日，湖南师大附中教育集团第十一届"附中杯"教职工排球赛闭幕。多支队伍和多名队员获奖。

11月12日，我校召开"师德师风建设年"工作推进会，解读相关工作方案，推进师德师风建设。

11月12日，我校召开第十二届教职工代表大会第五次会议，大会审议并表决通过了《关于调整〈湖南师大附中岗位管理动态调整办法〉评分细则部分内容的报告》。

11月14日，我校召开2022届高三工作研讨会，探讨高三教学工作，邀请专家作讲座并分组研讨。

11月18日，第36届校园文化艺术节开幕，活动丰富，包括各类展演和比赛。

11月18日，"示范性高中研究型教师队伍建设研究基地"顺利通过湖南省"十三五"教科研基地评估验收。

11月19日，党委书记黄月初在长沙市校园安全专项整顿暨中小学心理健康教育工作会议上分享学校心理健康教育经验。

11月19日，我校召开党委理论学习中心组（扩大）第九次专题学习会，深入学习党的十九届六中全会精神。

11月20日，我校举办第36届校园文化艺术节之高一年级校园舞台剧展演，多个班级参演并获奖。

11月23日，高2126班马泽水同学获长沙市优秀青少年科技创新人才称号。

11月23日，我校4名学生入选清华大学2022年丘成桐数学科学领军人才培养计划第一批次，湖南省仅4人入选。

11月24日，我校开设研究性学习指导讲座，培养学生创新能力。

11月24日，我校举办《习近平新时代中国特色社会主义思想学生读本（高中）》学习讲座，推动新思想进头脑。

11月25日，我校组织教职工收看湖南省第十二次党代会开幕式直播，学习领会会议精神。

11月24—27日，我校送培送教团队前往张家界市慈利县三官寺土家族乡中学开展"手拉手"国培活动，主题为"五育并举、融合育人"。

11月27—28日，民盟、民进湖南师大附中支部开展政治学习主题活动，学习党的十九届六中全会公报并参观陈赓故居和东山学校。

11月29日，我校运动队在长沙市第十届运动会取得佳绩，获5金5银4铜，足球队获第5名。

11月30日，赵优良名师工作室开展年度第九次集中研修活动。

12月1日，党委书记黄月初到博才培圣学校调研党团队共建活动。

12月1—3日，2021年湖南省中学生独唱、独奏、独舞"三独"比赛在湖南教育电视台举行，我校有6名同学晋级，并取得了优异成绩。

12月3日，"附二代"母婴协会开展"小手拉大手，共建绿色校园"主题活动。

12月3日，第36届校园文化艺术节之七年级合唱、八年级舞蹈比赛举行。

11月29日—12月4日，校足球队获2021"我爱足球"中国民间争霸赛暨全国五人制足球青少年锦标赛（U17组）第四名。

12月5—10日，校乒乓球队在2021年湖南省青少年乒乓球锦标赛中获1金6银1铜。

12月4—11日，湖南师大附中教育集团第七届课堂教学竞赛与研讨活动分别在湖南广益实验中学和湖南师大附中博才实验中学举行。

12月5—12日，校男子足球队获2021年湖南省青少年足球U18组（男子）锦标赛第四名。

12月5—12日，校羽毛球队在2021年湖南省青少年锦标赛中获4金1银7铜。

12月6日，我校召开大学先修课程与课题研究推进会议。

12月7日，我校举办《习近平新时代中国特色社会主义思想学生读本（高中）》第二期学习讲座。

12月7日，第36届校园文化艺术节之高三年级民族音乐欣赏暨"幸福湖南·演艺惠民"活动举行。

12月8日，长沙市社会科学界联合会第七次代表大会开幕，校长谢永红参会并受表彰。

12月9日，校长谢永红荣获长沙市第二十一届哲学社会科学优秀成果一等奖。

12月9日，科研与教师发展处副主任向超获授自然地理学博士学位。

12月9日，桂阳县第三中学校领导来校参观指导。

12月11—12日，我校领导、教师赴湘西州民族中学开展教育教学交流活动。

12月13日，我校开展南京大屠杀死难者国家公祭日主题悼念活动。

12月14日，第36届校园文化艺术节"青春向党·奋斗强国"主题演讲比赛决赛举行。

12月15日，北京化工大学特聘英籍教授戴伟来到惟一大讲坛，为我校学生作化学讲座。

12月13—16日，我校举办第36届校园文化艺术节"樟韵大舞台"艺术模块教育展示活动。

12月16日，我校召开青年教师代表座谈会，助力青年教师成长。

12月16日，长沙市谢永红校长工作室接受长沙市教育局任期考核。

12月19日，我校田径队获2021年湖南省青少年田径锦标赛（传统校组）团体总分第一名。

12月20日，我校开展教职工政治理论学习，深入学习贯彻党的十九届六中全会精神。

12月22日，第36届校园文化艺术节闭幕式暨优秀节目展演举行。

12月22日，长沙市委常委、纪委书记胡卫兵来校调研清廉校园建设工作。

12月23日，我校作为"清廉岳麓"共建体单位获肯定。

12月24日，科研与教师发展处等部门联合举办"喜迎元旦，竞猜灯谜"活动。

12月23—25日，党委书记黄月初、副校长陈迪勋一行前往多地开展乡村振兴调研、送教下乡等工作。

12月25日，八年级、高一年级、高二年级学生志愿者开展爱心义卖活动。

12月28日，我校10位代表参加中国教育发展战略学会教育评价专业委员会相关会议。校长谢永红当选常务理事，党委书记黄月初当选理事。

12月28日，湖南省公安厅、长沙市公安局检查组来校检查校园安全工作。

12月28日，湖南方盛制药股份有限公司向我校捐赠3万个医用口罩。

12月29日，湖南省"十四五"教育科学研究入围基地实地考察汇报会在校史馆会议室举行。

12月29日，第六期"校长有约"——关于优化惟一书屋经营与服务茶话会举行。

12月29日，国务院联防联控机制督查组到我校督查疫情防控工作。

12月30日，湖南省教育厅财务建设处处长喻志松一行来校调研。

12月31日，我校以全省第一的分数通过全国文明校园年度测评复查。

2022 年

1月4日，第44期少年团校学员学习党的十九届六中全会精神。

1月7日，党委书记黄月初被选举为湖南省心理学会中小学生心理发展与教育专委会主任。

1月7日，我校青年志愿者开展"雷锋超市"志愿活动。

1月7日，湖南师大附中教育集团2021年年会成功举行。

1月7—9日，湖南省科技体育模型年活动基地年会在举行。我校荣获湖南省青少年模型教育竞赛"优秀组织奖"。

1月10日，我校开展《基于新课程标准的课例研究》丛书编写研讨活动。

1月11日，长沙市胡雁军中学物理名师工作室刘建军名师团队《长沙报告：高中物理创新实验报告》研讨活动在我校举行。

1月12日，我校召开2021年度统战工作会议。

1月13日，湖南师范大学纪委书记姚春梅来校开展清廉校园建设调研。

1月14日，我校组织爱心认购活动，助力乡村产业振兴。

1月14日，我校开展走访慰问离退休老同志活动。

1月14日，我校召开党委理论学习中心组（扩大）专题学习会。

1月15日，我校召开2021—2022学年度第一学期期末总结大会、文明创建工作总结大会、教育教学成果奖表彰大会、学科奥赛总结研讨会，并举行教职工荣退仪式。

1月15日，2022年湖南省"英才计划"启动仪式在我校举行。夏巍峻同学获全国优秀学员。

1月17日，我校组织湖南师大附中教育集团第一期"青年马克思主义者培训班"第四次集中学习。

1月19日，湖南师范大学副校长唐贤清走访慰问谢永红校长。

1月31日，除夕，校长谢永红慰问安保后勤工作人员。

2月11日，我校在校史馆召开2021—2022学年度第六次行政会议。会议重点部署春季开学工作，校长谢永红主持会议。

2月13日，省级"送培到校"项目——湖南师大附中班寒期全员培训圆满结束。此次培训为期3天，分前后两阶段，全校教职员工和集团成员校部分教师代表参加了培训活动。

2月14日，2021—2022学年度第二学期开学典礼在校体育运动中心田径场隆重举行。全体师生与会，副校长苏建祥在2021—2022学年度第二学期开学典礼上讲话。

2月14日，我校开展2022年春季开学暨新冠肺炎疫情防控模拟演练。

2月16日，湖南师大附中凌云中学筹备工作会议召开。学校各部门人员参会。

2月23日，岳麓区纪委区监委派驻区教育局纪检监察组组长、区教育局党委委员黄海率"清廉岳麓"教育行业共建体五家成员单位负责同志来校交流。

2月24日，长沙市教育局调研员、高教处处长丁郭一行5人对我校2022年春季开学工作进行了专项督导。

2月28日，校党委在校史馆会议室召开党史学习教育专题民主生活会。学校相关领导参与会议。

2月，新华书店惟一书屋在中国书刊发行业协会举办的"2021中国书店年度致敬"活动中，荣获全国"年度校园书店"大奖。

3月4日，为进一步推进学校艺术教学工作，创造更好的办学条件，学校对学生活动中心进行了装修改造并于近日验收交付使用。

3月4日，校长谢永红、党委书记黄月初、副校长陈迪勋带领相关部门负责人到湖南师大附中近视防控检测站视察并指导工作。

3月7日，安全工作会议在校史馆会议室召开。校长谢永红出席会议并讲话，副校长、学校安全工作委员会主任陈迪勋主持会议。

3月9日，长沙市赵优良中学数学名师工作室2022年第一次集中研修活动在图书馆学术报告厅举行。

3月11日，我校在校史馆会议室隆重举行第三届青年名师培养工程启动仪式。全体校外导师、校内导师和第三届青年名师培养对象参加仪式。

3月14日，我校召开新冠肺炎疫情防控工作紧急会议，部署学校当前疫情防控工作。

3月14日，"浮舟沧海，立马昆仑"第十九届学生社团节开幕式暨"湘水扶风写春意，花飞入画觅诗词"第二届诗词大会总决赛在学生活动中心拉开帷幕。

3月14—15日，我校举行第35届校园科技节之人工智能进校园活动。同学们利用课余时间参与了人工智能大疆无人机展演活动。

3月17日，在第十五届"地球小博士"全国地理科普知识大赛中，我校取得了优异成绩，其中全国一等奖41人，全国二等奖34人，全国三等奖35人，获奖人数位于全国前列。

3月23日，我校2022年保送大学人数位居全国第一。

3月23日，第63届国际数学奥林匹克中国国家队线上选拔考试（湖南赛区）在我校举行。

3月25日，党委书记黄月初参加第51期全国省、地督学培训班并作报告。

3月25日，35届校园科技节院士专家进校园活动暨惟一大讲堂第134期邀请中国科学院物理研究所研究员、我校1986届校友丁洪为母校师生作学术报告。

3月28日，湖南师范大学副校长唐贤清来校检查疫情防控工作并看望慰问一线工作人员。

3月29日，我校38名学子获高考强基计划破格资格。

4月1日，我校召开2021—2022学年度第二学期党员大会暨教职工政治学习会。全校教职工参加会议，会议由党委委员、副校长苏建祥主持。

4月1日，我校姬周同学入选第22届亚洲物理奥赛国家队。

4月6日，我校在建校117周年之际举行祭奠禹之谟烈士活动。

4月6日，我校举行教育部专项课题子课题"基础教育阶段劳动教育过程性评价框架研究"开题论证会。

4月12日，我校举行117周年校庆活动，全校师生积极参与。

4月20日，湖南省中小学心理健康教育特色学校复评专家组在长沙市心理教研员梁珊的带领下，来我校进行心理健康教育特色学校复评。

4月21日，党委书记黄月初为全省民辅警家长作主题为"看见理解，成全分享"的中高考心理辅导讲座。

4月22日，长沙市公安局岳麓分局政委、学校法治副校长刘志敏，桔子洲派出所所长陈最光、教导员曾媛来校指导平安校园建设工作。

4月23日，校党委组织学校民主党派人士在长沙县江背镇召开"五好教育与徐特立教育思想研讨会"。

4月24日，我校开展了"悦读伴成长、书香满校园"世界读书日主题活动。党委书记黄月初出席活动。

4月25日，美育课程之学生画展在艺术教育楼顺利开展。校长谢永红、党委书记黄月初、副校长陈迪勋、纪检书记李春莲、副校长苏建祥等领导出席了开幕式。

4月27日，我校召开党委理论学习中心组（扩大）专题学习会，全体党委委员、党（总）支部书记、团委书记、少先队大队辅导员等参会。会议由党委书记黄月初主持。

4月27日，我校组织开展学习贯彻习近平总书记在全国两会期间的重要讲话和全国两会精神的政治学习。

4月27日，2021年度本部中层干部考核述职测评大会在之谟图书馆学术报告厅召开。校领导、中层干部及部分教师参加。

4月27日，我校召开2021年度干部集中培训会，相关干部参加。

4月28日，湖南省教育工会公布2021年度直属基层工会工作目标管理考评结果，我校荣获"综合工作先进单位"。

4月28日，我校举行"青春心向党·建功新时代"新团员入团仪式。一批品学兼优、积极向上的同学加入到中国共产主义青年团这一光荣的组织。

4月27—29日，我校工会组织女教职工开展线上参观巾帼工匠展活动。

4月，我校入选"全国英才计划中学培养基地"。

5月5日，我校在校史馆会议室召开安全工作专题会议。校长谢永红、党委书记黄月初、副校长苏建祥出席，会议由副校长、学校安全工作委员会主任陈迪勋主持。

5月6日，我校当选为中国羽毛球协会体教融合委员会单位会员，我校校长谢永红当选为中国羽毛球协会体教融合委员会委员。

5月6日，彭宇祺、陈长、颜桉等3名同学入选2022年全国青少年信息学奥林匹克竞赛湖南省代表队。

5月6日，我校在学生活动中心召开2021—2022学年度第二学期安全工作会议。副校长陈迪勋作安全工作专题报告，会议由副校长苏建祥主持，全体教职员工参会。

5月6日，我校召开2022年法治教育大会。校长谢永红、党委书记黄月初、副校长陈迪勋、党委纪检书记李春莲、副校长苏建祥出席会议，全体教职工参加会议。

5月6日，我校召开2021—2022学年度第二学期教育教学半期工作总结会议。会议由副校长苏建祥主持，全校教职工、学校中层以上管理干部参加会议。

5月7日，惟一大讲坛第135期在学校会议厅举行。湖南师范大学杰出校友、中国科学院院士龚新高担任本期论坛主讲嘉宾。

5月7日，我校召开庆祝关工委成立30周年暨2022年关工委工作会议。党委书记、关工委名誉主任黄月初，副校长兼工会主席、关工委主任陈迪勋，关工委副主任蔡卫红，关工委副主任兼秘书长谭伟以及关工委的其他成员参加会议。

5月9日，我校3人入选2021—2022学年全国中学生地球科学奥林匹克竞赛湖南省代表队。

5月10日，校友梁宋平教授回访母校。校长谢永红、副校长陈迪勋等热情接待并与梁宋平教授进行了亲切交谈。

5月10日，我校启动"喜迎二十大　永远跟党走　奋进新征程"庆祝建团百年系列活动。

5月12日，第31期学达讲坛在图书馆报告厅举行。本次讲坛由在途中心理社同学主讲，心理组教师袁春龙指导。

5月13日，第35届校园科技节之第2届物理学家挑战赛顺利举行。

5月13日，第35届校园科技节之"奇思妙想"纸质结构模型制作比赛顺利举行。

5月15日，我校举行庆祝中国共青团成立100周年主题教育实践活动暨2021—2022学年度学生表彰大会。

5月17日，我校获评2021年度建设更高水准全国文明城市工作"先进集体"，后勤与保卫处主任李智敏获评"先进个人"。

5月18日，我校在校史馆会议室组织第三届青年名师培养对象第一次集中研修。

5月21日，我校首期应急救护培训班开班。

5月27日，我校召开党委理论学习中心组（扩大）专题学习会暨青年工作座谈会。全体党委委员、党（总）支部书记、团委书记、少先队大队辅导员、青年学生代表等参会。

5月30日，第七期"校长有约"暨庆祝中国共产主义青年团成立100周年青年学生座谈会在校史馆会议室召开。党委书记黄月初，党委委员、副校长苏建祥出席。

6月1日，七年级开展了以"庆六一·迎端午"为主题的系列活动。

6月1日，"大朋友"谢永红校长、苏建祥副校长走进初中部七、八年级各班，祝贺小朋友们六一国际儿童节快乐。

6月8日，湖南省教育厅党组成员、省纪委监委驻教育厅纪检监察组组长曹世凯带队，结合高考巡视工作，来我校督导教育安全大检查"百日攻坚"工作。

6月9日，湖南省教育考试院公示了2022年湖南省保送生拟录取名单，共有29名学生通过学科竞赛获得保送资格，拟被北京大学、清华大学相关专业录取。其中，我校获保送资格的学生最多，共14名。

6月14日，2021—2022学年全国中学生地球科学奥林匹克竞赛决赛在中国地质大学（武汉）落下帷幕。我校荣获2枚金牌、1枚银牌，薛钧元、李承翰同学入选国家集训队。

6月17日，我校在校史馆会议室隆重举行湖南省"十四五"教育科学研究基地（普通高中教育研究基地）授牌仪式暨基地建设规划论证活动。

6月20日，我校喜获第五届湖南省基础教育教学成果奖特等奖和一等奖各1项。

6月21日，我校多个项目、多名教师获得湖南省中小学教师国家级培训计划项目实施工作办公室（国培办）表彰。

6月22日，李承翰同学入选第15届国际地球科学奥林匹克竞赛中国代表队。

6月23日，我校举行湖南师大附中教育集团第一期"青年马克思主义者培训班"第五次集中学习。校长谢永红、纪检书记李春莲、副校长苏建祥出席并作辅导报告。

6月23日，2022届"丹心妙手写青春"学生成人仪式暨毕业典礼在学生活动中心盛大举行。

6月23日，湖南师范大学关工委常务副主任徐书华一行来我校调研，我校相关领导陪同。

6月24日，我校召开党委理论学习中心组（扩大）专题学习会。全体党委委员、党（总）支部书记、团委书记、少先队大队辅导员等参会。

6月26—27日，李湘黔老师应邀参加第24届中国科协年会并作主题报告。

6月30日，我校举行"青年马克思主义者培训班"第一期结业仪式暨第二期开学典礼。党委书记黄月初、校长谢永红、副校长陈迪勋、纪检书记李春莲、党委委员廖强出席。

6月，我校开展2022年"珍爱生命，远离毒品"系列教育活动，加强学生对毒品危害的认识。

6月，湖南师大附中之谟图书馆年度阅读报告公布。据统计，之谟图书馆馆藏图书（含基本书库、教师研修室、学生综合阅览室和语文阅览室）共166 664册，2021—

2022 学年度共新增馆藏图书 4335 册，生均新增 1.2 册。

7 月 1 日，为庆祝中国共产党成立 101 周年和喜迎党的二十大，七一前夕，学校党委组织开展慰问老党员活动。

7 月 2 日，行政一党支部和联合教研组党支部全体党员前往韶山开展主题党日活动。

7 月 8 日，我校在图书馆研修室一组织第三届青年名师培养对象集中研修。党委书记黄月初，之谟教师研修院执行院长杨帆，科研与教师发展处主任刘进球、副主任向超等出席活动，第三届青年名师培养对象、科研与教师发展处相关人员参加活动。

7 月 9 日，长沙市教育科学规划领导小组办公室下达结题证书。我校三项市级规划课题均准予结题，并均荣获 2022 年长沙市教育科学研究优秀成果奖。

7 月 9 日，我校在学生活动中心召开 2021—2022 学年度第二学期安全工作会议。副校长陈迪勋作安全工作报告，全体教职员工参会。

7 月 9 日，我校在学生活动中心开展消防安全培训。岳麓区消防救援大队队长李振作专题报告，全体教职员工参会。

7 月 9 日，2022 年上学期期末教职工大会在学生活动中心召开。校长谢永红，党委书记黄月初，副校长陈迪勋、苏建祥等校领导出席，全体教职工参会。

7 月 13—14 日，在党委书记黄月初的率领下，我校教育集团办公室，课程与教学处，科研与教师发展处部分干部、职员前往张家界市民族中学、武陵源区第一中学和慈利县三官寺土家族乡中学开展教育考察交流与国培需求调研活动。

7 月 16—17 日，我校召开 2022 年暑假务虚会，学校各部门干部参会。

7 月 17 日，我校开展 2022 年新任干部集体廉政谈话。

7 月 20 日，东北师大附中领导一行来校进行考察交流。

7 月 22 日，中央电视台深度报道彭湖同学的故事，并称其自律自强、文武双全，是拳击冠军也是学霸。

7 月 22 日，湖南师大附中芙蓉中学召开校长任职见面会。我校领导和芙蓉区相关领导参加会议。

7 月 22 日，湖南师大附中高新实验中学召开校长任职见面会。我校领导和长沙高新区相关领导参加会议。

7 月 22 日，芙蓉区人民政府与我校举行委托办学签约仪式，湖南师大附中芙蓉中学委托我校管理。

7 月 25 日，湖南省"英才计划"中期评估活动在湖南省展览馆举行。我校 3 名同学在"英才计划"中期评估活动中作分享。

7 月 28 日，我校外派湖南师范大学附属春华学校干部见面会暨湖南师范大学附属春华学校洽谈合作办学推进会在娄底经开区管委会举行。我校相关领导参会。

7 月 29 日，湖南师大附中植基中学新任干部上任见面会在开福区教育局会议室召开。我校领导和开福区相关领导参加会议。

7月，2022年湖南省青少年体育模型暨人工智能创新挑战赛在长沙幸福庄园研学基地举行。我校学生共27人获奖。

8月6日，校长谢永红、副校长兼工会主席陈迪勋带队慰问了学校坚守工作岗位的后勤与保卫人员和基建工人，感谢他们的辛勤付出，并向他们送上了防暑降温慰问品。

8月17日，我校高三2001班张榕航同学在刚刚结束的第21届中国女子数学奥林匹克竞赛中夺得金牌，并进入湖南省队，提前获得今年中国数学奥林匹克冬令营的参赛资格。

8月15—18日，2022年全国中学生田径锦标赛（中田赛）在长春市实验中学举行。我校获得2银2铜，团体总分为75分，位列全国第十名。

8月18日，我校2022级高一新生"军训实践课程"启动仪式在田径场举行。国防科技大学相关领导和我校领导出席启动仪式。

8月18日，湖南师大附中雨花学校校长任职见面会召开。

8月19日，为加强学校传染病的预防管理，提高学生自我防控意识，我校校医宁静为2022级高一新生作有关校园常见传染病防控的专题讲座。

8月19日，长沙校友会会长谢军，秘书长田晓萍，副秘书长张旸、周雄，校友代表徐江雷等一行回到母校慰问军训教官和师生，校领导热情接待并对其表示衷心感谢。

8月13—21日，第十五届中国中学生羽毛球锦标赛在湖南安化举行。我校最终包揽男子团体和女子团体冠军，实现了全国赛团体冠军"零的突破"，同时成为中国中学生羽毛球锦标赛自办赛以来第一所同时包揽高中组男女团体冠军的学校。

8月21日，岳麓区交警大队开展"交通安全宣讲进校园"活动，为我校高一新生举办交通安全知识讲座。

8月21日，我校在学生活动中心开展"领略前沿科技，走进智能机器人"科技创新活动，邀请中南大学智能机器人研发团队为高一新生普及前沿科技知识和展演各种机器人。

8月21日，我校在校园内组织开展安全应急疏散和灭火实战演练。来自2022级高一新生和德育与学生发展处、后勤与保卫处的全体工作人员1400余人参加了演练。

8月21日，湖南师大附中星城实验青石学校新任校级领导干部见面会召开。我校领导，望城区教育局局长、副局长和湖南师大附中星城实验青石学校全体行政干部参加本次会议。

8月22日，校领导到军训场地视察学生军训工作，看望2022级参训同学，并亲切慰问奋战在军训一线的班主任和教官们。

8月22日，2022级高一新生军歌合唱比赛在学生活动中心隆重举行。

8月22日，第31届全国中学生生物竞赛决赛落下帷幕。我校选手获得6金2银，金牌数全国第一，3人入选国家集训队。

8月22日，我校在学生活动中心召开2021—2022学年度综合实践课程优秀成果汇报会。

8月22—23日，我校组织开展2022年新进教职工入职培训。校领导、各职能部门负责人、新入职我校的42位教职工参加此次培训活动。

8月24日，2022级"军训实践课程"总结大会在田径场召开。国防科技大学训练部相关领导和我校领导参加总结大会。

8月26日，我校组织开展了2022年秋季开学新冠肺炎疫情防控模拟演练。本次模拟演练教职工全员参与。

8月26日，湖南省第十四届运动会青少年组击剑比赛在岳阳开赛。全省12支代表队294名运动员挥剑上阵，以武会友。我校高二熊久久同学获得U18女子花剑组冠军。

8月28日，湖南省人民政府教育督导委员会办公室下发《关于增补第八届省督学的通知》。我校校长谢永红被聘为第八届省督学。

8月28日，湖南师大附中芙蓉中学举行了隆重的揭牌仪式。

8月28日，为了帮助新同学更快地熟悉校园环境，助力校园活动顺利开展，我校开展了牵手青春，共赏校园——八年级"蓝精灵"牵手七年级活动。

8月29日，我校召开2022—2023学年度开学工作会议。全体教职工和长沙市内集团成员校领导参加，校长谢永红作开学工作报告。

8月29—30日，为帮助2022级新生更快地熟悉附中、融入附中，我校开展了丰富多彩的新生入学教育活动。

8月31日，我校召开党委理论学习中心组（扩大）专题学习会。全体党委委员、党支部书记、团委书记、少先队大队辅导员等参会。会议由党委书记黄月初主持。

8月31日，教育督导室主任左小青被聘为第七届市督学，课程与教学处主任黄宇鸿、教师委员会主任杨群英被聘为第二届市教育督导评估专家。

8月31日，高2020班李承翰同学经过顽强拼搏，勇夺第15届国际中学生地球科学奥林匹克竞赛金牌。

8月，2022年全国中学生生物学联赛湖南赛区成绩出炉。全省20人进入生物奥赛省队；我校有8人，数量居全省第一。

8月，中国物理学会公布2022年全国首批蒲公英计划基地学校名单。我校成为湖南首批蒲公英计划基地学校。

8月，"国培计划"中小学骨干教师培训项目执行办公室发布《关于"十四五"中小学幼儿园教师国家级培训计划专家资源库人员遴选更新情况的公示》，我校党委书记黄月初入选专家资源库师德教育学科专家。

8月，党委书记黄月初、教育集团办公室主任李文昭、科研与教师发展处主任刘进球及相关人员赴娄底市开展教育考察与国培需求调研活动。

9月2日，我校召开文明创建迎国检工作部署会。

9月2日，第43届湖南省青少年科技创新大赛获奖名单揭晓。我校高一年级学生马清泉的科技创新成果作品《多功能数显式液体压强探究装置设计与应用》获得一等奖。

9月2日，长沙市教育局举办2022年长沙市中小学建制班演唱演奏比赛。经过专家组评审，我校初二年级的班级合唱和高二年级的班级合唱双双获得一等奖。

9月4日，由中国化学会主办，湖南省科学技术协会、湖南省化学化工学会、湖南省化学竞赛委员会协办，我校承办的第36届中国化学奥林匹克竞赛（湖南赛区）初赛顺利举行。

9月6日，长沙市委宣传部副部长、文明办主任彭娟，长沙市委宣传部未成年人工作处处长李婷，长沙市教育局创建办副主任王小平一行对我校开展全国文明校园督导测评。督查组通过实地查看、听取汇报、问卷测评等方式对我校文明创建工作进行全面检查。

9月8日，湖南省第十四届运动会在岳阳市体育中心隆重开幕。在开幕式点火仪式环节，我校校长谢永红担任第二棒火炬手。

9月8日，2022年湖南省优秀教师表彰暨庆祝第38个教师节大会在长沙举行。校长谢永红荣获第九届湖南省徐特立教育奖。

9月8日，我校成功举办了2022年湖南省文化强校互动论坛暨学校文化建设创新成果展示活动。

9月8日，汝城县沙洲芙蓉学校、新化县洋溪镇芙蓉学校、新化县游家镇楚怡学校、张家界市武陵源区第一中学、湖南师范大学附属涟源三一学校、新化县槎溪镇中学等国培项目校或友好合作校领导相聚我校，开展校园文化建设专题交流研讨活动。

9月9日，2022年湖南师大附中优秀教师表彰暨庆祝第38个教师节大会在学生活动中心召开。全校教职工参加了会议。会议由黄月初主持。

9月13日，历史爱好者协会举办了第33期学达讲坛"勿忘国耻，强国有我"九一八纪念日主题活动。

9月16日，我校开展"喜迎二十大，强国复兴有我"系列活动之"法治进校园"主题教育活动，特邀长沙市岳麓区人民检察院第一检察部副主任周萃担任主讲嘉宾。

9月16日，我校举办心理健康和生理健康知识讲座，为学生普及心理健康和生理健康知识。

9月17日，全国"英才计划"物理学科工作委员会湖南省调研会议在中南大学会议室召开。我校代表在调研会议上作典型代表发言，发言受到与会领导、专家和同行的一致肯定。

9月15—17日，我校送培送教团队一行12人在党委书记黄月初的率领下，前往张家界市开展"手拉手"国培（B218）第四轮培训和友好学校教学研讨活动。

9月18日，经过一个多月的激烈角逐，湖南省第十四届运动会在岳阳落下帷幕。我校派出多位健儿参与田径、羽毛球、乒乓球、击剑、气排球等几个大项的比赛，获得

15 金 9 银 8 铜的佳绩，其中田径队获得 7 金 5 银 5 铜，乒乓球队获得 3 金 3 银 1 铜，羽毛球队获得 2 金 1 银 2 铜，击剑队获得 1 金，气排球队获得 2 金。

9 月 18 日，中国教科文卫体工会第五届全国委员会第一次全体会议在福建厦门召开。副校长兼工会主席陈迪勋当选中国教科文卫体工会第五届全国委员会委员。

9 月 19 日，我校在道德讲堂举行 2019 级大学生来校实习欢迎仪式暨实习工作动员会。

9 月 22 日，校长谢永红、副校长兼工会主席陈迪勋带队检查了学校安全隐患整治情况。

9 月 23 日，我校召开党委理论学习中心组（扩大）专题学习会。党委委员、党支部书记、团委书记、少先队大队辅导员等参会。会议由党委书记黄月初主持。

9 月 23 日，我校召开 2022—2023 学年度第一学期党员大会暨教职工政治理论学习会。全校教职工参加会议。

9 月 22—24 日，我校送培送教团队在党委书记黄月初、党委委员廖强的率领下前往娄底新化县开展"手拉手"国培（B249/B250）第三轮培训和友好学校教学研讨活动。

9 月 25—26 日，我校教育考察团队在党委书记黄月初的率领下，前往郴州市汝城县开展考察交流和国培需求调研活动。

9 月 28 日，我校师生代表在孔子雕像广场前集会，共同纪念孔子诞辰 2573 周年。此次仪式由初 2203 班唐可名同学主持。

9 月 29 日，以"运动 yo 未来"为主题的第 36 届校园体育节暨田径运动会开幕式在田径场举行。

9 月 30 日，我校 2022 年教职工趣味运动会在校田径场成功举行。

9 月 30 日，2022 年全国中学生物理竞赛复赛湖南赛区成绩出炉。我校共 9 名学子入选物理奥赛省队，入选人数为全省第一。

10 月 12 日，我校组织开展"喜迎二十大　少年铸荣光"中国少年先锋队湖南师范大学附属中学 2022—2023 学年代表大会暨建队日庆祝活动。

10 月 13 日，黄月初、刘进球的文章《引领教师立足校本研修实现专业化发展》发表在《中小学校长》（教育部主管期刊）2022 年第 9 期。此文总结了学校多年研究型教师校本培养创新实践经验，为高素质、专业化、创新型教师队伍建设贡献了附中模式和附中智慧。

10 月 13 日，我校举行第三届教师委员会成立大会暨聘任仪式。校长谢永红、党委书记黄月初、副校长兼工会主席陈迪勋等领导出席仪式。仪式由陈迪勋主持。

10 月 14 日，湖南上工坊健康科技有限公司副总经理蒋利娅一行来校捐赠 N95 医用防护口罩 4000 个，医用外科口罩 55 000 个，用于我校的疫情防控工作。

10 月 15 日，我校召开高三工作研讨会。全体校领导出席会议，学校全体中层干部、教研组组长及高三全体教师参会。

10月16日，我校党委组织全体教职工收看中国共产党第二十次全国代表大会开幕会直播。全体党委委员、中层干部、党支部书记、教研组组长在图书馆报告厅进行集中收看，其他教职工通过电视、手机、网络等多种形式收听收看大会盛况。

10月16日，我校召开党委理论学习中心组（扩大）专题学习会，会议深入学习习近平总书记在中国共产党第二十次全国代表大会上的报告。

10月17日，我校体育美育中心就体育拔尖人才的培养召开工作总结研讨会。校长谢永红、党委委员廖强出席会议，各代表队教练员与体育班班主任参加会议。会议由体育美育中心主任谭伟主持。

10月17日，2022年职工排球比赛开幕式在校体育馆举行。

10月19日，湖南省教育厅批复并同意我校举办"国防科技创新实验班"。

10月19日，我校举行2022—2023学年"青蓝工程"师徒结对仪式。

10月21日，为期一个多月的我校第36届校园体育节于上午在田径场胜利闭幕。

10月27日，为贯彻落实党的二十大精神，推进文化自信自强，传承中华优秀传统文化，我校七年级举办第2期红领巾课堂——"汉文化里的中国"。

10月28日，我校在之谟图书馆三楼"青春书屋"组织开展第三届青年名师培养对象第三次集中研修活动。

10月28日，九年级"青春心向党·献礼二十大"离队建团仪式在会议厅举行。党委书记黄月初、党委委员廖强出席本次活动。活动由大队辅导员张冰洁主持。

10月28日，我校采取"线下观摩"与"线上直播"相结合的方式，成功举办"立足单元整体教学，发展学生核心素养"教学开放日活动。

10月，第36届中国化学奥林匹克竞赛（初赛）落下帷幕。经过顽强拼搏，我校9名同学成功入选湖南省代表队，入选省队人数位列湖南省第一。

10月，清华大学丘成桐数学科学领军人才培养计划2023年第一批次入围认定结果公布。我校数学竞赛组2名学生入选，将保送至清华大学求真书院。

11月1日，我校通过全国文明校园年度测评复查，分数位列全省中小学校第一。

11月1日，我校在校史馆会议室召开第五届学术委员会成立大会。

11月4日，学习贯彻党的二十大精神中央宣讲团高校宣讲报告会在我校学生活动中心召开。中央宣讲团成员、湖南省委书记、湖南省人大常委会主任张庆伟作宣讲。

11月4日，我校召开党委理论学习中心组（扩大）专题学习会。

11月6日，我校入选世界顶尖科学家协会。

11月9日，我校在第39届全国中学生物理竞赛决赛中喜获4金5银，沈熙皓、吴彦玺同学入选国家集训队，沈熙皓同学为总成绩和理论成绩第一名。

11月9日，赵优良、杨群英两位老师获批长沙市第五届第一批中小学名师工作室首席名师。

11 月 10 日，《湖南教育》发表我校党委书记黄月初的专访文章《黄月初：生涯规划，帮助孩子寻找世界的"确定"》。

11 月 10 日，2020 级梁行健、刘鹏远、胡佳旭、肖子翔、周景星、刘浩、张榕航、万宇康等 8 名同学成功入选第 38 届中国数学奥林匹克竞赛（决赛）湖南省代表队，其中梁行健为全省第一名。

11 月 11 日，我校被认定为湖南省绿色学校创建示范单位。

11 月 11 日，湖南省"十四五"教育科学研究基地普通高中教育研究中心成立大会在我校校史馆会议室举行。

11 月 8—13 日，我校成功举办"省培计划（2021）"——湖南省示范性中学研究型教师专题研修班（S209）。

11 月 15 日，我校在学生活动中心开展"强国复兴有我——传承红色基因 凝聚奋进力量"主题教育活动暨第 45 期少年团校第二次集中学习。

11 月 12—17 日，湖南师大附中教育集团第十二届"附中杯"教职工排球赛在任邦柱体育馆举行。

11 月 17 日，地理教研组正高级教师、特级教师杨帆主编的《基于新课程标准的高中地理单元教学设计》丛书由湖南地图出版社出版。

11 月 18 日，我校举办了以"学习二十大，争做好队员"为主题的红领巾讲座，党的二十大代表、湖南省人民医院急诊三部 ICU 护士长徐芙蓉担任主讲嘉宾。

11 月 18 日，课程委员会换届会议暨第三届课程委员会第一次全体会议在校史馆会议室召开。

11 月 19 日，我校举办第六届"校友杯"足球赛。

11 月 21 日，第 37 届"镕琢雅韵，情满中华"校园文化艺术节开幕式暨高三年级京剧曲艺进校园展演活动在学生活动中心举行。

11 月 22 日，在第二届丘成桐女子中学生数学竞赛中，张榕航同学排名全国第 2，获诺特银奖，郭家怡同学排名全国第 16，获诺特优胜奖。

11 月 25 日，我校 4 名学子入选第十九届国际中学生地理奥林匹克竞赛国家集训队。

11 月 25 日，我校举行 2022—2023 学年度第一学期教育教学半期工作总结会议。

11 月 28 日，校长谢永红主持召开新冠肺炎疫情防控工作推进会。

11 月 29 日下午，湖南省委宣讲团成员、共青团湖南省委书记李志超来我校宣讲党的二十大精神。校党委书记黄月初主持报告会，共青团长沙市委员会书记刘林志、全体校领导参加宣讲活动。

12 月 2 日，副校长兼工会主席陈迪勋获评全省教育系统关心下一代工作先进工作者。

12 月 3 日，化学竞赛组在第 36 届全国中学生化学竞赛决赛中获 5 金 4 银，9 名同学均获得清华大学、北京大学"强基计划"破格入围资格，金牌总数、金银牌总数均居全省第一。

12月6日，校党委领导班子"不忘初心、牢记使命"教育活动专题民主生活会在执中楼三会议室召开。

12月8日，校长谢永红、党委书记黄月初、副校长兼工会主席陈迪勋等查看食堂改扩建项目建设情况。

12月9日，《未成年人学校保护规定》专题学习会在学生活动中心召开。

12月9日，我校开展全体教职工政治学习，并于学生活动中心召开党委理论学习中心组（扩大）专题学习会。湖南师大马克思主义学院形势与政策教研部主任罗薇进行宣讲。

12月9日，我校召开2022年度师德师风优秀事迹报告会。副校长兼工会主席陈迪勋主持。

12月13日，我校举行湖南师大附中教育集团第二期"青年马克思主义者培训班"第三次集中学习。

12月16日，我校召开党员大会并选举产生新一届党委领导班子。

12月16日，陈佳健老师在湖南省中学生物学优秀教学案例展示观摩暨研讨活动中获评优质课，贺俊老师获评优秀教学案例。

12月28日，廖强同志被任命为湖南师大附中副校长。

12月28日，吴彩霞老师荣获湖南省芙蓉百岗明星。

12月29—30日，2022年全国中学生数学奥林匹克竞赛（决赛）湖南赛区在我校举行。受疫情影响，本届决赛采取线上方式进行。

12月31日，我校发布2023年新年贺词。

2023 年

1月5日，长沙市教育局公布了优秀"书香校园"系列活动评选结果，我校荣获"长沙市优秀书香学校"称号，丁中一老师被评为"长沙市书香教师"，12名同学荣获"长沙市书香少年"称号。

1月5日，陈佳健、杨夏、李志艳3位老师被聘任为长沙市基础教育兼职教研员，高中生物学科被认定为长沙市首批基础教育学科教研基地。

1月6日，我校召开2023年第一次安全工作会议。会议由党委委员、后勤服务和安全保卫中心主任李智敏主持。

1月7日，党委书记黄月初、党委委员黄宇鸿在湖南师范大学学习宣传贯彻党的二十大精神精品微党课评比中获奖。

1月7日，湖南师大附中星城实验学校召开干部任免会议。望城区教育局和我校相关领导、湖南师大附中星城实验学校班子成员、中层干部及教师代表出席会议。

1月10日，第38届中国数学奥林匹克决赛落下帷幕。我校获6金2铜，梁行健同学入选国家集训队。

1月10日，谢永红校长当选第十三届湖南省政协委员。

1月14日，湖南教育网报道：湖南省政协委员、湖南师范大学附属中学校长谢永红带来了"关于加强中小学拔尖创新人才早期培养的建议"提案，他建议建立拔尖创新人才小初高及高等教育贯通培养的特殊路径、建立省级拔尖创新人才早期培养基地、完善卓越课程体系等。

1月14日，我校校长、省政协委员谢永红在湖南省两会期间带来了"关于加强和完善中小学心理健康教育机制"的提案。

1月16—18日，国培B218项目暨友好校高三教育教学交流研讨活动在我校举行。

1月21日，正值农历除夕，校长谢永红带队看望慰问春节期间坚守一线的安保、后勤工作人员，党委委员李智敏陪同。

2月4日，我校召开2022—2023学年度第二学期开学工作会议。会议由谢永红校长主持。

2月6日，我校举行2022—2023学年度第二学期开学典礼暨开学第一课。廖强副校长作题为《征途漫漫，唯有奋斗》的新学期致辞。

2月7日，罗启成同学获评"新时代长沙好少年"。

2月8日，我校召开2023年第一次食品安全工作推进会。党委委员、副校长兼工会主席陈迪勋出席会议。会议由党委委员、后勤服务和安全保卫中心主任李智敏主持。

2月10日，继2022年10月我校数学竞赛组2名同学通过2023年丘成桐数学科学领军人才培养计划第一批次认定后，我校又有4名同学通过2023年丘成桐数学科学领军人才培养计划第二批次认定，共6名同学被保送到清华大学。

2月11日，我校3名学生入选2023年清华大学、北京大学数学英才班。

2月11日，湖南师大附中教育集团2022年年会在会议厅举行。会议主题为"协同育人与拔尖创新人才培养"。党委委员黄宇鸿主持会议。

2月14日，2022年度统战工作座谈会在执中楼三会议室召开。党委书记黄月初、党委统战委员陈胸怀以及民盟、民进支部负责同志参加会议。会议由党委办公室主任吴卿主持。

2月15日，我校党委专题调研学生工作和共青团、少先队工作。

2月16日，校长谢永红应邀在线出席友好校——俄罗斯喀山市第183中学"中国文化节"开幕式并致辞。

2月17日，永州蓝山县政协主席刘素萍率教育考察团来我校考察交流。我校校长谢永红以及校办公室、信息技术中心负责人在校史馆会议室与来访客人就学校信息化建设进行了深入交流。

2月16—18日，我校乡村振兴领导小组组长黄月初、工作组组长陈迪勋带队，前往邵阳市绥宁县、隆回县开展乡村振兴工作。

2月20日,我校参加由长沙市纪委监委主办、长沙市教育局承办的"一校一品"校园廉洁文化展。

2月20日,我校举行考试研究中心成立暨研究员聘任仪式。校长谢永红出席仪式并给研究员颁发聘书。仪式由副校长苏建祥主持。

2月21日,湖南省人力资源和社会保障厅党组成员、副厅长阳望平率队来我校召开事业单位人才发展体制机制综合改革试点调研座谈会。

2月22日,长沙市赵优良数学名师工作室、杨群英生物名师工作室启动仪式暨首次研修活动在我校举行。

2月22日,我校召开党委理论学习中心组(扩大)专题学习会,深入学习党的二十大精神及2023年各级教育工作要点。会议由党委书记黄月初主持。

2月23日,我校获评湖南省教育工会直属基层工会工作目标管理考评"综合工作先进单位"。

2月24日,学校党委在三会议室召开2022年度党员领导干部民主生活会。湖南师范大学纪委副书记周勇,校纪委、监察专员办案件审理室副主任陈潇澜到会督查指导。

2月24日,我校特级教师、正高级教师肖鹏飞入选湖南省教材委员会专家委员。

2月24日,2022年长株潭教育科研交流暨长沙市优秀教育科研成果展示推广活动在长郡雨花外国语学校隆重举行。我校课题"新高考背景下选课走班体系构建与实践研究"获好评。

2月27日,《中国教育报》推介了我校四十载"三全育人"及育人方式变革的经验和成果。

2月28日,湖南省"国培计划"名师名校长领航团队工作坊高级研修班学员在湖南省教育科学研究院基础教育研究所副所长邹海龙的率领下来我校考察交流。

3月1日,校长谢永红、党委书记黄月初率课程与教学处、德育与学生发展处等部门负责人到学校心理发展中心,对学校和教育集团心育工作开展调研。

3月1日,我校参加长沙市教育局学雷锋故事分享会。我校纪检书记李春莲同与会者分享了"蓝精灵"志愿服务队的学雷锋故事。

3月3日,中国中学生体育协会乒乓球分会换届大会于上海中学图书馆举行,我校副校长廖强、主任谭伟、教练朱辉参与会议。

3月4日,我校赴汝城一中为湖南省"十四五"教育科学研究基地联合单位揭牌。

3月2—5日,我校国培团队一行18人前往郴州市汝城县文明瑶族乡沙洲芙蓉学校开展国培B227项目第四轮互动交流活动。

3月4—5日,我校全体党委委员、支部书记和支委赴汝城沙洲村红色教育基地开展"一月一课一片一实践"活动。

3月6日,我校举行"玫瑰书香"女教职工读书会。我校副校长兼工会主席陈迪勖、纪检书记李春莲为全体女教职工送上三八国际妇女节祝福。

3 月 7 日，谢永红在湖南省政协云推出的"京湘连线热话题"中，热议中小学生心理健康教育。

3 月 7 日，《德育报》发表谢永红校长文章《致力拔尖人才培养，赋能教育强国建设》。

3 月 8 日，在第 113 个三八国际劳动妇女节到来之际，校领导们为女教职工送上精美的礼物，并为芙蓉标兵岗及"芙蓉杯"优秀女职工颁奖。

3 月 10 日，我校参加长沙市教育科学"十四五"规划 2022 年度课题省市直属学校开题论证会议。彭建锋老师主持的"基于地理核心素养的高中地理情境式教学策略研究"课题参加了此次开题活动。

3 月 10 日，我校在学生活动中心召开 2022—2023 学年度第二学期党员大会暨教职工政治理论学习会。

3 月 11 日，我校组织开展"春风吹新绿，劳动向未来"义务植树暨劳动教育实践活动。

3 月 13 日，马泽水、马清泉同学荣获第八届中国国际"互联网+"国赛最高奖。

3 月 16 日，校党委委员、纪检书记李春莲荣获湖南省总工会 2022 年湖南省女职工主题阅读活动"芙蓉领读者"称号。

3 月 17 日，我校召开湖南省普通高中九校联盟会议。来自长沙市一中、常德市一中、湘潭市一中、株洲市二中、岳阳市一中、双峰县一中、桑植县一中、武冈市一中等兄弟学校的领导与教师代表共 120 余人参加会议。校长谢永红、副校长苏建祥出席会议。

3 月 17 日，我校在学生活动中心召开湖南师范大学附属中学教育乱收费问题专项整治工作动员部署会。

3 月 17 日，2022 年教育教学成果奖表彰大会在学生活动中心召开。

3 月 17 日，我校隆重举行张静桃、吴建明、张迪平、杨美英、文常青、蔡孟辉、欧阳其、蒋向华、龚新宇、朱海棠、凌亮、汪训贤、杨帆、刘新芝、何宗罗、周正安等 16 位老师荣休仪式。

3 月 18 日，我校入选浙江大学基础学科拔尖创新人才共育基地。

3 月 18 日，湖南师大附中教育集团首届说题比赛决赛圆满结束。此次比赛旨在聚焦考试研究，促进教师发展。

3 月 19 日，我校获评湖南省教育学会舞蹈教育研究专业委员会常务理事先进单位。

3 月 22 日，长沙市赵优良中学数学名师工作室开展 2023 年第二次集中研修活动。

3 月 23—24 日，党委书记黄月初出席湖南省普通高中心理健康教育教师专业能力竞赛决赛暨教育研讨活动。

3 月 24 日，中共长沙市委宣传部、长沙市新闻出版局联合公布了关于表彰"书香社区""书香机关""书香校园""最美农家书屋"和"最美读书人"的决定。我校喜获"长沙书香校园"荣誉称号。

3月24日，吴彩霞老师荣获全国五一巾帼标兵。

3月23—25日，我校送教团队赴娄底市新化县开展湖南师范大学附属中学与新化县洋溪镇芙蓉学校（B249）、游家镇楚怡学校（B250）第五轮手拉手培训。

3月27日，我校两项成果荣获第五届湖南省教育科研优秀成果奖。

3月31日，乌鲁木齐市一中校长罗群雁来校访问交流。

3月31日，梁行健同学光荣入选2023年第64届国际数学奥林匹克竞赛中国代表队，系今年湖南省五大学科奥赛中唯一入选国家代表队的选手。

3月31日—4月1日，我校专家团队前往保靖民族中学开展研究基地授牌暨高三教学交流研讨活动。

4月1日，我校在校史馆会议室召开校级家长委员会2022—2023学年度第二次全体会议。

4月1—2日，我校被授予"上海交通大学创新人才培养一体化伙伴中学单位"牌匾。

4月3日，在庆祝建校118周年之际，为缅怀创校先贤，发扬先烈遗志，激发师生的爱国、爱校热情，我校举行祭奠禹之谟烈士活动。

4月6日，我校4名同学入选2022—2023学年度全国地球科学奥林匹克竞赛湖南省代表队。

4月7日，湖南省总工会授予我校三项荣誉。

4月7日，我校召开2023年全面从严治党暨廉政教育工作会议、教育乱收费问题专项整治工作推进会。

4月7日，我校在之谟图书馆三楼"青春书屋"组织开展第三届青年名师培养对象第五次集中研修活动。

4月7日，2024年多伦多大学士嘉堡校区绿色通道项目宣讲会在我校之谟图书馆学术报告厅举行。

4月8日，"一带一路"体育国际文化交流系列活动之中国vs马达加斯加乒乓球交流赛在长沙举行。我校健儿勇夺乒乓球国际文化交流赛男女单打冠军。

4月7—9日，我校专家团队前往益阳沅江市开展农村义务教育调研、研究基地授牌暨高三教学交流研讨活动。

4月9日，中国科学院院士袁亚湘来校作讲座。

4月10日，我校装修一新的小桃园食堂重新开放。

4月12日，长沙市委副书记、湖南湘江新区党工委书记、岳麓区委书记谭勇来校调研指导。

4月12日，我校举行建校118周年庆典暨第37届校园文化艺术节闭幕式。

4月13日，清华大学物理人才培养"攀登计划"项目交流会在我校召开。

4月13日，湖南省人大常委会副主任、党组成员，湖南省总工会主席周农来我校调研慰问。

4月14日，我校2023年春季马路赛跑开赛。

4月15—16日，我校组织工会干部赴五凌电力黑麇峰培训基地开展培训总结活动。

4月19日，我校获评2022年度文明创建工作"先进集体"，后勤服务和安全保卫中心彭琳获评2022年度文明创建工作"先进个人"。

4月19日，长沙市赵优良中学数学名师工作室开展2023年第三次集中研修活动。

4月19日，我校师生以视频分享方式参加由俄罗斯鞑靼斯坦共和国教育部主办、俄罗斯喀山市第183中学承办的中文教学研讨会。

4月20日，我校多人获桔子洲街道街域共建荣誉。

4月20日，校长谢永红荣获2022年度长沙市单位内部治安保卫工作成绩突出个人。

4月20日，我校举行世界读书日系列活动启动仪式。中国作家协会主席团委员王跃文参加我校世界读书日活动。

4月21日，我校召开学习贯彻习近平新时代中国特色社会主义思想主题教育动员大会。

4月25日，我校当选为中国中学生体育协会羽毛球分会副主席单位。校长谢永红被聘为分会副主席，体育美育中心谭伟被聘为分会副秘书长。

4月25日，长沙市杨群英名师工作室暨长沙市基础教育高中生物学科教研基地研修活动在我校举行。

4月27日，我校获评省教育后勤协会中小学后勤分会"先进会员单位"。陈迪勋获评"优秀后勤工作者"。

4月27日，我校组织开展湖南师大附中教育集团第二期"青年马克思主义者培训班"第四次集中学习。

4月27日，我校2022年度本部中层干部考核述职测评大会在之谟图书馆学术报告厅召开。

4月28日，我校荣获湖南省"五一劳动奖状"。

4月28日，我校开展劳动模范慰问活动。

5月4日，中国教科文卫体工会全国委员会副主席高洁一行来我校调研。

5月6日，张庭语同学获评"新时代长沙好少年"。

5月8日，我校荣获2022年度湖南省"英才计划"工作"优秀组织单位"称号。

5月8日，第44届湖南省青少年科技创新大赛获奖名单揭晓。我校3个项目获得一等奖。

5月8日，第40届长沙市青少年科技创新大赛获奖名单揭晓。我校8个作品荣获长沙市科技创新大赛一等奖。

5月11日，湖南师范大学生命科学学院教育见习暨长沙市杨群英中学生物名师工作室第5次研修活动在我校举行。

5月11日，我校组织开展湖南师大附中教育集团第二期"青年马克思主义者培训班"第五次集中学习。

5月11日，中国人民政协湖南省委员会主办的杂志《文史博览》专题采访了校长谢永红。

5月11—12日，湖南省中学音乐优质课展示与教学研讨活动在我校举办。

5月12日，我校召开学习贯彻习近平新时代中国特色社会主义思想主题教育专题读书班开班式暨校党委理论学习中心组（扩大）专题学习会。

5月12—13日，我校工作团队赴湘潭市、娄底市开展湖南省"十四五"教育科学研究基地协同单位授牌、宣讲及教学交流活动，并积极响应湖南省教育厅《关于学习推广双峰县阅读教育经验做法的通知》号召赴双峰县开展阅读教育学习考察活动。

5月15日，我校成为"复旦大学基础学科拔尖创新人才生源基地"。

5月9—16日，中国数学国家队在我校进行第一轮集训，为7月参加在日本举行的第64届国际数学奥林匹克竞赛做准备。

5月16日，徐卓媛同学成功登顶珠穆朗玛峰。

5月16日，我校举行了"青春心向党，奋进新征程"第45期团校学员结业仪式暨入团仪式。

5月17日，我校开展惟一大讲坛第140期暨院士进校园活动。中国工程院欧阳晓平院士以"科学家精神与科技探索创新"为题作讲座。

5月17日，我校召开学习贯彻习近平新时代中国特色社会主义思想主题教育专题读书班专题辅导报告会。

5月15—18日，我校举行2023年教职工乒乓球混合团体赛。

5月12—19日，我校举办学习贯彻习近平新时代中国特色社会主义思想主题教育专题读书班。

5月18—19日，我校基地宣讲团队赴张家界市开展湖南省"十四五"教育科学研究基地协同单位授牌、宣讲及教学交流活动。

5月19日，我校举办第三期红十字救护员培训班。

5月19日，我校举办"奋楫争先，青春榜样"2022—2023学年度学生表彰大会。

5月19日，我校召开学习贯彻习近平新时代中国特色社会主义思想主题教育专题读书班总结会。

5月19—20日，我校基地宣讲团队赴常德市开展湖南省"十四五"教育科学研究基地协同单位授牌、宣讲及教学交流活动。

5月20日，湖南湘江新区党工委委员、纪检监察工委书记钱胜带队来我校调研。

5月22—23日，校长谢永红参加"2023年吉林大学百名优秀生源基地中学校长吉大行"活动。

5月24日，长沙市赵优良中学数学名师工作室组织开展2023年第四次集中研修活动。

5月25日，我校荣获"长沙市2022年高考工作优秀考点"称号。

5月25日，我校荣获湖南师范大学2022年度安全维稳工作"优秀单位"称号。

5月26日，我校召开党委理论学习中心组（扩大）专题学习会。全体党委委员、党支部书记、工会副主席、团委书记、少先队大队辅导员等参会。会议由党委委员、副校长陈迪勋主持。

5月30日，我校举行湖南师范大学优秀生源基地授牌仪式暨"名师进中学"活动。

6月1日，校长谢永红参加清华大学2023年全国重点中学校长会。

6月1日，我校七年级开展"红领巾心向党 争做新时代好队员"主题队日活动。

6月2日，我校在2022—2023学年全国地球科学奥赛决赛中荣获2金2铜，肖奕帆同学入选国家集训队。

6月4日，彭宇祺、颜桉同学成功入选2023年信息学奥赛湖南省代表队。

6月5日，第24届全国学生信息素养提升实践活动（湖南赛区）在长沙举行。我校三支队伍获得参赛项目组别一等奖第一名，同时获得代表湖南省参加7月份举行的全国中小学生信息素养提升实践活动资格。

6月5日，2023全国中学生生物学联赛湖南省成绩出炉，我校12名学子入选湖南省代表队，获奖人数位列湖南省第一。

6月16日，湖南省校园毽球试点校授牌仪式在我校校史馆会议室举行。我校被授予湖南省校园毽球试点学校。

6月21日，我校举行高2023届"弦歌不辍，薪火相传"学生成人仪式暨毕业典礼。

6月28日，学习强国、《湖南日报》报道我校副校长、工会主席陈迪勋事迹，报道题目为《让信仰之光点燃青春梦想》。

6月28日，教育部综合改革司下发《教育综合改革课题研究项目结项鉴定书》。我校参与研究的教育部重大委托课题"德体美劳教育过程性评价框架研究"顺利完成研究任务，准予结题。

6月30日，我校召开工会换届选举大会。全体工会会员参加会议。

6月30日，我校举行"云程发轫 未来可期"初2023届毕业典礼。

7月8日，我校成功入选首批全国健康学校建设单位。

7月8日，校长谢永红被聘为湖南省第十四届人大常委会立法工作咨询专家。

7月8日，2023年上学期期末教职工大会在学生活动中心召开。全体教职工参加会议。会议由谢永红校长主持。

7月11—13日，由湖南省教育厅和湖南省总工会联合主办，湖南省教育工会承办的湖南省第三届中小学青年教师教学竞赛决赛举行。我校语文组邓卓扬老师、数学组尹明老师、英语组肖添宇老师获得一等奖第一名，并被授予"湖南省五一劳动奖章"。

7月14日，校长谢永红带队检查学校暑期项目建设施工情况。

7月15—16日，我校召开2023年暑期务虚会。

7月16日，梁行健同学勇夺第64届国际数学奥林匹克竞赛金牌。

7月18日，乡村振兴领导小组组长黄月初、工作组组长陈迪勋带队，前往邵阳市绥宁县开展乡村振兴工作。

7月21日，湖南日报发表文章《社会实践坚持28年，这所高中为了啥?》，深度报道我校社会实践活动的实践与探索。

7月28日，《教育部关于批准2022年国家级教学成果奖获奖项目的决定》（教师〔2023〕4号）公布，我校《普通高中研究型教师校本培养创新实践探索》和《"减负提质增效"的教学改革——激发师生自主性的"自分教学"理论与实践》（与湖南师范大学联合申报）等2项成果喜获第三届国家级教学成果二等奖。

7月24—29日，我校成功承办"省培计划（2023）"——普通高中教育研究基地教科研骨干集中研修（S201）。

7月29日，我校在全国信息学奥赛决赛中荣获1金1银，颜桉入选国家集训队。

8月16日，在第32届全国中学生生物学奥林匹克竞赛中，我校斩获6金6银，张鼎康同学入选国家集训队并被保送到清华大学，金牌总数全省第一。

8月17日，在第22届中国女子数学奥林匹克竞赛中，我校郭家怡同学以湖南省第一名的成绩勇夺金牌，进入湖南省队，提前获得今年中国数学奥林匹克冬令营的参赛资格。

8月18—20日，党委书记黄月初一行前往郴州市汝城县开展湖南省红色教育基地考察调研与湖南省"十四五"教育科学研究基地宣讲交流活动。

8月20日，校长谢永红检查学校暑期基建项目和开学准备工作，慰问坚守工作岗位的后勤、保卫人员和基建工人。

8月23日，我校在2023年长沙市中小学班主任风采大赛中斩获佳绩。刘玲老师夺得初中部特等奖，成子通老师夺得高中部特等奖。

8月24日，高一新生"军训实践课程"开营仪式在田径场举行。

8月24日，党委书记黄月初受邀参加清华大学2023年开学典礼。

8月25—26日，我校组织开展2023年新进教职工入职培训。校长谢永红、党委书记黄月初、副校长陈迪勋、纪检书记李春莲、副校长苏建祥、副校长廖强、党委委员黄宇鸿及各职能部门负责人出席此次培训。

8月29日，我校开展2023年秋季消防安全紧急疏散演练活动。

8月30日，在2023年长沙市教育工作推进会上，校长谢永红入选长沙市教育专家，数学教师赵优良、生物教师杨群、历史老师黄雅芩入选长沙市教育名师，英语教师陈莎筼、心理教师李志艳入选长沙市骨干教师。

8月30日，我校举行2023级新生"军训实践课程"总结大会，展示新生军训成果。

8月31日，我校开展新学年教职工"思政第一课"，强化教职工思想政治教育。

9月2日，校长谢永红在新学年开学工作报告中强调拔尖创新人才早期培养的重要性。

9月3日，我校与花垣县十八洞村共建党性教育基地揭牌仪式举行。

9月4日，我校举行2023—2024学年度开学典礼暨开学第一课，校长谢永红发表讲话。

9月5日，我校召开2023年综合实践课程优秀成果汇报会。

9月5日，我校开展湖南省红色教育基地送培送教三校集体备课活动。

9月6日，长沙市政协主席陈刚率队到我校开展专题视察，慰问我校教师。

9月7日，《中小学管理》将我校谢永红校长的文章《湖南师大附中拔尖创新人才早期培养40载坚守与超越》设为封面文章。

9月9日，我校赴绥宁县开展乡村振兴工作，助力结对帮扶对象改善生活条件。

9月10日，我校召开庆祝第39个教师节暨表彰大会，表彰优秀教师和团队。

9月11日，我校召开党委理论学习中心组（扩大）专题学习会，深入学习党的建设重要思想。

9月12日，我校召开学习贯彻习近平新时代中国特色社会主义思想主题教育专题民主生活会。

9月12日，我校召开2023—2024学年度高一校本选修课实施培训会暨湖南省教育科学"十四五"规划教育科研基地基地校联动教研交流会。

9月12—13日，党委书记黄月初先后参加湖南省县域普通高中发展推进会议和第三届湖湘高中校长论坛，并在县域普通高中发展推进会议上和保靖县民族中学签订对口帮扶协议。

9月13日，中国教育学会教育管理分会学校后勤管理学术委员会主任万毛华一行来我校调研指导工作。

9月14日，我校教改项目"构建拔尖创新人才早期培养体系"入选湖南省首届基础教育创新案例。

9月17日，中国教科文卫体工会召开学习宣传贯彻习近平总书记教师节重要指示精神座谈会。中国教科文卫体工会副主席、一级巡视员高洁出席。中国教科文卫体工会第五届全国委员会委员、我校副校长陈迪勋作为基础教育唯一代表参会并作交流发言。

9月18日，我校参加全国部分师范大学附属中学合作体第十届年会，探讨普通高中多样化特色发展。

9月19—20日，我校基地宣讲团队赴岳阳市华容县第一中学开展湖南省"十四五"

教育科学研究基地协同单位授牌、宣讲及教学交流活动。

9月21日，我校在校史馆会议室召开第三届课程委员会第二次全体会议暨湖南省教育科学"十四五"规划基地专项课题"核心素养视域下普通高中人本课程体系构建与实施研究"研讨会。

9月22日，我校召开第三届课程委员会第二次全体会议，讨论课程建设与实施。

9月21—23日，我校赴郴州汝城开展红色教育基地精准帮扶活动，推动教育资源共享。

9月23日，我校举行2020级大学生实习欢迎仪式暨实习工作动员会，迎接新实习生。

9月26日，我校举办第37届校园文化体育节，展示学生体育才能。

9月28日，我校在第40届全国中学生物理竞赛复赛中取得优异成绩。10名同学入选湖南省代表队，26名同学获得省一等奖。

10月1日，我校在湖南省第五届中学生运动会乒乓球比赛中取得2金3银5铜的佳绩。

10月7日，我校开展"我和国旗合个影"活动，庆祝中华人民共和国成立74周年。

10月7日，《潇湘晨报》报道我校王丹老师的教学故事，强调爱与教育的结合。

10月9日，我校召开学习贯彻全国宣传思想文化工作会议精神专题学习会。

10月10日，我校举行2023—2024学年度"青蓝工程"师徒结对仪式。

10月10日，全国各省（区、市）文明办负责人访问我校，观摩学校未成年人思想道德建设。

10月11日，我校举办2023—2024学年少先队员代表大会暨建队日庆祝活动。

10月12日，我校召开2023—2024学年度第一学期党员大会。党委书记黄月初以《启航新征程，建功新时代》为题作报告。

10月13日，2023年全国中学生化学竞赛初赛湖南省成绩出炉，我校4名同学成功入选湖南省代表队。

10月13—14日，我校赴永州开展"十四五"教育科学研究基地建设宣讲与教育交流活动。

10月13—14日，校长谢永红受邀参加北京大学物理学科建立110周年庆典暨"大中衔接：聚焦卓越人才培养"中学校长论坛。

10月14—17日，2023年全国新时代学校后勤管理学术研讨会在银川市第二中学举行。我校党委委员、副校长陈迪勋，党委委员、后勤服务和安全保卫中心主任李智敏，财务处副主任邓刚参加研讨活动。

10月18日，我校组织开展2023年重阳节活动，庆祝传统节日。

10月18日，南开大学校长陈雨露会见校长谢永红，讨论基础教育与高等教育的衔接。

10月16—20日，我校教师赴天津南开大学附中参加全国部分大学附中教学协作体第30届年会。

10月21日，谢永红作为全国24所著名中学校长之一，受邀参加北京大学数学学科创建110周年庆典。

10月23日，我校成立教师发展指导委员会，推动教师专业成长。

10月24日，在第40届全国中学生物理竞赛决赛中，我校取得5金5银的好成绩，其中曾弘倓、曾维清同学入选国家集训队。我校入选省队人数、获金牌总数、入选国家集训队人数均居全省第一。

10月24日，2023年全国中小学青年教师教学竞赛优秀获奖选手巡讲活动在我校成功举办。

10月25—26日，我校红色教育基地送培送教团队前往汝城县延寿瑶族乡中学开展教学交流活动。

10月27日，我校郭勇辉、田恬和唐利辉3位老师获评"2023年度全国中小学实验教学能手"。

10月27日，2023年全国中学生数学奥林匹克竞赛复赛成绩揭晓。我校共有12人入选省代表队，入选省代表队人数位居全省第一。

10月27日，绥宁县人民政府一行人等来校交流教育对口援助工作。

10月27日，清标学测智慧学习与评价中心（湖南）在我校举行揭牌仪式。

10月27日，我校召开第十八届共青团员、学生代表大会第一次全体会议，选举新一届校级学生干部。

10月28日，湖南省教育学会中小学心理健康与生涯教育专业委员会第三次会员代表大会暨年会开幕式在长沙市岳麓区实验小学召开。党委书记黄月初当选新一届理事会理事长，教育督导室左小青担任副理事长，李志艳老师担任秘书长，袁春龙老师担任副秘书长。

10月28日，我校多个项目入选首届湖南省基础教育教学改革研究项目。

10月28日，我校赴长沙市第十一中学开展湖南省"十四五"教育科学研究基地合作单位授牌与交流活动。

10月28日，第七届"校友杯"足球赛隆重举行。

10月27—29日，湖南省红色教育基地校汝城县延寿瑶族乡中学团队来我校开展集中研修活动。

10月30日，中国科学院院士王怀民在我校开展惟一大讲坛第143期暨院士进校园活动，作"科技创新的源泉"讲座。

11月1日，心理教师参加多项心育活动，推动心理健康教育工作系统化、专业化、常态化。

11月1日，我校2023年五大学科奥林匹克竞赛入选省队总人数共计40人，位居全省第一，创历史新高。

11月1日，我校被遴选为长沙市基础教育综合改革实验学校，深化普通高中课程改革。

11月2日，我校开展外派管理干部集体廉政谈话，筑牢干部廉洁自律意识。

11月5日，林靖罡、李玥森同学入选世界顶尖科学家科学T大会优秀科学青少年代表。

11月5日，我校举办第七届"校友杯"足球赛闭幕式和颁奖仪式。

11月6日，我校参加第六届世界顶尖科学家论坛开幕式，展示学校在科技创新方面的实力。

11月6日，为提高学生法律意识和自我保护意识，我校开展"法治进校园"教育活动。

11月8日，湖南省李湘黔中学物理名师工作室、湖南省向超中学地理名师工作室在我校揭牌。

11月9日，我校3名学生入选2024年丘成桐数学科学领军人才培养计划，入选人数连续四年位居全省第一。

11月9日，我校开展教育集团第三期"青年马克思主义者培训班"第三次集中学习。

11月10日，郭家怡、万雨欣同学获诺特奖，我校连续三年均是全省唯一获奖学校。

11月10日，世界顶尖中学联盟成功召开第一届理事会第一次全体会议，我校代表参加会议。

11月10日，我校举行2023—2024学年度国旗仪仗队换届仪式。

11月12日，我校北京校友会成功举行2023年年会。党委书记黄月初出席。

11月13日，我校在第37届全国中学生化学竞赛决赛中取得了3金1银的好成绩，获奖学生获得了北京大学、清华大学强基计划破格资格。

11月13日，我校开展2023—2023学年度第一学期消防应急疏散演练，提高师生消防安全意识。

11月14日，校长谢永红出席2023基础学科拔尖创新人才培养暨广东奥林匹克学校成立30周年论坛并发表主题演讲。

11月15日，我校勇夺省委教育工委、省教育厅机关第二十三届干部职工篮球邀请赛冠军，展现教职工体育竞技水平。

11月16日，党委书记黄月初和团委书记温宇在首届桔子洲榜样表彰活动中获奖。

11月18日，2023年全国青少年信息学奥林匹克联赛（湖南赛区）在我校成功举办。

11月18日，我校上海校友会举行2023年年会。谢永红校长出席。

11月15—19日，生物、地理和通用技术教研组全体教师赴上海交通大学开展集中研修。

11月17—21日，我校参加第六届中国教育创新成果公益博览会，展示国家级教学成果。

11月22日，湖南省"十四五"教育科学研究基地建设情况调研会在我校召开。

11月22日，杰出校友丁洪当选中国科学院院士。

11月23日，王天翼、欧阳婷婷同学荣获2023丘成桐中学科学奖（中国内地）分赛区二等奖。

11月23日，湖南师大附中教育集团第十三届"附中杯"教职工排球比赛圆满落幕。

11月23日，我校召开党委理论学习中心组（扩大）专题学习会，深入学习贯彻习近平总书记关于总体国家安全观的重要论述。

11月24日，校长谢永红出席湖南省首届基础教育创新案例发布会并作分享交流。

11月24日，第38届"红色附中，飞扬青春"校园文化艺术节开幕。

11月23—26日，我校国培团队赴湖南省中小学红色教育基地汝城县延寿瑶族乡中学开展第五轮送培送教活动。

11月27日，我校6名学子入选第20届国际中学生地理奥林匹克竞赛国家集训队，入选人数居全国第一。

11月30日，北京大学教务部副部长方哲宇教授莅临我校指导交流。

11月30日，我校召开2023—2024学年第一学期教育教学半期工作总结会，回顾工作实绩并为下半学期工作指明方向。

12月1日，《班主任之友》杂志专题推荐我校"课程思政背景下学科融通育人"的校本实践。

12月1日，我校庆祝校报发刊100期。主编陈迪勋发表感言，展望校报未来。

12月4日，化学组教师蒋艳云主持的课题"认知诊断视角下指向学习进阶的高中化学概念教学研究"获准立项为长沙市教育科学"十四五"规划2023年度重点资助课题。

12月3日，湖南省中小学后勤工作经验交流大会在我校举行。

12月4日，我校"蓝精灵"志愿者们将价值近两万元的生活物资存入了设在学堂坡社区雷锋超市的"湖南师大附中爱心捐赠专柜"。

12月4—6日，我校举办第38届校园文化艺术节之"樟韵之音"活动，展示学生艺术才能。

12月6日，我校开展党支部纪检委员培训。

12月7日，我校副校长廖强当选为中国教科文卫体工会第五届全国委员会委员。

12 月 7 日，我校在第 39 届全国中学生数学奥赛决赛中获得 8 金 4 银，获奖学生获得清华大学、北京大学"强基计划"破格入围资格。

12 月 7 日，全国普通高等学校音乐教育专业教师基本功展示社会实践项目观摩活动在我校举行。

12 月 8 日，我校两名学生入选 FLL 世界锦标赛暨全球总决赛中国代表队。

12 月 9 日，我校制作的微电影《攀登》《征途》在长沙市中小学第二届校园微电影、短视频大赛中获得多项荣誉。

12 月 9 日，我校召开校级家长委员会换届会议暨 2023—2024 学年度第一次全体会议。

12 月 8—10 日，党委书记黄月初受邀出席在西南大学举行的第三届教育评价学术年会并作学术报告。

12 月 11 日，湖南省国培办来我校调研拔尖创新人才早期培养教练队伍建设。

12 月 13 日，我校组织开展全校教职工政治理论学习。刘铁芳教授宣讲教育家精神。

12 月 14 日，我校在长沙市中小学校读书活动中荣获多个奖项。高 2313 班被评为"长沙市书香班级"，侯奕彤、曾彦沣、马安澜、郭明珠、张铃翊等 5 名同学荣获"长沙市书香少年"称号。

12 月 15 日，我校行政三党支部赴刘少奇同志纪念馆开展主题党日活动。

12 月 14—16 日，党委书记黄月初赴北京参加 2023 年新时代学生发展指导学术研讨会并作学术报告。

12 月 16 日，我校广州校友会 2023 年年会在广州举行。

12 月 15—17 日，校长、校友总会理事长谢永红率校友总会执行副理事长陈迪勋、校友总会秘书长谭伟等前往广州、深圳、珠海参加校友会年会并走访校友。

12 月 17 日，我校粤港澳大湾区校友会 2023 年年会在深圳举行。

12 月 19 日，我校离退休教职工举办 2024 年迎新联欢会。

12 月 19 日，我校在推进"校友回湘"工作全省教育系统内部通气会上做典型经验交流。

12 月 20 日，我校新校区落户望城人泽湖，预计 2025 年建成开学。

12 月 22 日，我校入选北京大学 2024—2026 年博雅人才四星级共育基地。

12 月 22 日，徐卓媛同学开启攀登乞力马扎罗山之行。

12 月 22 日，我校党委理论学习中心组开展 12 月集体学习。

12 月 22 日，我校举办"庆元旦，迎新年"灯谜竞猜活动。

12 月 22 日，第 38 届校园文化艺术节闭幕式暨优秀节目展演在学生活动中心举行。

12 月 23—24 日，党委书记黄月初率队到宁乡一中、宁乡四中、宁乡十三中，就深化双方在教育领域的合作联盟工作展开走访调研。

12 月 28 日，校长谢永红带队走访校友企业。

12 月 28 日，湖南省学校共青团名师工作室交流研讨会在我校召开，来自全省各地的名师工作室首席名师代表参加研讨。我校被授予首批湖南省学校共青团名师工作室。

12 月 29 日，湖南师大附中教育集团 2023 年年会在附中本部惟一大讲堂举行。

12 月 29 日，"红色附中，畅想未来"湖南师大附中教育集团 2024 年教职工新年联欢会在本部学生活动中心举行。

2024 年

1 月 3 日，国际著名数学家丘成桐先生在复旦大学光华楼授牌我校开设"丘成桐少年班"。

1 月 8 日，我校科技创新中心副主任李湘黔入选湖南省 2023 年度芙蓉教学名师。

1 月 9 日，我校班主任团队被《班主任之友》杂志评为 2023 年度"优秀班主任研究型团队"。

1 月 9 日，我校与俄罗斯喀山市第 183 中学、法国顾拜旦中学进行线上交流活动。

1 月 10 日，长沙市文明办通报，我校"蓝精灵"志愿服务队获评长沙市最佳志愿服务组织。

1 月 11 日，我校组织开展教育集团第三期"青年马克思主义者培训班"第四次集中学习。

1 月 11—13 日，湖南省中小学教师发展中心举办红色教育基地精准帮扶成果展示与总结活动，我校获评优秀组织单位。

1 月 13—14 日，以"清廉学校文化建设与学校高质量发展"为主题的湖南省教育学会第三届学校文化建设论坛在湖南师大附中雨花学校举行。我校校长谢永红出席论坛并作主题发言。

1 月 15 日，湖南政协微信公众号"政协云"在"委员风采·我的开局之年"专栏推送文章《谢永红：我最关注的始终是教育》。

1 月 17 日，我校 5 名学生入选清华大学丘成桐数学科学领军人才培养计划和北京大学数学英才班。

1 月 18 日，教育部政府门户网站登载谢永红校长署名文章《美在浸润，育在铸魂》。

1 月 19 日，我校召开 2023 年度统战、退伍转业军人座谈会。

1 月 19 日，《中国基础教育》期刊发表我校校长谢永红、党委书记黄月初署名文章《"教师成为研究者"：高中研究型教师培养的 20 年修炼》。

1 月 21 日，"百年老校数学竞赛（CSMC）"2024 年年度会议在清华大学附属中学召开。我校成为"百年老校数学竞赛（CSMC）"正式成员学校之一。

1月22日，副校长苏建祥主持的课题获准立项为高等师范院校基础教育工作研究会2023年度重点课题。

1月25日，我校物理拔尖创新人才培养再创佳绩。5名学生入选北京大学物理"卓越计划"和清华大学物理"攀登计划"。

1月25日，刘嘉琪老师荣获湖南省第十六届中小学体育与健康教学竞赛一等奖。

1月26日，党委理论学习中心组开展2024年度第一次集体学习。

1月26日，我校召开2023年度党支部书记"双述双评"述职评议会。

1月27日，长沙市家校社协同工作调研座谈会在我校召开。

1月27日，我校召开2023—2024学年度第一学期期末总结暨年度教育教学成果表彰大会。

1月27日，我校召开会议宣布干部任免决定，谢永红任党委书记，黄月初任校长。

1月28日，我校召开2024年寒假干部工作研讨会。

1月29日，人力资源和社会保障部公布，我校党委书记谢永红入选享受国务院政府特殊津贴人员名单。

1月29日，人民日报经济网报道，湖南省两会期间，省政协委员、我校党委书记谢永红提出多措并举完善基础教育留才、引才机制。

1月，《湖南日报》《潇湘晨报》《三湘都市报》《长沙晚报》等多家媒体报道，省政协委员、我校校长谢永红建议将基础教育优秀人才纳入省级人才政策。

2月1日，副校长李智敏等赴绥宁县关峡苗族乡花园阁村开展乡村振兴工作。

2月5日，校领导班子开展春节走访慰问活动，关心离退休老同志。

2月9日，校长黄月初除夕慰问坚守岗位的安保后勤工作人员。

2月23日，《教育家》杂志发表我校党委书记谢永红署名文章《拔尖创新人才早期培养要道法术并重》并将谢永红作为封面人物予以推荐。

2月24日，我校召开2023—2024学年度第二学期开学工作会议，部署新学期工作。

2月24日，我校召开新学期教育工作会议暨第27届德育工作研讨会，聚焦德育工作。

2月26日，我校举行2023—2024学年度第二学期开学典礼。副校长廖强发表讲话。

2月26日，北京校友吴丹女士捐赠设立"天申科技拔尖创新人才培养奖励基金"。

2月26日，我校召开第十三届教职工代表大会第一次会议，审议通过多项重要报告和章程。

2月29日，湖南省教育厅公布了全省中小学生读书行动"十百千"活动评选结果。我校荣获"书香校园"称号，马安澜同学荣获"书香少年"称号。

3月1日，我校组织收看全国优秀教师"教育家精神"2024年巡回宣讲相关视频，激励教师践行教育家精神。

3月4—5日，我校开展文明办公室评比，推动校园文化建设。

3月5日，"蓝精灵"志愿服务队来到"慢天使之家"开展学雷锋活动。

3月6日，我校召开离退休党总支、离退休协会新学期工作会议，共谋校庆筹备工作。

3月8日，我校举办了三八国际劳动妇女节庆祝活动。

3月11日，我校被评为全国"中学生英才计划"十周年优秀中学。

3月12日，我校开展植绿护绿学雷锋志愿服务活动，助力美丽乡村建设。

3月13日，我校召开2024年宣传工作会议，部署宣传工作重点。

3月14日，我校教育集团组织开展"青年马克思主义者培训班"第五次集中学习，强化学生思政教育。

3月16日，我校成功入选全国中小学科学教育实验校名单。

3月18日，江西省宜春市第一中学校长龙炜智一行访问我校，探讨教育合作。

3月18日，湘阴县第一中学党委书记陈觉民、校长陈宇率领导班子成员来我校访问交流。

3月21日，洞口县教育局党委书记、局长王文平率班子成员及洞口县第一中学、第九中学主要负责同志来我校考察交流。

3月23日，我校百岁退休教师李允恭向我校捐款10万元，支持学校发展。

3月27日，北京大学授予我校"博雅人才共育基地"（四星级）称号。

3月29日，我校开展以学习新修订的《中国共产党纪律处分条例》为主题的廉洁警示教育，组织全体教职工集中观看廉洁警示教育片《忠诚与背叛——2023湖南正风反腐警示录》。

3月29日，我校召开2023—2024学年度第二学期党员大会暨教职工政治理论学习会，党委书记谢永红作党委工作报告。

3月30日，湖南省政协委员、我校党委书记谢永红在政协融媒"政协云"上解读《关于加快建设教育强省的决定》精神，强调教育资源优质均衡发展。

3月30—31日，湖南师大附中教育集团举办第8届"附中杯"田径运动会。

3月31日，我校举行"校友回湘"工作推进会暨2024年长沙校友会年会。

4月1日，我校举办湖南省基础教育教学改革项目、"十四五"各级各类规划课题集中开题论证暨培训会。

4月1日，我校开展了庆祝建校119周年暨"慎终追远，缅怀先烈"主题活动，师生祭奠学校创始人禹之谟烈士。

4月2日，我校副校长李智敏参加"数字化转型推动中小学后勤高质量发展论坛"并作主题发言。

4月2日，吉林大学授予我校"卓越生源基地"牌匾。

4月3日，我校师生代表参加湖南省学联专题联学活动。

4月3日，我校获评2023年度长沙市教育系统精神文明创建工作先进集体。

4 月 8 日，王耀南院士来到我校，为 1000 余名高二的学生带来一场题为"人工智能与机器人漫谈"的精彩讲座。

4 月 11 日，我校标本馆正式开馆。中共第二十届中央候补委员、中国工程院院士、湖南师范大学校长刘仲华，湖南师范大学副校长唐贤清、我校党委书记谢永红、校长黄月初共同为标本馆揭幕。

4 月 11 日，中国工程院院士、湖南师范大学校长刘仲华走访调研我校并讲学。

4 月 12 日，我校举行庆祝建校 119 周年暨 120 周年校庆倒计时一周年启动仪式。

4 月 12 日，我校召开党支部书记例会，强调党建工作与教育教学相融合。

4 月 13 日，我校举办"校友回湘"第八届"校友杯"足球赛。

4 月 13 日，我校赴湖南省保靖民族中学开展高三二轮复习研讨交流活动。

4 月 13 日，校长黄月初一行慰问我校在保靖县、花垣县支教的 6 位教师。

4 月 15 日，中国工程院院士印遇龙在我校院士进校月活动中为师生揭秘"猪器官魔法"。

4 月 16 日，我校对口援助保靖县暨合作联盟联合教研活动顺利开展。

4 月 16 日，郭家怡同学在第 13 届欧洲女子数学奥林匹克竞赛中获得金牌。

4 月 16 日，我校召开湖南省教育科学"十四五"规划基地专项课题研讨会。

4 月 17 日，中国工程院院士柴立元在我校院士进校月活动中揭秘"点石成金"。

4 月 18 日，我校离退休党总支开展"一月一课一片一实践"主题党日活动。

4 月 18 日，我校召开党委（扩大）会议，研究部署党纪学习教育工作。

4 月 19 日，我校举行第二十一届学生社团节闭幕式暨第四届诗词大会。俄罗斯喀山市第 183 中学的伊力汉参与。

4 月 21 日，杨瑀烁同学在 2023—2024 学年全国中学生地球科学奥林匹克竞赛中入选湖南省代表队。

4 月 22 日，我校与长沙晚报社启动年度全媒体战略合作，挖掘科教资源。

4 月 16—23 日，俄罗斯喀山市第 183 中学师生团一行 22 人来我校交流访问。

4 月 23 日，长沙市高中心理健康教育教学研讨会暨湖南师大附中教育集团心理联盟课堂展示活动在我校举办。

4 月 24 日，湖南省委机构编制委员会办公室领导来我校开展机构编制调研。

4 月 24 日，全国政协委员、著名儿童文学作家汤素兰来我校讲学，分享创作体会。

4 月 24 日，中国教育电视协会中小学校园电视专业委员会代表来我校考察交流。副校长廖强陪同。

4 月 24 日，宁乡市第十三高级中学校长李亚辉一行来我校考察交流。副校长廖强和党委委员黄宇鸿接待。

4 月 21—26 日，我校 4 名学子在门捷列夫国际化学竞赛中获得佳绩。

4 月 26 日，郑祺恒和李天智同学荣获 FLL 世界锦标赛暨全球总决赛"竞争合作奖"，全球仅 3 支队伍获该奖项。

4 月 26 日，我校召开党纪学习教育读书班暨校党委理论学习中心组（扩大）学习会。党委书记谢永红主持会议。

4 月 27 日，夏一戈和马安澜两名同学入选地理奥赛中国代表队，将参加在爱尔兰都柏林举行的第 20 届国际中学生地理奥林匹克竞赛。

4 月 28 日，我校开展"春风解书意，悦读正当时"阅读分享会活动，庆祝世界读书日。

4 月 28 日，我校行政三党支部开展"追寻伟人足迹，汲取奋进力量"主题党日活动。

4 月 28 日，2024 年庆祝"五一"国际劳动节暨全国五一劳动奖状和全国工人先锋号表彰大会在北京人民大会堂举行。我校荣获"全国五一劳动奖状"，党委书记谢永红荣获"全国五一劳动奖章"。

4 月 28—29 日，我校开展第 22 届主题班会展示评比活动。本次竞赛的主题为"创新与创造力"。

4 月 29 日，湖南省庆祝"五一"国际劳动节大会暨第二届湖湘工匠发布仪式在长沙举行。党委书记谢永红和校长黄月初出席。

4 月 30 日，在长沙市教育局组织的 2024 中学教学班演唱演奏比赛中，我校高中部、初中部勇创佳绩。

4 月 30 日，我校举行第 46 期少年团校学员结业仪式暨入团仪式。270 名优秀学员光荣加入中国共产主义青年团。

5 月 5—8 日，我校国家级课题子课题研究人员赴贵州调研。

5 月 14 日，我校与哈尔滨工业大学共建人形机器人实验室并举行揭牌仪式。

5 月 14 日，我校举行院士进校园活动。我校 200 余名高一学生及线上上万名初高中学生跟随院士脚步，探寻水的奥秘。

5 月 15 日，我校被认定为"湖南省摔跤跆拳道项目试点学校"。

5 月 16 日，"筑信仰之基，凝奋进之力"2023—2024 学年度学生表彰大会在学生活动中心召开。

5 月 17 日，我校与湖南博物院馆校合作共建基地签约仪式在我校校史馆会议室举行。副校长苏建祥、湖南博物院副院长张晓娅出席仪式。

5 月 19 日，周天寒同学勇夺 2024 年中国中学生定向精英赛总分第一名并入选国家集训队。

5 月 20 日，校工会、教工团支部联合组织我校青年教师赴领客西湖全民水上运动基地开展团建活动。

5 月 21 日，第八届长株潭教育科研交流暨长沙市优秀课题成果展示推广活动在长沙县百熙实验学校举行。我校国家基础教学成果奖二等奖成果"普通高中研究型教师校本培养创新实践探索"在活动中进行了展示和推广，获得与会人员热烈反响和好评。

5月22日，杨瑀烁同学在2023—2024学年全国中学生地球科学奥林匹克竞赛决赛中荣获金牌。

5月22日，我校在学生活动中心召开本学年度第二学期教育教学半期总结会。

5月22日，党委书记谢永红为全体教职工讲授以"强化规矩意识，筑牢纪律防线"为题的专题纪律党课。

5月22日，石倚洁教授声乐讲座暨名师进课堂、长沙市音乐教师教研活动、国培计划——中小学音乐骨干教研员培训活动在我校举办。

5月24日，湖南师大附中星城实验谷山中学工程竣工交付使用暨学校揭牌仪式举行。

5月24日，党委书记谢永红、校长黄月初率调研组赴永州市蓝山县开展帮扶调研暨重走办学路活动。

5月25—26日，我校学子在2024年长沙市青少年"奥运之星"U系列定向越野锦标赛中勇夺五项冠军，获团体总分第一。

5月26日，我校工会在初夏来临之际组织女教职工到西湖公园水上运动基地开展"初夏齐欢聚，巾帼展芳华"拓展活动。

5月27日，文明办主任鲁荣获评2023年度长沙市未成年人思想道德建设先进工作者。

5月27日，经省教育厅组织遴选与公布，我校"基于学生科学素养培养的小中大贯通式科学教育实践探索"入选2024年湖南省中小学科学教育"十大优秀案例"。

5月28日，张家界市委副书记、市委政法委书记曾若冰，湘西自治州人民政府副州长高湘文分别率教育团来我校就委托管理学校工作进行对接交流。

5月30日，华中师范大学第一附属中学校长周鹏程一行来我校调研。我校党委书记谢永红、副校长苏建祥、党委委员黄宇鸿等热情接待。

5月30日，我校举行2024年庆"六一"教职工子女表彰大会暨亲子运动会。纪检书记李春莲出席。

5月31日，我校召开党纪学习教育读书班暨校党委理论学习中心组（扩大）学习会。会议深入学习了习近平法治思想和《党史学习教育工作条例》《中国共产党纪律处分条例》《中国共产党巡视工作条例》等党内法规及习近平总书记关于财政、税收、统计工作的重要论述。

6月3日，我校进行2024年度管理干部廉政谈话。纪检书记李春莲为大家带来一堂生动的音乐思政课，以生动活泼的方式对《中国共产党纪律处分条例》进行了深入解读。

6月3日，曾搭乘神舟十五号飞船飞天的湖南籍英雄航天员张陆，为我校师生们带来了一场主题为"星空浩瀚无比，探索永无止境"的精彩报告会。

6月7日，湖南省委常委、省人民政府常务副省长张迎春来我校巡视高考组考工作。

6月15日，我校与汝城县一中第一轮帮扶工作总结会暨帮扶协议续签仪式在校史馆会议室举行。

6月15日，我校与蓝山县人民政府结对帮扶仪式在校史馆会议室举行。

6月15日，高2023级学生分为14支队伍，分别前往湖南省各个市州的实践基地，开启2024年学生乡村实践活动。

6月17日，高2022级学生"综合实践课程——城市实践活动"拉开序幕。

6月18日，我校举行高2024届"青春有志，逐光前行"学生成人仪式暨毕业典礼。

6月21日，2024年全国中学生生物学联赛湖南赛区成绩出炉。我校15名学子入选生物竞赛湖南省代表队，入选人数位列湖南省第一。

6月24日，"教育部（2023—2024年）新时代中小学学科领军教师示范培训（中学语文+思政）"项目学员来我校进行考察交流。60位来自全国各地的名师相聚一堂，共研究，促成长。

6月21—25日，我校心理联盟一行19人在校长黄月初的带领下，前往吉林大学、东北师范大学及东北师范大学附属中学进行了为期五天的深入学习考察，探索心理健康教育优质路径。

6月19—26日，党委书记谢永红随湖南师范大学参访团出访西班牙和意大利两国友好合作学校，洽谈合作交流事宜。

6月26日，校长黄月初带队深入校园开展防汛安全检查。

6月27日，我校举行"青年马克思主义者培训班"第三期结业仪式暨第四期开学典礼。

6月28日，"青春骊歌，共赴前程"初2024届学生毕业典礼在学生活动中心举行。

6月28日，我校召开校党委理论学习中心组（扩大）学习会。全体党委委员、中层干部、党支部书记和支委成员赴湖南省委党校反腐倡廉警示教育馆开展现场廉政警示教育活动。

7月1日，我校党委召开庆祝中国共产党成立103周年暨党内表彰大会。会议由党委委员、副校长苏建祥主持。

7月2日，我校与南开大学共建人工智能创新实验室并举行揭牌仪式。

7月6日，我校召开2024年上学期期末教职工大会暨安全工作会议。党委书记谢永红、校长黄月初等校领导出席。

7月13—14日，我校学子在湖南省青少年定向越野锦标赛中获得多枚金牌、团体总分位列第二。

7月13—14日，我校召开2024年暑期务虚会，讨论附中教育集团高质量发展策略。

全体党委委员、中层干部等参加。

7月14日，我校党委理论学习中心组成员召开学习会，听取湖南师范大学纪委、监察专员办副主任伍丁南的党纪学习教育专题讲座。

7月15日，历史组李珊老师和4名同学参加第八届中学生中华传统文化传承高端论坛，并在活动中获得多个奖项。

7月16—21日，我校党委书记谢永红、校长黄月初等70人参加由湖南省中小学教师发展中心主办、我校承办、复旦大学协办的湖南省普通高中教育研究基地教科研骨干研修班。

7月24日，我校田径队在湖南省青少年田径锦标赛中获得9枚金牌，金牌数位列第一，团体总分位列第二，并被授予体育道德风尚奖。

7月30日，多伦多大学士嘉堡校区举办绿色通道项目成立20周年庆典活动。我校校长黄月初应邀参加并在校长峰会圆桌论坛环节作演讲。

7月26—31日，在安徽滁州奥体中心举行的2024年全国中学生田径锦标赛中，我校田径队表现出色，共获得4金2银1铜，团体总分86分，位列高中组团体总分第四名。

7月29日—8月2日，在云南昆明举办的第八届全国中学生模拟联合国大会上，我校获"最佳组织奖"，我校尹芙希同学获"最佳外交风采"奖，李佩瑾、杨景行同学获"荣誉提名"奖。

8月6—8日，校长黄月初带队前往花垣县、张家界市，参加委托管理干部见面会。我校正式委托管理花垣县第一高级中学（原花垣县边城高级中学）、张家界市民族中学。

8月17—19日，我校组织开展2024年新入职教职工岗前培训。

8月20日，第23届中国女子数学奥林匹克竞赛在重庆落幕。我校高2201班万雨欣同学获金牌并入选冬令营（全省唯一）。

8月20日，在2024年全国中学生生物学竞赛中，我校15名学子参赛，获14金1银，金牌总数和入选国家集训队人数均位居全国第一。

8月23日，2024级新生"军训实践活动"开营仪式在田径场举行。

8月24日，长沙校友会会长江峦等一行回母校慰问我校2024级军训教官和师生。副校长苏建祥、廖强接待，军训团教官介绍情况。

8月24日，由中共湖南省直属机关工作委员会主办的省直机关"湘直亲子·相约附中"研学实践活动在我校举办。

8月26日，我校召开2024—2025学年度教师支教工作座谈会。2023—2024学年支教教师代表及2024—2025学年支教教师参会。党委书记谢永红、校长黄月初出席。

8月28日，2024级新生"军训实践活动"结营仪式在田径场举行。

8月29日，我校举行省级"送培到校"暑期全员培训线下集中研修活动。

8月30日，我校召开2024—2025学年度开学工作会议暨师德师风工作会议。

8月31日，湖南省人力资源和社会保障厅公布第六届湖南省政府特殊津贴人员名单。副校长苏建祥入选。

8月31日，夏一戈同学以中国大陆地区最好成绩获第20届国际地理奥林匹克竞赛银牌。

9月2日，我校举行2024—2025学年度第一学期开学典礼暨开学第一课。黄月初校长发表《时代之问，附中答案》致辞。

9月3日，湖南省政协副主席赖明勇一行来我校开展第40个教师节走访慰问活动。

9月4日，湖南省庆祝第40个教师节大会在长沙举行。我校党委书记、全国五一劳动奖章获得者谢永红参会。

9月5日，长沙市庆祝第40个教师节大会举行。我校党委书记、全国五一劳动奖章获得者谢永红，全国模范教师汤礼达，长沙一鸿教学奖获得者李艳妮参加会议。

9月6日，我校六项课题获准立项为湖南省教育科学"十四五"2024年度规划课题及专项课题。

9月8日，庆祝第40个教师节暨全国教育系统先进集体和先进个人表彰活动在北京举行。我校数学教师、金牌教练汤礼达荣获"全国模范教师"称号。

9月10日，我校召开庆祝第40个教师节大会。党委书记谢永红发表讲话《弘扬教育家精神 勇担教育强国使命》。会上表彰了优秀集体和先进个人。

9月10日，为积极响应省委、省政府"校友回湘"的号召，我校1998届校友、湖南国天电子科技有限公司董事长江峦向母校捐赠200万元，设立"国天科技拔尖创新人才培养奖励基金"，用于支持学校拔尖创新人才早期培养。

9月19日，湖南省政协文教卫体和文史委员会来我校开展"关于将基础教育优秀人才纳入省级人才政策的建议"提案办理协商暨"委员活动日"活动。

9月19日，在深圳盐田区山海学校，湖南师范大学、我校与深圳市盐田区人民政府举行合作办学签约仪式。

9月20日，我校召开党纪学习教育总结会。学校党委班子成员和全体党员参加会议。

9月20日，我校召开全校教职工大会。湖南省委党校马克思主义学院院长王海峰教授宣讲了党的二十届三中全会精神。会议由党委书记谢永红主持。

9月21日，中国教育学会教育管理分会常务理事万毛华一行来我校调研指导工作。副校长李智敏陪同调研。

9月23日，为积极响应省委、省政府"校友回湘"的号召，筹办好学校120周年校庆，我校校友会和离退休协会联合组织，在图书馆报告厅召开2024年离退休班主任（部分）"校友回湘"暨迎120周年校庆工作座谈会。

9月25日，在中华人民共和国成立75周年前夕，我校开展走访慰问老党员、老干部活动，感谢他们长期以来对学校的关心和支持，向他们致以崇高的敬意和节日祝福。

9月25日，由湖南省地震学会主办、我校承办的"全国科普日"地球科学科普活动在惟一大讲堂举办。

9月27日，第38届中国化学奥林匹克竞赛（初赛）落下帷幕。我校7名同学成功入选湖南省代表队，入选省队人数位列湖南省第一。

9月28日，以"科技赋能运动"为主题的我校第38届校园文化体育节暨田径运动会开幕式在田径场举行。

9月28日，校长黄月初、科创中心副主任李湘黔受邀参加由中国科学院学部科学普及与教育工作委员会和国防科技大学联合主办的中国科学院学部第九届科学教育论坛，并在主会场进行了科学教育成果展示。

9月30日，我校举办了教职工趣味运动会。联合教研工会组、行政一工会组、行政二工会组分别获得冠军、亚军、季军。

9月29日—10月7日，应我校友好校法国顾拜旦中学邀请，苏建祥副校长率师生团一行23人赴该校访问交流。

9月29日—10月7日，党委书记谢永红率师生代表团访问友好校——俄罗斯喀山市第183中学。

10月9日，第41届全国中学生物理竞赛复赛湖南赛区成绩出炉。我校6名同学入选湖南省代表队，入选省队人数连续五年位列湖南省第一。

10月10日，离退休教职工庆祝重阳节活动暨离退休协会换届选举大会在学校图书馆报告厅举行。

10月11日，2024年全国中学生数学奥林匹克竞赛（预赛）暨全国高中数学联赛成绩揭晓。我校共有11人入选湖南省数学代表队，入选省队人数位居全省第一。

10月11日，为庆祝中国少年先锋队建队75周年，我校举行了"童心向党，少年自强"中国少年先锋队湖南师范大学附属中学2024—2025学年度代表大会暨建队日庆祝活动。

10月13日，中国科学院院士、北京计算科学研究中心主任罗民兴来到我校，以"星星为何闪耀"为切入点，为高中生们深入浅出地介绍了相对论和量子力学。

10月14日，珠海市健帆阳光医疗基金会向我校患病教师工翔捐赠2万元现金及透析医疗包。

10月14日，2024—2025学年"青蓝工程"师徒结对仪式在惟一大讲堂隆重举行。

10月16—17日，全国部分大学附中教学协作体第31届年会在首都师大附中隆重举行。

10月17日，党委书记谢永红、党委委员陈胸怀一行5人到保靖民族中学开展帮扶工作调研考察活动。

10月17日，湖南师大附中花垣县第一高级中学揭牌仪式在花垣县第一高级中学举行。

10月16—18日，湖南省教育科学规划领导小组办公室组织省级教育科研基地首批核心骨干赴省外开展了一场别开生面的专题调研学习活动。我校校长黄月初作为湖南省"十四五"教育科研基地（普通高中研究）首席专家，全程参与了此次调研。

10月18日，湖南师大附中张家界市民族中学揭牌仪式举行。

10月18日，2024年湖南师范大学教职工羽毛球混合团体赛拉开帷幕，我校夺得团体赛亚军。

10月15—19日，我校政治教研组全体教师在校长黄月初、副校长廖强和政治教研组组长蒋平波老师的带领下，赴北京开展集中研修。

10月19日，我校高三党支部赴长沙县开慧镇开展了以"传承红色基因，赋能教育征程"为主题的党日活动。

10月22日，我校迎来了法国顾拜旦中学的师生代表团。欢迎仪式暨结对仪式在我校之谟图书馆内举行。

10月22日，一场聚焦跨学科融合课程的研讨与展示活动在我校惟一大讲堂会议厅圆满落幕。此次活动作为2024—2025学年度教学开放周的重要组成部分，吸引了省内外200余名教师积极参与。

10月25日，2024世界顶尖科学家论坛开幕式暨2024世界顶尖科学家协会奖颁奖典礼在上海临港新片区世界顶尖科学家论坛永久会址盛大举行。我校作为世界顶尖中学联盟学校之一，受邀参加了这一国际科学盛会。

10月25日，第十九届共青团员、学生代表大会第一次全体会议在学生活动中心召开。

10月25日，欧洲科学院院士、华南理工大学计算机科学与工程学院院长陈俊龙来到我校，以"千方百智：浅谈人工智能赋能与计算机科学技术"为主题作讲座。

10月28日，湖南省毽球协会与我校毽球队开展毽球进校园交流活动。

10月29日，浏阳市与省属高校及省、市优质学校合作办学集中签约仪式在浏阳市隆重举行。双方就拔尖创新人才早期培养达成了合作共识。

10月31日，我校组织开展湖南师大附中教育集团第四期"青年马克思主义者培训班"第二次集中学习。

11月6日，"'科学与中国'长沙行，中国遗传学会科学之旅——遗传学与我们"科普宣讲团走进我校，并在中国遗传学会理事长、中国科学院院士杨维才的带领下，为我校高中生们带来了一系列解码生命之谜的科普盛宴。

11月7日，在第二届全国基础教育数字化论坛暨明德云学堂2024学术年会上，我校校长黄月初作题为"主动投入，全力推进拔尖创新人才培养"的主题分享。

11月7日，九年级"童心向党 青春启航"离队建团仪式在惟一大讲堂举行。

11月8日，我校召开离退休党总支换届选举大会。党委书记谢永红、党委委员、纪检书记李春莲出席，会议由党委委员陈胸怀主持。

11 月 8—10 日，"2024 中国毽球公开赛（湖南站）暨湖南省第四届毽球运动大赛"在湖南省怀化市举行，我校派出了师生共 12 名运动员参赛，荣获多项团体、个人奖项，并获得"体育道德风尚奖"。

11 月 10 日，2024 年长沙市名师工作室（站）领衔人主题培训班开班典礼在长沙教育学院行健楼隆重举行。我校李志艳老师被评为第五届第三批长沙市中小学心理健康名师工作室首席名师。

11 月 10 日，我校黄雅芩老师的文章入选《班主任之友》创刊 40 周年"四十年四十文"。

11 月 20 日，我校在执中楼一会议室召开安全工作专题会议。

11 月 21 日，我校召开 2024—2025 学年度第一学期教育教学半期工作总结会。

11 月 21 日，我校在 2024 年湖南省大中学生乒乓球比赛中取得 3 金 2 银 2 铜的优异成绩。

11 月 22 日，我校召开校党委理论学习中心组（扩大）学习会。湖南师范大学马克思主义学院副院长陈德祥教授以《深入学习贯彻习近平总书记关于教育的重要论述》为题作专题辅导报告。

11 月 22—23 日，党委书记谢永红、校长黄月初率队赴蓝山县开展教育帮扶暨重走办学路活动。

11 月 21—24 日，长沙市中学生田径运动会在雷锋中学举行，我校田径队教练员、运动员经过顽强拼搏，以 8 金 5 银 3 铜、1 人打破长沙市纪录、团体总分 198 分的绝对优势获得高中甲组第一名，并获得体育道德风尚奖。

11 月 30 日，广州校友会 2024 年年会在广州威尼国际大厦举行。

11 月，第 41 届全国中学生物理竞赛决赛落下帷幕。我校 6 名同学荣获金牌。余宇轩、刘昕宇同学入选国家集训队，我校金牌总数、入选集训队人数均居全省第一、全国前列。

11 月，第 38 届全国中学生化学奥林匹克竞赛（决赛）落下帷幕。我校化学竞赛组荣获了 4 金 1 银 2 铜，石茂谦同学入选国家集训队，我校夺得金牌总数、入选集训队人数均居全省第一。

11 月 29 日—12 月 1 日，湖南省第八届中小学艺术展演活动在长沙市少年宫成功举办。我校荣获中学组舞蹈一等奖、器乐专场一等奖、中学班级合唱一等奖。

12 月 1 日，香港校友会 2024 年年会在湾仔区成功举行。

12 月 1 日，深圳校友会 2024 年年会暨"校友回湘"专场活动取得圆满成功。

12 月 2 日，我校党委书记谢永红率校办公室主任苏晓玲、体育美育中心主任谭伟赴香港培侨书院进行访问，洽谈缔结友好学校事宜。

12 月 2 日，在我校香港校友会会长谭伟民的联系和安排下，党委书记谢永红专程拜会了中央人民政府驻香港特别行政区联络办公室教科部负责人刘懋洲一级巡视员、陈志禄处长。

12月5日，长沙市李志艳中小学心理健康名师工作室启动仪式暨首次研修活动在图书馆学术报告厅举行。

12月8日，北京校友会2024年年会在北京三一产业园举行。

12月8—12日，第39届校园文化艺术节系列活动之"樟韵之音"在田径场举行。

12月12日，韶华灼灼·诗意附中暨"我的韶山行"红色研学活动诗歌朗诵比赛（决赛）在学生活动中心举行。

12月12日，海康威视高级副总裁徐习明一行到校开展校企合作商谈，重点面向校园信息化应用和科技教育合作。

12月14日，第164期惟一大讲坛在图书馆报告厅举行，复旦大学副校长周磊带领附中学子探索"奇异的光世界"。

12月14日，"韶华灼灼·诗意附中"第39届校园文化艺术节暨高一年级心理剧、舞台剧表演比赛在学生活动中心举行。

12月14日，上海校友会2024年年会成功举办。

12月15日，湖南省学校文化促进会换届大会在长沙市第六中学举行。我校校报《湖南师大附中》，校刊《探索》《白帆》荣获第五届湖南省学校文化建设创新成果一等奖。

12月16日，湖南师大附中"香樟"校园文化宣讲团成立仪式暨首次培训会议在之谟图书馆报告厅举行。

12月17日，我校举办第二届"艺兴钢琴"音乐会。

12月17日，湖南省总工会授予我校"湖南省示范性劳模和工匠人才创新工作室"牌匾。

12月18日，西安交通大学举办了盛大的"2023—2024学年表彰奖励大会"。校长黄月初受邀出席了这一重要活动。

12月18日，湖南师大附中母婴协会五周年庆典在之谟图书馆成功举办。

12月19日，我校召开党委理论学习中心组（扩大）专题学习会暨全校教职工政治理论学习。

12月19日，湖南师大附中教育集团第四期青年马克思主义者培训班组织开展第三次集中学习。

12月20日，由之谟图书馆、语文教研组、英语教研组联合主办的"喜迎元旦　灯谜竞猜"活动在图书馆一楼举行。

12月24日，我校举行离退休教职工迎新春联欢会。

12月，2024年的五大学科竞赛全部落幕。据统计，2024年，我校五大学科共13人入选国家集训队，人数位居全国第一；夺得金牌26枚，金牌数位居全国第三。

12月，湖南省教育厅中小学图书馆公布了"红心向党·争做强国少年"主题阅读活动评选结果，我校喜获多个奖项。

12月，2024年度全省大中小学思政课一体化建设研讨会暨骨干教师培训班在湖南师范大学圆满落幕。我校作为承办单位，在这次会议中积极发挥了组织与服务的重要作用。

12月，第40届中国数学奥林匹克决赛落下帷幕，我校获得2金9银。

12月，第21届国际中学生地理奥林匹克竞赛中国大陆地区选拔赛落下帷幕。我校6名同学荣获全国金牌并入选国家集训队，2名同学荣获全国银牌。我校入选国家集训队和获金牌人数均居全国第一。

12月，北京大学2025年"数学英才班"入围结果出炉。我校数学竞赛组彭锦程、万雨欣、陈澍、谢俊宇同学入选2025年北京大学数学英才班，4人全部获得降特控线（一本线）录取北京大学的资格。自2020年我校阎光溪同学成为清华大学数学英才班首位湖南学生以来，我校已有30名学子入选北京大学和清华大学数学人才培养计划。

12月，2402班谢咏昊同学通过"清华大学丘成桐数学英才班"选拔考核环节并达到入围认定标准，获得降特控线（一本线）录取清华大学的资格。

12月，校长黄月初入选享受国务院政府特殊津贴人员名单。

2025 年

1月3日，"领英团队"16名校级学生干部和青年志愿者来到学堂坡社区开展"雷锋超市"的志愿服务活动。

1月4日，全国丘成桐少年班2024年终峰会在上海复旦大学附属中学举行。我校"丘成桐少年班"的5名优秀学生代表参加了此次峰会数学竞赛，学校荣获首届全国"丘成桐少年班"优秀奖。

1月7日，我校召开2024年度统战工作座谈会。党委书记谢永红、党委委员陈胸怀出席会议。学校各民主党派代表、退伍军人代表以及归国留学人员代表齐聚一堂，共商统战工作发展良策。

1月7日，长沙市李志艳中小学心理健康工作室全体成员在我校心理中心举行第三次研修活动。本次研修主要开展了读书会活动，还为顾问和名师团队颁发了聘书。

1月10日，教育部校外教育培训监管司来函，我校案例"基于学生科学素养培养的小中大贯通式科学教育实践探索"入选2024年度全国中小学科学教育工作优秀案例，为湖南省唯一入选的案例。

1月11日，2024年教育教学成果奖表彰大会在学生活动中心召开。大会由党委书记谢永红主持，全校教职工齐聚一堂。

1月12日，2025年寒假干部研讨会暨建校120周年校庆推进工作会议在图书馆报告厅召开。

1月13日，教育部发布《教育部关于聘任第十二届国家督学的通知》。党委书记谢永红获此殊荣，被聘为第十二届国家督学。

1月13日，湖南省政协委员、我校党委书记谢永红在接受《湖南日报》《中国经济周刊》等媒体记者采访时呼吁，大力弘扬教育家精神，造就更多湖湘"大先生"，为实现"三高四新"美好蓝图提供更强支撑。

1月17日，在我校迎来百廿校庆之际，来自北京大学等70余所高校的附中学子返回母校参加宣讲活动。

1月23日，红枫舞蹈团作品《青春的舞步》亮相狮城，参加2025新加坡世界青少年艺术交流周活动。

1月28日，正值农历除夕，校长黄月初带队看望慰问春节期间坚守一线的工作人员，副校长李智敏陪同。

1月，中国科学技术协会官网对外公示了第二十届中国青年女科学家奖和第九届未来女科学家计划拟表彰（支持）对象名单。在第二十届中国青年女科学家奖个人奖拟表彰对象中，我校校友、湖南大学教授谢鲲上榜。

1月，《中国基础教育》发布2024十大区域创新与十大学校经典案例，我校《探索高中研究型教师培养的学校实践》入选学校篇经典案例。

1月，岳麓区第六届人民代表大会常务委员会召开第二十三次会议，吴晓红老师被补选为岳麓区第六届人民代表大会代表。

1月，为庆祝我校廉洁文化电台"洁齐亭"开播六周年，学校纪检监察室组织开展"同心筑廉，清风传家"征文活动。

1月，为深入贯彻党的二十大精神及全国教育大会要求，全面落实《中共中央、国务院关于全面深化新时代教师队伍建设改革的意见》，我校正式启动党委委员联系青年教师工作，通过一系列精心组织的座谈会等活动，校党委委员与青年教师共话成长，携手开启教育新征程。

1月，2025年新春佳节将至，我校领导班子深入贯彻中央关于新年春节期间开展对生活困难党员、老党员、老干部走访慰问活动的最新通知精神，并紧密遵循省委的最新工作要求，组织了离退休老领导、老同志走访慰问活动，使老一辈同志深切感受到了来自组织的关怀与温暖。

学校荣誉志

1. 2015 年以来学校获国家级荣誉称号、奖项

2015 年，荣获第六届"北斗杯"全国青少年科技创新大赛优秀组织奖。

2017 年，荣获"全国群众体育先进单位"称号。

2017 年，荣获第一届"全国文明校园"称号。

2018 年，荣获"全国国防教育特色学校"称号。

2018 年，荣获第二批"全国中学生志愿服务示范学校创建单位"称号。

2018 年，荣获基础教育国家级教学成果奖二等奖。

2019 年，荣获"学校后勤工作先进单位"称号。

2020 年，荣获"全国国防特色教育示范学校"称号。

2020 年，荣获"全国模范职工之家"称号。

2021 年，校团委荣获"全国五四红旗团委"称号。

2022 年，荣获"英才计划优秀组织实施单位"称号。

2022—2024 年，荣获"英才计划中学培养基地"称号。

2022 年，入选世界顶尖中学联盟。

2022 年，荣获全国青少年人工智能创新挑战赛先进组织奖。

2023 年，荣获首批"全国健康学校建设单位"称号。

2023 年，荣获基础教育国家级教学成果奖二等奖。

2024 年，荣获"中学生英才计划十周年（2013—2022 年）优秀中学"称号。

2024 年，入选全国中小学科学教育实验校名单。

2024 年，荣获全国五一劳动奖状。

2. 2015 年以来学校获省级荣誉称号、奖项

2016 年，荣获湖南省 2015 年度直属基层工会工作目标管理考评"综合工作先进单位"。

2016 年，荣获 2015 年度工会财务会计工作考核一等奖。

2016 年，荣获第四届湖南省基础教育教学成果奖特等奖。

2016 年，荣获"湖南省青少年科技活动示范学校"称号。

2016 年，荣获"湖南省直机关 2016 届文明标兵单位"称号。

2017 年，荣获湖南省 2016 年度直属基层工会工作目标管理考评"综合工作先进单位"。

2017 年，校团委荣获"湖南省五四红旗团委"称号。

2017 年，荣获"湖南省青少年科技教育示范学校"称号。

2018 年，荣获 2016—2017 学年度省示范性普通高中督导评估优秀等次。

2018 年，荣获"省直非税收入执收工作优秀单位"称号。

2018 年，获评"湖南省'十三五'教育科学研究基地"。

2018 年，获评 2018 年全省中小学德育工作优秀案例。

2018 年，荣获 2017 年度工会财务会计工作考核一等奖。

2018 年，荣获湖南省 2017 年度直属基层工会工作目标管理考评"综合工作先进单位"。

2019 年，荣获湖南省 2018 年度直属基层工会工作目标管理考评"综合工作先进单位"。

2019 年，荣获"湖南省优秀体育传统项目学校"称号。

2020 年，荣获湖南省 2019 年度直属基层工会工作目标管理考评"综合工作先进单位"。

2020 年，荣获省级脱贫攻坚专项奖励，记功。

2020 年，荣获"湖南省中小学心理健康教育特色学校"称号。

2021 年，荣获"省级公共机构节水型单位"称号。

2021 年，校团委在 2020 年度省直"五型"团（青）组织标准化建设工作中被评为示范团（青）组织。

2022 年，获评"湖南省'十四五'教育科学研究基地"。

2022 年，荣获第五届湖南省基础教育教学成果奖一等奖。

2022 年，荣获"第一批湖南省绿色学校创建示范单位"称号。

2022 年，荣获湖南省学校文化建设创新成果一等奖。

2022 年，荣获湖南省 2021 年度直属基层工会工作目标管理考评"综合工作先进单位"。

2023 年，荣获湖南省 2022 年度直属基层工会工作目标管理考评"综合工作先进单位"。

2023 年，荣获湖南省五一劳动奖状。

2023 年，荣获"2022 年湖南省'英才计划'工作优秀组织单位"称号。

2024 年，荣获"湖南省'书香校园'"称号。

2024 年，荣获"湖南省红色教育基地送培送教优秀组织单位"称号。

3. 2015 年以来学校获市级荣誉称号、奖项

2015 年，荣获"2014 年度长沙市中小学德育研究先进集体"称号。

2015 年，荣获长沙市中小学校大课间体育活动武术操（拳）比赛一等奖。

2015 年，荣获长沙市第二届"贝斯特"杯中学数学教师解题大赛高中组团体一

等奖。

2016年，获评"附中杯"武术段位赛推广贡献奖。

2016年，荣获长沙市第三届"贝斯特"杯中学数学教师解题大赛高中组团体一等奖。

2016年，荣获"2015年度高考考务工作优秀考点"称号。

2016年，荣获"长沙市武术工作突出贡献单位"称号。

2017年，荣获"2016年度高考考务工作优秀考点"称号。

2019年，荣获"2018年高考考务工作优秀考点"称号。

2020年，荣获"2019年度文明创建工作先进集体"称号。

2020年，荣获"长沙市'停课不停学'网络教学活动优秀单位"称号。

2020年，荣获"2019年高考考务工作优秀考点"称号。

2020年，荣获"2020年高考工作优秀考点"称号。

2020年，在2020年长沙市家风家教主题宣传暨家庭教育公益讲座活动中获评优秀组织奖。

2021年，荣获"2020年度建设更高水准全国文明城市工作先进集体"称号。

2021年，荣获"2021年度生活垃圾分类工作示范学校"称号。

2021年，荣获"2021年高考工作优秀考点"称号。

2022年，荣获"2021年度建设更高水准全国文明城市工作先进集体"称号。

2023年，荣获"2022年度长沙市教育系统文明创建工作先进集体"称号。

2023年，我校《以学科融合润心 让心灵之花绽放——心理健康教育与语文学科教学的融合案例》荣获2022年长沙市未成年思想道德建设优秀案例。

2023年，荣获"2022年高考工作优秀考点"称号。

2023年，我校《打造学校、家庭、社会育人协作体，落实全员育人》获长沙市中小学德育工作案例一等奖。

2023年，我校《从被服务到爱劳动》获长沙市中小学劳动教育典型案例二等奖。

4. 2015年以来学校获湖南师范大学荣誉称号、奖项

2016年，被评为湖南师范大学2015年度"安全维稳工作优秀单位"。

2018年，被评为湖南师范大学2015—2017年度"教书育人、管理育人、服务育人"先进集体。

2019年，被评为湖南师范大学2018年度"安全维稳工作优秀单位"。

2019年，被评为湖南师范大学2017—2019年度先进二级党组织。

2020年，在脱贫攻坚工作中作出重大贡献，记功。

2021年，被评为湖南师范大学2019—2021年度先进基层党组织。

2021 年，获湖南师范大学教职工红色经典歌曲传唱活动一等奖。

2023 年，获评湖南师范大学"2022 年度关工委工作活动立项总结评比"合格项目。

2024 年，我校心理发展中心被评为湖南师范大学 2021—2023 年度"教书育人、管理育人、服务育人"先进集体。

5. 2015 年以来学校获高校"优质生源基地"等称号一览表

称号	授牌时间/年
东南大学 2015 年优质生源基地	2015
东南大学 2015 年优质生源卓越贡献奖	2015
北京理工大学优秀生源基地	2016
东南大学 2016 年优质生源卓越贡献奖	2016
清华大学 2016 年优质生源中学	2016
上海财经大学优秀生源基地	2016
东北大学优秀生源基地	2017
对外经济贸易大学优质生源基地	2017
南京大学最佳生源基地	2017
上海大学优秀生源基地	2017
上海海事大学优秀生源基地	2017
中国农业大学生源基地	2017
香港中文大学（深圳）优质生源基地	2017
北京交通大学优质生源基地	2018
南开大学优质生源基地	2018
西南政法大学优秀生源基地	2018
云南大学优质生源基地	2018
北京语言大学优质生源基地	2019
大连海事大学优质生源基地	2019
国防科技大学优质生源基地	2019
湖南师范大学示范性教育实践基地	2019
吉林大学优质生源基地	2019
上海外国语大学优质生源基地	2019
西安交通大学卓越生源基地（2010—2019）	2019
浙江大学新时代人才培养战略伙伴中学	2019

续表

称号	授牌时间/年
中央财经大学优质生源基地	2019
重庆大学优秀生源基地	2019
南华大学优质生源基地	2020
南京信息工程大学生源基地	2020
上海科技大学优秀生源基地	2020
西安电子科技大学优秀生源基地	2020
西北工业大学生源基地	2020
北京工商大学优质生源基地	2021
哈尔滨工业大学机器人与人工智能青少年人才培养基地	2021
华中科技大学优质生源基地（2021—2023）	2021
兰州大学优秀生源基地	2021
南京邮电大学优质生源基地	2021
宁波诺丁汉大学优质生源基地	2021
清华大学 2021 年优质生源中学	2021
深圳大学优秀生源基地	2021
武汉大学拔尖创新人才培养基地（2021—2025）	2021
国防科技大学优质生源基地（2022—2023）	2022
首都师范大学优秀生源基地（2022）	2022
北方民族大学优质生源基地	2023
北京中医药大学优质生源基地	2023
复旦大学基础学科拔尖创新人才生源基地	2023
湖南师范大学优秀生源基地	2023
吉林大学优秀生源基地	2023
暨南大学优秀生源基地	2023
清华大学 2023 年优质生源中学	2023
厦门大学优质生源基地	2023
陕西师范大学优质生源基地	2023
西南财经大学优质生源基地	2023
湘潭大学优质生源基地	2023

续表

称号	授牌时间/年
北京大学博雅人才共育基地（2024—2026）	2024
北京师范大学-香港浸会大学联合国际学院优秀生源基地	2024
湖南第一师范学院优质生源基地	2024
吉林大学卓越生源基地	2024
江西财经大学优质生源基地	2024
南京大学优质生源基地	2024
清华大学2024年优质生源中学	2024
武警工程大学优质生源基地	2024
香港科技大学科技创新人才优质生源基地	2024
中国传媒大学优质生源基地	2024
香港中文大学（深圳）卓越生源基地	2024
北京师范大学优质生源基地	不确定
华东师范大学优质生源基地	不确定
北京外国语大学优质生源基地	不确定
华南理工大学优质生源基地	不确定
北京航空航天大学优质生源基地	不确定
四川大学优秀生源基地	不确定

学校成果志

1. 2015年以来学校各级各类教研教改成果、立项课题等一览表

（1）2015年以来学校获国家、省、市级奖励的主要教研教改成果一览表

教研教改成果名称	获奖等级	获奖年份	主要研究人员
基于新课程标准的地理高考改革与有效教学研究	第十九届长沙市"友谊教育科研奖"二级二等奖	2015	杨帆　向超　王全胜　徐冬阳　俞可平　谢鸿　唐泰清
湖南师大附中现代教育实验学校建设的实践与探索	第四届湖南省基础教育教学成果奖特等奖	2016	谢永红　曾少华　黄月初　樊希国　陈迪勋　左小青　陈胸怀　张胜利　郭在时　李志艳
湖南师大附中现代教育实验学校建设的实践与探索	第二届国家级教学成果奖二等奖	2018	谢永红　曾少华　黄月初　樊希国　陈迪勋　左小青　陈胸怀　张胜利　郭在时　李志艳
高中生社会责任感培养的校本路径研究	第四届湖南省教育科学研究优秀成果奖二等奖	2019	谢永红　郭在时
高中语文选修课学生个性的实现	第四届湖南省教育科学研究优秀成果奖三等奖	2019	吴音莹
高中生社会责任感培养的校本路径研究	第二十三届长沙市"友谊教育科研奖"二级二等奖	2019	谢永红　郭在时
培养青年教师学识的举措——以湖南师范大学附属中学生物组青年教师的培养为例	第二十三届长沙市"友谊教育科研奖"二级三等奖	2019	汪训贤　杨群英
为了独一无二的你——高中班主任教育手记	第二十四届长沙市"友谊教育科研奖"二级二等奖	2020	黄雅芩
育人方式改革：全员育人理论与校本实践探索	第五届湖南省基础教育教学成果奖特等奖	2022	谢永红　黄月初　苏建祥　刘进球　黄雅芩　吴卿
普通高中研究型教师校本培养创新实践探索	第五届湖南省基础教育教学成果奖一等奖	2022	谢永红　黄月初　李春莲　苏建祥　杨帆　陈胸怀　刘进球　左小青　吴卿　黄宇鸿　何宗罗　汪训贤

续表

教研教改成果名称	获奖等级	获奖年份	主要研究人员
育人方式改革：全员育人理论与校本实践探索	第二十六届长沙市"友谊教育科研奖"二级一等奖	2022	谢永红　黄月初　苏建祥 刘进球　黄雅芩　吴　卿 杨　帆　袁建光　李　钊 莫　晖　管若婧　周鹏之
基于高中生积极心理品质培养的校本研究	第五届湖南省教育科学研究优秀成果奖一等奖	2023	黄月初
为了独一无二的你——高中班主任教育手记	第五届湖南省教育科学研究优秀成果奖三等奖	2023	黄雅芩
基于高中生积极心理品质培养的校本研究	第二十七届长沙市"友谊教育科研奖"二级二等奖	2023	黄月初　陈迪勋　李志艳 左小青　袁春龙　吴　卿
新高考背景下选课走班体系构建与实践研究	第二十七届长沙市"友谊教育科研奖"二级三等奖	2023	苏建祥　黄宇鸿　李小军 朱修龙　周大勇　吴　卿 李海汾　陈淼君　殷艳辉 陈　浩　周　娈　成子通
普通高中研究型教师校本培养创新实践探索	2022年基础教育国家级教学成果奖二等奖	2023	谢永红　黄月初　李春莲 苏建祥　杨　帆　陈胸怀 刘进球　左小青　吴　卿 黄宇鸿　何宗罗　汪训贤

（2）2015年以来学校教师主持的国家级、省级立项课题一览表

课题批准号	课题名称	课题类别	主持人	课题组成员
21JGWT0027	基础教育阶段劳动教育过程性评价框架研究	2021年度教育部教育管理与改革专项课题（子课题）	谢永红	黄月初　苏建祥　李晓玲 徐　惠　刘进球　吴　卿 李　钊　温　宇　朱修龙 向　超　夏　旺　曹　怡 易　冰　李　军　齐学军 吴　菲　李云虎　张冰洁
—	普通高中以学生为中心的管理与服务机制研究	《未来学校2020指南》研究课题	罗培基	李文昭　左小青　张宇红 周大勇　李师力　彭　琳 管若婧　谭卫泽　韩　姿 邓　刚
XJK20JCZD11	稳妥推进综合素质评价在新高考招生中落地的建设	2020年度决策咨询专项省级重大资助课题（子课题）	黄月初	苏建祥　蔡任湘　吴　卿 李　钊　黄宇鸿　刘进球 蔡忠华　黄雅芩　李志艳 袁春龙　徐凡训　万红梅

续表

课题批准号	课题名称	课题类别	主持人	课题组成员
XJKX19A151	示范性高中师德师风建设校本研究	基础教育协会重点课题	李春莲	伏炎安　向　阳　叶越冬　周　銮　左小青　谭　伟　杨晓春　周　琼　莫　晖　黄宇鸿　吴　卿　李　钊　李智敏　李文昭　邓　刚
18XM1826009ZB	新高考背景下CAP课程"一体化"教学实践研究	中国教育学会教育科研专项课题一般课题	谢永红	樊希国　苏建祥　蔡任湘　黄宇鸿　黄国强　熊进道　欧阳荐枫　向　超　罗　章　谭天俊　李　栋　吴　乐
Z2023181	拔尖创新人才小中大贯通式培养实践探索	2023年度湖南省基础教育教学改革重点项目	谢永红	李湘黔　黄　俊　江　腾　朱昌明　黄　钢
Z2023055	中学劳动教育课程评价体系构建的探索与实践	2023年度湖南省基础教育教学改革重点项目	黄月初	李　钊　吴　卿　吴　菲　李云虎　张冰洁
Y20230575	教学评一体化视域下的高中语文单元教学实施研究	2023年度湖南省基础教育教学改革一般项目	陈　超	李小军　江　腾　陈　浩
Z2024186	指向思维进阶的科学语言教学	2024年度湖南省基础教育教学改革重点项目	郭在时	向　超　李海汾　刘国彬　熊进道
Y2024943	核心素养导向下构建体育与健康学科"运动教育"课程体系的应用研究	2024年度湖南省基础教育教学改革一般项目	邓轶轩	廖　强　潘洪飚　谭　伟　黄立夫　张　蕾
—	构建拔尖创新人才早期培养体系的实践探索	湖南省首届基础教育创新案例	谢永红	黄月初　苏建祥　廖　强　黄宇鸿　李湘黔　谭　伟　李　钊　刘进球　向　超　管若婧
SM241397	中国传统科技文化的教育创造性转化和创新性发展研究	湖南省新时代基础教育名师名校长培养计划2023年专项课题省级重点资助课题	李湘黔	马顺存　覃金安　覃孔敏　罗崇会　曾绍炜　侯小丽　周华蝶　向　勇

续表

课题批准号	课题名称	课题类别	主持人	课题组成员
SM241503	指向核心素养的中学地理实践"三层三类"课程体系构建与实施研究	湖南省新时代基础教育名师名校长培养计划2023年专项课题省级重点资助课题	向 超	彭建锋 吴海霞 房 磊 刘 红 李维珍 龙桂兰 罗崇主 向金凤 王敏慧 蒋序春 杨 婷 肖雨琳 宋泽艳 杨 夏 祝 航 陈 媛 赵璐琳 张 琳 陈柳逸 徐冬阳 吴 敏 向学武 马煜琪
JCJY1902	湖南省中学心理健康教育的现状及体系构建研究	湖南师范大学2019年基础教育教学改革研究项目学校资助项目	黄月初	左小青 彭 健 冯永辉 吴耀明 阎 平 沈喜华 李志艳 胡 艳 易 婷 谭春斌
JCJY1905	基于STEM教育的中小学综合实践课程研究	湖南师范大学2019年基础教育教学改革研究项目学校资助项目	李湘黔	曾 志 贺 俊 龙云开 袁智强 熊婧媛 熊举峰 禹玲玲 邹书云 李 丹 廖声斌
JCJY1906	中学化学拔尖创新人才培养体系的构建与实践	湖南师范大学2019年基础教育教学改革研究项目学校资助项目	苏建祥	曾佑林 蔡忠华 李志强 梁 云 陈 超 景一丹
JCJY1910	基于"两馆一山"平台的中学地理研学旅行探究	湖南师范大学2019年基础教育教学改革研究项目学校资助项目	杨 帆	谭长银 朱隆帅 吴海霞 张 磊 房 磊 旷江玲 周文元 吴 敏 欧芙容 赵 越 范丹蓉 钟 万
—	推进中小学劳动教育综合育人的理论与实践研究	中国教育学会教育科研规划课题	谢永红	苏建祥 廖 强 李 钊 朱修龙 向 超 温 宇 吴 菲 陆 稳 马正扬 罗鹏飞 刘国彬 张冰洁 李云虎 管若婧
AEA200013	中西部地区推进高考综合改革研究	国家社科基金教育学重大重点课题（子课题）	黄月初	谢永红 苏建祥 陈胸怀 杨 帆 彭荣宏 刘进球 夏育华 齐学军 彭书敏 彭景富 黄初俊 谢从丰 李 洋
XJK016AZXX002	基于五大发展理念的现代社区学校建设	省级重点资助课题	刘新芝	陈胸怀 常力源 伍秋阳 许金陵 罗爱斌 史志龙 肖 强 王全胜 舒 波 曾志斌 鲁 荣 匡 锋 王志敏 刘 驰 张汉晋

续表

课题批准号	课题名称	课题类别	主持人	课题组成员
XJK016QZXX006	高中语文校本选修课程优化设计研究	省级青年资助课题	吴音莹	厉行威　刘海涛　丁中一 陈　超　李　钊
XJK17BZXX018	中学生化学学科核心素养发展的课堂教学实践研究	省级一般资助课题	肖鹏飞	黄兴若　周泽宇　熊　娟 邓建安　殷艳辉　王　建 张亚文　李　莉　苏文权 李辉明　曾友良　黄志明 黄敏洁　吴建新　汤建辉
XJK18AJC0005	研究型高中建设的校本探索与实践	省级重点资助课题	谢永红	黄月初　陈迪勋　苏建祥 左小青　刘进球　姜小明 吴　卿　汪训贤　管若婧
XJK19JJC002	示范性高中研究型教师的内涵、价值与培养途径研究	省重大委托课题（基地专项课题）	谢永红	黄月初　樊希国　杨　帆 黄国强　袁建光　厉行威 杨群英　管若婧　周鹏之
XJK19AJC008	新时代教育背景下研学旅行课程创新与劳动实践育人机制研究	省重点资助课题	刘国彬	杨群英　向　超　欧希良 李　珊　杨　婷　朱昌明 李　钊　朱　皓　周育苗 吴　敏
XJK19CJC005	普通高中中华优秀传统文化教育的语文课程构建与实施研究	省级一般资助课题	厉行威 欧阳荐枫①	李新霞　莫　晖　吴音莹 谢兰萍　刘海涛　杨　茜 李显亮　陈　超　丁中一 李　钊　张　婷　谭天俊 李香斌　杨晓春
XJK20ZDJD14	新时代示范性高中师德师风建设校本研究	研究基地重大资助专项课题	李春莲	伏炎安　向　阳　叶越冬 周　娈　左小青　谭　伟 杨晓春　周　琼　莫　晖 黄宇鸿　吴　卿　李　钊 李智敏　李文昭　邓　刚
XJK20BJC047	普通高中学生生涯发展规划教育研究	省级一般资助课题	黄月初	袁春龙　李志艳　左小青 李　浩　温　宇　向　阳 彭建锋　周育苗　齐学军 彭景富　彭书敏　刘战友 刘勋才　管若婧
XJK20BJC056	基于中学生数学核心素养发展的深度学习研究	省级一般资助课题	赵优良	朱修龙　苏　林　谢美丽 彭　熹　陈家烦　于杰延 陆　稳　黄　钢　黄淑良 杨章远　张湘君　罗亮飞

---

① 两位课题主持人系前一位主持人退休或调离本单位后，由第二位主持人主持课题。下表同。

续表

课题批准号	课题名称	课题类别	主持人	课题组成员
XJK20CTW022	示范性高中体育作业的设计与实施研究	省级一般资助课题	李碧慧	杨伯群　黄立夫　邓轶轩 青　丹　吴　忧　刘志献 张　轻　蒋大清　汤　彬 廖凌智　周景绩　周星秀 尹庆元　刘嘉琪　徐华华
XJK016BZXX061	生命视域下中学校园武术的创新模式与长效机制研究	省级一般资助课题	谭　伟	黄月初　左小青　邓　素 孙洪涛　张　志　张继生 刘　炜　曾仲明　尹庆元 左文霞　王　恋
XJK20CJC010	新高考背景下"以读促写"在高中英语教学中的应用研究	省级一般资助课题	甘智英	尹一兵　邓　慧　童　心 雍　琼　周　彦　王春梅 胡玲玲　张　添　甘舒展 方　煦　徐　洁　朱红莉 尹绍锋　赵　以
XJK021CJC010	新教材背景下高中物理实验教学数字化实践研究	省级一般资助课题	马顺存	熊举峰　刘建军　杨一鸣 唐利辉　罗　章　李昕玲 刘　风　曾　心　张日东 彭　凯　张　容　龚高文 卢宇梦
XJK22ZDJD36	核心素养视域下普通高中人本课程体系构建与实施研究	省重大委托课题（基地专项课题）	谢永红	黄月初　黄宇鸿　刘进球 李　钊　朱修龙　向　超 李湘黔　陈淼君　黄　俊 李小军　周　娈
XJK22AJC005	新时代中学生健康生活素养提升校本项目设计和实践研究	省级重点资助课题	杨群英	周　娈　向　阳　朱昌明 黄立夫　李志艳　宁　静 赵彩凤　田静乐　陈　晓 贺　俊　郭勇辉
XJK22QJC005	基于教学评一体化视角的高中语文阅读教学实施研究	省级青年资助课题	陈　超	刘　婧　刘　芳　杨　茜 李小军　刘海涛　闵　娟 李　栋　肖　瑜　刘　倩 邓雅云
XJK22CTW027	示范性高中体育与健康运动技能模块课体能练习计划的设计与实施研究	省级一般资助课题	邓轶轩	潘洪彪　谭　伟　黄立夫 李碧慧　汤　彬　张　轻 尹庆元　张　蔷　廖凌志 吴　忧　周星秀　刘嘉琪 徐　柳　夏　燧　肖　炼 王臻臻　骆　杨
XJK23AJD038	基于教学评一体化视角的中学"三导四学"教学实践研究	省重大委托课题（基地专项课题）	苏建祥	黄宇鸿　朱修龙　陈淼君 陈　超　殷艳辉　彭建峰

续表

课题批准号	课题名称	课题类别	主持人	课题组成员
XJK23AJD037	新时代普通高中课程思政背景下学科融通育人的校本探索	省重大委托课题（基地专项课题）	黄雅芩	黄月初　向　超　李　钊　谭　伟　蒋平波　李显亮　唐建祥　李志艳　周　娈　吴　燕　周雅珊　杨　夏　李云虎　袁　茜
XJK24AJD037	普通高中研究型青年教师"修学教研评一体化"校本培养研究	省级重点资助课题（基地专项课题）	黄月初	—
XJK24AJD038	湖南师大附中"人本课程"体系下德育活动课程体系的构建与实施	省级重点资助课题（基地专项课题）	廖　强	—
XJK24BJC014	大单元视域下高中语文思辨写作教学实践研究	省级一般资助课题	肖　莉	—
XJK24CJC009	基于地理实践力培养的校本研学课程开发与实践研究	省级一般资助课题	肖雨琳	—

（3）2015年以来学校教师主持的市级立项课题一览表

课题批准号	课题名称	课题类别	主持人	课题组成员
CJK2018001	新高考背景下的选课走班与学科教学研究	市级重大招标课题	苏建祥	刘进球　欧阳荐枫　徐凡训　刘淑英　刘　熠　殷艳辉　黄国强　李志艳　吴　卿　黄宇鸿　杨　帆　周大勇
CJK2018069	探索新课程改革背景下普通高中学科拔尖创新学生的培养模式——以地理学科为例	市级一般资助课题	向　超	邹邵林　刘玉岳　朱丰年　谭　莎　陈克剑　吴　敏　彭建锋　杨　婷　肖雨琳　祝　航　杨　夏　宋泽艳　朱隆帅
CJK2019030	高一学生数学学习适应性问题及心理干预对策研究	市级一般资助课题	邓　云	辛继湘　黄月初　左小青　徐凡训　李昌平　肖　婕　张汝波　舒　玻　李志艳　袁春龙　刘伟才　彭晓红　李玉敏

续表

课题批准号	课题名称	课题类别	主持人	课题组成员
CJK2020006	高中生物学新教材实验指导微课的校本开发	市级重点资助课题	易任远	贺淑兰　徐学君
CJK2021078	中学思政课部编版教材学段特点及一体化教学研究	市级一般资助课题	黄治清	蒋平波　刘洪宇　熊　珊 朱　彦
CJK2022017	基于地理核心素养的高中地理情境式教学策略研究	市级一般资助课题	彭建锋	刘玉岳　杨　帆　向　超 肖雨琳　陈克剑　杨　夏 吴　敏　罗梓维　张　琳 陈柳逸
CJK2023001	认知诊断视角下指向学习进阶的高中化学概念教学研究	市级重点资助课题	蒋艳云	胡久华　殷艳辉　明正球 蒋培杰　邓　鹏
CJK2024017	跨学科视角下高中生全面性教育课程开发与实践研究	市级一般资助课题	陈佳健	陈佳健　宁　静　周　娈 袁春龙　陈贵劲　李凌智

（4）2015 年以来学校教师主持的校级立项课题一览表

课题批准号	课题名称	课题类别	主持人	课题组成员
FZJK19A01	核心素养视域下人本课程体系的构建	重点课题	黄国强 朱修龙	蔡任湘　黄宇鸿　吴　卿 熊进道　汪训贤　杨　帆 杨群英
FZJK19A02	湖南师大附中智慧学院建设与研究	重点课题	周大勇	谢武龙　雷　晟　许　力 李淑平　刘明春　孙　沅 刘军林　熊　笛　王　辉 沈迪聪
FZJK19A05	高中语文阅读教学中批判性思维培养的实验与研究	重点课题	李新霞 谢兰萍	谢兰萍　李显亮　吴音莹 厉行威　刘海涛　刘　芳 田　芳
FZJK19B06	高中语文小说整本书阅读的教学实践	青年课题	陈　超	李新霞　厉行威　吴音莹 肖　莉　李显亮　李香斌 杨　茜　刘海涛　兰海波 李　钊　丁中一　张　婷 高慧雯　吴苗苗

续表

课题批准号	课题名称	课题类别	主持人	课题组成员		
FZJK19A09	基于微信生态下高中数学微学习资源设计与应用研究	重点课题	朱修龙	张 宇 贺仁亮 苏 林 刘东红	李昌平 吴锦坤 谢美丽 张湘君	徐凡训 王朝霞 陈淼君 黄 钢
FZJK19B10	高中生国家认同教育研究——以湖南师大附中为例	青年课题	蒋平波	唐海燕 韩秀莲 吴 卿	黄治清 陈 兵 游淑雲	李 度 曾志斌 杨玉茜
FZJK19A11	基于新时代教育背景下高中历史研究型课程自主学习导学案开发与实践研究	重点课题	刘丽珍	刘国彬 李 勇 周育苗 陈胸怀 伏炎安	黄雅芩 李 珊 谢 良 黄宇鸿	谌湘蓉 朱 皓 成子通 袁建光
FZJK19A12	基于核心素养的高中物理实验课程开发与实施研究	重点课题	何宗罗	张光新 周 曼 杨一鸣 王海波 杨 飞	刘 静 王 超 何彦君 王璐珠	宋铁柱 马顺存 李 兰 蒋碧蓉
FZJK19A13	物理创新拔尖型学生多元培养实践研究	重点课题	彭知文	刘 熠 郭志君 成志强 刘玉琴	袁江涛 罗 章 刘建军 杨有志	陈国荣 潘高扬 李昕玲 刘旭华
FZJK19A14	高中化学自主学习课程的进阶研究	重点课题	周泽宇	樊希国 张比学 彭 涛	苏建祥 明正球	刘惠平 刘冉旭
FZJK19A15	新高考选课制背景下化学学科教学实践与研究	重点课题	殷艳辉	樊希国 蔡中华 陈子菊 曾友良	肖鹏飞 曹奉洁 雍湘鹏	周泽宇 秦 飞 喻 永
FZJK19A16	高中生物研究型校本课程"健康生活"的开发与实施	重点课题	杨群英	向 阳 周 娈 曾志敏	黄国强 朱昌明 李隽之	彭青春 彭 草 罗 娟
FZJK19A17	校园植物的科学探究与人文关注	重点课题	彭 娟	黎维平 王 勇 易任远 贺淑兰	汪训贤 冯建国 贺 俊 陈佳健	李尚斌 吴晓红 黄 俊
FZJK19B18	2019年人民教育出版社高中生物新教材实验指导微课的校本化开发	青年课题	易任远	贺淑兰	徐学君	

续表

课题批准号	课题名称	课题类别	主持人	课题组成员
FZJK19B19	研究型高中体育与健康课程球类模块课专门性体能的创新研究	重点课题	邓轶轩	汤彬 李碧慧 廖凌志 吴忧 黄立夫 周星秀 周景绩
FZJK19B20	高中素质教育舞蹈中的美育定位	青年课题	熊康	王印英 龙松青 陶浪宏 朱芳芳 周素梅
FZJK19B21	普通高中心理健康教育校本课程开发与实施研究	青年课题	李志艳	黄月初 左小青 袁春龙 吴卿 邓云 谢兰萍 万红梅 熊威
FZJK22B02	高中数学教师有声教学语言的比较研究——基于学生满意度的视角	青年课题	张湘君	蒋培杰 曹露露 曾星星 蒋宁波 吴乐 邓超 吴雪飞
FZJK22B03	指向深度学习的高中数学新教材课后习题的实践研究	青年课题	杨章远	赵优良 陈淼君 曹菲菲 王丹 周煌 吴瑶 李玲 孙瑶
FZJK22B04	基于大观念的高中英语单元整体教学实施路径研究	青年课题	邓慧	罗晓雯 何畅舒 肖恩宇 吴燕 刘雄昆 文馨 蔡蕴鑫
FZJK22B05	基于教学评一体化的高中政治学科教学过程性评价研究	青年课题	温宇	蒋平波 黄治清 唐海燕 李度 陈兵 曾志斌 杨征宇 吴卿 杨玉茜 游淑雲 谢小超 李云虎 李汨洵
FZJK22B06	教学评一体化视野下中学历史"三导四学"教学实践研究	青年课题	朱皓	刘国彬 陈胸怀 黄宇鸿 黄雅芩 谌湘蓉 袁建光 李勇 伏炎安 李珊 唐建祥 陈丹敏 许萍 周育苗 谢良 成子通 张冰洁 陈瑶 张云礼
FZJK22B07	高中课堂地理实践力培养"教—学—评"一体化实践研究	青年课题	杨夏	杨婷 吴敏 陈嫒 宋泽艳 张琳 陈柳逸
FZJK22B08	高中物理新教材的概念教学策略研究	青年课题	李昕玲	王璐珠 王海波 李响 刘凤 曾心 唐利辉
FZJK22A09	基于深度学习的高中物理"教学评一体化"的课堂教学实践研究	重点课题	李兰	唐利辉 卢泽林 吴丽雄 王慧芳 胡天琛 张海翔

续表

课题批准号	课题名称	课题类别	主持人	课题组成员
FZJK22B10	"三导四学"理念在高三化学教学中的实践研究	青年课题	刘冉旭	苏建祥　殷艳辉　蒋艳云 曾友良　李　莉　雷光华 许　诺　颜以晴　雍湘鹏 邓　鹏
FZJK22B11	指向深度学习的主线式情境教学法在高中生物大单元教学中的应用研究	青年课题	周　娈	李　慧　谢武锦　陈宇星 刘忠诚　吴宇翔
FZJK22A12	新课标视域下高中古诗词歌曲演唱教学实践研究	重点课题	郑　喜	唐　德　周文涛　邓　超 童　憬　党　琦　刘颖婷 金刘博文　胡　筠
FZJK22B13	普通高中技术类课程模块化教学的实践与研究	青年课题	孙　沅	孙　沅　周大勇　罗鹏飞 谌跃飞　雷冬旭　许　力 颜　莹　黄　坚　石胜兵 户建坤

2. 2015 年以来学校教师参加国家级、省级、市级教学竞赛获奖情况一览表

（1）2015 年

获奖人	获奖等级	级别	奖励单位
祝　航	全国第二届湘教版地理教材教学竞赛一等奖第一名	国家级	中国教育学会地理教学专业委员会
李　珊	全国历史（高中组）评比优质课	国家级	中国教育学会历史教学专业委员会
贺　俊	第三届全国中小学实验教学说课活动一等奖	国家级	中国教育装备行业协会
谌跃飞	第十二届全国普通高中通用技术课程实验工作会议一等奖	国家级	教育部基础教育课程改革南京师范大学研究中心
吴　卿	中小学德育研究分会中学德育课堂观摩展示培训活动一等奖	国家级	中国教育学会中小学德育研究分会
杨　夏	湖南省中学地理教学竞赛一等奖	省级	湖南省教育科学研究院

续表

获奖人	获奖等级	级别	奖励单位
刘冉旭	湖南省化学新课程实验教学数学设计大赛一等奖	省级	湖南省教育科学研究院
陈子菊	湖南省基础教育微课大赛二等奖	省级	湖南省教育科学研究院
周育苗	湖南省历史教学竞赛一等奖	省级	湖南省教育科学研究院
罗 娟	湖南省中学生物微课竞赛二等奖	省级	湖南省教育科学研究院
杨章远	湖南省中学数学教师解题比赛高中组特等奖	省级	湖南省教育学会中学数学教学研究专业委员会
黎映莲	湖南省中学物理青年教师教学大赛一等奖	省级	湖南省教育科学研究院
吴 卿	中学思想政治（品德）优质录像课评选一等奖	省级	湖南省教育科学研究院
吴 卿	湖南省首届中学思想品德（政治）微课竞赛活动一等奖	省级	湖南省教育科学研究院基础教育研究所
孙 沅	湖南省基础教育微课大赛一等奖	省级	湖南省教育科学研究院
朱 皓	湖南省基础教育微课大赛一等奖	省级	湖南省教育科学研究院
黄 俊	中南六省（区）中学生物教学竞赛一等奖	省级	中南六省（区）生物教学研究专业委员会组委会
周育苗	长沙市历史教学竞赛一等奖	市级	长沙市教育科学研究院
刘 芸	长沙市中学数学片段教学二等奖	市级	长沙市教育科学研究院
吴 忧	长沙市体育与健康教学评优一等奖	市级	长沙市教育局

（2）2016 年

获奖人	获奖等级	级别	奖励单位
邓轶轩	全国十四城市首届室内体育课技能教学录像课评优活动三等奖	国家级	中国教育学会体育与卫生分会

续表

获奖人	获奖等级	级别	奖励单位
黎映莲	第五届全国中学物理名师教学大赛初中组一等奖	国家级	中国教育学会物理教学专业委员会
杨章远	湖南省中学数学教师解题比赛高中组特等奖	省级	湖南省教育学会中学数学教学研究专业委员会
柳　叶	湖南省高中数学"核心概念"微课数学设计和视频评比活动一等奖	省级	湖南省教育厅
何艳君	湖南省中学物理青年教师教学竞赛活动一等奖	省级	湖南省教育科学研究院
李昕玲	湖南省中小学优秀自制教具展评活动一等奖	省级	湖南省教育厅
李显亮	湖南省高中语文课堂教学竞赛一等奖	省级	湖南省教育科学研究院
刘　婧	"一师一优课"省级优课	省级	中央电化教育馆
李显亮	"一师一优课"省级优课	省级	中央电化教育馆
马正扬	"一师一优课"省级优课	省级	中央电化教育馆
陈克剑	湖南省高中地理课堂教学竞赛一等奖	省级	湖南省教育科学研究院
陈丹敏	长沙市中学历史课堂教学竞赛一等奖	市级	长沙市教育科学研究院
彭莎莎	衡阳市中小学美术微课大赛一等奖	市级	衡阳市教育学会、衡阳市教育科学研究所
杨旭东	长沙市高中数学教师"数学核心概念"教学设计与片断教学大赛特等奖	市级	长沙市教育科学研究院、长沙市数学学会
贺祝华	长沙市高中数学解题能力大赛一等奖	市级	长沙市教育科学研究院
谌跃飞	长沙市通用技术学科微课比赛一等奖	市级	长沙市教育科学研究院
孙　骏	长沙市第二届物理教师解题比赛特等奖	市级	长沙市教育科学研究院
杨玉茜	长沙市政治教学竞赛一等奖	市级	长沙市教育科学研究院

（3）2017 年

获奖人	获奖等级	级别	奖励单位
向阳	全国中小学实验教学说课活动实验教学能手金质奖章	国家级	中国教育装备行业协会、中国教师发展基金会
邹瑜	第五届"华夏杯"全国物理教学创新大赛一等奖	国家级	全国高等物理教育研究会
陈媛	湖南省地理教学竞赛一等奖	省级	湖南省教育科学研究院
陈媛	湖南省中小学教师信息技术与学科融合特等奖	省级	湖南省教育厅
彭莎莎	湖南省中小学美术教学竞赛一等奖	省级	湖南省教育科学研究院
彭莎莎	湖南省"一师一优课、一课一名师"省级优课	省级	湖南省教育厅
周娈	湖南省高中生物青年教师课堂教学竞赛一等奖	省级	湖南省教育科学研究院
周娈	中南六省（区）中学生物教学竞赛一等奖	省级	中南六省（区）生物教学研究专业委员会组委会
易任远	湖南省中学生物实验技能大赛一等奖	省级	湖南省教育厅
马顺存	湖南省中学物理教师实验能手大赛一等奖	省级	湖南省教育厅
李志艳	湖南省普通高中心理健康教育优质课大赛一等奖	省级	湖南省教育科学研究院
杨玉茜	湖南省中学德育课程教学风采展示大赛一等奖	省级	湖南省教育科学研究院
陈超	湖南省"国培计划"作文示范课	省级	湖南师范大学文学院
陈小龙	湖南省高中生物青年教师课堂教学竞赛一等奖	省级	湖南省教育科学研究院
陈克剑	湖南省高中地理教学研讨示范课	省级	湖南省教育科学研究院
刘冉旭	长沙市普通高中化学优质课评比二等奖	市级	长沙市教育科学研究院
陈子菊	长沙市片段教学比赛二等奖	市级	长沙市教育科学研究院
彭莎莎	衡阳市中小学优质课大赛一等奖	市级	衡阳市教育科学研究院

续表

获奖人	获奖等级	级别	奖励单位
邹 瑜	长沙市高中物理课堂教学大赛一等奖	市级	长沙市教育科学研究院
邓 慧	长沙市杨捷英语名师工作室演讲比赛特等奖	市级	长沙市名师工作领导小组办公室
朱 皓	长沙市课堂教学竞赛一等奖	市级	长沙市教育科学研究院

（4）2018 年

获奖人	获奖等级	级别	奖励单位
明正球	全国高中化学课堂教学展示与观摩现场教学示范课	国家级	中国教育学会
曾友良	全国中小学实验教学说课活动实验教学能手	国家级	中国教育装备行业协会、中国教师发展基金会
刘 静	全国中小学实验教学说课活动实验教学能手金质奖章	国家级	中国教育装备行业协会、中国教师发展基金会
陈 超	第十三届全国语文教师"四项全能"竞赛教学课件一等奖	国家级	华中师范大学、语文教学与研究杂志社
陈 超	第十三届全国语文教师"四项全能"竞赛教学方案一等奖	国家级	华中师范大学、语文教学与研究杂志社
朱昌明	全国中小学实验教学说课活动实验教学能手	国家级	中国教育装备行业协会、中国教师发展基金会
肖雨琳	湖南省地理教学竞赛活动课堂教学一等奖	省级	湖南省教育科学研究院
明正球	湖南省化学课堂教学比赛一等奖	省级	湖南省教育科学研究院
雍湘鹏	湖南省中学化学教师实验能手大赛高中组一等奖	省级	湖南省教育厅
姜平贵	湖南省中小学教师实验说课活动高中化学组一等奖	省级	湖南省教育厅
彭莎莎	湖南省第八届中小学美术教师基本功比赛一等奖	省级	湖南省教育科学研究院
罗 娟	湖南省中小学教师实验教学说课活动高中生物组一等奖	省级	湖南省教育厅
欧阳普	湖南省微课堂教学大赛一等奖	省级	湖南省教育科学研究院

续表

获奖人	获奖等级	级别	奖励单位
刘 玲	湖南省微课与课件比赛一等奖	省级	湖南省教师教育学会、湖南省中小学教师发展中心
李 钊	湖南省高中语文教师专业素养竞赛一等奖	省级	湖南省教育科学研究院
胡美秀	湖南省中小学教师微课竞赛一等奖	省级	湖南省教师教育学会、湖南省中小学教师发展中心
彭莎莎	衡阳市中小学美术写生创作评比一等奖	市级	衡阳市教育学会、衡阳市教育科学研究院
陈佳健	长沙市高中生物优秀课评比一等奖	市级	长沙市教育科学研究院
贺祝华	长沙市张宇数学名师工作室说题比赛特等奖	市级	长沙市张宇数学名师工作室
游淑雲	长沙市中小学建设学习贯彻党的十九大精神"特色示范课堂"评比一等奖	市级	长沙市教育局
游淑雲	长沙市中学思想政治（道德与法治）教师教学风采大赛一等奖	市级	长沙市教育科学研究院
袁春龙	长沙市中小学心理健康教育活动课一等奖	市级	长沙市教育科学研究院

（5）2019 年

获奖人	获奖等级	级别	奖励单位
周 曼	全国中小学实验教学说课活动实验教学能手	国家级	中国教育装备行业协会、中国教师发展基金会
何艳君	仝国中小学实验教学说课活动实验教学能手金质奖章	国家级	中国教育装备行业协会、中国教师发展基金会
刘冉旭	湖南省化学教学和实验创新展评示范课	省级	湖南省教育科学研究院
吴 瑶	湖南省化学教学和实验创新展评示范课	省级	湖南省教育科学研究院
陈丹敏	湖南省中小学（幼儿园）在线集体备课大赛一等奖	省级	湖南省教育厅

续表

获奖人	获奖等级	级别	奖励单位
谌湘蓉	全国部分大学附属中学教学协作体公开课	省级	山东省教育厅
谌湘蓉	湖南省历史课堂教学一等奖	省级	湖南省教育科学研究院
李隽之	湖南省高中生物教学暨研讨活动优质课	省级	湖南省教育科学研究院
欧阳普	湖南省高中数学核心概念教学设计比赛暨微课展示评比活动一等奖	省级	湖南省教育学会中学数学教学研究专业委员会
黄立夫	第八届全国中小学优秀体育和健康教育课教学观摩展示活动湖南省推荐课程	省级	湖南省教育科学研究院
李 兰	湖南省物理青年教师赛课一等奖	省级	湖南省物理学会、湖南省教育科学研究院
宋铁柱	全省中小学教师实验说课活动高中物理组一等奖	省级	湖南省教育厅
李 钊	第十五届全国语文教师"四项全能"竞赛一等奖	省级	华中师范大学文学院、语文教学与研究杂志社
肖 莉	湖南省第一届青年教师教学竞赛一等奖	省级	湖南省教育厅、湖南省总工会
温 宇	湖南省中学思政课教师"立德树人"教学风采竞赛一等奖	省级	湖南省教育厅
张云礼	湖南省中小学（幼儿园）教师在线集体备课大赛一等奖	省级	湖南省教育厅
罗 娟	高中生物教学研讨会教学设计说课一等奖	市级	长沙市教育科学研究院、长沙市中学生物教学专业委员会等
罗 娟	高中生物教学研讨会原创题说课二等奖	市级	长沙市教育科学研究院、长沙市中学生物教学专业委员会等
杨旭东	长沙市"星城杯"教师教学竞赛一等奖	市级	长沙市教育局、长沙市总工会
温 宇	长沙市中学思政课教师"立德树人"教学风采竞赛一等奖	市级	长沙市教育科学研究院
刘智明	长沙市初中语文教师微课教学二等奖	市级	长沙市教育科学研究院、长沙市教育学会中学语文教学专业委员会

（6）2020 年

获奖人	获奖等级	级别	奖励单位
罗 娟	全国中小学实验教学说课活动实验教学能手	国家级	中国教育装备行业协会、中国教师发展基金会
张 婷	第十五届全国语文教师"四项全能"竞赛"四项全能教师"称号	国家级	华中师范大学、语文教学与研究杂志社
闵 娟	第十五届全国语文教师"四项全能"竞赛教学方案一等奖	国家级	华中师范大学、语文教学与研究杂志社
闵 娟	第十五届全国语文教师"四项全能"竞赛教学论文二等奖	国家级	华中师范大学、语文教学与研究杂志社
闵 娟	第十五届全国语文教师"四项全能"竞赛教学课件二等奖	国家级	华中师范大学、语文教学与研究杂志社
邓莉玲	第十五届全国语文教师"四项全能"竞赛教学课件一等奖	国家级	华中师范大学文学院、语文教学与研究杂志社
邓莉玲	第十五届全国语文教师"四项全能"竞赛教学方案一等奖	国家级	华中师范大学文学院、语文教学与研究杂志社
刘 倩	第十五届全国语文教师"四项全能"竞赛教学方案一等奖	国家级	华中师范大学文学院、语文教学与研究杂志社
刘 倩	第十五届全国语文教师"四项全能"竞赛教学课件一等奖	国家级	华中师范大学文学院、语文教学与研究杂志社
陈丹敏	湖南省中小学（幼儿园）教师在线集体备课大赛一等奖	省级	湖南省教育厅
谌湘蓉	湖南省骨干教师培训展示优秀课	省级	湖南省教育科学研究院
周 娈	湖南省中小学教师发展中心省培项目示范课	省级	湖南省中小学教师发展中心
戴子丹	湖南省教育委员会录像课一等奖	省级	湖南省教育委员会

续表

获奖人	获奖等级	级别	奖励单位
袁春龙	湖南省中小学心理健康教育教师专业能力竞赛一等奖	省级	湖南省教育厅
杨玉茜	首届全国高中思想政治议题式教学设计大赛一等奖	省级	陕西师范大学基础教育研究院
熊 珊	首届全国高中思想政治议题式教学设计大赛二等奖	省级	陕西师范大学基础教育研究院
彭 草	湖南省抗击新冠肺炎线上教学高三生物示范课	省级	湖南省教育厅
陈 超	湖南省高中教师"新课程新高考"培训语文示范课	省级	湖南省中小学教师发展中心
杨群英 王 勇 朱昌明 李隽之 黄 俊 周 娈 刘忠诚	湖南省高中新课程、新教材培训"高中学科教师新课程培训·生物"优秀课例	省级	湖南省中小学教师发展中心
吴晓红	省级培训"核心素养理念融入学科课堂教学·初中生物"优秀课例	省级	湖南省中小学教师发展中心
胡美秀 陈 晓	湖南省中小学（幼儿园）教师在线集体备课大赛特等奖	省级	湖南省教育厅
陈丹敏	东北师大附中明珠学校第38届教学百花奖活动优质课	市级	东北师范大学附属中学
贺 俊	长沙市原创试题大赛一等奖	市级	长沙市教育科学研究院
朱修龙	长沙市"停课不停学"网络教学优秀案例一等奖	市级	长沙市教育局
胡美秀	长沙市中学生物课堂竞赛一等奖	市级	长沙市教育科学研究院

（7）2021年

获奖人	获奖等级	级别	奖励单位
游淑雲	首届全国中学思政课教学基本功大赛一等奖（高中组）	国家级	思想政治课教学杂志社、北京师范大学哲学学院教育培训中心

续表

获奖人	获奖等级	级别	奖励单位
马顺存	讲台上的发明家——自制物理科普展教具展演活动三等奖	国家级	中国物理学会
李云虎	思想政治教育国家级"一流专业"优质示范课	国家级	湖南师范大学
刘冉旭	湖南省中学化学优秀教学案例展评示范课	省级	湖南省教育科学研究院
喻诗琪	专项课程资源纳入"湖南省普通高中教师新课程新教材"远程培训课程资源建设数据库	省级	湖南省中小学教师发展中心
周育苗	省培计划"高中生涯规划教育省级骨干教师研修"优质课	省级	湖南师大附中
刘忠诚	湖南省中学生物学优秀教学案例展示观摩暨研讨活动优质示范课	省级	湖南省教育科学研究院
周 娈	湖南省中小学教师发展中心远程培训课程示范课	省级	湖南省中小学教师发展中心
吴 浩	第二届湖南省中小学青年教师教学竞赛二等奖	省级	湖南省教育厅、湖南省总工会
陈莎筠	第二届湖南省中小学青年教师教学竞赛二等奖	省级	湖南省教育厅、湖南省总工会
闵 娟	第二届湖南省中小学青年教师教学竞赛二等奖	省级	湖南省教育厅、湖南省总工会
游淑雲	第二届湖南省中小学青年教师教学竞赛二等奖	省级	湖南省教育厅、湖南省总工会
吴 浩	全省中学数学青年教师课程教学展示与观摩研讨活动（课堂教学片段）优秀案例	省级	湖南省教育科学研究院
邓 慧	湖南省高中英语优秀教学案例展评优质示范课	省级	湖南省教育科学研究院
陈 浩	湖南省中学语文课堂教学展示与观摩研讨优质示范课	省级	湖南省教育科学研究院
张冰洁	湖南省义务教育优秀教学案例	省级	湖南省教育科学研究院
杨群英 刘忠诚 周 娈	"湖南省普通高中教师新课程新教材"远程培训课程资源建设优秀课例	省级	湖南省中小学教师发展中心

续表

获奖人	获奖等级	级别	奖励单位
贺 俊	"湖南省普通高中新课程新教材"生物学科省级骨干教师培训示范课	省级	湖南省教育科学研究院
贺 俊	长沙市原创试题大赛一等奖	市级	长沙市教育科学研究院
周景绩	长沙市体育与健康教学评优一等奖	市级	长沙市教育局
刘嘉琪	长沙市体育与健康教学评优一等奖	市级	长沙市教育局
邓 阳	长沙市物理课堂教学竞赛一等奖	市级	长沙市教育科学研究院
游淑雲	长沙市中小学班主任基本功和思政课教师教学基本功竞赛一等奖	市级	长沙市教育局
李赛花	长沙市初中英语课例竞赛一等奖	市级	长沙市教育科学研究院
陈 晓	长沙市中学生物学命题评价竞赛二等奖	市级	长沙市教育科学研究院

（8）2022 年

获奖人	获奖等级	级别	奖励单位
吴 浩	第十一届高中青年数学教师课例展示活动优质展示课	国家级	中国教育学会中学数学教育教学研究委员会
赵彩凤	全国高中生物学网络教学研讨优质课	国家级	人民教育出版社
孙 沅	中国教育技术协会 2022 高中信息技术优质展示交流活动示范课	国家级	中国教育技术协会信息技术教育专业委员会
雍湘鹏	湖南省高中化学优质课观摩展示暨培训活动优质示范课	省级	湖南省教育科学研究院
喻诗琪	湖南省高中化学优质课观摩展示暨培训活动优质示范课	省级	湖南省教育科学研究院
陈 瑶	湖南省中学历史教学评一体化优质课例	省级	湖南省教育科学研究院

续表

获奖人	获奖等级	级别	奖励单位
杨爱霞	高中新课程新教材省级骨干教师培训示范课	省级	湖南省教育科学研究院
陈佳健	湖南省中学生物学优秀教学案例展示观摩暨研讨活动优秀示范课	省级	湖南省教育科学研究院
罗娟	湖南省普通高中新课程新教材生物学学科省级骨干教师培训示范课	省级	湖南省教育科学研究院
吴浩	湖南省高中数学青年教师优秀课展示特等奖	省级	湖南省教育学会中学数学教育教学研究委员会
袁名波	湖南省中小学（幼儿园）教师在线集体备课大赛特等奖	省级	湖南省教育厅
刘芸	湖南省中小学（幼儿园）教师在线集体备课大赛一等奖	省级	湖南省教育厅
孙骏	湖南省中小学（幼儿园）教师在线集体备课大赛团体特等奖	省级	湖南省教育厅
李兰	湖南省新教材物理学科省级骨干教师培训示范课	省级	湖南省教育科学研究院
李响	湖南省中学物理教师教学大赛一等奖	省级	湖南省物理学会、湖南省教育科学研究院
马顺存	第四十三届湖南省青少年科技创新比赛科技辅导员科技教育创新成果三等奖	省级	湖南省教育厅、湖南省科学技术协会等
熊康	湖南省普通高中新课程新教材音乐学科省级骨干教师培训示范课	省级	湖南省教育科学研究院
杨玉茜	首届全国高中思想政治教育议题式教学设计大赛一等奖	省级	陕西师范大学基础教育研究院
曾友良	湖南省中小学安全教育教学竞赛活动一等奖	省级	湖南省教育厅
李鹏程	湖南省普通高中新课程新教材省级骨干教师培训示范课	省级	湖南省教育科学研究院

续表

获奖人	获奖等级	级别	奖励单位
张云礼	湖南省普通高中新课程新教材历史学科省级骨干教师培训示范课	省级	湖南省教育科学研究院
周育苗	长沙市第七批名师农村工作站优质课	市级	长沙市名师工作室领导小组
周育苗	长沙市名师工作室"教学成果优化与共享"教学微设计优质课	市级	长沙市黄敏兰名师工作室
陈瑶	长沙市历史教学竞赛一等奖	市级	长沙市教育科学研究院
马顺存	第三十九届长沙市青少年科技创新大赛科技辅导员作品一等奖	市级	长沙市教育局、长沙市科协等五部门
孙骏	长沙市高中物理教师实验技能大赛一等奖	市级	长沙市教育局
陈莎筠	长沙市初中英语教学课例评选一等奖	市级	长沙市教育科学研究院
刘玲	长沙市中学语文学科微课教学大赛一等奖	市级	长沙市教育科学研究院
李鹏程	长沙市高中音乐骨干教师培训示范课	市级	长沙市中小学教师发展中心

（9）2023 年

获奖人	获奖等级	级别	奖励单位
彭建锋	全国研学课程设计大赛特等奖	国家级	九州杯研学大赛组委会
田恬	全国中小学实验教学说课活动实验教学能手	国家级	中国教育装备行业协会、中国教师发展基金会
郭勇辉 杨群英 易任远	全国中小学实验教学说课活动实验教学能手	国家级	中国教育装备行业协会、中国教师发展基金会
唐利辉	全国中小学实验教学说课活动实验教学能手	国家级	中国教育装备行业协会、中国教师发展基金会
尹明	第四届全国中小学青年教师教学竞赛一等奖	国家级	中华全国总工会

续表

获奖人	获奖等级	级别	奖励单位
肖添宇	第四届全国中小学青年教师教学竞赛一等奖	国家级	中华全国总工会
熊 康	全国普通高等院校音乐教育专业本科学生和教师基本功比赛社会实践活动示范课	国家级	全国普通高等学校音乐教育专业本科基本功展示组委会
刘嘉琪	第八届中小学优秀体育课教学录像课评选活动二等奖	国家级	中国教育学会体育与卫生分会
彭建锋	第三十七届全国青少年科技创新大赛科教方案三等奖	国家级	中国科学技术协会
阳 雪	第十八届全国语文教师"四项全能"竞赛"四项全能教师"称号	国家级	华中师范大学、语文教学与研究杂志社
阳 雪	第十八届全国语文教师"四项全能"竞赛教学论文一等奖	国家级	华中师范大学、语文教学与研究杂志社
阳 雪	第十八届全国语文教师"四项全能"竞赛教学方案一等奖	国家级	华中师范大学、语文教学与研究杂志社
阳 雪	第十八届全国语文教师"四项全能"竞赛教学课件一等奖	国家级	华中师范大学、语文教学与研究杂志社
阳 雪	第十五届聚焦核心素养走向教学创新成果分享暨新时代教师队伍建设高质量发展学术研讨会全国名师现场优质课大赛展示一等奖	国家级	中国人民大学基础教育教师发展研究中心、全国未来学校名师核心素养研究院、全国教育科学"十四五"规划微型课题领导小组
彭建锋	第四十四届湖南省青少年科技创新大赛科教方案一等奖	省级	湖南省教育厅、湖南省科学技术协会等
田 恬	湖南省中小学实验教学说课活动高中化学组一等奖	省级	湖南省教育厅
郭勇辉	湖南省中小学实验教学说课活动高中生物学组 等奖	省级	湖南省教育厅
周育苗	黑龙江教育学会"2023 高中教育教学研讨会"优质课	省级	黑龙江省教育学会
周育苗	广东省中小学名教师、名校长、名班主任工作室主持人团队培训优质课	省级	华南师范大学省级中小学教师发展中心
陈丹敏	湖南省基础教育微课大赛一等奖	省级	湖南省教育科学研究院

续表

获奖人	获奖等级	级别	奖励单位
袁名波	湖南省中小学（幼儿园）教师在线集体备课大赛二等奖	省级	湖南省教育厅
刘 芸	湖南省基础教育精品课二等奖	省级	湖南省教育厅
尹 明	第三届湖南省中小学青年教师教学竞赛一等奖、湖南省五一劳动奖章、"湖南省教学能手"称号	省级	湖南省总工会、湖南省教育厅
肖添宇	第三届湖南省中小学青年教师教学竞赛一等奖、湖南五一劳动奖章、"湖南省教育能手"称号	省级	湖南省总工会、湖南省教育厅
邓卓扬	第三届湖南省中小学青年教师教学竞赛一等奖、湖南省五一劳动奖章、"湖南省教学能手"称号	省级	湖南省总工会、湖南省教育厅
刘 波	湖南省中小学青年教师教学竞赛二等奖、"湖南教学能手"称号	省级	湖南省总工会、湖南省教育厅
马顺存	第四十四届湖南省青少年科技创新比赛科技辅导员科技教育创新成果一等奖	省级	湖南省教育厅、湖南省科学技术协会等
熊 康	湖南省中学音乐优质课评审活动优质展示课	省级	湖南省教育科学研究院
李鹏程	湖南省中学音乐优质课展示与教学研讨活动"演奏"模块示范课	省级	湖南省教育科学研究院
彭 草	湖南省骨干教师培训展示课	省级	湖南省教育科学研究院
张云礼	高中教育教学研讨会公开示范课	省级	吉林省教育学会
彭建锋	第四十届长沙市青少年科技创新大赛科技辅导员作品一等奖	市级	长沙市教育局、长沙市科学技术协会等
许 诺	长沙市第二届智慧课堂创新教学大赛特等奖	市级	长沙市教育局
唐雨晴	长沙市中学化学课堂教学比赛一等奖	市级	长沙市教育科学研究院
许 萍	长沙市历史教学竞赛一等奖	市级	长沙市教育科学研究院

续表

获奖人	获奖等级	级别	奖励单位
袁茜	《方圆之镜》教学视频入选长沙市美术线上课程"跨学科融合的公共美育课"资源库	市级	长沙市教育科学研究院
贺俊 杨群英 周娈 田静乐	长沙市中学生物学原创命题竞赛一等奖	市级	长沙市教育科学研究院
杨旭东	长沙市普通高中新课程新教材实施示范区展示交流活动优质示范课	市级	长沙市教育局
黄立夫	长沙市教育教学微课评比特等奖	市级	长沙市教育科学研究院
刘芸	长沙市基础教育精品课一等奖	市级	长沙市教育局
刘嘉琪	长沙市中小学体育与健康教学评优活动一等奖	市级	长沙市教育局
徐柳	长沙市中小学体育与健康教学评优活动三等奖	市级	长沙市教育局
马顺存	第四十届长沙市青少年科技创新大赛科技辅导员作品一等奖	市级	长沙市教育局、长沙市科学技术协会等
刘玲	长沙市首届"中小学教育教学短视频（微课）比赛"一等奖	市级	长沙市教育科学研究院
游淑雲	长沙市普通高中新课程新教材实施示范区展示交流活动优质示范课	市级	长沙市教育局
赵艳君	长沙市物理教学大赛一等奖	市级	长沙市教育科学研究院
邓鹏	长沙市李翔名师工作室"11月说课比赛活动"一等奖	市级	长沙市名师工作领导小组办公室
李云虎	长沙市高三复习优秀示范课	市级	长沙市教育科学研究院
李云虎	怀化市二轮复习优质示范课	市级	怀化市教育科学研究院
李慧	长沙市普通高中新课程新教材实施国家级示范区交流展示活动优质示范课	市级	长沙市教育局

（10）2024 年

获奖人	获奖等级	级别	奖励单位
彭建锋	第三十八届全国青少年科技创新大赛科教方案一等奖	国家级	中国科学技术协会
刘 奕	第十三届初中青年数学教师课例展示活动最优秀选手	国家级	中国教育学会中学数学教学专业委员会
邹 瑜	全国中小学实验教学说课活动实验教学能手	国家级	中国教育装备行业协会、中国教师发展基金会
熊 康	江西省"伶伦之声"中小学音乐学科联合教研活动优质展示课	国家级	南昌市教育评估监测和技术推广中心
陈 超	2024 年度全国中学语文读书种子教师	国家级	中国教育学会中学语文教学专业委员会
陈 超	第十四届"四方杯"全国优秀语文教师教研能手二等奖	国家级	中国语文报刊协会
熊 珊	第三届全国高校思想政治理论课教学展示活动入选全国首批思政课一体化示范教学课程	国家级	湖南省教育厅
向 超	湖南省中小学（幼儿园）教师在线集体备课大赛一等奖	省级	湖南省教育厅
孙 俊 李昕玲 唐利辉	湖南省中小学（幼儿园）教师在线集体备课大赛团体二等奖	省级	湖南省教育厅
陈柳逸	湖南省地理课程实施与地理课程标准的一致性调研工作优质展示课	省级	湖南省教育科学研究院
杨 婷	湖南省地理课程实施与地理课程标准的一致性调研工作优质展示课	省级	湖南省教育科学研究院
彭建锋	第四十五届湖南省青少年科技创新大赛科教方案一等奖	省级	湖南省教育厅

续表

获奖人	获奖等级	级别	奖励单位
肖雨琳	湖南省基础教育精品课一等奖	省级	湖南省教育厅
杨　婷	湖南省基础教育精品课一等奖	省级	湖南省教育厅
杨　夏	湖南省基础教育精品课一等奖	省级	湖南省教育厅
唐雨晴	湖南省 2023—2024 学年义务教育各学科教师教学竞赛一等奖	省级	湖南省教育厅
邹　瑜	湖南省 2023—2024 学年义务教育各学科教师教学竞赛一等奖	省级	湖南省教育厅
周欣韵	湖南省 2023—2024 学年义务教育各学科教师教学竞赛一等奖	省级	湖南省教育厅
许　萍	湖南省 2023—2024 学年义务教育各学科教师教学竞赛二等奖	省级	湖南省教育厅
陈　晓	湖南省 2023—2024 学年义务教育各学科教师教学竞赛二等奖	省级	湖南省教育厅
谢　青	湖南省 2023—2024 学年义务教育各学科教师教学竞赛二等奖	省级	湖南省教育厅
周育苗	蹲点资兴市教研指导活动高三历史优质课	省级	湖南省教育科学研究院
陈小龙	湖南省中学生物学教师实验技能竞赛高中组一等奖	省级	湖南省教育厅
谢武锦	湖南省中小学实验教学说课活动高中生物学组二等奖	省级	湖南省教育厅
邹　瑜	湖南省中小学实验教学说课比赛一等奖	省级	湖南省教育厅
刘　奕	湖南省初中青年数学教师优秀课展示评比特等奖	省级	湖南省教育学会

续表

获奖人	获奖等级	级别	奖励单位
李　玲	第十二届高中青年数学教师课例展示活动一等奖	省级	中国教育学会中学数学教学专业委员会
刘嘉琪	湖南省第十六届中小学体育与健康教学竞赛一等奖	省级	湖南省教育厅
陈　超	2024年度湖南省基础教育精品课一等奖	省级	湖南省教育厅
马顺存	第45届湖南省青少年科技创新大赛科技辅导员科技创新成果三等奖	省级	湖南省教育厅、湖南省科学技术协会
刘　奕	湖南省2024年义务教育新课程新教材中学数学学科省级骨干教师培训优质示范课	省级	湖南省教育科学研究院
陈佳健 张虓峰 陈宇星	湖南省中小学（幼儿园）教师在线集体备课大赛一等奖	省级	湖南省教育厅
陈　晓 彭　越	湖南省中小学（幼儿园）教师在线集体备课大赛一等奖	省级	湖南省教育厅
陈佳健	湖南省中小学（幼儿园）教师在线集体备课大赛一等奖	省级	湖南省教育厅
陈　瑶	湖南省中小学（幼儿园）教师在线集体备课大赛一等奖	省级	湖南省教育厅
刘国彬 陈　瑶 朱　皓	湖南省中小学（幼儿园）教师在线集体备课大赛一等奖	省级	湖南省教育厅
张子豪 刘冉旭 王宇欣	湖南省中小学（幼儿园）教师在线集体备课大赛三等奖	省级	湖南省教育厅
游淑雲 李云虎	湖南省中小学（幼儿园）教师在线集体备课大赛三等奖	省级	湖南省教育厅
陈柳逸	长沙市第三届"五有四化"主题式地理智慧课堂教学竞赛高中组一等奖	市级	长沙市教育科学研究院

续表

获奖人	获奖等级	级别	奖励单位
彭建锋	第四十一届长沙市青少年科技创新大赛科技辅导员作品一等奖	市级	长沙市教育局
肖雨琳	长沙市唐泰清地理名师工作室优秀学员	市级	长沙市地理名师工作室
陈佳健	长沙市杨群英中学生物名师工作室单元整体教学设计比赛一等奖	市级	长沙市名师工作室领导小组办公室
周 娈	长沙市杨群英中学生物名师工作室单元整体教学设计比赛一等奖	市级	长沙市名师工作室领导小组办公室
陈佳健	2024 年长沙、贵阳两地联合教研活动示范展示课	市级	贵阳市教育科学研究所、长沙市教育科学研究院
田静乐	长沙市高中生物学"激—探—创"教学竞赛一等奖	市级	长沙市教育科学研究院
刘忠诚 贺 俊 杨群英 谢武锦 周 娈	长沙市中学生物学原创命题竞赛一等奖	市级	长沙市教育科学研究院
郭勇辉 刘忠诚	高三生物二轮专题复习录像课一等奖	市级	长沙市名师工作领导小组办公室
刘 芸	长沙市第二届智慧课堂创新教学大赛一等奖	市级	长沙市教育局
刘 芸	长沙市"品质课堂"——高中数学建模教学竞赛一等奖	市级	长沙市教育科学研究院
马顺存	第四十一届长沙市青少年科技创新大赛科技辅导员作品一等奖	市级	长沙市教育局
赵艳君	长沙市原创命题大赛一等奖	市级	长沙市教育科学研究院

续表

获奖人	获奖等级	级别	奖励单位
邹 瑜	怀化市集成化教研系列活动暨怀化市杨柳教师工作室研修活动优质示范课	市级	怀化市教育科学研究院
文 馨	长沙市高中英语教师课堂教学比赛活动特等奖	市级	长沙市教育科学研究院
蔡蕴鑫	长沙市 2025 届高三英语一轮复习调研课优质示范课	市级	长沙市教育科学研究院
闵 娟	长沙市周玉龙名师工作室、长沙市岳麓区教师发展中心联合教研示范课程	市级	长沙市岳麓区教师发展中心
张 婷	株洲第二中学同课异构优秀课程	市级	株洲市教育科学研究院、株洲市第二中学
阳 雪	长沙市中小学校本课程"品质课堂"教学竞赛一等奖	市级	长沙市教育科学研究院
周宇轩	长沙市中学语文名师工作室"基于教学评一体化的单元整体教学"课堂教学竞赛特等奖	市级	长沙市名师工作领导小组办公室、长沙市教育学会中学语文教学专业委员会
游淑雲	长沙市田锋中小学政治名师工作室优秀学员	市级	长沙市名师工作领导小组办公室
游淑雲	长沙市田锋中小学政治名师工作室"首届原创命题说题大赛"特等奖	市级	长沙市田锋中小学政治名师工作室
吴雪飞	第一届长沙市中小学"品质课堂"教学竞赛二等奖	市级	长沙市教育科学研究院
邹 瑜	长沙市省直学校初中物理教师课堂教学技能比赛第一名	市级	长沙市教育科学研究院
赵彩凤	高三生物二轮专题复习录像课特别奖	市级	长沙市名师工作领导小组办公室

3. 2015 年以来学校参加全国部分大学附中教学协作体活动的教师名单

年份	学科	教师姓名	承办单位	授课课题
2015	语文	谢兰萍	湖南师范大学附属中学	缘事析理，学习写得深刻
2015	英语	甘智英	湖南师范大学附属中学	Module 5 Unit 3 Grammar and Usage Verbed form
2015	物理	郭志君	湖南师范大学附属中学	匀变速直线运动的位移
2015	历史	李 勇	湖南师范大学附属中学	明清之际活跃的儒家思想
2016	数学	杨章远	福建师范大学附属中学	等比数列的前 n 项和
2016	化学	王 建	福建师范大学附属中学	影响化学反应速率的因素
2016	地理	彭建锋	福建师范大学附属中学	气压带与风带
2016	英语	胡玲玲	福建师范大学附属中学	Reading：The Mekong River
2017	语文	温建鹏	辽宁师范大学附属中学	林教头风雪山神庙
2017	数学	黄 钢	辽宁师范大学附属中学	由曲线求它的方程，由方程研究曲线的性质
2017	物理	李 响	辽宁师范大学附属中学	通电导线在磁场中受到的力
2017	政治	杨玉茜	辽宁师范大学附属中学	企业的经营
2018	语文	刘海涛	陕西师范大学附属中学	记念刘和珍君
2018	地理	肖雨琳	陕西师范大学附属中学	褶皱与地表形态
2018	数学	吴 浩	陕西师范大学附属中学	抛物线及其标准方程
2018	化学	陈子菊	陕西师范大学附属中学	氧化还原反应
2019	数学	张湘君	山东师范大学附属中学	函数的单调性
2019	英语	张 添	山东师范大学附属中学	Reading：First Impressions
2019	历史	谌湘蓉	山东师范大学附属中学	辽宋夏金元的经济与社会
2019	物理	张光新	山东师范大学附属中学	探究磁场对电流的作用
2020	化学	明正球	云南师范大学附属中学	物质的量
2020	生物	陈佳健	云南师范大学附属中学	细胞核的结构和功能
2020	音乐	戴子丹	云南师范大学附属中学	音乐剧——舞蹈之魅力
2020	英语	袁 秀	云南师范大学附属中学	Reading：Living Legends

续表

年份	学科	教师姓名	承办单位	授课课题
2020	语文	李小军	云南师范大学附属中学	喜看稻菽千重浪
2023	美术	杨爱霞	南开大学附属中学	产品设计
2023	数学	彭如倩	南开大学附属中学	幂函数
2023	物理	罗　章	南开大学附属中学	共点力的平衡
2023	生物	向　阳	南开大学附属中学	水进出动物细胞的原理和方式
2023	语文	丁中一	南开大学附属中学	插秧歌
2024	英语	肖思宇	首都师范大学附属中学	写作课
2024	政治	温　宇	首都师范大学附属中学	世界是永恒发展的
2024	化学	颜以晴	首都师范大学附属中学	构造原理和电子排布式
2024	数学	吴　瑶	首都师范大学附属中学	点到直线的距离
2024	体育	周景绩	首都师范大学附属中学	篮球：快攻

4. 2015 年以来学校毕业人数

毕业年级	毕业年份	毕业人数/人
高 2012	2015	1020
高 2013	2016	940
高 2014	2017	1088
高 2015	2018	1052
高 2016	2019	1090
高 2017	2020	1089
高 2018	2021	1110
高 2019	2022	1067
高 2020	2023	1098
高 2021	2024	1176
初 2020	2023	108
初 2021	2024	132

5. 2015 年以来学校被评为省、市三好学生和优秀学生干部的学生名单

时间	奖项	获奖人						
2014 至 2015	省优秀学生	孙嘉玮						
	省三好学生	孙嘉玮	余蔓青	钟若愚	沈子翔	陈婧雯	方 宁	
	省优秀学生干部	曹佳琦	李 玮	钟玮佑				
	市三好学生	沈子翔	周绮文	黄雪飞	谭羽若	孙嘉玮	欧阳润昕	余蔓青
		曾诗语	肖翠婷	吴林娟	陈婧雯	雍 维	钟若愚	唐其川
		黄雪莹	刘彬鑫	方 宁	周铁强	邱 晨	段冰洁	
	市优秀学生干部	李 玮	曹佳琦	钟宇轩	张撷影	孙蕴洋	钟玮佑	顾元礼
		唐斯靓	黄卓成	代 蜜				
2015 至 2016	省优秀学生	邓哲承						
	省三好学生	邓哲承	何芷珊	黄 达	谢思雅	徐辰鑫	曹雨曦	刘峥嵘
		陈依玲						
	省优秀学生干部	戴 冠	徐梦园	陈曦蕊	贺丝露			
	市三好学生	代汝泽	刘威涛	段彦琛	唐俊哲	杨河宁	马梦薇	黄思齐
		李星润	刘家泳	蒋尚文	尹首怡	李逸俊	艾 茗	陈一乐
		艾榆青	李逸文	刘 妍	张思聪	贺雅丽	杨 骞	符凌嘉
		杜璇仪	王行洪	李劲承	皮佩佩			
	市优秀学生干部	向 祎	莫郁瑶	杨霖健	李榆杰	李 威	刘 皑	邓逸舟
		周杨瑞娟	李品间	周炼浩	张宇晗	李晶晶	舒华章	
2016 至 2017	省优秀学生	尹首怡						
	省三好学生	段彦琛	尹首怡	马梦薇	李逸俊	刘 妍		
	省优秀学生干部	李品间	周炼浩	李晶晶				
2017 至 2018	省三好学生	周琦珩	刘米可	张一航	柴翊平	吴凯龙	刘开星	
	省优秀学生干部	熊采薇	凌珑玉	罗袁涵宇				
	市新概念三好学生	周琦珩	吴凯龙	匡泓霖	夏义豪	欧阳洁	刘开星	张 泉
		杨渊丞	张一航	彭睿阳	刘米可	张木此	丁冰雪	贺知行
		罗可扬	蒋雨霏	杨松霈	李世勋	柴翊平	舒逸翔	刘俊宏
		易珂睿	何国华	谷 苟	杨 宇			
	市优秀学生干部	张凯惟	张 祎	李金瑛	谢 薇	徐清韵	凌珑玉	邱怡薇
		罗袁涵宇	杨 源	鲁 冰	熊采薇	谭昱皓	黎 睿	

续表

时间	奖项	获奖人						
2018至2019	省三好学生	潘尔婧	钟湘	余昕鹏	王启仁	邝睿	樊莫兮	
	省优秀学生干部	李文毅	黄卓楷	卢依翎				
	市新概念三好学生	邓循翰	肖文轩	钟湘	樊莫兮	雷哲智	李雅琪	余昕鹏
		冯瑞琰	张槿昕	邝睿	潘尔婧	钟泓麟	朱森森	陈晴
		贺诗雨	唐志慧	黎思怡	张雨琪	王启仁	李沛文	扶威
		陈茜						
	市优秀学生干部	曾琬茹	周佳怡	梁彦哲	李文毅	欧阳炎佳	夏铭	何可
		黄卓楷	冯昕怡	卢依翎	侯文龙			
2019至2020	省优秀学生	曾骏豪						
	省三好学生	陈妍帝	蒋萱	曾骏豪	刘玉婷	林心雪	廖烁中	
	省优秀学生干部	曹云轩	徐敏	缪海坤				
	市新概念三好学生	刘玉婷	谷俊男	符辰铭	郭凡瑜	蒋萱	黄睿	陈妍帝
		周婧茹	刘嘉骏	钟骏	刘权毅	张艺超	林心雪	曾骏豪
		杜维康	陈博	廖烁中	金哲恺	刘牧杨	郑唯楚	朱浪
		熊诗燕	罗一菲					
	市优秀学生干部	曹云轩	卓星宏	郑芷妍	王柯懿	缪海坤	黎啸文	徐敏
		石婧怡	谢欣然	吴思怡	刘致远			
2020至2021	省三好学生	曾芷芮	晏一蒙	李佳琳	杨振羽	谭翔	叶凝	
	省优秀学生干部	刘叶子	刘鸿睿	刘周扬				
	市新概念三好学生	谭翔	唐婳	罗思宇	左宜鑫	曾涵	阳蓉	李恺十
		欧阳彦鸿	刘睿轩	杨振羽	叶凝	晏一蒙	李佳琳	谢思宇
		唐雅晴	周思琪	张乐平	卢佳婧	符逸涵	王宇龙	李珂琰
		龚赞	曾芷芮					
	市优秀学生干部	刘周扬	彭奥	廖添乐	武芸伊	刘鸿睿	贺玉	陈逸
		刘叶子	车家璐	周硕颖	刘偲	吴俏华		
2021至2022	省三好学生	汪静雅	刘明垚	沈吟	郭睿司	肖筱	唐家乐	
	省优秀学生干部	王钰翔	欧阳印涵	冯佳怡				
	市新概念三好学生	唐家乐	袁源	周子怡	李奕成	毛关宇	唐楚麒	肖筱
		昌欣玥	刘明垚	黄薇嘉	左钊航	汪可	曾月	汪静雅
		郭睿司	游景行	沈吟	罗紫宸	黄乐明	杨洲	邹金甫
		谢可						
	市优秀学生干部	周奕璋	刘喆	欧阳印涵	粟雨宸	王钰翔	胡佳玥	邓雨茜
		冯佳怡	黄嘉仪	雷海琪	邓泽泰			

续表

时间	奖项	获奖人						
2022 至 2023	省三好学生	陈恬	罗子兰	罗子曼	许雅雯	苏子晴	朱彦玺	
	省优秀学生干部	李柯莹	贺馨瑶	罗亦彤				
	市新概念三好学生	陈恬	蔡一墨	李心宇	刘芷吟	许雅雯	朱彦玺	罗子兰
		吴婧妍	王雨润	李彬	苏子晴	过佳贻	罗子曼	陈馨诺
		李心诺	李嘉骏	庞佳怡	李伍嘉伟	罗艺达	聂晓豪	左宏康
	市优秀学生干部	李柯莹	吴乐欣	董潇茹	邓继涛	罗亦彤	邓钰凯	贺馨瑶
		苏灵	彭慧龙	彭昕彤	钟秉宸			
2023 至 2024	省三好学生	何沐祺	曹靖萱	李妍慧	辛泓毅	丁相宜	李欣怡	
	省优秀学生干部	熊久久	唐子聃	谭珠独秀				
	市新概念三好学生	何沐祺	陈伟康	喻紫瑶	周心童	辛泓毅	匡继超	张倩
		章远帆	曹靖萱	曾雅琪	洪李果	刘天逸	丁相宜	李欣怡
		周诗淇	张琴	李妍慧	邓雯月	朱嘉柠	戴诗涵	曾弘侠
		甘晓霖	汤子晴	陈易宁	丁琅谦			
	市优秀学生干部	熊久久	王雅智	郝格雅	姚晨晰	唐子聃	谭珠独秀	熊佐
		陈之璋	王俊贤	魏好婷	余牧韩	杨峰源	罗启成	

6. 2015 年以来参加学校"青年马克思主义者培训班"的师生名单

（1）第 1 期师生名单及分组

班　长：徐雨晨（1906）　　　副班长：王亦珂（1918）

第一组

导师：黄月初　苏晓玲

组长：唐利辉

组员：林浩　刘杨　王昶丹　杨树国

第二组

导师：谢永红　李钊

组长：田雅（1917）

组员：徐雨晨（1906）　何瀚轩（1914）　申婧奕（1917）　张祖凤（1917）

　　　雷承睿（1919）　杨熹之（2018）

第三组

导师：彭荣宏　　陈　兵

组长：薛喻心（1902）

组员：吴卓阳（1901）　　陈煜晖（1901）　　戴子瑞（1902）　　袁钰涵（1905）
　　　龚冰清（1906）

第四组

导师：陈迪勋　　陆　稳

组长：李佳艺（1911）

组员：周钰凯（1907）　　龚玉洁（1908）　　施雨欣（1910）　　刘明垚（1911）
　　　胡锦浩（1912）

第五组

导师：李春莲　　高慧雯

组长：颜铭希（1918）

组员：秦诺熹（1914）　　肖　筱（1915）　　汤婧祎（1915）　　罗欣怡（1916）
　　　王亦珂（1918）　　欧阳印涵（1918）

第六组

导师：陈胸怀　　伏炎安

组长：喻　萱（1919）

组员：张怡平（1917）　　邓湘雷（1919）　　袁闻骏（2021）　　郭　哲（1920）
　　　王嘉璐（1921）　　周宁沙（1922）

第七组

导师：廖　强　　叶越冬

组长：黄佳伟（广益1911）

组员：陈　睿（广益1911）　　刘张弛（广益1910）　　张嘉依（广益1903）
　　　罗汉彬（广益1903）

第八组

导师：苏建祥　　李新宇

组长：潘　栃（博才1903）

组员：陈思万（博才1901）　　刘雨婕（博才1903）　　欧雨豪（博才1905）
　　　黄敏萱（博才2008）

（2）第2期学生名单

班级	姓名	备注	班级	姓名	备注
2001	刘翊哲		2015	王畅帆	
2002	胡钦哲		2016	刘一帆	
2002	江致钢		2016	钟宇佳	
2003	徐子路		2016	曹宸峻	
2003	陈恬		2017	袁云涛	
2004	李畅		2018	邹小妍	
2005	刘博康		2019	蒋佳雯	
2005	王淇		2020	萧博韦	
2006	杨恒灿		2020	罗萱轩	
2007	江兴翔		2020	江雨霏	
2008	肖俊杰		2020	陈雁	
2009	陈宇欣		2021	喻屯	
2009	费子健		2021	刘婷	
2009	廖鑫豪		2022	王乐湘琪	
2010	张弛云飞		2022	蒋希沅	
2010	夏晓天		2022	刘熙雅	
2010	倪卓		2120	余牧韩	
2011	云飞凡		2123	高圆圆	
2011	何锦宇		2001	何楚政	博才学生
2012	聂瑞冰		2002	周宇凡	博才学生
2012	李培源		2003	胡文嘉	博才学生
2013	彭雨航		2004	周炳华	博才学生
2013	向思瑾		2102	成昶卫	博才学生
2014	谭湘琳				

（3）第3期学生名单

班级	姓名	备注	班级	姓名	备注
2102	王滢知		2121	陈欣怡	

续表

班级	姓名	备注	班级	姓名	备注
2103	黄弋铭		2122	曾嘉荷	
2104	郭明珠		2123	钟今朗	
2105	曾泽政		2124	彭湘怡	
2106	王欣月		2126	李睿哲	
2107	黄立杰		2127	姚安琪	
2108	贺宇欣		2128	张士霖	
2109	郝格雅		2204	周桓宇	
2110	刘载望		2215	段叶霖	
2111	张雅淇		2221	张涵钰	
2112	张笑睿		2222	谢思枚	
2112	周语汐		2222	马安澜	
2113	杨佳杰		2101	胡宸玺	博才学生
2114	陈屹屹		2102	邓皓骞	博才学生
2115	王依雯		2103	杨朗嵘	博才学生
2116	柳心仪		2106	邓盈盈	博才学生
2116	唐捷妮		2108	王晨锦	博才学生
2116	刘俊凯			刘奕	附中教师
2117	陈励帆			王辉	附中教师
2118	黄错儒			沈迪聪	附中教师
2119	杨清雯			郭晋	博才教师
2120	葛璐凤			刘川	博才教师
2120	何佳馨			王文秀	博才教师
2120	彭子昂			郑颖	博才教师
2121	方洁				

（4）第4期学生名单

班级	姓名	备注	班级	姓名	备注
2201	蔡卓贤		2216	戴沁婷	
2201	刘洋思源		2217	张舒雅	
2201	任泽顺		2218	刘士为	

续表

班级	姓名	备注	班级	姓名	备注
2201	彭昱翔		2218	向俊彦	
2202	陈君雷		2218	张宸宁	
2202	周楚翔		2219	方　向	
2202	周天寒		2219	孟子凌	
2203	肖书涵		2220	刘锦璨	
2203	曹谨成		2220	孙御和	
2203	吴梓进		2220	熊文清	
2204	梁奕欣		2221	雷鑫凯	
2204	曾开朗		2221	唐子茹	
2205	李远瞻		2222	钱谱伊	
2206	刘傲宇		2222	孙　玺	
2206	裴思瑜		2223	高子妍	
2206	欧阳佐翊		2223	肖　玥	
2206	谢京蓉		2224	龙佳慧	
2207	李钦璇		2224	刘璐瑶	
2207	杜　锦		2226	李浩然	
2207	向俊博		2226	蒋静怡	
2208	陈　谦		2226	谭家桐	
2208	雍俊晨		2303	刘宇涵	
2209	熊飞杰		2307	胡康凡	
2209	黄诗淇		2307	李彭锐	
2210	刘毅颖		2308	李彭进	
2210	刘一寒		2316	欧阳季婷	
2210	郭浩宇		2317	蒋佳彤	
2211	谭剑博		2324	向思哲	
2211	成一凡		2321	黄婧懿	
2211	曾若涵		2204	张以馨	博才学生
2212	陈泓亦		2207	罗　杨	博才学生
2212	吴　倩			刘　波	附中教师
2212	刘娴雅			陈柚希	附中教师
2213	王语婕			聂　灿	附中教师

续表

班级	姓名	备注	班级	姓名	备注
2213	谭皓文			蒋清楚	附中教师
2213	王旌宇			刘波	附中教师
2214	阳丹			杨站	博才教师
2214	江冰玉			王茜	博才教师
2215	陈治全			艾伦	博才教师
2215	段家卉			汪阳	博才教师
2216	邓启明				

7. 2015年以来学校学生参加中学生学科奥林匹克竞赛获国家级、国际奖励一览表

（1）数学学科

获奖年份	学生姓名	全国奖牌	入选队伍	国际奖牌	指导老师
2015	宋政钦	全国金牌	国家集训队	国际银牌	羊明亮
2015	左都云	全国金牌	国家集训队		羊明亮
2015	周文杰	全国金牌	国家集训队		羊明亮
2016	吴雨澄	全国金牌			苏林
2016	曹一凡	全国银牌			汤礼达
2016	罗文林	全国银牌			汤礼达
2016	江林铮	全国银牌			汤礼达
2017	陈天择	全国金牌	国家集训队		苏林
2017	冯煜阳	全国金牌			苏林
2017	张馨月	全国金牌			汤礼达
2017	刘其灵	全国银牌			苏林
2018	尹顺	全国金牌	国家集训队		汤礼达
2018	石恺宁	全国银牌			汤礼达
2018	晏国凯	全国银牌			张湘君

续表

获奖年份	学生姓名	全国奖牌	入选队伍	国际奖牌	指导老师
2019	王 琇	全国金牌	国家集训队		汤礼达
2019	侯傑夫	全国金牌	国家集训队		汤礼达
2019	彭子驰	全国银牌			汤礼达
2019	徐文诚	全国银牌			汤礼达
2019	刘佳骏	全国银牌			汤礼达
2019	黄逸祥	全国银牌			苏 林
2020	刘宇东	全国金牌	国家集训队		苏 林
2021	艾宇航	全国金牌	国家集训队		黄 钢
2021	刘烨谞	全国金牌	国家集训队		黄 钢
2021	万宇康	全国金牌	国家集训队		苏 林
2021	陈思遇	全国金牌			黄 钢
2021	刘子昂	全国金牌			黄 钢
2021	刘祚旭	全国金牌			苏 林
2021	王秭如	全国银牌			黄 钢
2021	刘翊哲	全国银牌			汤礼达
2021	邓喻源	全国银牌			苏 林
2022	梁行健	全国金牌	国家集训队	国际金牌	汤礼达
2022	刘鹏远	全国金牌			汤礼达
2022	胡佳旭	全国金牌			汤礼达
2022	肖子翔	全国金牌			苏 林
2022	周景星	全国金牌			苏 林
2022	刘 浩	全国银牌			汤礼达
2022	张榕航	全国银牌			汤礼达
2023	郭家怡	全国金牌		欧洲女子金牌	刘伟才 黄 钢
2023	彭 锐	全国金牌			刘伟才
2023	刘煜昊	全国金牌			刘伟才
2023	王文博	全国金牌			刘伟才

续表

获奖年份	学生姓名	全国奖牌	入选队伍	国际奖牌	指导老师
2023	李 骁	全国金牌			刘伟才
2023	彭锦程	全国金牌			黄 钢
2023	陈 澍	全国金牌			汤礼达
2023	李 由	全国金牌			刘伟才
2023	蒋骐宇	全国银牌			刘伟才
2023	王瀚琳	全国银牌			刘伟才
2023	匡易航	全国银牌			黄 钢 陈天择
2023	祝天翼	全国银牌			刘伟才
2024	陈煜祺	全国金牌			刘伟才
2024	谢俊宇	全国金牌			刘伟才 苏 林
2024	黄健粟	全国银牌			刘伟才 陈天择
2024	孙智博	全国银牌			刘伟才 刘 帅
2024	刘嘉茗	全国银牌			刘伟才 隆希辰
2024	彭在麟	全国银牌			隆希辰 陈天择
2024	万雨欣	全国银牌			隆希辰 陈天择
2024	彭昱翔	全国银牌			隆希辰 黄 钢
2024	罗靖玮	全国银牌			汤礼达
2024	肖钰霖	全国银牌			汤礼达

（2）物理学科

获奖年份	学生姓名	全国奖牌	入选队伍	国际奖牌	指导老师
2015	王子豪	全国金牌	国家集训队	国际金牌	蔡任湘
2015	黄轩宇	全国金牌	国家集训队	亚洲金牌	蔡任湘
2015	丁一开	全国金牌	国家集训队	亚洲金牌	蔡任湘
2015	李 常	全国金牌	国家集训队		蔡任湘
2015	谭富云	全国金牌	国家集训队		蔡任湘
2015	吉首瑞	全国金牌	国家集训队		蔡任湘

续表

获奖年份	学生姓名	全国奖牌	入选队伍	国际奖牌	指导老师
2015	刘煜琛	全国金牌			蔡任湘
2015	张也阳	全国金牌			蔡任湘
2015	仇清正	全国金牌			蔡任湘
2015	邹子川	全国金牌			蔡任湘
2015	刘天乐	全国银牌			蔡任湘
2015	张宇威	全国银牌			蔡任湘
2015	张煜洲	全国银牌			蔡任湘
2015	李雅琪	全国银牌			蔡任湘
2015	叶　梦	全国银牌			蔡任湘
2015	彭宇轩	全国银牌			蔡任湘
2015	王　林	全国铜牌			蔡任湘
2015	陈钇冰	全国铜牌			蔡任湘
2016	戴文越	全国金牌	国家集训队		周启勇
2016	罗雯瑛	全国金牌	国家集训队		周启勇
2016	孟凡强	全国金牌	国家集训队		周启勇
2016	何乐为	全国金牌	国家集训队		周启勇
2016	刘宇堂	全国金牌			周启勇
2016	洪龙锟	全国金牌			周启勇
2016	袁蕴煜	全国铜牌			周启勇
2016	刘瀚林	全国铜牌			周启勇
2016	唐文俊	全国银牌			周启勇
2016	周靖霖	全国银牌			周启勇
2017	朱虹鑫	全国铜牌			罗　章
2017	吴嘉祺	全国铜牌			罗　章
2017	王楚才	全国铜牌			罗　章
2017	李刚正	全国铜牌			罗　章
2017	李纪龙	全国铜牌			罗　章

续表

获奖年份	学生姓名	全国奖牌	入选队伍	国际奖牌	指导老师
2017	江行健	全国银牌			罗　章
2017	冯子健	全国银牌			罗　章
2017	肖坤鸿	全国银牌			罗　章
2018	陈俊豪	全国金牌	国家集训队	国际金牌	蔡任湘
2018	隆逸竺	全国金牌	国家集训队		蔡任湘　潘高扬
2018	杨　轩	全国金牌			蔡任湘　潘高扬
2018	符凯蓬	全国金牌			蔡任湘　潘高扬
2018	周梓健	全国银牌			蔡任湘　潘高扬
2018	李　骁	全国银牌			蔡任湘　潘高扬
2018	任　杨	全国银牌			蔡任湘　潘高扬
2018	胡天琛	全国银牌			蔡任湘　潘高扬
2018	夏罗生	全国银牌			蔡任湘　潘高扬
2019	李世昌	全国金牌	国家集训队	国际金牌	蔡任湘
2019	吴钰泉	全国金牌	国家集训队		蔡任湘　袁江涛
2019	陈家骏	全国金牌	国家集训队		蔡任湘　袁江涛
2019	谢荣靖	全国金牌	国家集训队		蔡任湘　袁江涛
2019	刘铠萌	全国金牌			蔡任湘　袁江涛
2019	姜子翼	全国银牌			蔡任湘　袁江涛
2019	陈　帅	全国银牌			蔡任湘　袁江涛
2019	刘子实	全国银牌			蔡任湘　袁江涛
2019	肖　逸	全国银牌			蔡任湘　袁江涛
2020	唐子尧	全国金牌	国家集训队		蔡任湘　袁江涛
2020	温家欣	全国金牌	国家集训队		蔡任湘　袁江涛
2020	杨乐言	全国金牌	国家集训队		蔡任湘　袁江涛
2020	刘煜坤	全国金牌	国家集训队		蔡任湘　袁江涛
2020	李明宇	全国金牌	国家集训队		蔡任湘　袁江涛
2020	胡斯懿	全国金牌	国家集训队		蔡任湘　袁江涛

续表

获奖年份	学生姓名	全国奖牌	入选队伍	国际奖牌	指导老师
2020	冯家锐	全国金牌	国家集训队		蔡任湘　袁江涛
2020	文　轩	全国金牌	国家集训队		蔡任湘　袁江涛
2020	陈锦洋	全国金牌			蔡任湘　袁江涛
2020	王晔航	全国金牌			蔡任湘　袁江涛
2020	付鹏程	全国金牌			蔡任湘　袁江涛
2020	郑和定	全国金牌			蔡任湘　袁江涛
2021	姬　周	全国金牌	国家集训队	亚洲金牌	袁江涛　杨一鸣
2021	王宇琛	全国金牌	国家集训队		袁江涛　杨一鸣
2021	彭奥翔	全国金牌	国家集训队		袁江涛　杨一鸣
2021	李一德	全国金牌			袁江涛　杨一鸣
2021	李燃亮	全国金牌			袁江涛　杨一鸣
2021	杨卓熹	全国金牌			袁江涛　杨一鸣
2021	胡明宇	全国银牌			袁江涛　杨一鸣
2021	任昱彬	全国银牌			袁江涛　杨一鸣
2021	吴卓阳	全国金牌			袁江涛　杨一鸣
2021	丁俊杰	全国银牌			袁江涛　杨一鸣
2021	龙萌烨	全国银牌			袁江涛　杨一鸣
2022	沈熙皓	全国金牌	国家集训队		李毛川
2022	吴彦玺	全国金牌	国家集训队		李毛川
2022	王佳男	全国金牌			李毛川
2022	段　睿	全国金牌			李毛川
2022	王瀚正	全国银牌			李毛川
2022	莫哲涵	全国银牌			李毛川
2022	宁家哲	全国银牌			李毛川
2022	梁傲钦	全国银牌			李毛川
2022	易万年	全国银牌			李毛川
2023	曾弘俵	全国金牌	国家集训队		彭知文　沈睿哲

续表

获奖年份	学生姓名	全国奖牌	入选队伍	国际奖牌	指导老师
2023	曾维清	全国金牌	国家集训队		彭知文　沈睿哲
2023	张宇成	全国金牌			彭知文　沈睿哲
2023	刘健宸	全国金牌			彭知文　沈睿哲
2023	卿东箭	全国金牌			彭知文　沈睿哲
2023	葛添煜	全国银牌			彭知文　沈睿哲
2023	郭田睿卓	全国银牌			彭知文　沈睿哲
2023	王振泽	全国银牌			彭知文　沈睿哲
2023	张斯然	全国银牌			彭知文　沈睿哲
2024	余宇轩	全国金牌	国家集训队		袁江涛　张日东
2024	刘昕宇	全国金牌	国家集训队		袁江涛　张日东
2024	曾宏斌	全国金牌			袁江涛　张日东
2024	蔡卓贤	全国金牌			袁江涛　张日东
2024	谭麟锋	全国金牌			袁江涛　张日东
2024	朱宁怡	全国金牌			袁江涛　张日东

（3）化学学科

获奖年份	学生姓名	全国奖牌	入选队伍	国际奖牌	指导老师
2015	邓翀	全国金牌	国家集训队		蔡忠华
2015	苏文霖	全国金牌	国家集训队		蔡忠华
2015	张撷影	全国金牌			蔡忠华
2015	钟思远	全国金牌			蔡忠华
2016	戴昱民	全国金牌	国家集训队	国际金牌	李海汾
2016	许思哲	全国金牌			李海汾
2017	徐铂林	全国金牌	国家集训队		李立文
2017	陈一乐	全国金牌	国家集训队	国际银牌	李立文
2017	秦俊龙	全国金牌	国家集训队		李立文
2018	何诗晴	全国金牌	国家集训队	国际金牌	蔡忠华

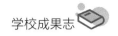

续表

获奖年份	学生姓名	全国奖牌	入选队伍	国际奖牌	指导老师
2018	文亦质	全国金牌	国家集训队		蔡忠华
2018	刘翼维	全国金牌	国家集训队		蔡忠华
2018	刘立昊	全国金牌	国家集训队		蔡忠华
2018	祝　煜	全国金牌	国家集训队		蔡忠华
2018	刘佳鑫	全国金牌			蔡忠华
2018	李听舟	全国金牌			李海汾　吴　瑶
2018	王　梓	全国铜牌			李海汾　吴　瑶
2018	李争凡	全国银牌			李海汾　吴　瑶
2019	李恺杰	全国金牌	国家集训队		李海汾
2019	陆铭远	全国金牌			彭　涛　吴　瑶
2020	刘颖豪	全国金牌	国家集训队		彭　涛
2020	吴钒瑞	全国金牌	国家集训队		彭　涛
2020	李飞扬	全国金牌			蔡忠华　吴　瑶
2020	张　毅	全国金牌			蔡忠华　吴　瑶
2020	綦雄飞	全国银牌			蔡忠华　吴　瑶
2021	黄章毅	全国金牌	国家集训队	国际金牌	蔡忠华
2021	谭　翔	全国金牌	国家集训队		蔡忠华
2021	张博奥	全国金牌			喻　永
2021	刘　昊	全国金牌			喻　永
2021	李思源	全国银牌			喻　永
2021	赵　翔	全国银牌			喻　永
2022	陈　夏	全国金牌	国家集训队		喻　永
2022	苏晨翔	全国金牌	国家集训队		喻　永
2022	张高中	全国金牌	国家集训队		喻　永
2022	刘煜琛	全国金牌			彭　涛　吴　瑶
2022	黄俊彦	全国金牌			彭　涛　吴　瑶
2022	雷雨松	全国金牌			彭　涛　吴　瑶

续表

获奖年份	学生姓名	全国奖牌	入选队伍	国际奖牌	指导老师
2022	胡畅宇	全国金牌			彭　涛　吴　瑶
2022	袁兆瑞	全国金牌			彭　涛　吴　瑶
2022	朱泓旭	全国银牌			彭　涛　吴　瑶
2022	刘夏邑	全国银牌			彭　涛　吴　瑶
2022	李晟弘	全国银牌			彭　涛　吴　瑶
2022	邓煊译	全国银牌			彭　涛　吴　瑶
2023	丁瑞哲	全国金牌			李海汾　吴　瑶
2023	邹启淳	全国金牌			李海汾　吴　瑶
2023	李昕霖	全国金牌			李海汾　吴　瑶
2023	喻子尧	全国银牌			李海汾　吴　瑶
2024	石茂谦	全国金牌	国家集训队		郑洪开　吴　瑶
2024	刘洋思源	全国金牌			郑洪开　吴　瑶
2024	曹新煜	全国金牌			郑洪开　吴　瑶
2024	唐怀智	全国金牌			郑洪开　吴　瑶
2024	梁欣怡	全国铜牌			李争凡　吴　瑶
2024	张婉蒙	全国铜牌			李争凡　吴　瑶
2024	杨程骄	全国银牌			郑洪开　吴　瑶

（4）生物学科

获奖年份	学生姓名	全国奖牌	入选队伍	国际奖牌	指导老师
2015	周易礽	全国金牌	国家集训队		李晓聪
2015	罗宗睿	全国金牌	国家集训队		李晓聪
2016	谭泽州	全国金牌	国家集训队		朱昌明
2016	贺子逸	全国金牌	国家集训队		朱昌明
2017	董杨格格	全国银牌			李晓聪
2017	范隽丞	全国银牌			李晓聪
2018	彭凌峰	全国金牌	国家集训队	国际金牌	朱昌明

续表

获奖年份	学生姓名	全国奖牌	入选队伍	国际奖牌	指导老师
2018	谢真乐		国家集训队		李晓聪
2018	钟砺涵		国家集训队		李晓聪
2019	向妤菡		国家集训队		朱昌明
2019	潘周捷		国家集训队		朱昌明
2019	邓骏毅	全国银牌			朱昌明 易任远
2019	朱瑾煜	全国银牌			朱昌明 易任远
2020	陈昱榕	全国金牌			冯建国 易任远
2021	张懋森	全国金牌	国家集训队 中国代表队		黄 俊
2021	黄一可	全国金牌	国家集训队 中国代表队		黄 俊
2021	金静姝	全国金牌	国家集训队		黄 俊
2021	邹伊凡	全国金牌	国家集训队		黄 俊
2021	冯岳珂	全国金牌	国家集训队		黄 俊
2021	侯逸鹏	全国金牌			黄 俊
2021	张锦添	全国银牌			黄 俊
2021	上官昀睿	全国银牌			黄 俊
2021	胡倍铭	全国银牌			黄 俊
2022	李 想	全国金牌	国家集训队		朱昌明
2022	曾文琼	全国金牌	国家集训队		朱昌明
2022	张哲昊	全国金牌	国家集训队		朱昌明
2022	李一珉	全国金牌			朱昌明
2022	文乐州	全国金牌			朱昌明
2022	胡刘钰滨	全国金牌			朱昌明
2022	王邹赟	全国银牌			朱昌明
2022	罗子兰	全国银牌			朱昌明
2023	张鼎康	全国金牌	国家集训队		李隽之
2023	康嘉琪	全国金牌			李隽之

续表

获奖年份	学生姓名	全国奖牌	入选队伍	国际奖牌	指导老师
2023	龙鹏宇	全国金牌			李隽之
2023	林泽信	全国金牌			黄 俊
2023	刘昊天	全国银牌			黄 俊
2024	于诗皓	全国金牌	国家集训队		黄 俊
2024	曾 劼	全国金牌	国家集训队		黄 俊
2024	杨 致	全国金牌	国家集训队		黄 俊
2024	张真铭	全国金牌	国家集训队		黄 俊
2024	刘思圻	全国金牌	国家集训队		黄 俊
2024	刘子睿	全国金牌	国家集训队		黄 俊
2024	聂佳芸	全国金牌	国家集训队		黄 俊
2024	龚麒元	全国金牌	国家集训队		黄 俊
2024	唐诗哲	全国金牌	国家集训队		黄 俊
2024	韩雨轩	全国金牌	国家集训队		黄 俊
2024	李敬州	全国金牌			黄 俊
2024	李逸帆	全国金牌			黄 俊
2024	罗嘉实	全国金牌			黄 俊
2024	欧阳希沂	全国金牌			黄 俊
2024	饶婷月	全国银牌			黄 俊

（5）信息学科

获奖年份	学生姓名	全国奖牌	入选队伍	国际奖牌	指导老师
2016	何颂华	全国银牌			李淑平
2017	唐 雷	全国铜牌			孙 沅
2020	陈永志	全国银牌			许 力
2021	谭伯睿	全国银牌			许 力
2022	彭宇祺	全国银牌			许 力
2022	陈 长	全国银牌			孙 沅

续表

获奖年份	学生姓名	全国奖牌	入选队伍	国际奖牌	指导老师
2023	颜 桉	全国金牌	国家集训队		许 力
2024	罗子宸	全国铜牌			许 力

（6）地理学科

获奖年份	学生姓名	全国奖牌	入选队伍	国际奖牌	指导老师
2015	楚锦程	全国银牌			向 超 祝 航 杨 夏
2015	莫肖玮	全国铜牌			向 超 祝 航 杨 夏
2015	陈斯洲	全国铜牌			向 超 祝 航 杨 夏
2016	郭程新	全国金牌	国家集训队		朱丰年 向 超 谭 莎
2016	杨再禧	全国银牌			朱丰年 向 超 彭建锋
2016	向子蔚	全国银牌			朱丰年 向 超 彭建锋
2016	周琪怡	全国金牌			朱丰年 向 超 彭建锋
2016	胡晨光	全国铜牌			朱丰年 向 超 彭建锋
2016	包 爽	全国铜牌			朱丰年 向 超 彭建锋
2017	管阳菲	全国金牌	国家集训队		陈克剑 朱丰年 谭 莎
2017	金上钧	全国金牌	国家集训队		陈克剑 朱丰年 谭 莎
2017	蒋舒婷	全国金牌	国家集训队		陈克剑 朱丰年 谭 莎
2017	肖文轩	全国银牌			陈克剑 朱丰年
2017	贺彦锦	全国铜牌			陈克剑 朱丰年
2018	刘玲歌	全国银牌			向 超 吴 敏
2018	蒋沐阳	全国银牌			向 超 吴 敏
2018	梁行之	全国银牌	国家集训队		宋泽艳 陈克剑
2021	杨 宜	全国金牌	国家集训队	国际银牌	向 超
2021	黄云轲	全国铜牌			向 超 吴 敏
2021	许 淼	全国铜牌			向 超 吴 敏
2021	吴 笛	全国金牌	国家集训队		向 超 陈 媛 王思为
2021	何郅瑾	全国金牌	国家集训队		向 超 陈 媛 王思为

续表

获奖年份	学生姓名	全国奖牌	入选队伍	国际奖牌	指导老师		
2021	许 淼	全国金牌	国家集训队		向 超	陈 媛	王思为
2021	魏诩宸	全国金牌	国家集训队		向 超	陈 媛	王思为
2021	陈 雁	全国银牌			向 超	陈 媛	
2021	唐 朝	全国银牌			向 超	陈 媛	
2021	李承翰	全国银牌			向 超	陈 媛	
2021	向嘉瑜	全国铜牌			向 超	陈 媛	
2022	杨璐宁	全国金牌	国家集训队		向 超	张 琳	王思为
2022	肖奕帆	全国金牌	国家集训队		向 超	张 琳	王思为
2022	骆文萱	全国金牌	国家集训队		向 超	张 琳	王思为
2022	杨子凯	全国金牌	国家集训队		向 超	张 琳	王思为
2022	谢奥璠	全国银牌			向 超	张 琳	
2022	邓向泽	全国银牌			向 超	张 琳	
2022	田泽豫	全国铜牌			向 超	张 琳	
2023	夏一戈	全国金牌	国家集训队	国际银牌	向 超	张 琳	谭 莎
2023	马安澜	全国金牌	国家集训队 中国代表队		向 超	张 琳	谭 莎
2023	杨瑀烁	全国金牌	国家集训队		向 超	张 琳	宋泽艳
2023	邓雯轩	全国金牌	国家集训队		向 超	张 琳	宋泽艳
2023	李佳宜	全国金牌	国家集训队		向 超	张 琳	宋泽艳
2023	张梓轩	全国金牌	国家集训队		向 超	张 琳	宋泽艳
2023	谭钰洋	全国银牌			向 超	张 琳	宋泽艳
2023	刘士为	全国银牌			向 超	张 琳	宋泽艳
2024	钟景岳	全国金牌	国家集训队		向 超	杨 夏	陈 媛
2024	刘文佩	全国金牌	国家集训队		向 超	杨 夏	陈 媛
2024	向思哲	全国金牌	国家集训队		向 超	杨 夏	陈 媛
2024	唐宸栋	全国金牌	国家集训队		向 超	杨 夏	陈 媛
2024	周小钊	全国金牌	国家集训队		向 超	杨 夏	陈 媛
2024	王修赫	全国金牌	国家集训队		向 超	杨 夏	陈 媛

续表

获奖年份	学生姓名	全国奖牌	入选队伍	国际奖牌	指导老师
2024	方　程	全国银牌			向　超　杨　夏　陈　媛
2024	黄元汗	全国银牌			向　超　杨　夏　陈　媛
2024	王　晟	全国铜牌			向　超　杨　夏　陈　媛
2024	叶忠原	全国铜牌			向　超　杨　夏　陈　媛

（7）地球科学学科

获奖年份	学生姓名	全国奖牌	入选队伍	国际奖牌	指导老师
2017	冯睿杰	全国金牌	国家集训队	国际金牌	朱丰年　向　超
2018	雷哲智	全国银牌			朱丰年　陈克剑
2018	左天翔	全国银牌			朱丰年　陈克剑
2018	陈念琪	全国银牌			朱丰年　陈克剑
2018	刘润江	全国银牌			朱丰年　陈克剑
2018	林时睿	全国铜牌			朱丰年　陈克剑
2019	左晨昀	全国金牌	国家集训队		向　超　祝　航
2019	张云翔	全国银牌			向　超　祝　航
2022	李承翰	全国金牌	国家集训队	国际金牌	向　超　祝　航　王思为
2022	薛钧元	全国金牌	国家集训队		向　超　祝　航
2022	李奕贤	全国银牌			向　超　祝　航
2023	肖奕帆	全国金牌	国家集训队		向　超　罗梓维
2023	谢奥璠	全国金牌	国家集训队		向　超　罗梓维
2023	蒋扬旸	全国铜牌			向　超　罗梓维
2023	田泽豫	全国铜牌			向　超　罗梓维
2024	杨瑀烁	全国金牌	国家集训队		向　超　祝　航

8. 2015 年以来学校学生参加省级以上科创比赛获奖情况一览表

获奖年份	比赛类型（名称）	获奖情况	获奖学生	指导老师
2015	机器人	全国二等奖	徐绮彬　谌霖烨　易达	谌跃飞
2015	机器人	省一等奖	谌霖烨　段邓彬沛　宋彦清　李政翰　吴骏	谌跃飞
2015	科技创新	省一等奖	叶子豪	李钊
2015	科技创新	省一等奖	王沛霖	谢朝春
2016	机器人	全国二等奖	梁佩　樊卓　杨易	谌跃飞
2016	机器人	省一等奖	易达　徐绮彬	谌跃飞
2016	机器人	全国二等奖	向子悦　刘家怡	谌跃飞
2016	科技创新	全国一等奖	周江盟　林湘祺　胡开域	罗鹏飞
2016	科技创新	全国二等奖	罗家坪新农村建设研究小组	杨帆　成志强
2016	科技创新	全国二等奖	付晋宇	李淑平　焦畅
2016	科技创新	全国三等奖	王家齐	罗鹏飞
2016	科技创新	全国三等奖	邱秀之	焦畅
2016	电脑制作	全国二等奖	唐海东	焦畅
2017	地球小博士	全国一等奖	陈珺仪等	杨帆
2017	地球小博士	全国一等奖	李楠等	杨夏
2017	地球小博士	全国一等奖	陈奥等	吴敏
2017	地球小博士	全国一等奖	夏欣怡等	宋泽艳
2017	地球小博士	全国一等奖	向润颖等	杨婷
2017	地球小博士	全国一等奖	曾一智等	陈克剑
2017	科技创新	全国一等奖	肖芊	焦畅
2017	科技创新	全国二等奖	柳位奇	焦畅
2017	科技创新	全国二等奖	李元乔　罗逸豪　杨浩巍	罗鹏飞

续表

获奖年份	比赛类型（名称）	获奖情况	获奖学生	指导老师
2017	科技创新	全国三等奖	梅驭皓	杨　帆 吴　敏 雷光华
2017	科技创新	中南赛区一等奖	黄博参	焦　畅
2017	科技创新	中南赛区一等奖	许一凡	罗鹏飞
2017	科技创新	省一等奖	杨嘉妮	焦　畅
2017	科技创新	省一等奖	朱浩森	罗鹏飞
2017	科技创新	省一等奖	杨道源　唐马松　陈子睿 周际批	谌跃飞
2017	科技创新	创新大赛市长奖	胡开域	罗鹏飞 黄　俊
2018	科技创新	全国金牌	罗厚博	谌跃飞
2018	科技创新	全国银牌	龚俊瑜　符泽宇　郑　直 肖远志	谌跃飞
2018	科技创新	全国银牌	刘文莉　谢佳妮　张　蕾 周　佳　唐　铭	杨　帆 黄雅芩 贺　俊
2018	科技创新	省一等奖	陈　琦　廖睿喆　欧阳辰昊	马顺存
2020	科技创新	省一等奖	岳麓山地理研学小组	杨　帆 吴　敏 熊进道
2020	科技创新	省一等奖	李凌燕	罗鹏飞 彭如倩
2021	地球小博士	全国一等奖	苏奕瑄　周晓情	杨　婷
2021	地球小博士	全国一等奖	颜铭希　周书杭　邹文达 曹　弦　黄云轲　郭圯汐	向　超
2022	地球小博士	全国一等奖	陈博威　陈　媛　葛璐凤 胡景涵　潘雨萱　彭子昂 秦之荃　谈可一　王欣月 易焕然	彭建锋
2022	地球小博士	全国一等奖	车乐溪　邓雯月　李妍蓓 刘艺臻　杨　湛　邹颖萱	罗梓维

续表

获奖年份	比赛类型（名称）	获奖情况	获奖学生	指导老师
2022	地球小博士	全国一等奖	丁雨涵　封盼盼　胡皓晴　唐钰婷　吴小天　杨巧伊	张琳
2022	地球小博士	全国一等奖	胡紫霄　陈瑞丰	陈克剑
2022	地球小博士	全国一等奖	胡　玥　贺欣延　黄家新	肖雨琳
2022	地球小博士	全国一等奖	玛格塔丽　阙佳亮　徐　越	陈媛
2022	机器人	省高中组乐高挑战项目第一名	马清泉　王毅明　暨梵汝　马泽水　陈鹤庭	谌跃飞
2022	航　模	省一等奖	谭锦程　周晨蕙　王若暄　肖锦逸　曾子逸　王家烨　谭婧童	马顺存
2022	科技创新	省一等奖	莫欣怡	朱玮晨
2022	科技创新	省一等奖	马清泉	李湘黔
2023	地球小博士	全国一等奖	唐　成	罗梓维
2023	地球小博士	全国一等奖	周煜轩	宋泽艳
2023	机器人	全国学生信息素养提升实践之 2022—2023 年央馆-乐高教育科创活动创新之星	郑祺恒　李天智　向熙敬　章睿哲　陈邦棣	谌跃飞
2023	机器人	全国学生信息素养提升实践之 2022—2023 年央馆-乐高教育科创活动创新之星	潘泽凯　阳晋林　周靖林　夏乐知	谌跃飞
2023	科技创新	第八届中国国际"互联网+"大学生创新创业大赛最高奖"创新潜力奖"	马泽水　马清泉	李湘黔
2023	科技创新	省一等奖	赖靖扬	卿卫群
2023	航　模	省一等奖	姚雨晨	马顺存
2023	科技创新	入选世界顶尖科学家论坛科学 T 大会优秀科学青少年代表	李玥森	李湘黔

续表

获奖年份	比赛类型（名称）	获奖情况	获奖学生	指导老师
2023	科技创新	入选世界顶尖科学家论坛科学T大会优秀科学青少年代表	林靖罡	李湘黔
2024	机器人	FLL世界锦标赛机器人合作竞争奖	郑祺恒　李天智	谌跃飞
2024	机器人	全国学生信息素养提升实践活动之央馆-乐高教育科创活动机器人设计奖	王浩宇　黄子睿　胡康凡　胡　杭	张芳群
2024	科技创新	入选世界顶尖科学家论坛科学T大会"Sci-Ter"（科学少年）	袁颢珊	张湘君
2024	科技创新	入选世界顶尖科学家论坛科学T大会"Sci-Ter"（科学少年）	舒琪媛	舒　波
2024	地球小博士	全国一等奖	曾馨仪	肖雨琳
2024	地球小博士	全国一等奖	朱若铭	杨　夏
2024	地球小博士	全国一等奖	何景行	向　超
2024	科技创新	入选国际基础科学大会海报奖	王天翼	张湘君
2024	科技创新	省一等奖	吴书汀　李拙成	马顺存

9. 2015年以来学校学生参加省级以上体育比赛获奖情况一览表

（1）2015—2016学年度

赛事名称	获奖者姓名及获奖项目、名次
全国中学生田径锦标赛	姜识广男子三级跳远第3名；李丹200米第7名；刘苏仪100米第5名，200米第4名
中国中学生羽毛球锦标赛	陶祎仪单打第2名；谭雁滨、曾佳鑫女双第3名；季琨凯、彭熠男双第5名；陶祎仪、谭雁滨团体第3名

续表

赛事名称	获奖者姓名及获奖项目、名次
全国体育传统项目学校田径联赛（南部赛区）	覃朗铅球第1名；陈龙跳高第1名；何昕澳跳高第3名
湖南省第一届中学生运动会田径比赛	孔喆三级跳远第1名；覃朗铅球第1名、铁饼第3名；王检昭等4×400米第1名；吴冕、李菲等4×100米接力第4名；李菲100米第4名
湖南省第一届中学生运动会羽毛球比赛	陈瑞男子单打第1名；陶祎仪女子单打第1名；陈瑞、李旺君双打第2名；陶祎仪、李旺君混双第2名；曾瀚樟、季琨凯双打第3名；金晶、姜子欣双打第4名
湖南省青少年田径锦标赛	王检昭200米第2名，400米第3名；李丹100米第2名；吴冕100米第3名；胡静宁200米第6名；廖璇110米栏第3名；何昕澳110米栏第3名；刘苏仪100米、200米第1名，达国家一级运动员标准（简称"达一级"）；覃朗铅球第1名，铁饼第2名；柳俊鑫铁饼第6名
湖南省青少年乒乓球锦标赛	男子团体第1名；女子团体第1名；邓思源双打第2名；尹耀纬双打第3名
湖南省"华莱杯"青少年羽毛球锦标赛	肖丰裕、谭雁滨单打第1名；范咏琪单打第4名；秦邦彦双打第1名；谭雁滨、曾佳鑫双打第2名；肖丰裕、彭熠双打第5名；彭熠、曾佳鑫混双第3名

（2）2016—2017学年度

赛事名称	获奖者姓名及获奖项目、名次
全国中学生田径锦标赛	李丹破100米纪录，达一级；陈龙跳高第1名，达一级
中国中学生羽毛球锦标赛	谭雁滨、曾佳鑫女双第1名；谭雁滨女单第2名；女子团体第2名；秦邦彦、彭熠男双第2名；陶祎仪、金晶双打第5名
湖南省中学生运动会田径比赛	刘苏仪200米第1名；刘云霞跳高第2名；吴冕三级跳远第2名；覃朗铅球、铁饼第1名
湖南省青少年田径锦标赛（传统校组）	刘苏仪100米、200米第1名并破纪录；廖璇等4人男子乙组4×100米接力第1名；何昕澳等4人男子乙组4×400米接力第1名；廖璇400米、400米栏第2名；何昕澳110米栏第3名；谭崎帅跳远第1名；邓卓等4人男子甲组4×100米接力第1名；张莎莎女子标枪第2名；徐欣女子标枪第3名；吴晓涵女子3000米第1名
湖南省大中学生乒乓球比赛	男子团体第3名、女子团体第2名；杨旸女子单打第1名；杨旸、李昱沁女子双打第2名；钟家浩、李昱沁混双第3名

续表

赛事名称	获奖者姓名及获奖项目、名次
湖南省大中学生羽毛球比赛	男子团体第 1 名；女子团体第 2 名；谭雁缤女子单打第 1 名；谭雁缤、曾佳鑫女子双打第 1 名；肖丰裕男子单打第 2 名；彭熠、曾佳鑫混双第 2 名

（3）2017—2018 学年度

赛事名称	获奖者姓名及获奖项目、名次
世界中学生羽毛球锦标赛	谭雁缤、曾佳鑫、邹微薇、刘沁怡第 3 名
全国体育传统项目学校田径联赛	颜皇女子铅球、铁饼第 1 名；张莎莎女子标枪第 4 名，铁饼第 6 名；周术辉男子铁饼第 7 名；周涵男子乙组 800 米第 4 名
湖南省第二届中学生运动会田径比赛	李丹女子 100 米、200 米第 1 名；李丹、王检昭、王检望女子等 4×100 米接力第 3 名；王检望女子 400 米第 3 名；王检望、王检昭等女子 4×400 米接力第 2 名；王检昭女子 400 米第 2 名；刘云霞女子跳高第 1 名；覃朗男子铅球、铁饼第 1 名；赵豪男子标枪第 1 名、铅球第 2 名；颜皇女子铅球第 2 名、铁饼第 3 名
湖南省第二届中学生运动会乒乓球比赛	钟家皓、王凯旋男子团体第 1 名；杨旸、萧芳冰、李念慈、王欣然女子团体第 2 名；杨旸、萧芳冰女子双打第 2 名；邓思源、王凯旋男子双打第 4 名；李念慈女子单打第 3 名；王凯旋男子双打第 2 名
湖南省第二届中学生运动会羽毛球比赛	谭雁缤、曾佳鑫、刘沁怡、邹微薇女子团体第 1 名；肖丰裕、彭熠、肖少威、师子扬男子团体第 1 名；谭雁缤、曾佳鑫女子双打第 1 名；彭熠、肖少威男双第 2 名；邹微薇、刘沁怡女双第 2 名；曾佳鑫、彭熠混双第 3 名；谭雁缤女单第 2 名
湖南省第二届中学生运动会足球比赛	第 4 名
湖南省青少年田径锦标赛	李丹女子乙组 100 米第 1 名、4×100 米接力第 3 名；王检昭女子甲组 400 米第 3 名；唐成男子 400 米栏第 4 名、男子 4×400 米接力第 5 名；吴冕女子甲组 4×100 米接力第 1 名；姜识广男子三级跳远第 3 名、跳远第 4 名；刘云霞女子跳高第 5 名
湖南省校园武术段位比赛	一等奖

（4）2018—2019学年度

赛事名称	获奖者姓名及获奖项目、名次
全国中学生田径锦标赛	李丹女子100米、200米第4名，达一级；李丹、胡净宁、胡雅玲女子高中组4×100米第2名；何昕澳男子110米栏第7名；吴冕女子三级跳远、跳远第1名，达一级；团体总分第6名，女子团体总分第5名
全国中学生乒乓球锦标赛	邓思源、王凯旋男双第4名；杨旸、萧芳冰、王欣然女子团体第8名
中国中学生羽毛球锦标赛	谭雁缤、曾佳鑫女双第1名；谭雁缤女单第2名；师子扬、秦邦彦、张立轩、刘一铭、任佳豪男子团体第2名；谭雁缤、曾佳鑫、刘芃昕、刘沁怡、唐钰琪女子团体第3名
全国中学生桥牌锦标赛	王嘉璐、傅晓薇女子双打第5名；吴玉玲、何金音女子双打第5名
第三届青年奥林匹克运动会（田径）	陈龙男子跳高第1名并破纪录
湖南省中学生运动会田径比赛	李丹女子100米第1名；黄美霞女子400米第1名；李丹女子200米第2名；胡净宁女子4×100米接力第7名；何昕澳男子110米栏第5名；周涵男子800米第5名；陈龙男子跳高第1名并打破纪录
湖南省中学生运动会羽毛球比赛	熊莹女单第1名；师子扬男单第2名；任佳豪、张立轩男双第1名；师子扬、秦邦彦男双第2名；邹微薇、刘沁怡女双第2名；任佳豪、刘沁怡混双第1名；秦邦彦、熊莹混双第2名；师子扬、秦邦彦、任佳豪、张立轩、梁晴男子团体第1名
湖南省中学生运动会乒乓球比赛	邓思源、王凯旋、张晨希、蒋礼男子团体第2名；王欣然、萧芳冰、彭戬、邓雅蓝女子团体第2名；邓思源男单第2名；萧芳冰女单第2名；邓思源、王凯旋男双第2名；张晨希、蒋礼男双第4名；彭戬、邓雅蓝女双第2名；王凯旋、萧芳混双第2名
湖南省第十三届运动会田径比赛	李丹女子甲组100米、200米、4×100米栏第1名，达一级；何昕澳男子甲组110米栏第4名；廖璇男子甲组400米栏第6名；赵欣男子乙组100米第5名；唐成男子乙组400米栏第3名；赵欣4×100米接力第6名；姜识广男子甲组三级跳远第1名；谭崎帅男子甲组跳远第1名；刘云霞女子甲组跳高第4名；吴冕女子甲组三级跳远、跳远第1名，达一级；谭琦帅男子4×100米接力第8名；赵豪男子甲组标枪第1名，男子甲组铅球第2名；颜皇女子甲组铅球第2名，铁饼第4名；徐欣女子甲组铁饼第5名，标枪第7名；陈龙男子跳高第1名，达运动健将标准

续表

赛事名称	获奖者姓名及获奖项目、名次
湖南省青少年田径锦标赛（传统校组）	何昕澳 110 米栏第 1 名；李丹女子甲组 100 米、200 米第 1 名；黄美霞女子乙组 100 米、200 米第 1 名；陈绎霓女子 400 米栏第 1 名、100 米栏第 2 名；黄美霞、陈绎霓、张涟漪 4×100 米接力第 1 名；陈绎霓 4×400 米接力第 2 名；黄金荣三级跳远第 5 名；任鸿翔男子乙组跳远第 5 名；杨子鑫男子甲组铁饼第 3 名；毛楠男子乙组铁饼、铅球第 6 名；周术辉男子甲组铅球第 5 名；李晨 4×100 米接力第 1 名；徐杨、谢炎君 4×400 米接力第 2 名；谢炎君 400 米栏第 3 名；谢沛峰男子 1500 米第 3 名；谢沛峰男子乙组 4×400 米接力第 2 名；易展西男子乙组 400 米栏第 2 名；周顺、易展西 4×400 米第 3 名
湖南省第十三届运动会"涞水新城杯"青少年羽毛球比赛	师子扬甲组男子双打第 1 名；师子扬男子团体第 1 名

（5）2019—2020 学年度

赛事名称	获奖者姓名及获奖项目、名次
第三届亚洲青少年田径锦标赛	陈龙男子跳高第 1 名并破纪录
中日韩青少年运动会（田径）	陈龙男子跳高第 1 名并破纪录；黄美霞女子 400 米第 1 名；李丹女子 200 米第 2 名，女子 100 米第 4 名；李丹、黄美霞等女子 4×100 米接力第 1 名；杨子鑫男子铁饼第 4 名
全国中学生田径锦标赛	陈龙男子跳高第 1 名并破纪录；黄美霞女子 400 米第 2 名，女子 200 米第 5 名；黄美霞、李丹、胡净宁、胡雅宁 4×100 米接力第 1 名；黄美霞、李丹、陈绎霓、周子薇女子 4×400 米接力第 8 名；李丹女子 100 米第 4 名；赵豪男子标枪第 1 名，达一级；团体总分第 4 名
中国中学生羽毛球锦标赛	刘一铭男子单打第 1 名；熊莹女单第 2 名；张立轩男单第 3 名；秦邦彦、熊莹混双第 1 名；刘芙蕊、窦子慧女双第 2 名；刘一铭、秦邦彦男双第 3 名；张立轩、任佳豪男双第 3 名；邹微薇、陈迎、熊莹、唐钰琪、刘芙蕊、窦子慧女子团体第 2 名
全国体育传统项目学校田径联赛	段逸翔男子 400 米栏第 3 名；徐欣女子甲组标枪第 1 名，铁饼第 3 名；杨子鑫男子甲组铁饼第 1 名；周术辉男子甲组铅球第 3 名；赵豪男子标枪第 1 名，达一级
第二届全国青年运动会	赵欣男子 4×100 米接力第 2 名，男子 100 米第 7 名；周涵男子 800 米第 3 名；黄美霞女子 400 米第 2 名，达一级；黄美霞女子 4×400 米异程接力第 2 名

续表

赛事名称	获奖者姓名及获奖项目、名次
湖南省青少年田径锦标赛（传统校组）	李丹女子甲组 100 米、200 米第 1 名；黄美霞女子乙组 100 米、200 米第 1 名；陈绎霓女子 400 米栏第 1 名，100 米栏第 2 名；谢炎君 400 米栏第 3 名；易展西男子乙组 400 米栏第 3 名；廖璇男子 400 米栏第 5 名；陈绎霓等女子乙组 4×400 米接力第 2 名；谢沛峰男子 1500 米第 3 名；张涟漪、陈绎霓、黄美霞等女子乙组 4×100 米第 1 名；李晨 4×100 米接力第 1 名；谢炎君、谢沛峰、徐杨、周顺 4×400 米接力第 2 名；杨子鑫男子甲组铁饼第 3 名；毛楠男子乙组铁饼、铅球第 6 名；周术辉男子甲组铅球第 5 名；团体总分第 2 名
湖南省青少年田径锦标赛（市州组）	王进聪男子丙组短跑全能第 1 名；段逸翔男子甲组 400 米栏第 2 名；李秀女子乙组三级跳远、跳远第 4 名；谭琦帅男子甲组跳远第 2 名；黄金荣传统校组跳远第 7 名，传统校组三级跳远第 5 名；任鸿翔男子乙组跳远第 5 名，传统校组男子乙组 4×400 米接力第 4 名
湖南省第三届中学生运动会足球比赛	第 3 名
湖南省青少年乒乓球锦标赛	蒋礼男子甲组团体第 2 名，达一级；彭戬女子甲组团体第 3 名
湖南省青少年羽毛球锦标赛	刘一铭甲组男单、混双第 1 名；张云柯男单第 2 名
第二届"多彩贵州·大美黔东南"全国青少年足球邀请赛	第 3 名

（6）2020—2021 学年度

赛事名称	获奖者姓名及获奖项目、名次
"陶行知·星耀五洲杯"一带一路国际青少年足球文化节	足球队第 1 名
湖南省青少年田径锦标赛（传统校组）	黄美霞女子 100 米第 1 名，女子 200 米第 1 名；陈绎霓女子 400 米栏第 3 名；赵欣男子 100 米第 5 名；黄金荣男子跳远第 2 名；彭嘉乐等 4 人女子 4×400 米接力第 3 名
湖南省青少年田径锦标赛（市州组）	段逸翔男子 400 米栏第 1 名；杨子鑫男子铁饼第 1 名；伍燕女子标枪第 2 名，女子铁饼第 6 名；罗傲男子铅球第 2 名，男子铁饼第 8 名；徐杨等 4 人女子 4×400 米接力第 4 名；徐杨女子 400 米第 5 名；何嘉华女子 400 米栏第 8 名

续表

赛事名称	获奖者姓名及获奖项目、名次
湖南省中学生运动会田径比赛	黄美霞女子100米第1名，11秒64达国家运动健将标准，女子200米23秒84，达国家运动健将标准；陈绎霓女子400米栏第4名，女子100米栏第6名；赵欣男子100米第3名；杨子鑫男子铁饼第2名；伍燕女子标枪第2名；李秀女子跳远第4名，女子三级跳远第5名；任鸿翔男子跳远第4名，男子三级跳远第4名；黄金荣男子跳远第8名；谢沛峰男子800米第2名；周顺男子400米第5名；谢炎君女子全能第4名；黄美霞、陈绎霓、李晨、李秀等女子4×100米接力第1名；徐杨、谢炎君等女子4×400米接力第3名；陈绎霓、李晨等女子4×400米接力第4名；王进聪、杨顺隆、赵欣、任鸿翔男子4×100米接力第4名；王进聪、杨顺隆、周顺、谢沛峰男子4×400米接力第2名
湖南省中学生运动会羽毛球比赛	熊莹等女子团体第1名；熊莹女子单打第1名；萧弋博、向亦鸣男子双打第1名；张云柯男子单打第1名；张云柯等男子团体第2名；刘芙蕊、窦子慧女子双打第2名；张云柯、朱婧怡混双第2名；张铭泽、莫典男子双打第2名
湖南省中学生运动会乒乓球比赛	石胤丁等男子团体第2名；朱琼宇、彭戮女子双打第2名；凌若璟等女子团体第3名
湖南省青少年羽毛球锦标赛	龙一帆乙组女单第1名；龙一帆、张显乙组女子团体第1名；张铭泽、吴浩甲组男子团体第1名；朱婧怡、刘丹妮甲组女双第2名；娄逸飞乙组男子团体第2名；陈壹祎乙组女双第2名；张云柯甲组男单第3名；萧弋博甲组男双第3名，甲组混双第3名
湖南省青少年乒乓球锦标赛	张威晟等团体第1名；张威晟双打第1名，达一级；李昀千双打第1名，达一级；石胤丁单打第2名，达一级；彭戮双打第2名，达一级

（7）2021—2022学年度

赛事名称	获奖者姓名及获奖项目、名次
全国中学生田径锦标赛	谢志豪男子400米第5名；陈家煌男子400米栏第7名；谢志豪、杨顺隆、杨麒毓、谢沛峰男子4×400米接力第2名；李晨女子100米第4名（达一级），女子200米第3名；李晨、何嘉华、曾晓梅、易师睿女子4×400米接力第3名；谢沛峰男子甲组800米第2名（达一级），男子甲组1500米第4名；曾晓梅女子1500米第4名；易师睿女子乙组400米第6名，女子乙组400米栏第7名；周乐健男子铁饼第5名；陈琴女子铅球第4名，女子铁饼第7名

续表

赛事名称	获奖者姓名及获奖项目、名次
中国中学生羽毛球锦标赛	朱婧怡等高中组女子团体第 1 名；娄逸飞、萧弋博高中组男子双打第 1 名
我爱足球中国民间争霸赛暨全国五人制足球青少年锦标赛	（U17 组）全国第 4 名
湖南省青少年田径锦标赛（传统校组）	何嘉华、谢炎君、徐杨、李晨女子甲组 4×400 米接力第 1 名；何嘉华、李秀、谢炎君、李晨女子甲组 4×100 米接力第 1 名；唐超、谢沛峰、杨顺隆、周顺男子 4×400 米接力第 1 名（打破省青少年记录）；任鸿祥、唐超、杨顺隆、周顺男子甲组 4×100 米接力第 2 名；曾晓梅女子乙组 1500 米第 4 名，女子乙组 800 米第 2 名；何嘉华女子甲组 400 米第 2 名；李晨女子 U18 组 100 米第 2 名（达一级），女子 U18 组 200 米第 1 名；谢炎君女子甲组 400 米栏第 3 名，女子甲组 100 米栏第 2 名；徐杨女子甲组 800 米第 4 名；易思睿女子乙组 400 米第 2 名，女子乙组 400 米栏第 3 名；刘雅玲女子乙组三级跳远第 8 名；陈琴女子铁饼第 1 名，女子铅球第 1 名；伍燕女子标枪第 1 名；黄博亿男子乙组三级跳远第 7 名；唐超男子甲组 400 米达一级；谢沛峰男子甲组 1500 米第 1 名，男子甲组 800 米第 2 名；杨顺隆男子 U18 组 100 米第 7 名，男子 U18 组 200 米第 3 名；周乐健男子铅球第 5 名，男子铁饼第 4 名
湖南省青少年田径锦标赛（市州组）	易展西男子甲组 400 米栏第 3 名，4×400 米接力第 5 名；李佳妮女子 U18 组 4×100 米第 2 名；肖丁琼云女子 U18 组 100 米栏第 5 名，4×100 米第 4 名；毛楠男子铅球第 5 名，男子铁饼第 4 名；王树钦男子标枪第 5 名；庄湘茗女子乙组跳高第 1 名，女子乙组跳远第 1 名
湖南省足球协会青少年锦标赛	第 4 名
湖南省青少年乒乓球锦标赛	罗隽、胡安达男子甲组团体第 1 名；罗隽男子甲组单打第 2 名；杨志诚男子甲组双打第 2 名；朱琼宇女子甲组团体第 2 名，女子甲组双打第 2 名；彭子淳女子乙组团体第 2 名，女子乙组双打第 2 名
湖南省第四届中学生运动会乒乓球比赛	罗隽、李昀千男子团体第 2 名；李昀千男子双打第 1 名；朱琼宇、贺思嘉女子团体第 2 名；罗隽男子双打第 2 名；贺思嘉混合双打第 3 名；朱琼宇女子单打第 3 名
湖南省第四届中学生运动会足球比赛	第 3 名

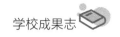

续表

赛事名称	获奖者姓名及获奖项目、名次
湖南省第四届中学生运动会田径比赛	陈琴女子铁饼第 4 名，女子铅球第 3 名；李晨女子 100 米第 4 名，女子 200 米第 5 名（达一级）；毛楠男子铁饼第 5 名；唐超、谢沛峰、杨顺隆、周顺男子 4×400 米接力第 1 名；伍燕女子标枪第 1 名；谢沛峰男子 1500 米第 1 名；谢炎君女子全能第 4 名；杨顺隆男子 200 米第 2 名；任鸿翔男子三级跳远第 2 名；李果女子跳高第 6 名
湖南省青少年羽毛球锦标赛	张铭泽甲组男子单打第 1 名；莫典甲组男子单打第 3 名；张显甲组女子单打第 3 名；王培宇甲组男子单打第 4 名；申语纾甲组男子单打第 5 名；向泓劼乙组男子单打第 7 名；张铭泽、娄逸飞甲组男子双打第 1 名；申语纾、王培宇甲组男子双打第 2 名；莫典、黄虎甲组男子双打第 3 名；向泓劼、刘俊甫乙组男子双打第 3 名；刘子萱、张显甲组女子双打第 5 名；莫典、黄虎甲组男子团体第 1 名；陈壹祎甲组女子团体第 1 名；申语纾、王培宇甲组男子团体第 3 名；刘子萱、张显甲组女子团体第 3 名；黄嘉怡乙组女子团体第 3 名；向泓劼、刘俊甫乙组男子团体第 5 名；刘俊甫乙组混合双打第 7 名
湖南省中学生运动会羽毛球比赛	朱婧怡女子单打第 2 名；张铭泽等男子团体第 2 名；朱婧怡等女子团体第 2 名；童浩然、朱婧怡混合双打第 2 名；龙一帆、张显女子双打第 2 名；张铭泽、莫典男子双打第 3 名；张铭泽、龙一帆混合双打第 3 名
湖南省青少年击剑锦标赛	熊久久 U18 女子花剑第 1 名

（8）2022—2023 学年度

赛事名称	获奖者姓名及获奖项目、名次
全国中学生田径锦标赛	李晨熙男子高中乙组 400 米第 1 名，破赛会纪录；杨顺隆、李晨熙、谢志豪、钟执一男子高中组 4×400 米接力第 1 名，破赛会记录；唐一涵女子高中乙组铁饼第 2 名；曾晓梅女子高中乙组 800 米第 5 名；黄博亿男子高中乙组三级跳远第 6 名
中国中学生羽毛球锦标赛	莫典、黄虎、申语纾、王培宇、向泓劼、肖昊翔高中组男子团体第 1 名；张显、姬玥然、龙一帆、刘子萱、陈壹祎、黄嘉怡高中组女子团体第 1 名
"我爱足球"全国五人制足球青少年锦标赛	足球队第 5 名，朱泽龙、余熙言、赖浩哲、杨梓栋、钟宇等人达一级
中华人民共和国第一届（学生）青年运动会	李晨熙男子中学组 400 米第 2 名，200 米第 7 名，4×100 米接力第 5 名

续表

赛事名称	获奖者姓名及获奖项目、名次
湖南省第十四届运动会田径比赛	杨顺隆男子 200 米第 7 名，男子 4×100 米接力第 4 名，男子 4×400 接力第 8 名；王进聪男子 4×400 米接力第 6 名；李梓莹等 4 人女子 4×100 米接力第 2 名；李晨女子 100 米第 6 名，女子 200 米第 7 名；何嘉华等 4 人女子 4×400 米接力第 1 名；曾晓梅女子乙组 800 米第 4 名，女子 1500 米第 4 名，女子 4×400 米接力第 4 名；易师睿女子甲组 400 米第 5 名，女子甲组 400 米栏第 4 名，女子甲组 4×400 米接力第 3 名，女子甲组 4×100 米接力第 1 名；陆仲达男子乙组 800 米第 2 名，男子乙组 1500 米第 3 名，男子乙组 4×400 米接力第 4 名；罗傲男子铅球第 4 名；周乐健男子铁饼第 3 名；彭翔宇男子铅球第 2 名，男子铁饼第 8 名；陈琴女子铅球第 3 名，女子铁饼第 5 名
湖南省第十四届运动会羽毛球比赛	余曦贝 U15 组男子团体第 1 名，男子双打第 1 名
湖南省第十四届运动会乒乓球比赛	唐洋楠女子乙组团体第 1 名，女子乙组双打第 2 名，女子乙组单打第 3 名；莫言琪男子乙组团体第 1 名；彭子淳女子甲组团体第 2 名，达一级
湖南省第十四届运动会青少年组女子击剑比赛	熊久久个人第 1 名
湖南省青少年田径锦标赛（传统校组）	王树钦男子标枪第 4 名；罗傲男子铅球第 3 名
湖南省青少年田径锦标赛（市州组）	谢炎君女子 400 米第 5 名；李秀女子跳远第 7 名；吴凡女子跳远第 5 名
湖南省足球协会青少年锦标赛	季轩、刘俊杰达一级
湖南省第四届中学生运动会足球比赛	王知翰达一级
湖南省青少年羽毛球锦标赛	王培宇、肖昊翔 U18 男子团体第 1 名；向泓劼 U18 男子团体第 2 名；张显、刘子萱 U18 女子团体第 1 名；黄嘉怡 U18 女子团体第 2 名；娄逸飞、黄嘉怡 U18 混合双打第 1 名；向泓劼、张显 U18 混合双打第 2 名；张显 U18 女子单打第 2 名；刘子萱 U18 女子单打第 3 名；王培宇、向泓劼、肖昊翔、张显、刘子萱、黄嘉怡、娄逸飞等人达一级

（9） 2023—2024 学年度

赛事名称	获奖者姓名及获奖项目、名次
全国中学生田径锦标赛	陆仲达800米第1名；陆仲达、李晨熙、王芝舟、钟执一4×400米接力第5名；肖诗妍400米栏第5名；肖诗妍、尹薇薇、刘依梦、曾晓梅4×400米接力第4名；曾晓梅800米第6名；彭翔宇铅球第1名；唐一涵铁饼第1名；董书言三级跳远第2名；黄博亿三级跳远第3名；张泽涛跳高第1名；黄磊跳远第4名；李晨熙400米第1名，200米第2名；男子U20组团体总分第1名；奖牌榜第1名
中国田径协会体育传统项目学校田径联赛资格赛（南部赛区）	陆仲达800米第1名；肖诗妍400米栏第1名；肖诗妍、王佳乐、尹薇薇、曾晓梅异程接力第3名；曾晓梅800米第2名，1500米第2名；尹薇薇100米第8名，200米第3名；彭翔宇铅球第1名，铁饼第4名；唐一涵铁饼第1名，铅球第2名；曹言三级跳远第2名；黄博亿三级跳远第6名；李晨熙400米第1名，200米第1名
中国中学生田径精英赛暨世界中学生夏季运动会田径选拔赛	肖诗妍400米栏第4名；钟执一800米第8名；彭翔宇铅球第3名；曹言三级跳远第2名，跳远第3名
中国中学生定向精英暨世界中学生运动会定向项目选拔赛	周天寒总积分第1名，中距离第1名，短距离第2名
全国体育传统项目学校乒乓球比赛（高中组）	杨泽旭、李然、莫言琪、陈思翰男子团体第3名
全国体育传统项目学校田径联赛（总决赛）	陆仲达800米第1名；肖诗妍400米栏第5名；肖诗妍、尹薇薇、王佳乐、曾晓梅异程接力第5名；曾晓梅800米第2名；王佳乐100米第3名；尹薇薇200米第3名；彭翔宇铅球第1名；唐一涵铁饼第1名，铅球第5名；曹言三级跳远第1名；李晨熙400米第1名
全国体校U系列田径锦标赛总决赛	董书言三级跳远第5名；陈宇涵三级跳远第6名；缪子健跳高第2名；黄磊跳远第5名
第十六届中国中学生羽毛球锦标赛	左睿思、张显、黄嘉怡、姬玥然、龚粲哲女子团体第3名；向泓劼、张显混双第2名；龙住妮、黄嘉怡女双第4名；向泓劼、余羲贝、郑杰章、吴天宇、肖颀钖男子团体第8名
第十七届中国中学生羽毛球锦标赛	左睿思、姬玥然女双第3名；左睿思女单第3名；向泓劼、余羲贝、郑杰章、吴天宇、肖颀钖男子团体第7名
"中国足球学校杯"足球比赛	隆博方、朱鸿图、杨弘毅第2名

续表

赛事名称	获奖者姓名及获奖项目、名次
中国毽球公开赛（湖南站）	彭翰达、黎健雄、姚辰宇、卢宸舜、刘钰晨五人围踢第1名；胡中霖、谌吉、胡华霖、朱鸿图、钱悦五人围踢第2名；谌吉、朱鸿图、钱悦竞技网毽三人混合第3名；谌吉青少组绷踢第3名
湖南省中学生运动会羽毛球比赛	肖頔锡、龙佳妮混双第1名；肖頔锡、余羲贝、王奕博、吴天宇、郑杰章男子团体第3名；左睿思、张倩萌、龙佳妮、龚粲哲女子团体第3名；左睿思女单第3名；左睿思、龙佳妮女双第3名；吴天宇、肖頔锡男双第4名；郑杰章男单第8名；郑杰章、余羲贝男双第7名
湖南省中学生运动会田径比赛	陆仲达800米第1名，1500米第3名；肖诗妍400米栏第2名；肖诗妍、尹薇薇、刘依梦、胡好晗4×400米接力第2名；肖诗妍、尹薇薇、刘依梦、胡好晗4×100米接力第4名；黄裕皎1500米第8名，3000米第5名；尹薇薇200米第6名；尹凡语铅球第3名；彭翔宇铅球第1名，铁饼第2名；张泽涛跳高第2名；缪子健跳高第2名
湖南省大中学生乒乓球比赛	陈思翰、彭鑫灿混双第6名；刘书颜、章树叶子女双第5名；杨泽旭、李然、莫言琪、陈思翰、何涵宇男子团体第1名；刘书颜、唐洋楠、章树叶子、陈米莉、彭鑫灿女子团体第1名；何涵宇男单第1名；彭鑫灿、陈米莉女双第2名；刘书颜女单第2名；莫言琪、章树叶子混双第4名；何涵宇、莫言琪男双第3名
湖南省乒乓球锦标赛	唐洋楠、彭鑫灿、陈米莉女子团体第2名；唐洋楠女单第2名；彭鑫灿女单第4名；唐洋楠、彭鑫灿女双第5名
湖南省"奔跑吧，少年"羽毛球锦标赛	肖頔锡、吴天宇男子团体第1名；龙佳妮女子团体第1名；郑杰章男双第3名；龚粲哲混合团体第1名；龚粲哲混双第5名；肖頔锡男单第7名；肖頔锡、吴天宇男双第1名；左睿思女单第3名
湖南省青少年定向越野锦标赛	史卿云短距离第1名，中距离第2名；罗泓轶百米定向第2名，短距离第3名，中距离第5名；杨岚舒中距离第7名；李知澎中距离第7名，短距离第8名；周天寒短距离第2名，积分赛第1名，百米定向第1名；马峥文百米定向第2名
湖南省青少年田径锦标赛（传统校组）	陆仲达1500米第1名；李文迪800米第2名；肖诗妍、尹薇薇、刘依梦、李梓潆4×400米接力第1名；曾晓梅800米第1名，1500米第2名；尹薇薇100米第2名，200米第1名；刘依梦400米第2名；尹凡语铅球第2名，铁饼第2名；彭翔宇铅球第1名，铁饼第2名；唐一涵铁饼第1名，铅球第3名；黄磊跳远第1名；袁宸伶跳远第8名；张泽涛跳高第1名

10. 2015 年以来学校学生参加市级以上艺术比赛获奖情况一览表

（1）2016 年

级别	获奖情况	指导老师
省级	学生参加湖南省"洞庭杯"民族器乐大赛，4人（梁晓晶、钟晓熠、黄依琳、曹子尧）获金奖，2人（周雄驰、曹子尧）获银奖	李鹏程
市级	学生参加长沙市"三独比赛"，10人（胡焱文、向珍慧、杨雨恬、郭茗瑄、戴新星、曹子尧、乐琳子、陈诺、徐琬莹、黄依琳）获市一等奖	李鹏程
市级	学生参加长沙市"三独比赛"，5人（曾郅涵、李东健、李思婕、罗成亮、谢树杰）获市一等奖	郑 喜
市级	学生参加长沙市"三独比赛"，2人（张铎凡、杨希微）获市一等奖	杨 萍
市级	学生参加长沙市"三独比赛"，2人（周思怡、陈羿妍）获市一等奖	熊 康
市级	葫芦丝模块班参加长沙市班级演奏比赛获市一等奖	李鹏程
市级	学生参加长沙市中小学校园文化艺术节"美术比赛"，15人（黄依萌、吴骏、何紫韵、肖丁瑾、颜加盛、李润龙、王子依、仇浩威、赵明了、罗智耀、袁莹、钟可、汪颜雯、湛峻琳、李紫煊）获市一等奖	杨 桦

（2）2017 年

级别	获奖情况	指导老师
省级	学生参加湖南省"明坤杯"二胡独奏大赛，1人（赵卓涵）获金奖	李鹏程
省级	学生参加湖南省"古韵·双帆"竹笛独奏大赛，4人（杨雨恬、朱婧琳、潘牧石、李雅琪）获金奖	李鹏程
省级	学生参加湖南省"洞庭杯"千人二胡大赛，3人（杨泠泠、钟晓熠、刘锦坤）获银奖	李鹏程
省级	学生参加湖南省首届弹拨乐大赛，1人（李文清）获银奖	李鹏程
省级	学生参加湖南省"三独比赛"，2人（张铎凡、曾郅涵）获省一等奖	郑 喜
省级	学生参加湖南省"三独比赛"，1人（周思怡）获省一等奖	熊 康
省级	学生参加湖南省"三独比赛"，1人（肖瑾涵）获省一等奖	李鹏程
市级	学生参加长沙市"三独比赛"，9人（张铎凡、曾郅涵、黄智琪、周明瑞、罗成亮、邵伊斐、舒冲、王纪泽、李润龙）获市一等奖	郑 喜

续表

级别	获奖情况	指导老师
市级	学生参加长沙市"三独比赛"，9人（钟晓熠、杨泠泠、梁晓晶、周婧琳、杨亦霖、杨亦霖、朱婧琳、王语馨、刘紫穗）获市一等奖	李鹏程
市级	学生参加长沙市"三独比赛"，4人（刘格、周思怡、周乐瑶、余静远）获市一等奖	熊　康
市级	学生参加长沙市"三独比赛"，1人（肖瑾涵）获市一等奖	杨　萍
市级	红枫舞蹈团参加长沙市中小学生艺术展演比赛获市一等奖	熊　康
市级	高中班级参加合唱比赛获市一等奖	郑　喜
市级	学生参加长沙市中小学校园文化艺术节"美术比赛"，7人（陈琢、钟湘、陈卓玲、倪彦、谢奥博、胡晨光、肖逸群）获市一等奖	杨　桦

（3）2018年

级别	获奖情况	指导老师
省级	学生参加湖南省第二届"伊人杯"葫芦丝独奏大赛，2人（佘泽轩、刘镠）获金奖，1人（王希如）获银奖	李鹏程
省级	学生参加湖南省"三独比赛"，2人（杨亦霖、赵卓涵）获省一等奖，1人（陈高辉）获省二等奖	李鹏程
省级	学生参加湖南省"三独比赛"，1人（易舒磊）获省一等奖	郑　喜
省级	学生参加湖南省"三独比赛"，1人（肖明君）获省一等奖	熊　康
市级	学生参加长沙市"三独比赛"，11人（杨泠泠、周婧琳、钟莹、刘雨悄、钟晓熠、王凤仪、王晴、杨佳瑞、刘雨婷、李雅琪、刘锦坤）获市一等奖	李鹏程
市级	学生参加长沙市"三独比赛"，8人（王俞珺、杨浩巍、唐薇淇、文俊达、黄达、舒冲、周婧琳、李迪华）获市一等奖	郑　喜
市级	学生参加长沙市"三独比赛"，5人（肖明君、朱音璇、陈高辉、杨亦霖、赵卓涵）获市一等奖	杨　萍
市级	学生参加长沙市"三独比赛"，3人（赵丹妮、王思琴、任雅婷）获市一等奖	熊　康
市级	红枫民乐团参加长沙市中小学生艺术展演比赛获市一等奖第一名	李鹏程
市级	红枫舞蹈团参加长沙市中小学生艺术展演比赛获市一等奖第一名	熊　康
市级	红枫合唱团参加长沙市中小学生艺术展演比赛获市一等奖	郑　喜

（4）2019 年

级别	获奖情况	指导老师
国家级	红枫舞蹈团参加全国第六届中小学生艺术展演比赛获全国一等奖	熊 康
国家级	红枫民乐团参加全国第六届中小学生艺术展演比赛获全国二等奖	李鹏程
省级	红枫民乐团参加湖南省中小学生艺术展演比赛获省一等奖	李鹏程
省级	红枫舞蹈团参加湖南省中小学生艺术展演比赛获省一等奖	熊 康
省级	学生参加湖南省第三届"灵声杯"竹笛独奏大赛，4人（刘鏐、张国骏、王宸颖、佘泽轩）获金奖，2人（王希如、邓雅卓）获银奖	李鹏程
省级	学生参加湖南省"三独比赛"，2人（梁辰、杨岚）获省一等奖，2人（张国骏、刘鏐）获省二等奖	李鹏程
省级	学生参加湖南省"三独比赛"，3人（王俞珺、朱音璇、余李敦）获省一等奖	郑 喜
市级	学生参加长沙市"三独比赛"，17人（梁辰、钟莹、胡雨清、欧阳乐陶、杨岚、郭赛风、蒋欣言、彭家阅、任天佑、杨岚、张国骏、朱子敬、刘鏐、彭子馨、肖淙远、杨柳鑫、周鑫柯）获市一等奖	李鹏程
市级	学生参加长沙市"三独比赛"，14人（王俞珺、肖潇、朱音璇、唐思凯、李优娜、贺林森、刘彦萌、肖翼、黄诗音、余李敦、向吉坤）获市一等奖	郑 喜
市级	学生参加长沙市"三独比赛"，5人（肖明君、任雅婷、赵丹妮、方思琳、肖雅雯）获市一等奖	熊 康

（5）2020 年

级别	获奖情况	指导老师
省级	学生参加湖南省"三独比赛"，2人（易雨萱、沈子翰）获省一等奖	李鹏程
省级	学生参加湖南省"三独比赛"，1人（黄诗音）获省二等奖	郑 喜
省级	学生参加湖南省"三独比赛"，1人（廖婧汐）获省二等奖	熊 康
市级	学生参加长沙市"三独比赛"，13人（胡倩倩、刘畅儿、欧定卓、佘泽轩、孙小雯、易雨萱、朱子敬、吴铭湘、沈子翰、范涵钰、刘睿菡、王宸颖、杨柳鑫）获市一等奖	李鹏程
市级	学生参加长沙市"三独比赛"，8人（李俊茜、宋佳恒、张晨曦、周熙睿、黄诗音、李梦宇、余李敦、张祖凤）获市一等奖	郑 喜

续表

级别	获奖情况	指导老师
市级	学生参加长沙市"三独比赛"，6人（曹乐妍、童曦、危思怡、廖婧汐、苏杭、汪童）获市一等奖	熊 康
市级	学生参加长沙市"三独比赛"，2人（任天佑、李彬滨）获市一等奖	戴子丹
市级	学生参加长沙市"三独比赛"，2人（胡步遥、罗语妍）获市一等奖	周文涛
市级	红枫合唱团参加长沙市中小学生艺术展演比赛获市一等奖	郑 喜
市级	红枫合唱团参加长沙市中小学生艺术展演比赛获市一等奖	周文涛

（6）2021 年

级别	获奖情况	指导老师
省级	学生参加湖南省第七届"洞庭杯"民族器乐系列大赛，8人（刘忱希、易雨萱、储琳馨、张雅涵、王艺蒙、佘泽轩、刘采奕、田一超）获金奖，10人（何亭萱、王心仪、夏子祺、唐小雨、唐沛琳、范涵钰、申吉娜、甘烘宇、李欣芮、石轩宇）获银奖	李鹏程
省级	学生参加湖南省"三独比赛"，2人（黄禹钦、胡步遥）获省一等奖，1人（黄致远）获省二等奖	郑 喜
省级	学生参加湖南省"三独比赛"，2人（罗曼妮、杨焯雅）获省一等奖，1人（廖小涵）获省二等奖	熊 康
市级	学生参加长沙市"三独比赛"，17人（申吉娜、夏子祺、王雅轩、范涵钰、刘畅儿、刘睿蒇、王心仪、刘雨棠、王艺蒙、何亭萱、吴音玥、甘烘宇、林叶蓁蓁、佘泽轩、刘采奕、李彬滨、易雨萱）获市一等奖	李鹏程
市级	学生参加长沙市"三独比赛"，6人（吴钰卓、李俊茜、田雅、李想、王楚丹、周泽锦）获市一等奖	郑 喜
市级	学生参加长沙市"三独比赛"，5人（危思怡、周田田、李苗翼、廖婧汐、唐影蕾）获市一等奖	熊 康
市级	学生参加长沙市"三独比赛"，4人（周熙睿、戴一宁、陈衍君、樊雯睿）获市一等奖	周文涛
市级	学生参加长沙市"三独比赛"，1人（张思琢）获市一等奖	戴子丹
市级	学生参加长沙市中小学校园文化艺术节"美术比赛"，5人（肖曼姝、彭楚婷、肖若瑜、李佩瑾、王乐湘琪）获市一等奖	袁 茜
市级	学生参加长沙市中小学校园文化艺术节"美术比赛"，3人（李昊龙、刘思、陈蕊芊）获市一等奖	杨爱霞

续表

级别	获奖情况	指导老师
市级	学生参加长沙市中小学校园文化艺术节"美术比赛"，3人（吴柯仪、钟睿琪、姜陈菲儿）获市一等奖	彭莎莎

（7）2022年

级别	获奖情况	指导老师
省级	学生参加湖南省第四届"古韵·双帆杯"竹笛独奏大赛，5人（金凌宇、甘烘宇、刘采奕、熊翊涵、宋蕴泽）获金奖，1人（李欣芮）获银奖	李鹏程
市级	学生参加长沙市"三独比赛"，23人（刘忱希、王雅轩、夏子祺、申吉娜、何亭萱、王艺蒙、唐沛琳、唐小雨、甘烘宇、邵梓睿、刘采奕、王心仪、储琳馨、林叶蓁蓁、杨思蕊、张雅涵、彭伟杰、刘俊甫、石轩宇、田一超、杨熹之、李西玥、李奕贤）获市一等奖	李鹏程
市级	学生参加长沙市"三独比赛"，10人（廖小涵、张珂艺、罗曼妮、周田田、熊安扬、唐影蕾、言子炫、黄朵艺、何子萱、李苗翼）获市一等奖	熊 康
市级	学生参加长沙市"三独比赛"，8人（李想、丁雨涵、周泽锦、黄致远、吴钰卓、邢语桢、谢乐心、刘诗怡）获市一等奖	郑 喜
市级	学生参加长沙市"三独比赛"，5人（戴一宁、牟薇凝、陈佳宁、青诗萌、王茜）获市一等奖	周文涛
市级	学生参加长沙市"三独比赛"，4人（邓滢轩、夏嫣然、钟艺天、尹一哲）获市一等奖	戴子丹
市级	高中班级参加合唱比赛获市一等奖	郑 喜
市级	初中班级参加合唱比赛获市一等奖	戴子丹
市级	初中及高中班级参加合唱比赛获市一等奖	周文涛
市级	学生参加长沙市中小学校园文化艺术节"美术比赛"，5人（张芝菡、丁相宜、杜锦怡、谭婧童、刘端仪）获市一等奖	杨爱霞
市级	学生参加长沙市中小学校园文化艺术节"美术比赛"，5人（唐风仪、刘鹏熙蕊、陈洁睿、徐梓倩、曾芷萱）获市一等奖	彭莎莎
市级	学生参加长沙市中小学校园文化艺术节"美术比赛"，3人（何谷、王若暄、邓博诚）获市一等奖	袁 茜
市级	学生参加长沙市中小学校园文化艺术节"美术比赛"，1人（熊亦可）获市一等奖	李志雄

（8）2023 年

级别	获奖情况	指导老师
国家级	学生参加"敦煌之音"第七届北京国际民族器乐全国总决赛，5 人（欣芮、丁可怡、肖恩祺、黄婧懿、蒋信好）获金奖，3 人（王濬铭、田一超、张弘引）获银奖	李鹏程
省级	高中班级参加合唱比赛获省二等奖	郑 喜
省级	高中班级参加合唱比赛获省二等奖	周文涛
省级	学生参加湖南省"三独比赛"，1 人（田一超）获省一等奖，1 人（丁雨涵）获省二等奖	郑 喜
省级	学生参加湖南省"三独比赛"，1 人（刘卿）获省一等奖，2 人（熊安扬、黄朵艺）获省二等奖	熊 康
市级	学生参加长沙市"三独比赛"，21 人（刘俊甫、丁可怡、唐沛琳、杨思蕊、彭思文、彭伟杰、刘俊甫、丁可怡、周爽、贺艺超、刘金蕊、曹家瑞、刘行、田一超、张雅涵、李臻、储琳馨、金凌宇、王濬铭、邵梓睿、李欣芮）获市一等奖	李鹏程
市级	学生参加长沙市"三独比赛"，8 人（何子萱、周禹诺、刘师吉、范钰阳、刘佳、刘卿、熊安扬、黄朵艺）获市一等奖	熊 康
市级	学生参加长沙市"三独比赛"，7 人（周雅涵、欧阳璟玥、王金诚、田一超、丁雨涵、李佳钰、邢语桢）获市一等奖	郑 喜
市级	学生参加长沙市"三独比赛"，6 人（罗弋茜、曾子萱、刘高岳、粟南熙、李颐涵、李欣阳）获市一等奖	戴子丹
市级	学生参加长沙市"三独比赛"，3 人（朱佳柚、谢紫汀、李诗琴）获市一等奖	周文涛
市级	红枫民乐团参加长沙市中小学艺术展演获特等奖	李鹏程
市级	红枫舞蹈团参加长沙市中小学艺术展演获特等奖	熊 康
市级	红枫合唱团参加长沙市中小学艺术展演获一等奖	郑 喜
市级	红枫合唱团参加长沙市中小学艺术展演获一等奖	周文涛
市级	初中及高中班级参加合唱比赛获市一等奖	郑 喜
市级	初中及高中班级参加合唱比赛获市一等奖	周文涛
市级	初中班级合唱比赛获市一等奖	戴子丹
市级	学生参加长沙市中小学校园文化艺术节"美术比赛"，7 人（余忠翼、石晓岚、何沐祺、杨子晨、曾文瀚、陈启豪、王淇）获市一等奖	彭莎莎

续表

级别	获奖情况	指导老师
市级	学生参加长沙市中小学校园文化艺术节"美术比赛",4人(贺子木、段羽萌、刘俊凯、石文一乐)获市一等奖	杨爱霞
市级	学生参加长沙市中小学校园文化艺术节"美术比赛",1人(唐凤仪)获市一等奖	袁 茜
市级	学生参加长沙市中小学校园文化艺术节"美术比赛",1人(李瑞)获市一等奖	李志雄
市级	学生参加长沙市中小学校园文化艺术节"美术比赛",1人(唐可名)获市一等奖	熊枝义

(9) 2024 年

级别	获奖情况	指导老师
省级	学生参加2024年湖南省第八届洞庭杯民族器乐决赛,6人(丁可怡、周紫欣、张弘引、陈心诺、贺艺超、吴雨蒙)获金奖,8人(李欣芮、邰奕泽、金凌宇、吴佳芮、吴昕倩、黎文茜、黄婧懿、蒋信好)获银奖	李鹏程
省级	红枫民乐团参加2024年湖南省第八届洞庭杯民族器乐决赛获金奖	李鹏程
省级	红枫舞蹈团参加2024年湖南省第八届中小学生艺术展演比赛获省一等奖	熊 康
省级	红枫民乐团参加2024年湖南省第八届中小学生艺术展演比赛获一等奖	李鹏程
省级	高中合唱班级参加2024年湖南省第八届中小学生艺术展演比赛获省一等奖	郑 喜
省级	高中合唱班级参加2024年湖南省第八届中小学生艺术展演比赛获省一等奖	周文涛
市级	学生参加长沙市"三独比赛",19人(刘行、肖恩祺、曹家瑞、丁可怡、贺艺超、黄婧懿、蒋信好、金凌宇、黎文茜、李臻、厉楚妍、刘不忧、刘金蕊、汪诗涵、吴佳芮、吴雨蒙、张弘引、周爽、周紫欣)获市一等奖	李鹏程
市级	学生参加长沙市"三独比赛",10人(何周彤、侯雅芸、胡泳逸、李诗琴、欧阳璟玥、王金诚、吴佳芮、徐博轩、张雅馨、周雅涵)获市一等奖	郑 喜
市级	学生参加长沙市"三独比赛",7人(董雪祺、刘佳、刘卿、刘师吉、殷睿、尹映潼、周小乔)获市一等奖	熊 康
市级	学生参加长沙市"三独比赛",7人(李嘉桧、刘灿、滕宇焜、谢紫汀、余柏彦、陈俊行、文琦琪)获市一等奖	周文涛

续表

级别	获奖情况	指导老师
市级	学生参加长沙市"三独比赛"，3人（陈奕达、成欣怡、刘予瑞）获市一等奖	戴子丹
市级	高中合唱班级参加2024年长沙市中小学教学班演唱比赛获市一等奖	郑 喜
市级	初中合唱班级参加2024年长沙市中小学教学班演唱比赛获市一等奖	周文涛
市级	学生参加长沙市中小学校园文化艺术节"美术比赛"，7人（李恩毅、欧雨恩、徐悦涵、温子慧、刘清悦、吴海洋、何嘉琪）获市一等奖	彭莎莎
市级	学生参加长沙市中小学校园文化艺术节"美术比赛"，6人（龙奕含、黄思睿、孙敏达、廖朱晓子、黄镝璇、鲁俊然）获市一等奖	熊枝义
市级	学生参加长沙市中小学校园文化艺术节"美术比赛"，4人（刘诗雨、彭钰涵、汪绍武、何周彤）获市一等奖	杨爱霞
市级	学生参加长沙市中小学校园文化艺术节"美术比赛"，4人（陈楚涵、刘蓉蓉、彭意迪、龚瑞卿）获市一等奖	袁 茜

11. 2015年以来学校学生参加市级以上传媒竞赛获奖情况一览表

（1）2015年

指导教师	获奖人/作品	奖项名称	等级
谢武龙	湖南师大附中制作的《荣光》	第十二届中国中小学校园影视评比校园专题类	一等奖 金犊奖
谢武龙	曾钰诚等制作的《第十二届社团节宣传片》	第十二届中国中小学校园影视评比校园专题类	一等奖
谢武龙	毛子晴等制作的校庆历史纪录片《百有十年——惟一立校》	第十二届中国中小学校园影视评比校园专题类	一等奖
谢武龙	姜雅萍、曾钰诚等制作的《奶茶里到底有没有奶》	第十二届中国中小学校园影视评比影视教学类	一等奖
谢武龙	黄麒羽等制作的MV《写在离别前》	第十二届中国中小学校园影视评比综艺类	一等奖
谢武龙	杨晓童	第十二届中国中小学校园影视评比播音主持类	一等奖

续表

指导教师	获奖人/作品	奖项名称	等级
谢武龙	黄依萌	"奔跑吧，少年"第四届全国校园主持人大赛	金奖
谢武龙	谭 成	"奔跑吧，少年"第四届全国校园主持人大赛	金奖
谢武龙	舒 一	"奔跑吧，少年"第四届全国校园主持人大赛	银奖
谢武龙	1320班公明等制作的《奇思妙想闯七关》	第十二届中国中小学校园影视评比校园专题类	二等奖
谢武龙	张志军等制作的《以梦为马不忘初心》	第十二届中国中小学校园影视评比校园专题类	二等奖
谢武龙	张僖真	"奔跑吧，少年"第四届全国校园主持人大赛	银奖
谢武龙	龙曼雪	"奔跑吧，少年"第四届全国校园主持人大赛	银奖
谢武龙	周宇巍	"奔跑吧，少年"第四届全国校园主持人大赛	银奖
谢武龙	刘 洋	"奔跑吧，少年"第四届全国校园主持人大赛	铜奖
谢武龙	谭昕瑶	"奔跑吧，少年"第四届全国校园主持人大赛	铜奖
谢武龙	刘修谨	"奔跑吧，少年"第四届全国校园主持人大赛	铜奖
谢武龙	皮佩佩	"奔跑吧，少年"第四届全国校园主持人大赛	铜奖

（2）2016年

指导教师	获奖人/作品	奖项名称	等级
谢武龙	杨岳敏、张研月、袁忆宁等制作的MV《听见你的声音》	第十三届中国中小学校园影视评比校园综艺类	一等奖
谢武龙	张僖真	2016年"明日之星"全国校园主持人评比	一等奖

续表

指导教师	获奖人/作品	奖项名称	等级
谢武龙	谭 成	2016年"明日之星"全国校园主持人评比	一等奖
谢武龙	毛子晴、袁忆宁、冯天霓等制作的MV《我还是想他》	第十三届中国中小学校园影视评比校园综艺类	二等奖
谢武龙	舒 一	2016年"明日之星"全国校园主持人评比	二等奖

（3）2017年

指导教师	获奖人/作品	奖项名称	等级
谢武龙	黄馨、袁忆宁等制作MV《过隙》	第十四届中国中小学校园影视评比校园综艺类	一等奖
谢武龙	陈心萌等制作的《真实而璀璨——那些由真实故事改编的电影》	第十四届中国中小学校园影视评比校园栏目类	一等奖
谢武龙	陈滢颖	第十四届中国中小学校园影视评比播音主持类	一等奖
谢武龙	余静远	第十四届中国中小学校园影视评比播音主持类	一等奖
谢武龙	黄菁、冯子珊等制作的《梦想镕园，汇生汇社》	第十四届中国中小学校园影视评比专题类	二等奖
谢武龙	冯子珊等制作的《艺术之路》	第十四届中国中小学校园影视评比人物专题类	三等奖

（4）2018年

指导教师	获奖人/作品	奖项名称	等级
谢武龙	吕怡雯、谢之骄、秦若瑶等制作的MV《光源》	第十五届中国中小学校园影视评比校园综艺类	一等奖 金犊奖提名奖
谢武龙	周 旖	第十五届中国中小学校园影视评比播音主持类	一等奖

续表

指导教师	获奖人/作品	奖项名称	等级
谢武龙	李雅雯等制作的"青春勇担当,梦想践于行"初二综合实践活动纪实	第十五届中国中小学校园影视评比校园活动类	二等奖
谢武龙	高明媛、李雅雯等制作的《新闻评论》	第十五届中国中小学校园影视评比校园新闻类	二等奖
谢武龙	谢之骄、李梓锟等制作的《一天》	第十五届中国中小学校园影视评比电视散文类	二等奖
谢武龙	黄棹偕	第十五届中国中小学校园影视评比播音主持类	二等奖

(5) 2023 年

指导教师	获奖人/作品	奖项名称	等级
谢武龙	微电影《攀登》	长沙市中小学第二届校园微电影短视频大赛	高中组一等奖 最佳影片奖
谢武龙	微电影《征途》	长沙市中小学第二届校园微电影短视频大赛	初中组一等奖 最佳导演奖 最受欢迎影片奖

文章著述志

1. 2015 年以来教职工在市级以上刊物发表的文章一览表

（1）2015 年

作者	文章题目	刊物名称	发表时间
吴音莹	传统蒙学的特色及其对当代儿童教育的启示——主要基于教材、教法视角	湖南农业大学学报	2015 年 8 月
焦　畅	教育教学评价数字化管理的设计与创新	教师	2015 年 9 月
刘旭华	物理在变力 $F=kv$ 作用下的直线运动分析	物理教学探讨	2015 年 9 月
汪训贤	高考阅卷给我的启示	中学生物教学	2015 年 9 月
汪训贤	"自主、合作、探究"优化生物高三一轮复习效能	湖南教育（D 版）	2015 年 9 月
邓　云 舒　波	关注教材习题，收获多重惊喜	高中数学教与学	2015 年 10 月
黄雅芩	岁月的犒赏	班主任之友	2015 年 10 月
赵优良	伸缩变换的教学探讨与尝试	中小学数学	2015 年 10 月
周　彦	高中英语词块输入策略初探	新课程	2015 年 10 月
刘　静	基于互动模式的物理概念教学之实践与思考	湖南中学物理	2015 年 10 月
杨　帆	探寻高考地理试题错因	地理教学	2015 年 10 月
黄月初 左小青	生涯规划课程　激活学生潜能	湖南教育（D 版）	2015 年 11 月
王璐珠	行星运动中曲率半径的分析	物理教师	2015 年 11 月
李迪森	同心圆锥曲线与其切线的伴生曲线	福建中学数学	2015 年 12 月
李昌平	高考数学全国卷与湖南卷的对比分析及备考建议	教育测量与评价	2015 年 12 月
蒋立耘	"中学英语教师词块教学行动策略研究"问卷调查报告	文理导航	2015 年 12 月

（2）2016 年

作者	文章题目	刊物名称	发表时间
杨帆	2016 年高考全国Ⅰ卷文综地理试题评析与备考建议	教育测量与评价	2016 年 1 月
彭荣宏	中小学社会主义核心价值观教育三步曲	湖南教育（D 版）	2016 年 1 月
袁春龙	带着好奇，贴近童心	班主任之友	2016 年 1 月
李鹏程	湘江之春（葫芦丝、巴乌独奏曲）	音乐教育与创作	2016 年 1 月
焦畅	现代教育实验学校教学体系的构建与尝试	教学考试	2016 年 2 月
李迪森	一道高考题的另解与引申	新高考	2016 年 2 月
李迪森	二次曲线的两条互垂切线的若干性质	福建中学数学	2016 年 2 月
黄月初	湖南高中教育的一次大动作	教师	2016 年 3 月
汪训贤	理综备课组长的职责	中学生物教学	2016 年 3 月
刘淑英	高中生综合素质评价的思考与实践	班主任之友	2016 年 3 月
谷辰晔	和谐共振："蜂群"式课堂管理之价值取向	教育测量与评价	2016 年 3 月
李尚斌	关于神经递质的几个常见疑惑解答	生物学教学	2016 年 3 月
熊康	高中音乐课悲剧美教学模式探究	儿童音乐	2016 年 3 月
杨帆	追寻去功利化的教育模式	中国教育报	2016 年 4 月
赵优良	一道解析几何题的解法探索	中学生数学	2016 年 4 月
李迪森	椭圆的三类切点弦的包络	福建中学数学	2016 年 4 月
罗章	如何用极坐标描述天体椭圆运动	湖南中学物理	2016 年 4 月
吴音莹	在限制中突围，在探索中抉择	当代教育理论与实践	2016 年 4 月
刘丽珍	"五味杂陈"——让历史课充满"历史味"	中学历史教学	2016 年 5 月
黄雅芩	如何处理我们冲动的情绪	班主任之友	2016 年 6 月
汪训贤	分析失分原因，改进复习方法	教学考试	2016 年 6 月
谢美丽	高中数学教师应该具备的素养	湖南教育（C 版）	2016 年 7 月
李钊	显性载体　隐性传递	班主任	2016 年 7 月

续表

作者	文章题目	刊物名称	发表时间
蔡中华	实验探究"电解原理的应用"	中学化学教学参考	2016 年 7 月
吴 卿	"价格变动的影响"课堂实录	思想政治课教学	2016 年 7 月
王璐珠	有关变压器的几个问题	湖南中学物理	2016 年 8 月
李 珊	教育当放花千树——感受美国"开放"教育理念	湖南教育	2016 年 8 月
谢永红 陈迪勋 刘进球	以史化人 泽润学子	湖南教育	2016 年 9 月
谢永红	奠基高素质创新型人才	湖南教育	2016 年 10 月
李昕玲	探究闭合电路电压关系仪	物理实验	2016 年 10 月
黄月初	如何在课堂教学中培育师生的阳光心理	教师	2016 年 11 月
刘淑英	英语名师工作室成果辐射的途径与方法探讨——以湖南师大附中刘淑英英语名师工作室为例	中国校外教育	2016 年 11 月
周育苗	年青班主任应该如何与越位家长相处	江苏教育	2016 年 11 月
王璐珠	寓史于教 寓探于学——"电子的发现"教学设计	物理教师	2016 年 11 月
易任远	微课在普通高中生物实验教学中的应用	实验教学与仪器	2016 年 12 月
厉行威	传记类文本要注重整体阅读	教育测量与评价	2016 年 12 月
蒋立耘	加强"三导四学"教学，构建高中英语高效课堂	中学课程辅导	2016 年 12 月
蒋立耘	提升高中英语教师团队研修行为的思考	青苹果	2016 年 12 月
易任远	微课在普通高中生物实验教学中的应用	实验教学与仪器	2016 年 12 月

（3）2017 年

作者	文章题目	刊物名称	发表时间
苏建祥	助力每一位师生幸福成长——湖南师大附中博才实验中学"幸福教育"的实践与思考	教师	2017 年 1 月
吴音莹	加拿大高中教学——以温哥华 The Westside school 的 miniversity 为例	求知导刊	2017 年 1 月
赵优良	《数学通报》2305 号"数学问题"的简解与探讨	福建中学数学	2017 年 1 月
柳 叶	如何在数学课堂教学中开展有效的小组合作学习	新教育时代	2017 年 1 月
樊希国	坚守与改进：新时期高中教育改革初探	教师教育论坛	2017 年 1 月
廖 强	中小学教师职业倦怠类型与形成原因分析	教育现代化	2017 年 1 月
李新霞	基于核心素养的高中语文教学探索	语文教学通讯	2017 年 1 月
杨 帆	2017 年高考全国 I 卷地理试题评析及备考建议	教育测量与评价	2017 年 1 月
彭 草	新教师课堂的八项注意	当代教育实践与教学研究	2017 年 1 月
赵锦云	在督导评估中不断完善与发展——谈督导评估对集体备课工作的促进作用	教师	2017 年 1 月
彭青春	因校制宜，优化教学模式，培养学生的核心素养	中学生物教学	2017 年 1 月
刘进球	你的"深刻"不是梦	学生·家长·社会	2017 年 2 月
江武华	浅论家校联系中班主任主导作用的实现	学园	2017 年 2 月
赵优良	例析多元参数的函数综合问题解法	中学生数学	2017 年 2 月
谭 硕	读英语原文，玩转词汇学习	求学（理科版）	2017 年 2 月
厉行威	"核心素养"视域下的考场写作指导与训练——以"树立宇宙意识"主题为例	中学语文	2017 年 3 月
欧阳荐枫	议论文论证技法之"演绎推导"：现象演绎本质，推导递衍观点	十几岁	2017 年 3 月

续表

作者	文章题目	刊物名称	发表时间
张 宇	例说数学能力立意之空间想象能力	核心素养报	2017年3月
何宗罗	顺势而为适应高考物理考试大纲的变化	核心素养报	2017年3月
曾友良 谢祥林	基于学生认识发展的集体备课背景下乙炔的同课异构	化学教育	2017年3月
谢永红 郭在时	高中生社会责任感培养的校本路径研究	中小学德育	2017年4月
吴音莹	2017年高考小说阅读备考方略浅谈	核心素养报	2017年4月
江武华	提升高中语文教学质量的有效路径研究	新课程	2017年4月
谢兰萍	激活资源，培养学生社会责任感——以《水龙吟》教学为例	中小学德育	2017年4月
柳 叶	三视图及其应用	核心素养报	2017年4月
朱修龙	在班级建设中培养学生责任意识	中小学德育	2017年4月
朱修龙	存在性问题和唯一性问题	核心素养报	2017年4月
陈淼君	化解高考数学解析几何问题的四种策略	核心素养报	2017年4月
陈淼君	高考数学解析几何问题解题对策研究	核心素养报	2017年4月
张汝波	高考中的数列问题	核心素养报	2017年4月
王 丹	分类与整合思想	核心素养报	2017年4月
洪利民	函数与方程	核心素养报	2017年4月
黄雅芩	用科学的评价促进学生社会责任感培养	中小学德育	2017年4月
刘丽珍	明变、求因与评判——儒家思想专题复习思路	核心素养报	2017年4月
朱丰年 向 超	高考地理满意答题"五要"	核心素养报	2017年4月
黄立夫	初中体育项目多元化的思考	湖南教育	2017年4月
李碧慧	家校一体化开展毽球运动的实践与研究	教师	2017年5月
汪训贤	高考遗传题的命题方式与备考策略	中学生物教学	2017年5月
欧阳荐枫	假大空、不点题易遭淘汰 高考作文升格干货拿走不谢	十几岁	2017年5月
赵优良	重视三角代换，用好三角代换	中小学数学	2017年5月

续表

作者	文章题目	刊物名称	发表时间
刘进球	备战古代文化常识题须有四颗心	学生·家长·社会	2017 年 6 月
刘东红	利用导数证明不等式之解题策略（一）	核心素养报	2017 年 6 月
刘东红	利用导数研究函数问题之解题策略探讨	核心素养报	2017 年 6 月
苏建祥 黄 丽 申 玉	自能学习系统对初中生自能发展能力的干预研究	教育测量与评价	2017 年 6 月
吴音莹	突破阅读碎片化的尝试——以古代小说书册阅读模式为例	湖南教育	2017 年 6 月
李显亮	《祝福》课例赏鉴	语文教学通讯	2017 年 7 月
李新霞	化繁为简，守正出新	语文教学通讯	2017 年 7 月
柳 叶	高考中的数列问题	核心素养报	2017 年 7 月
杨章远	基于数学建模核心素养视角的试题赏析	核心素养报	2017 年 7 月
谢美丽	关于函数的概念和性质的考向分析	核心素养报	2017 年 7 月
黄 钢	集合	核心素养报	2017 年 7 月
贺祝华	高三数学备考"每周一练"题组（1）集合	核心素养报	2017 年 7 月
张 宇 唐 亮	工欲善其事必先利其器——浅谈高三文科数学的复习策略	核心素养报	2017 年 7 月
刘淑英	名师工作室环境下英语教师共同体专业发展的策略探讨	求学	2017 年 7 月
黄雅芩	让理想照亮现实	班主任之友	2017 年 7 月
颜 莹	初中体育教学中的快乐田径课堂构建探析	科技视界	2017 年 7 月
李 珊	聂隐娘：时代造就的开挂女刺客	十几岁	2017 年 7 月
汪训贤	探寻高考生物试题的考查轨迹	高中生高考指导	2017 年 8 月
朱修龙	谈 $\sin\theta\pm\cos\theta$ 与 $\sin\theta\cos\theta$ 之间关系的妙用	核心素养报	2017 年 8 月
黄 钢	利用导数证明不等式的常见题型及解题技巧	核心素养报	2017 年 8 月
汪训贤	分析高考试题 寻找复习捷径	教学考试	2017 年 8 月

续表

作者	文章题目	刊物名称	发表时间
刘丽珍	中国近代史复习中的历史核心素养培养	核心素养报	2017 年 8 月
刘丽珍	"入模""出模"到"超模"——对全国Ⅰ卷历史小论文题的思考	核心素养报	2017 年 8 月
刘建军	高考物理	高考指导	2017 年 8 月
汪训贤	探寻高考生物试题的考查轨迹	高中生高考指导	2017 年 8 月
赵优良	直线参数方程的应用	中学生数学	2017 年 8 月
徐冬阳	中小学教师积极心理品质特征研究	中学课程辅导	2017 年 9 月
欧阳红英	如何通过课前演讲提高学生英语学习能力	海外英语	2017 年 9 月
黄雅芩	"看见"学生，"看见"自己	班主任之友	2017 年 9 月
汪训贤	分析高考答题错因，调整生物教学策略——以 2017 年高考理综全国卷Ⅰ第 29 题为例	中学生物教学	2017 年 9 月
颜 莹	基于 web 的数据上报系统设计与实现	科技.经济.市场	2017 年 9 月
陈 益	思维导图在高中英语教学中的应用研究	中学课程辅导	2017 年 11 月
徐冬阳	教+研＝优秀教师	教育科学	2017 年 11 月
谭天俊	叶圣陶阅读教学观在自能教学中的运用	中学语文教学参考	2017 年 11 月
蒋立耘	英语学科核心素养视角下的阅读教学探究	教学管理与教育研究	2017 年 11 月
彭 草	浅谈以情感教育促进高中生物教学的策略	教育现代化	2017 年 11 月
陈 超	从 2017 年全国卷作文题谈高三作文复习备考策略	语文教学与研究	2017 年 12 月
周 曼	新课改下高中物理教学方法的创新	教育科学（全文版）	2017 年 12 月
杨 萍	高中艺术选修模块课程设置与校本课程的开发研究（上）——以"湖南师大附中艺术课程模块教学实施方案"为例	儿童音乐	2017 年 12 月

（4）2018年

作者	文章题目	刊物名称	发表时间
陈超	高中语文教学中预习环节存在的问题与策略初探	语文教学与研究	2018年专刊
陈超	为生命奠基，追寻理想的语文课堂	语文教学与研究	2018年专刊
谢永红	从优秀走向卓越	教师	2018年1月
吴音莹	万变不离其宗——小说阅读备考方略浅谈	核心素养报	2018年1月
赵优良	一道值得探讨的高考填空题	中学生数学	2018年1月
蒋立耘	思维导图在高中英语词汇教学中的应用实证研究	新教育时代	2018年1月
汤彬 黄立夫	生命视域下我国学生体质健康促进的长效机制研究——湖南师大附中高中体育与健康课程规划的探索	新教育时代	2018年1月
李碧慧 邱明巍	中学体育假期作业的优化设计	新教育时代	2018年1月
黄雅芩	如何处理我们冲动的情绪	班主任之友	2018年1月
黄雅芩	为何教？教什么？如何教？——关于班级管理中青春期性教育的追问与思考	班主任之友	2018年1月
陈益	高中英语模块教学策略研究——以模块二 Unit 2 An adventure in Africa 为例	知识文库	2018年2月
谭泽仁	高中数学教师知识结构的特征分析	新课程	2018年2月
张宇	数字化校园环境下，高中数学实施高效教学的实践与思考	新教育时代	2018年2月
张宇	浅谈高中数学核心素养的内涵与教育方式	名师在线	2018年2月
黄雅芩	我来找寻一样东西	班主任	2018年2月
汤彬	中学生体育核心素养现状分析及培育途径探索	体育时空	2018年2月
徐冬阳	地理学科核心素养的践行——基于研学旅行的几点思考	知识文库	2018年3月

续表

作者	文章题目	刊物名称	发表时间
许小平	现代信息技术环境下高中数学教学有效性研究	中学课程辅导	2018年3月
吴音莹	积累鉴赏基础知识，类化答题规律思路	核心素养报	2018年3月
黄雅芩	做面向未来的班主任工作	教师	2018年3月
黄雅芩	生有涯、行有方——关于新时期班主任工作现状与未来的点滴思考	班主任之友	2018年3月
张　宇	基于核心素养的高中数学课堂教学研究	中国校外教育	2018年4月
蒋立耘	多样化导入打造精彩课堂	陕西教育	2018年4月
蔡任湘	科学学科的核心素养及其培养策略	湖南中学物理	2018年4月
易任远 郑泽华 潘森松	普通高中开展简化开放式植物组织培养研究	实验教学与仪器	2018年4月
谢永红	以教育督导提升集团办学效益——湖南师大附中开展教育集团内部督导初步尝试	湖南教育	2018年5月
赵优良	中国古代空间几何问题解决方法（一）	中学生数学	2018年5月
谭泽仁	融入生活，感受高中数学教学的点点滴滴	学苑教育	2018年5月
蒋立耘	讲究提问技巧，提升高中英语课堂实效	陕西教育	2018年5月
陈子菊	基于学生核心素养培养的教学初探——以"用途广泛的金属材料"为例	中学化学教学参考	2018年5月
明正球	巧用"唯一法"速算反应热	化学教育（中英文）	2018年5月
汪训贤 杨群英	培养青年教师学识的举措——以湖南师范大学附属中学生物组青年教师的培养为例	中学生物教学	2018年5月
谢永红	校长价值领导力何以实现	人民教育	2018年6月
廖　强	浅论高中政治教学中学生民主意识的培养	家长	2018年6月

续表

作者	文章题目	刊物名称	发表时间
陈 琳	唤醒学生的生命道德	湖南教育	2018 年 6 月
赵优良	中国古代空间几何问题解决方法（二）	中学生数学	2018 年 6 月
谭泽仁	空间几何体中几种常见的补形法	数学学习与研究	2018 年 6 月
张 宇	浅析核心素养视角下的高中数学教法创新	数学学习与研究	2018 年 6 月
邓 慧	"以读促写"教学策略在高中英语课堂中的应用——以"牛津"高中英语 M1 U3 Project 为例	新东方英语	2018 年 6 月
谢永红	校长价值领导的终极关注	中国教育报	2018 年 7 月
樊希国 陈胸怀	在选择中实现高水平差异发展	湖南教育	2018 年 7 月
刘进球	新高考·新样态·新挑战·新机遇	学生·家长·社会	2018 年 7 月
吴 敏	设计感受秀丽庐山的研学旅行线路	湖南教育	2018 年 7 月
黄月初	基于高中生积极心理品质培养的校本研究	中小学德育	2018 年 8 月
周鹏之	顶层设计与基层探索："国培计划"实施管理初探	东方教育	2018 年 8 月
赵优良	在平面向量教学中培养学生直观想象能力	数学教学	2018 年 8 月
刘冉旭 李立文	基于发展高中生化学核心素养的"元素化合物"教学设计与实践——以"金属的化学性质"教学为例	高中数理化	2018 年 8 月
徐华华	初中体育教学中的快乐田径课堂构建探析	中学课程辅导	2018 年 8 月
马顺存	对平行板电容器实验装置的改进	物理实验	2018 年 8 月
伏炎安	略论罗斯福新政与凯恩斯主义的关系	湘声报	2018 年 9 月
朱丰年	地理表象信息转换与地理形象思维培养	教育现代化	2018 年 9 月
汪训贤 杨群英	培养青年教师学识的举措——以湖南师范大学附属中学生物组青年教师的培养为例	中学政治及其他各科教与学	2018 年 9 月

续表

作者	文章题目	刊物名称	发表时间
谢永红	改革传统育人方式，培养拔尖创新人才	湖南日报	2018 年 10 月
欧阳普	高中数学复合函数知识总结	成功	2018 年 10 月
蒋立耘	2018 年高考英语全国卷 I 试题分析及备考建议	教育测量与评价	2018 年 10 月
杨 帆	2018 年高考文综全国卷 I 地理试题评析及备考策略	教育测量与评价	2018 年 10 月
殷艳辉	2018 新课标 I 卷理综 28 题赏析	数理化解题研究	2018 年 10 月
贺 俊	"DNA 分子的结构"教学设计	中学生物教学	2018 年 10 月
肖 莉	谁在讲故事——全国卷"叙述者"考点探究	中学语文教学参考	2018 年 11 月
李小军	基于批判性思维的高中作文审题训练	中学语文	2018 年 11 月
谭泽仁	空间几何体中几种常见的补形法	数学学习与研究	2018 年 11 月
杨章远	解析几何中长度型问题的破解策略	中学数学研究	2018 年 11 月
马顺存	对平行板电容器实验装置的改进	中学物理教与学	2018 年 11 月
左小青	基于对话的师资培训方式漫谈	湖南教育	2018 年 11 月
谭泽仁	新高考改革下的高中数学学习及教学策略分析	中外交流	2018 年 11 月
谢永红	湖南师大附中："二次开发"拓宽校本边界	中国教育报	2018 年 12 月
谢永红 左小青	现代教育实验学校建设的实践探索	湖南教育	2018 年 12 月
谢美丽	例谈能力立意之推理论证能力	教育测量与评价	2018 年 12 月
邓 云	例谈数学能力立意之抽象概括能力	教育测量与评价	2018 年 12 月
贺祝华	谈一类函数零点问题的求解策略	教育测量与评价	2018 年 12 月
朱修龙	例谈回归其同源函数的数列最值问题的解题	教育测量与评价	2018 年 12 月
马顺存	浅谈自制实验教学仪器的原则——以自制平行板电容器电容大小的影响因素实验装置为例	教育与装备研究	2018 年 12 月

续表

作者	文章题目	刊物名称	发表时间
马顺存	用光电门测定匀变速直线运动实验中挡光片的宽度对测量结果的影响	湖南中学物理	2018 年 12 月
谭　伟 冯宙强 孙洪涛	中学生核心素养发展的路径探析——基于学校体育改革视角	运动	2018 年 12 月

（5）2019 年

作者	文章题目	刊物名称	发表时间
谢永红	未来高中长什么样	教育家	2019 年 1 月
彭荣宏	打造"组团式"教育援疆新模式	湖南教育	2019 年 1 月
杨　帆	新课标背景下的地理教学路径选择	湖南教育	2019 年 1 月
李小军	用创意点亮高考作文——以两篇优秀考场作文为例，谈"创意写作"在高考作文中的应用	求学	2019 年 1 月
谢兰萍	诗歌集整本书阅读教学策略探析	新课程评论	2019 年 1 月
朱海棠	巧用垂棱线，妙求二面角	中学生数学	2019 年 1 月
潘高扬	探究高中物理动态平衡问题解法	教育现代化	2019 年 1 月
明正球 周泽宇 王　建	以"乙酸"的教学为例浅析有效提问的方法	化学教学	2019 年 1 月
喻　永	促进学生核心素养发展的初中化学翻转课堂教学实践——以"碳和碳的氧化物"教学为例	化学教与学	2019 年 1 月
罗　章	匀变速曲线运动也适用的两条规律	物理通报	2019 年 1 月
苏建祥	新时期我省中学校长的发展路径	湖南教育	2019 年 2 月
贺祝华	函数奇偶性的工具作用	高中生	2019 年 2 月
谭泽仁	中学教育教学管理工作中"师生沟通"问题的研究	读天下	2019 年 2 月
肖　莉	谁在讲故事——全国卷"叙述者"考点探究	高中语文教与学	2019 年 3 月

续表

作者	文章题目	刊物名称	发表时间
李碧慧 汤 彬	中小学推广毽球运动的制约因素与改进策略	体育科技文献通报	2019年3月
左小青 黄月初	普通高中生涯规划教育的定位与作为——以湖南师大附中生涯规划教育为例	湖南教育	2019年3月
谭泽仁	高考数学应用题变化规律及高中数学教学改革	速读	2019年3月
彭知文	以问题解决为导向的高中物理研讨式教学培育学生终身学习能力的思考	创造天地	2019年3月
谢永红 黄月初	"走班制"教学新样态下办学策略探微	湖南教育	2019年4月
刘进球	借力教育集团平台，补齐新校师资短板	湖南教育	2019年5月
管若婧	研究型高中教科研管理者的角色转变与定位	新课程评论	2019年5月
谢美丽	对称性——解题的脚手架	湖南教育	2019年5月
明正球 周泽宇	基于培养学生化学学科核心素养的教学实践——以"二氧化硫的性质与应用"为例	教育实践与研究	2019年5月
陈子菊	基于化学学科核心素养的课例设计"氧化还原反应"第一课时	中学课程辅导	2019年5月
熊 康	高中舞蹈课程的美育定位及其思考	艺海	2019年5月
黄月初	教师培养关键在校本——以湖南师大附中教师培养为例	汉字文化	2019年6月
刘进球	基于新高考的教师多元化转型发展	湖南教育	2019年6月
谢兰萍	诗歌集整本书阅读教学策略探析	高中语文教与学	2019年6月
谢永红	且与时代共潮头——百年名校湖南师大附中改革创新之路	湖南教育	2019年7月
刘海涛	"汝果欲学诗，功夫在诗外"——新高考背景下作文训练策略之"融通古今"意识浅探	中学生作文指导	2019年7月
谭泽仁	高中数学"教、学、评"一致性研究的总体路径与思考	知识-力量	2019年7月

续表

作者	文章题目	刊物名称	发表时间
汪训贤	开放性试题分析及解题策略	教学考试	2019 年 7 月
黄雅芩	生有涯，知无涯——生涯规划教育实践中的几点认知突破	班主任之友	2019 年 7 月
易任远 贺淑兰	校园植物挂牌调查研究——以湖南师范大学附属中学为例	实验教学与仪器	2019 年 7 月
袁春龙	"对话职场·遇见未来"生涯探索活动的流程设计	班主任之友	2019 年 7 月
李志艳	基于 ACT 的中学生心理问题干预方法	中小学心理健康教育	2019 年 7 月
张光新	科学创设物理情境，促进学生深度学习	湖南中学物理	2019 年 8 月
明正球 周泽宇	对铜与浓硝酸反应装置的改进	中学化学教学参考	2019 年 8 月
张光新	科学创设物理情景，促进学生深度学习	湖南中学物理	2019 年 8 月
邓 云	班级公约，助力学生发展	湖南教育	2019 年 9 月
朱修龙	高考提分有秘诀，答题规范有策略	高中生	2019 年 9 月
赵优良	用好教材上的经典不等式——兼谈 2018 年浙江高考数学第 10 题	中学生数学	2019 年 9 月
吴音莹	追寻"叙事"背后的故事——浅析语文课程领域叙事探究的效度问题	汉字文化	2019 年 10 月
邓 云 刘伟才 李玉敏	高一学生数学学习适应性的主要影响因素研究	湖南教育	2019 年 10 月
杨 帆	高中地理课堂教学中的问题与建议	湖南教育	2019 年 10 月
周泽宇	2019 年高考理综化学全国 I 卷试题评析及备考策略	教育测量与评价	2019 年 10 月
彭 草	"自主合作探究"在高中生物教学中的应用——以伴性遗传为例	试题与研究	2019 年 10 月
易任远 刘牧杨 周籹平 邵子瑜	如何在樟树落叶中提取精油	高中生	2019 年 10 月

续表

作者	文章题目	刊物名称	发表时间
李碧慧	水平五乒乓球反手推（拨）球技术教学设计	体育教学	2019 年 10 月
谢永红	走班制教学新样态下普通高中办学策略调整	湖南教育	2019 年 11 月
黄月初	谋求师范院校与基础教育人才培养的同频共振	教师教育论坛	2019 年 12 月
朱海棠	运用平移思想求线面角的基本策略	中学生数学	2019 年 12 月
赵优良	用好正四面体模型	中学生数学	2019 年 12 月
马顺存	光的反射、折射实验仪器的改进	湖南中学物理	2019 年 12 月
李 兰	基于探究式教学理念的教学过程设计——以"探究影响平行板电容器电容的因素"为例	湖南中学物理	2019 年 12 月
汪训贤	浅谈验证性实验与探究性实验的解答误区	教学考试	2019 年 12 月
左小青	中小学心理教师专业发展的问题与对策	湖南教育	2019 年 12 月
李志艳	专业星空——选择专业从了解开始	中小学心理健康教育	2019 年 12 月

（6）2020 年

作者	文章题目	刊物名称	发表时间
谢永红	为新时代教师专业化发展铺路搭台	湖南教育	2020 年 1 月
李小军	树立公共说理意识　提升议论文说理品质	作文	2020 年 1 月
陈 超	基于混合式学习的"整本书阅读"教学实施路径	语文教学与研究	2020 年 1 月
谭天俊	用因果分析法写时评	高中生	2020 年 1 月
朱海棠	借力隐形圆　破解关键点	中学生数学	2020 年 1 月
刘东红	五个维度把控数学核心素养和应用能力——2020 年高考全国卷一数学卷评析	高中生	2020 年 1 月

续表

作者	文章题目	刊物名称	发表时间
何宗罗	基于核心素养的高中物理实验教学理念与举措	湖南教育	2020 年 1 月
易任远	数码成像比色在"检测泡菜中亚硝酸盐的含量"实验中的应用	生物学教学	2020 年 1 月
易任远	用叶圆片法测算红薯叶的光饱和点和光补偿点	中学生物学	2020 年 1 月
贺　俊	对检测亚硝酸盐含量计算公式的质疑——基于深度学习理念的实验教学探究	实验教学与仪器	2020 年 1 月
戴子丹	课程标准下的高中音乐鉴赏教学思考	教育学文摘	2020 年 1 月
赵优良	高中数学新课标教材研与教的思考和建议	湖南教育	2020 年 1 月
谭泽仁	高中生数据分析核心素养的现状与养成策略	中国教工	2020 年 2 月
谢永红	协同发力，为学生居家学习健康成长赋能	湖南日报（智库版）	2020 年 3 月
黄月初	抗疫行动中的生命交响	中小学德育	2020 年 3 月
谢兰萍	高考文学类阅读复习要略	新湖南	2020 年 3 月
赵优良	深思巧练　跨越障碍	科教新报	2020 年 3 月
李　度	明方向，抓关键，提高冲刺效率	科教新报	2020 年 3 月
汪训贤	遗传题的解题技巧	新湖南	2020 年 3 月
陈佳健	"应用生态学原理进行人工生态系统优化"一节情境教学	生物学通报	2020 年 3 月
李志艳	奋斗青春·筑梦前行——基于 ACT 的高考考前减压赋能团体心理拓展活动设计	班主任之友	2020 年 3 月
黄月初	疫情带给心理健康教育的深层思考	湖南教育	2020 年 4 月
张　磊	战"疫"校本课程开发的基本原则及其实践——以"中国地理视角下的战'疫'课程开发为例"	湖南教育	2020 年 4 月

续表

作者	文章题目	刊物名称	发表时间
谭天俊	青年教师课堂教学质量提升的叙事研究——以三次高中作文教学的磨课经历为例	语文教学与研究	2020 年 4 月
汪训贤	回眸经典　从容应对	新湖南	2020 年 4 月
易任远	二甲戊灵诱导大蒜根尖染色体数目变化的实验探究	生物学教学	2020 年 4 月
杨群英	良好的家庭教育如何水到渠成	湖南教育	2020 年 4 月
张　凌	半床明月半床书——附中星沙的悦读·悦生活	散文百家	2020 年 4 月
黄月初	一切为了孩子的心理成长	湖南教育	2020 年 5 月
李小军	指向核心素养培育的语文课堂评价策略浅析	湖南教育	2020 年 5 月
谭泽仁	高中创客教育的实践研究	教育研究	2020 年 5 月
易任远	酶的专一性实验的改进	实验教学与仪器	2020 年 5 月
朱海棠	平面向量基底系数和一个几何性质及其应用	中学生数学	2020 年 6 月
张　凌	"止语"文明餐厅之实践思考	湖南教育（A 版）	2020 年 6 月
赵优良	运用三角形"四心"向量性质巧解竞赛题	中学生数学	2020 年 7 月
赵优良	重视主题教学　把握数学本质	特级教师通讯	2020 年 7 月
杨　帆 吴　敏	基于"五育"视角的 2019 年全国文综卷地理试题研究	湖南教育	2020 年 7 月
吴　瑶	碘和四氯化碳分离提纯的创新实验装置	教育与装备研究	2020 年 7 月
汪训贤	突破"两点"冲刺高考	教学考试	2020 年 7 月
唐海燕	高中生"三新"认同教育初探	教育学文摘	2020 年 7 月
闵　娟	无限风景在"课"中——高三语文复习课生成性资源的捕捉与开发路径	高考	2020 年 8 月
蒋平波	风物长宜放眼量——2020 年高考全国文综卷 I 试题评析	中学政治教学参考	2020 年 8 月

文章著述志

续表

作者	文章题目	刊物名称	发表时间
杨一鸣	Matlab 在理想气体准静态升温过程分析中的应用	湖南中学物理	2020 年 8 月
易任远	"观察蝗虫精母细胞减数分裂固定装片"实验改进	中学生物教学	2020 年 8 月
李小军	人造神童：摒弃浮躁，还孩子童年	十几岁	2020 年 9 月
李小军	最暖图书馆：让书香传得久一点	十几岁	2020 年 9 月
马顺存	基于物理实验室资源学生科学素养的路径	湖南中学物理	2020 年 9 月
易任远	探究雪松落叶对土壤动物群落的影响	实验教学与仪器	2020 年 9 月
李志艳	被同学射中"第一支箭"后	高中生	2020 年 9 月
袁春龙	我妈太烦，真不想理她	高中生	2020 年 9 月
张 轻	青少年田径运动科学化训练现状及对策研究	体育视野	2020 年 9 月
谢兰萍	基于问题归因分析的中学语文名著阅读课程实施策略	初中语文教与学	2020 年 9 月
刘进球	创新增值评价方式，促进学业全面发展	湖南教育	2020 年 11 月
肖 莉	抓住言语病灶，提升核心素养	语文教学与研究	2020 年 11 月
洪利民	三法求解析几何中变量的取值范围	高中生	2020 年 11 月
马顺存	自制金属探测器	实验教学与仪器	2020 年 11 月
李志艳	感到不一样就"停下来"再 ACT——基于"STOP 技术"的情绪调节课的设计与实施	中小学心理健康教育	2020 年 11 月
李志艳	稳下来·定下来·放下来——情绪调节的三个关键技巧	心理与健康	2020 年 11 月
李艳	读英文小说练高考续写	中外交流	2020 年 11 月
伏炎安	保种存国：一个反清志士的家国情怀	文史博览	2020 年 11 月
周雅珊	新高考下的文言文阅读主观题备考策略	高中生	2020 年 12 月
刘海涛	人工智能毁灭人，还是成就人？	十几岁	2020 年 12 月

续表

作者	文章题目	刊物名称	发表时间
刘海涛	湖南师范大学附属中学高三年级 10 月月考作文试题导写	创新作文	2020 年 12 月
熊　康	从舞蹈教育到教育舞蹈	黄河之声	2020 年 12 月
赵优良	解答好新高考"多选题"	中学生数学	2020 年 12 月

（7）2021 年

作者	文章题目	刊物名称	发表时间
李小军	深耕细耘评红楼	语文学习	2021 年 1 月
黄雅芩	道阻且长，行必有方——关于班主任培训实效性的几点思考	班主任之友	2021 年 1 月
马顺存	问题导向的物理习题教学探讨——以 2021 年高考湖南卷物理第 13 题为例	湖南中学物理	2021 年 1 月
罗　章	分力做功与分方向动能定理的是非	物理通报	2021 年 1 月
周　曼	胡克定律实验教学的思考与改进	湖南中学物理	2021 年 1 月
袁春龙	认知行为疗法在考试焦虑个案中的应用	中小学心理健康教育	2021 年 1 月
姜小明	浅议初中学生行为偏差成因及引导策略	教师	2021 年 1 月
谢永红	启动五大引擎，激发内生活力	湖南教育	2021 年 2 月
洪利民	剖析一道考题　提炼三种策略	中学数学	2021 年 2 月
吴　菲 张　磊	从"被服务"到"爱劳动"	湖南教育	2021 年 2 月
刘建军	物理实验如何复习才能得高分	高中生	2021 年 2 月
姜小明	五位一体共创现代社区学校	教师	2021 年 2 月
李小军	"读写共生"的打开方式：用创意融通读写	中国教育报	2021 年 3 月
谢美丽	从新高考数学 I 卷看高三数学备考的策略方法	爱你·教师教育	2021 年 3 月

续表

作者	文章题目	刊物名称	发表时间
朱修龙	例谈基于核心素养下的高中数学探究性学习活动设计策略	爱你·教师教育	2021年3月
李艳	译林版高中英语教材在新高考写作训练中的使用	速读	2021年3月
刘国彬	扎实复习，成就美好——与2021届考生谈历史新高考复习备考策略	高中生	2021年3月
马顺存	带电粒子在有界磁场中运动的临界问题解析	物理通报	2021年3月
马顺存	平行板电容器的自制及其实验的定量研究	实验教学与仪器	2021年3月
马顺存	利用传感器制作简单的自动控制装置实验	中学物理	2021年3月
陈佳健	"校园植物的科学探究与人文关注"校本课程的开发与实施	中学生物教学	2021年3月
谢永红	从研究走向卓越	湖南教育	2021年4月
赵优良	高中新课标人教A版与湘教版的比较研究	爱你·教师教育	2021年4月
张磊	战"疫"校本课程开发的基本原则及其实践	湖南教育	2021年4月
罗章	用光电门测物体加速度的两类偏差分析	物理通报	2021年4月
赵优良	新高考"多选题"的命制探讨	数学教学	2021年5月
刘国彬	中学历史教学中落实劳动教育的策略探究	新课程评论	2021年5月
陈佳健	开发中学生物课程资源的策略	实验教学与仪器	2021年5月
李小军	打开诗歌写作的"黑匣子"	湖南教育	2021年6月
肖莉	从《秋雨》谈新高考小说阅读备考	高中生	2021年6月
肖莉	于坚守中传承，于创新中发展——建党一百年主题活动设计	班主任之友	2021年6月
陆稳	对"用新教材教"的实践与思考	爱你·教师教育	2021年6月
曾友良	从同课异构案例谈化学核心素养在课堂教学中的渗透	化学教与学	2021年6月

续表

作者	文章题目	刊物名称	发表时间
谭泽仁	高中新课程改革推进过程中的理性思考	当代教育家	2021 年 7 月
杨美英	2021 年新高考英语备考策略	高中生	2021 年 7 月
马顺存	自制晾衣架模型实验装置	中学物理	2021 年 7 月
马顺存	巧取研究状态，提高解题效率——以2021 年 1 月普通高等学校招生适应性考试物理（湖南卷）第 14 题为例	湖南中学物理	2021 年 7 月
明正球	走出老高考的影子，跟上新高考的拍子	教育实践与研究	2021 年 7 月
熊 康	从审美角度看舞蹈《渔光曲》的传统文化重构	艺术大观	2021 年 7 月
李志艳	情绪先生的港湾——高一年级心理辅导课教学设计	江苏教育	2021 年 7 月
赵优良	高考数学新题型应对策略	高中生	2021 年 8 月
陈佳健	对"细胞核的结构与功能"一节教学的若干建议	生物学教学	2021 年 8 月
谢永红	以校为本构建基于立德树人根本任务的课程体系	人民教育	2021 年 9 月
李小军	我有悲喜，借山来说	十几岁	2021 年 9 月
谢美丽	数学课堂教学要以素养立意	高中数理化	2021 年 9 月
苟永华	稳中求变，变中创新——2021 年湖南省高考历史试卷评析及备考策略	高中生	2021 年 9 月
彭建锋	浅谈思维导图在高中地理教学中的应用策略	中小学教育	2021 年 9 月
刘 熠	2021 年新高考湖南物理卷分析与复习建议	高中生	2021 年 9 月
彭建锋	浅谈思维导图在高中地理教学中的应用策略	中小学教育	2021 年 9 月
谭泽仁	高中新课程改革推进过程中的理性思考	当代教育家	2021 年 10 月
徐冬阳	惩戒对学生的影响及其作用机制探讨	文渊	2021 年 10 月
陈 超	方法与思维齐飞，知识与能力并重	语文教学研究	2021 年 11 月

续表

作者	文章题目	刊物名称	发表时间
梁 梁	深入分析自主学习策略在高中语文写作教学中的应用	快乐学习报	2021 年 11 月
彭建锋	浅谈高中地理核心素养的培养	试题与研究	2021 年 11 月
肖鹏飞 刘冉旭	发展学科核心素养的高中生化学竞赛实验培训模式初探	中学化学教学参考	2021 年 11 月
尹一兵	基于主题语境的高中英语读写结合训练探索	爱你·教师教育	2021 年 11 月
欧阳荐枫	"水":开启文人内在情愫的密码	十几岁	2021 年 12 月
谢美丽	我所领悟的教育数学之魅力	新课程评论	2021 年 12 月
肖鹏飞 郑洪开	对乙酸乙酯制备实验的思考与研究	中学化学教学参考	2021 年 12 月
彭 草	爱与智慧,止于至善——如何做一个受人喜爱的班主任	中国教工	2021 年 12 月
欧阳荐枫 钟晓华	高中优秀传统文化主题课程的建构与实施	湖南教育	2021 年 12 月

(8) 2022 年

作者	文章题目	刊物名称	发表时间
谢永红	中小学教师教育科研的内涵、优势与价值	湖南教育	2022 年 1 月
张日东	提炼明线、抓住暗线,破解高考电路设计难题	物理通报	2022 年 1 月
赵优良	重视知识方法内化,提升学生数学素养	中小学数学	2022 年 1 月
杨群英	构建生物校本课程,提升学生健康素养	湖南教育	2022 年 1 月
吴 菲	驱动内心的"大象"——学生行为改变案例研究与实践	湖南教育	2022 年 2 月
赵彩凤	基于深度学习理论的表观遗传概念教学设计	生物学教学	2022 年 2 月

续表

作者	文章题目	刊物名称	发表时间
谢永红 黄月初 苏建祥 刘进球	构建"修学教研一体化"专业成长模式	湖南教育	2022 年 3 月
李显亮	赋山水以血肉，寓草木以灵魂	十几岁	2022 年 3 月
刘东红	扫除"化弦为切，化切为弦"的认识盲区	高中生	2022 年 3 月
陈淼君	两步审题，拨云见日	高中生	2022 年 4 月
杨夏	基于高考评价体系的地理试题评析——以 2021 年新高考 5 省市地理选择性考试试题为例	教育测量与评价	2022 年 4 月
邓轶轩	高中体育与健康模块体能训练的创新设计	年轻人	2022 年 4 月
苏建祥	以选课走班成就卓越高中——湖南师范大学附属中学选课走班体系构建的实践探索	湖南教育	2022 年 6 月
杨章远	基于深度学习的多选题命题实践与思考——以一道函数零点问题的命制为例	数学通讯	2022 年 6 月
殷艳辉	化学情境试题价值研究	中学化学教学参考	2022 年 6 月
尹庆元 谭伟	高中校园武术课程的实践研究——以湖南师范大学附属中学为例	全体育	2022 年 6 月
焦畅	提升高中语文古文教学质量的途径思考	科教创新与实践	2022 年 7 月
李显亮	花开有时，未来可期	十几岁	2022 年 7 月
杨章远	对一道初中竞赛试题的解法探究	数理化学习	2022 年 7 月
黄雅芩	特色班级建设的再思考——以学习型班级建设为例	班主任之友	2022 年 7 月
彭建锋 彭杨旸	高中地理教学中古诗词的应用策略	年轻人	2022 年 7 月
赵优良	把握命题趋势精准发力	高中生	2022 年 8 月
蒋艳云 蒋培杰	基于普通高中学业水平考试的教学质量评价研究	教学与管理	2022 年 8 月

续表

作者	文章题目	刊物名称	发表时间
黄月初 刘进球	引领教师立足校本研修实现专业化发展——以湖南师范大学附属中学研究型教师校本培养创新实践为例	中小学校长	2022 年 9 月
曾志敏	高三生物复习中教材知识梳理方法例谈	教学与研究	2022 年 9 月
李志艳	是你呀,大脑声音——高三年级心理辅导课教学设计	江苏教育	2022 年 9 月
李志艳	像对待好友一样对待自己	中小学心理健康教育	2022 年 9 月
陈 超	融合共生,以促诗教——学科融合视野下的高中诗词教学	语文教学与研究	2022 年 10 月
杨一鸣 何宗罗	"验证动量守恒定律"实验条件的定量分析	湖南中学物理	2022 年 10 月
赵璟妍 余亚涓 朱韵宇 马顺存	星芒现象的影响因素探究	湖南中学物理	2022 年 10 月
袁春龙	普通高中生涯发展课程体系的探索与教学实践研究——以湖南师范大学附属中学为例	湖南教育	2022 年 10 月
肖 莉	以写促读思,当堂保质量——基于高中语文统编教材的微写作初探	语文月刊	2022 年 11 月
赵优良	湘教版普通高中数学教材的优势及其教学思考——以必修第一册为例	新课程评论	2022 年 11 月
杨章远	欧拉分式的一种新证法及其应用	数学通讯	2022 年 12 月
曾有良	论金属碳酸盐沉淀剂的选择问题	中学化学教学参考	2022 年 12 月

(9) 2023 年

作者	文章题目	刊物名称	发表时间
黄月初 刘进球	普通高中如何激活高质量发展内驱力	中小学校长	2023 年 1 月

续表

作者	文章题目	刊物名称	发表时间
向　超	回归教研本位：研究型教研组的评价和建设	新课程评论	2023 年 1 月
徐海玲	浅谈初中语文阅读教学的改革措施	文渊	2023 年 1 月
李显亮	砥砺韧性，向上生长	十几岁	2023 年 1 月
陈　超	情境运用探规律，提升思维促发展——2023 年新高考语言文字运用题备考策略谈	语文教学与研究	2023 年 1 月
谭泽仁	基于新高考评价体系下高中数学课堂深度教学的分析	科学家	2023 年 1 月
赵优良	数学举例题的命制探讨	数学教学	2023 年 1 月
谢永红	致力拔尖人才培养，赋能教育强国建设	德育报	2023 年 2 月
谢永红 黄月初	砥砺深耕四十载，笃行致远育全人	中国教育报	2023 年 2 月
肖　莉	统编版必修（上册）散文单元教学思考	中学语文教学参考	2023 年 2 月
杨章远	加强试题结论，促进深度学习——对 2022 年高考天津卷第 20 题的多角度探究与加强	中学数学研究	2023 年 2 月
赵优良	注重本原性方法，把握数学本质	中小学数学	2023 年 2 月
李小军	界定概念、厘清关系、识别隐喻——写好三元关系说理文的"三板斧"	疯狂作文	2023 年 3 月
李小军	以核心价值金线为基，掌握审题构思模型	疯狂作文	2023 年 4 月
邓　云	高一学生数学学习适应性问题及对策研究	年轻人	2023 年 4 月
赵优良	构造函数比较大小	数学教学	2023 年 4 月
周　琼	研究型中学建设背景下卓越教师的基本特征、成长困境及培养路径分析	科研成果与传播	2023 年 4 月
谢永红	探索全面育人，构建优质教育新生态	素质教育	2023 年 5 月
肖　莉	以写促读思，当堂保质量——基于高中语文统编教材的微写作初探	高中语文教与学	2023 年 5 月

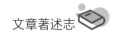

续表

作者	文章题目	刊物名称	发表时间
熊　珊 李　钊	追寻电波回响，绘就青春华章——中国共产主义青年团成立100周年主题团课	班主任之友	2023年5月
马顺存 黄　勇	自制光的干涉、衍射实验仪器	物理实验	2023年5月
马顺存	电流表内接法和外接法的深度探讨——以2022年全国高考乙卷物理第23题为例	湖南中学物理	2023年5月
张　凌 龙点睛	幼小衔接红色文化活动育人方略	年轻人·学校天地	2023年6月
李小军	用准"四字诀"，让考场作文更有文采	疯狂作文	2023年7月
谢永红	教师专业化发展的校本培养模式	素质教育	2023年8月
李小军	焕发故事能量，创造中国故事	疯狂作文	2023年8月
殷艳辉	不同溶剂体系下金属钠与铜盐的反应产物探究	中学化学教学参考	2023年8月
易任远	观察绿叶色素吸收光谱的实验装置设计	生物学教学	2023年8月
谢永红	成民族复兴之大器：拔尖创新人才早期培养40载坚守与超越	中小学管理	2023年9月
谢永红	育拔尖创新之人才，成民族复兴之大器	年轻人·学校天地	2023年9月
向　超	兴趣引领+四轮驱动：地理学科拔尖学生的发现与培养	年轻人	2023年9月
张　凌 樊贝贝 谭孝林	基于新时代学情特点的红色文化校本课程建设	E教中国	2023年9月
周　彦	聚焦高考英语阅读理解"最佳标题"	高中生	2023年9月
李小军	用"故事元素法"，让记叙文活起来	疯狂作文	2023年10月
周　琼	努力为新时代培养更多拔尖创新人才	湖南日报	2023年11月
肖雨琳	新高考备考方法探究：以课前演讲的形式激活课堂	教育与社科辑	2023年11月

续表

作者	文章题目	刊物名称	发表时间
谢永红	激发学校办学活力的校本实践策略研究	教育	2023 年 12 月
黄月初 刘进球	激活内驱力、赋能学习力、打造高品质——来自湖南师范大学附属中学的成功探索与实践	德育报	2023 年 12 月
李小军	借用图尔敏论证模型，在追问中走向缜密论证	疯狂作文	2023 年 12 月
李小军	奋斗最青春	现代阅读	2023 年 12 月
赵优良	构建函数模型，解决实际问题	高中生	2023 年 12 月
尹 明	让探究落实在每一个设问和追问上——以"分类加法计数原理和分步乘法计数原理"为例	湖南教育	2023 年 12 月
陆 稳	发挥教材习题应有价值	湖南教育	2023 年 12 月
黄雅琴	和特别的你，度过特别的时光——例谈通过心理咨询技能促进师生有效沟通	班主任之友	2023 年 12 月
马顺存	自制水波实验教学仪器	湖南中学物理	2023 年 12 月
喻诗琪	指向深度学习的"肢体"教学设计	中学化学教学参考	2023 年 12 月

（10）2024 年

作者	文章题目	刊物名称	发表时间
谢永红 黄月初	"教师成为研究者"：高中研究型教师培养的 20 年修炼	中国基础教育	2024 年 1 月
周鹏之	红色教育：传承之根，时代之光	华声	2024 年 1 月
闵 娟	"一树梅花万首诗"——论素材的有效积累	十几岁	2024 年 1 月
黄雅芩	做一株琉璃苣	班主任之友	2024 年 1 月
谢永红 黄月初	核心素养视域下中学劳动教育过程性评价机制探究	湖南教育	2024 年 2 月

续表

作者	文章题目	刊物名称	发表时间
谢永红 黄月初	普通高中研究型教师校本培养创新实践探索	年轻人·学校天地	2024年2月
谢永红	拔尖创新人才早期培养应道法术并重	教育家	2024年2月
李小军	冷峻叙述中的人性凝望	十几岁	2024年2月
李小军	好故事的核心元素支架——课文的创意写作	现代阅读	2024年2月
彭建锋	基于地理核心素养的高中地理情境式教学策略研究	教育考试与评价	2024年2月
蒋艳云	食品中铁元素的检验微项目教学实践	中学化学教学参考	2024年2月
李小军	拆解建构你的曲线故事核——小小说创意写作	现代阅读	2024年3月
赵优良	高中数学作业分类设计——以"直线和圆的方程"为例	湖南教育	2024年3月
黄雅芩	生命成长：中学历史教育的价值意蕴和实践应用	新课程评论	2024年3月
马顺存	高考实验题的命制引导物理教学——以2023年湖南高考物理第12题为例	湖南中学物理	2024年3月
谢永红 谢兰萍	做实阅读教学——湖南师范大学附属中学"书香少年"培育路径	湖南教育	2024年4月
谢永红 黄月初	拓宽拔尖创新人才选鉴共育通道——湖南师范大学附属中学的思考与实践	中小学校长	2024年4月
李小军	用创意点亮考场作文	现代阅读	2024年4月
肖 莉	学习写得深刻——一节高三写作指导课	语文教学通讯·高中	2024年4月
刘 奕 谢美丽	有理数的混合运算教学设计	中国数学教育	2024年4月
赵优良	深挖一道教材习题的价值	高中生	2024年4月
黄月初	做好科学教育加法的多维向度	教育家	2024年5月
李小军	用作者思维阅读：融通读写的创意路径	现代阅读	2024年5月
刘东红	用活用好科普教育资源，提升青少年科学素养	中国教育报	2024年5月

续表

作者	文章题目	刊物名称	发表时间
陈佳健	"环境因素参与调节植物的生命活动"情境式教学设计	生物学教学	2024 年 5 月
苏晓玲	家校社联动推进法治教育，创新思政实践育人新模式	山西科技报	2024 年 6 月
李小军	运用问题思维：寻找最好的作文立意	现代阅读	2024 年 6 月
陈　超	实施单元整体教学，落实教学评一体化——以必修上册第二单元为例	中学语文教学参考	2024 年 6 月
苏晓玲	铸就新时代的教育楷模	科学导报	2024 年 7 月
李小军	创意阅读路径之"理—聚—探—移"——以《红楼梦》的整本书阅读为例	现代阅读	2024 年 7 月
杨章远	一道高考试题的解法探究与变式扩展	上海中学数学	2024 年 8 月
肖雨琳	KUD 模式下的单元目标及课时目标设计——以"岩石圈与地表形态"为例	教学管理与教育研究	2024 年 8 月
黄月初 朱修龙	"人本"课程：为学生搭建攀登的阶梯——湖南师范大学附属中学课程整体规划与实施探索	年轻人·学校天地	2024 年 9 月
李小军	激活"比喻"创意，让文采飞起来	现代阅读	2024 年 9 月
刘　芸	从一道高三联考试题谈一类"和为零向量"问题	教学考试	2024 年 9 月
刘　芸	一道综合性压轴题的命制过程	中学数学	2024 年 9 月
朱修龙	2024 年高考数学新课标卷一试题特色与备考建议	高中生	2024 年 9 月
朱修龙	人本课程：为学生搭建成长的阶梯	年轻人·学校天地	2024 年 9 月
彭建锋	基于核心素养的高中地理情境教学策略研究	教学与研究	2024 年 9 月
彭建锋	山水林村田·生命共同体——浏阳市周洛村考察科教方案	中国科技教育	2024 年 9 月
马顺存	自制光电效应实验演示装置	物理实验	2024 年 9 月
李小军	英雄的旅程——2024 年高考语文文学类文本的创意读写	现代阅读	2024 年 10 月
周宇轩	新时代，重估人文学科的"无用之用"	课堂内外·作文独唱团	2024 年 10 月

续表

作者	文章题目	刊物名称	发表时间
杨章远	巧用恒等式解决不等式问题	数学通讯	2024 年 10 月
陈森君 杨章远	一道新教材习题的背景探究及其运用	中学数学研究	2024 年 10 月
吴 卿	核心价值观巧培育	思想政治课教学	2024 年 10 月
苏晓玲	对口帮扶挖掘红色文化的德育价值——以桑植县贺龙中学为例	湖南教育	2024 年 11 月
李小军	探寻荒诞背后的文学创作逻辑——《促织》《变形记》的创意联读	现代阅读	2024 年 11 月
游淑雲	科技创新? 人文赋能? ——思政班会课解高中生选科之惑	班主任之友	2024 年 11 月
李小军	掌握叙事动力, 由阅读走向创作	现代阅读	2024 年 12 月
周宇轩	让生命在凋亡中绽放——洛夫《一朵午荷》赏读课	课堂内外·作文独唱团	2024 年 12 月
吴 卿	社会主义核心价值观系统化培育的三重路径	湖南教育	2024 年 12 月
黄雅芩	融通育人, 多维突破: 学校课程的班本化实施	班主任之友	2024 年 12 月
唐雨晴 殷艳辉	基于"IT-双向驱动"的课堂教学设计	实验教学与仪器	2024 年 12 月
向 超	着眼便学利教, 强化探究实践: 湘教版初中地理新教材的编写特点与使用建议	新课程评论	2024 年 12 月

2. 2015 年以来教职工参与编著的书籍一览表

(1) 2015 年

责任人	书名	出版社	出版时间	备注
陈胸怀	风雨苍茫——广益中学抗战外迁访记	湖南大学出版社	2015 年 3 月	独著
杨帆	自主学习方法导读	湖南大学出版社	2015 年 4 月	主编

续表

责任人	书名	出版社	出版时间	备注
黄治清 唐海燕	逻辑思维常识	湖南大学出版社	2015 年 5 月	主编
尹庆元	女子自卫防身术入门	湖南大学出版社	2015 年 7 月	编著
肖　强	数学漫谈	湖南大学出版社	2015 年 7 月	主编
周启勇	给高中物理加点难度	湖南大学出版社	2015 年 7 月	主编
周泽宇	实验化学	湖南大学出版社	2015 年 7 月	主编
刘明春	平面设计基础（高中版）	湖南大学出版社	2015 年 7 月	主编
彭　娟	镕琢桑梓——校园植物小百科	湖南大学出版社	2015 年 7 月	主编
邓云浩 蒋立耘	Better Your Spoken English 提升你的英语口语	湖南大学出版社	2015 年 7 月	主编
罗鹏飞	科技创新思维训练	湖南大学出版社	2015 年 8 月	主编
杨　萍	女声演唱基础	湖南大学出版社	2015 年 8 月	主编
刘丽珍 陈胸怀	岳麓山寻古探微	湖南大学出版社	2015 年 8 月	主编
谭　伟	健美操入门与提高	湖南大学出版社	2015 年 8 月	主编
向　超	高中地理实践活动	湖南大学出版社	2015 年 9 月	主编
李江平	英语戏剧欣赏与实践	湖南大学出版社	2015 年 9 月	主编
邓云浩	高考总复习·第 2 轮　英语	首都师范大学出版社	2015 年 10 月	执行主编
黄月初	重塑课堂：超越分数的教学案例与评析	华东师范大学出版社	2015 年 11 月	第二著者

（2）2016 年

责任人	书名	出版社	出版时间	备注
尹庆元	高中体育与健康模块教学创新设计	湖南教育出版社	2016 年 3 月	参编

续表

责任人	书名	出版社	出版时间	备注
欧阳昱北 欧阳晓川 欧阳晓东	论语讲案	湖南大学出版社	2016 年 8 月	译著
刘东红	系统集成·新课标高考第二轮总复习·理科数学	南方出版社	2016 年 12 月	本册主编

（3）2017 年

责任人	书名	出版社	出版时间	备注
苏建祥 黄　丽 彭国武等	走向自能课堂——聚焦核心素养的教学策略与案例	湖南师范大学出版社	2017 年 6 月	合著
吴音莹	高中语文选修课学生个性的实现	湖南师范大学出版社	2017 年 11 月	独著

（4）2018 年

责任人	书名	出版社	出版时间	备注
苏建祥 黄　丽 彭国武	自能学习与自能发展	湖南师范大学出版社	2018 年 2 月	合著
杨　帆	追寻去功利化的教育模式	湖南教育出版社	2018 年 3 月	独著
李小军	让生命合格	湖南教育出版社	2018 年 8 月	独著
朱修龙 朱海棠	高考数学提分秘籍·函数与导数	湖南大学出版社	2018 年 8 月	分别为丛书主编、本册主编
朱修龙 朱海棠 刘东红	高考数学提分秘籍·概率统计与逻辑推理	湖南大学出版社	2018 年 8 月	分别为丛书主编、丛书副主编、本册主编
黄月初 贺彩云	生涯发展指导学案	民主与建设出版社	2018 年 9 月	主编
黄月初 贺彩云	生涯发展指导课堂实录	民主与建设出版社	2018 年 9 月	主编

续表

责任人	书名	出版社	出版时间	备注
李志艳	生涯规划指导（高中三年级）	湖南教育出版社	2018 年 9 月	本册主编

（5）2019 年

责任人	书名	出版社	出版时间	备注
周泽宇 李海汾 蔡忠华	竞赛化学	湖南大学出版社	2019 年 3 月	合编著
向 超	长株潭城市群生态安全综合评价研究	湖南大学出版社	2019 年 4 月	独著
黄雅芩	为了独一无二的你	湖南师范大学出版社	2019 年 5 月	独著
厉行威	高考作文：命题原理与应对策略	湖南师范大学出版社	2019 年 5 月	独著
向 超	普通高中教科书·地理必修 2	湖南教育出版社	2019 年 7 月	参编
李新霞	思维训练教程	上海交通大学出版社	2019 年 10 月	副主编
贺 俊	生物学必修 2（遗传与进化）	人民教育出版社	2019 年 11 月	参编
朱昌明	生物学必修 2（遗传与进化）	人民教育出版社	2019 年 11 月	参编
谢永红等	育人方式改革：全员育人理论与校本实践研究	湖南师范大学出版社	2019 年 12 月	合著
左小青	生涯规划指导（初中版）	湖南教育出版社	2019 年 12 月	本册主编
向 超	初中生地核心素养音频课	湖南教育音像电子出版社	2019 年 12 月	主编

（6） 2020 年

责任人	书名	出版社	出版时间	备注
杨　帆	研学——探索之旅	湖南师范大学出版社	2020 年 6 月	编著
杨晓春	整本经典分级阅读丛书·论语	湖南文艺出版社	2020 年 7 月	参编
谢永红黄月初	基于新课程标准的课例研究	湖南师范大学出版社	2020 年 8 月	主编
黄月初左小青袁春龙	生涯规划（高一上）	湖南科学技术出版社	2020 年 8 月	分别为执行主编、分册主编、分册副主编
黄月初	生涯规划（高二上）	湖南科学技术出版社	2020 年 8 月	执行主编
黄月初	生涯规划（高三）	湖南科学技术出版社	2020 年 8 月	执行主编
赵优良	高中数学教材核心素养同步解读	湖南教育出版社	2020 年 9 月	主编
黄月初李志艳	生涯规划（高一下）	湖南科学技术出版社	2020 年 11 月	分别为执行主编、分册主编、分册副主编
黄月初	生涯规划（高二下）	湖南科学技术出版社	2020 年 11 月	执行主编
欧阳荐枫	高中语文读本（必修下册）	湖南师范大学出版社	2020 年 12 月	主编

（7） 2021 年

责任人	书名	出版社	出版时间	备注
杨　帆	基于核心素养的新高考地理测评与教学研究	中南大学出版社	2021 年 5 月	独著
易任远	高中生物学实验实施指南	湖南师范大学出版社	2021 年 6 月	独编著

续表

责任人	书名	出版社	出版时间	备注
黄雅芩	中国少年·班团队活动（七年级上册）	湖南教育出版社	2021 年 7 月	编委
黄雅芩	中国少年·班团队活动（八年级上册）	湖南教育出版社	2021 年 7 月	编委
黄雅芩	中国少年·班团队活动（九年级上册）	湖南教育出版社	2021 年 7 月	本册主编
李湘黔	初探地球	湖南大学出版社	2021 年 7 月	丛书主编
李湘黔	空中机器人	湖南大学出版社	2021 年 7 月	丛书主编
谢永红 黄月初等	研究型教师专业发展理论与校本实践研究	湖南师范大学出版社	2021 年 8 月	合编著
李湘黔	中国传统民间文化与科技趣象	海南出版社	2021 年 8 月	编著
肖鹏飞	基于新课程标准的课例研究——高中化学·必修	湖南教育出版社	2021 年 9 月	主编
欧阳荐枫	高中语文阅读（必修上册）	湖南师范大学出版社	2021 年 9 月	主编
欧阳荐枫	高中语文阅读（选择性必修）	湖南师范大学出版社	2021 年 9 月	主编
屈正红	中考启航	湖南师范大学出版社	2021 年 10 月	主编

（8）2022 年

责任人	书名	出版社	出版时间	备注
黄月初 李志艳	中小学心理健康教育"五维一体"资源包·心理健康教育（高二下册）	湖南科学技术出版社	2022 年 1 月	本册主编
黄雅芩	中国少年·班团队活动（七年级下册）	湖南教育出版社	2022 年 1 月	编委
黄雅芩	中国少年·班团队活动（八年级下册）	湖南教育出版社	2022 年 1 月	编委

续表

责任人	书名	出版社	出版时间	备注
黄雅芩	中国少年·班团队活动（九年级下册）	湖南教育出版社	2022 年 1 月	编委
杨　帆	基于新课程标准的高中地理单元教学设计·选择性必修 1	湖南地图出版社	2022 年 9 月	主编
杨　帆	基于新课程标准的高中地理单元教学设计·选择性必修 2	湖南地图出版社	2022 年 9 月	主编
杨　帆	基于新课程标准的高中地理单元教学设计·选择性必修 3	湖南地图出版社	2022 年 9 月	主编
袁春龙	心理健康（高中一年级上册）	湖南教育出版社	2022 年 9 月	本册主编

（9）2023 年

责任人	书名	出版社	出版时间	备注
刘建军 马顺存	高中物理创新实验手册	湖南师范大学出版社	2023 年 3 月	分别为主编、副主编
陈胸怀	行走湖湘	湖南大学出版社	2023 年 6 月	独著
陈胸怀	用教育开启新生活	湖南大学出版社	2023 年 6 月	独著
黄月初 袁春龙	普通高中学生生涯规划教育课例研究——学科生涯	湖南师范大学出版社	2023 年 8 月	主编
陈　超	新课改背景下中学语文阅读教学创新实践研究	湖南师范大学出版社	2023 年 10 月	独著
向　超	基于社会-自然生态系统的长株潭城市群土地利用优化研究	湖南大学出版社	2023 年 11 月	独著
杨群英	中学生物学"激-探-创"教学的研究与实践	湖南教育出版社	2023 年 11 月	副主编

（10） 2024 年

责任人	书名	出版社	出版时间	备注
周　彦 尹一兵	基于新课程标准的课例研究 （高中英语·必修）	湖南师范大学出版社	2024 年 3 月	主编
刘国彬	基于新课程标准的课例研究 （高中历史·必修）	湖南师范大学出版社	2024 年 3 月	主编
彭知文	基于新课程标准的课例研究 （高中物理·必修）	湖南师范大学出版社	2024 年 4 月	主编
谢兰萍	基于新课程标准的课例研究 （高中语文·必修）	湖南师范大学出版社	2024 年 6 月	主编
蒋平波	基于新课程标准的课例研究 （高中政治·必修）	湖南师范大学出版社	2024 年 6 月	主编
熊　康	义务教育教科书艺术·舞蹈 （八年级·上册）	湖南文艺出版社	2024 年 6 月	参编
熊　康	义务教育教科书艺术·舞蹈 （八年级·下册）	湖南文艺出版社	2024 年 6 月	参编
彭建锋	基于新课程标准的课例研究 （高中地理·必修）	湖南师范大学出版社	2024 年 6 月	主编
殷艳辉	探究实践与实验报告（化学 必修第二册）	湖南少年儿童出版社	2024 年 8 月	分册主编
谢美丽 赵优良	基于新课程标准的课例研究 （高中数学·必修）	湖南师范大学出版社	2024 年 10 月	主编
熊　康	义务教育教科书艺术·舞蹈 （九年级·上册）	湖南文艺出版社	2024 年 12 月	参编
熊　康	义务教育教科书艺术·舞蹈 （九年级·下册）	湖南文艺出版社	2024 年 12 月	参编

多元办学志

1．2015 年以来学校多元办学情况一览表

学校名称	合作方	学校性质	开办/合作 开始时间	备注
湖南广益实验中学	湖南华夏科技投资发展有限公司	民办全日制初级中学	2007 年 9 月	2022 年 6 月 终止合作
湖南师大附中海口中学	海南海岛教育文化发展中心有限公司	民办幼小初高一贯制学校	2008 年 1 月	2015 年 6 月 终止合作
湖南师大附中博才实验中学	长沙市岳麓区教育局	公办全日制完全中学	2009 年 9 月	
湖南师大附中星城实验学校	长沙市望城区人民政府	公办全日制九年一贯制学校	2010 年 9 月	
湖南师大附中高新实验中学	长沙高新技术产业开发区管理委员会	公办全日制初级中学	2012 年 9 月	
湖南师大附中梅溪湖中学	长沙市教育局	公办全日制完全中学	2014 年 9 月	
湖南师大附中耒阳分校	耒阳市人民政府、湖南禄芳实业集团有限公司	民办全日制九年一贯制学校	2014 年 9 月	2022 年 6 月 终止合作
湖南师大附中星沙实验学校	长沙县人民政府	公办全日制九年一贯制学校	2018 年 9 月	2024 年 8 月 终止合作
湖南师大附中星城实验青石学校	长沙市望城区人民政府	公办全日制九年一贯制学校	2021 年 9 月	
湖南师大附中植基中学	长沙市开福区教育局	公办全日制初级中学	2021 年 9 月	
湖南师大附中双语实验学校	长沙市天心区人民政府	公办全日制九年一贯制学校	2021 年 9 月	
湖南师大附中凌云中学	长沙高新技术产业开发区管理委员会	公办全日制初级中学	2022 年 9 月	
湖南师大附中芙蓉中学	长沙市芙蓉区人民政府	公办全日制初级中学	2022 年 9 月	

续表

学校名称	合作方	学校性质	开办/合作开始时间	备注
湖南师大附中雨花学校	长沙市雨花区人民政府	公办全日制十二年一贯制学校	2022 年 8 月	
湖南师大附中博才学士中学	长沙市岳麓区教育局	公办全日制初级中学	2014 年 9 月	2023 年 8 月独立成校
湖南师大附中特立学校	长沙市雨花区人民政府	公办全日制九年一贯制学校	2024 年 2 月	
湖南师大附中博才梅溪湖中学	长沙市岳麓区教育局	公办全日制初级中学	2018 年 8 月	2024 年 8 月独立成校
湖南师大附中桐梓实验中学	长沙市岳麓区人民政府	公办全日制初级中学	2024 年 9 月	
湖南师大附中梧桐实验学校	长沙市岳麓区人民政府	公办全日制九年一贯制学校	2024 年 9 月	
湖南师大附中星城实验谷山中学	长沙市望城区人民政府	公办全日制初级中学	2024 年 9 月	
湖南师大附中张家界市民族中学	张家界市人民政府	公办全日制高级中学	2024 年 9 月	
湖南师大附中花垣县第一高级中学	湘西州花垣县人民政府	公办全日制高级中学	2024 年 9 月	

2. 多元校区简介

（1）湖南师大附中博才实验中学

湖南师大附中博才实验中学是由岳麓区委、区政府、区教育局和百年名校湖南师大附中联合倾力打造的一所起点高、发展快、品质优、口碑好，有高远追求、有自觉担当，勇立教育改革与发展潮头，有着浓郁幸福气息的三湘优质品牌完全中学。学校创办于 2009 年，现有天顶、大科城、湘江三个校区，并全面托管岳麓区博才雨敞坪学校。学校目前有在读学生 7000 余人，教职员工 600 余人。

2024 年 9 月，湖南湘江新区师大附中博才教育集团正式成立，构建起了以湖南师大附中博才实验中学（天顶校区）为总部，汇聚集团校区湖南师大附中博才实验中学

（湘江校区）、湖南师大附中博才实验中学（大科城校区），集团独立法人单位成员校湖南师大附中博才学士中学、湖南师大附中博才学士中学（北校区）、湖南师大附中博才梅溪湖中学、博才雨敞坪学校，以及加挂教育集团品牌校岳麓实验中学、湘仪学校、阳明小学为联合体的集团化办学格局。学校在坚持走内涵发展道路的同时，积极辐射优质教育资源，促进基础教育优质均衡和高质量发展，极大满足人民群众对优质教育的需求。

学校始终贯彻落实党和国家的教育方针，秉承湖南师大附中优良的办学传统，真心实意全面实施素质教育，始终坚持"健康成长、和谐发展、幸福生活"的办学理念和"自能学习、自能发展"的育人理念，着力打造"书香学园、创业乐园、幸福家园"，助力每一位师生幸福成长，做幸福的追梦人。学校以培养学生良好的自能学习与自能发展能力为核心，倾力打造"自能高效课堂"，积极开展"四大节"（体育节、艺术节、社团节、科技节）和"四体验"（军营生活体验、农村生活体验、企业生活体验、社区生活体验），开展校本选修课、"幸福教室"创建展示等丰富多彩的教育教学活动，为培养创新人才奠基。"品德优、素质全、成绩佳、担当强"已成为我校学子的鲜明特质。十五年来，我校学生在国际、国内学科竞赛和青少年科技创新大赛中，9000余人次获奖，其中获国家级及以上奖励500余人次，已有10名校友获得国际学科奥赛和体育奥赛奖牌（七金三银），120余名学子考入清华大学、北京大学，其中2人以初三毕业生身份被清华大学录取。

学校注重"慎选良师、精育名师"，根据教师发展特点构建了"433"教师培养模式。拥有一支素质全面、业务精湛、敬业爱生、乐于奉献、朝气蓬勃的教师队伍。现有正高级教师2人，湖南省特级教师1人，省级名师工作室2个，市级名师工作室（站）2个，区级名师工作室7个，校级名师工作室4个。我校教师在全国及省市区各级赛课、论文评比等活动中超3000人次获奖，其中获国家级（部级）奖项60余人次，获省级奖项800余人次，获市级最高奖650余人次。学校坚持科研兴校，着力内涵发展，教改教研成果丰硕喜人，目前荣获湖南省基础教育教学成果奖特等奖1项，二等奖1项；已承担研究课题百余项，其中国家级课题1项，省级课题5项，市级课题10项。

办学以来，学校荣获全国心理健康教育特色学校、全国青少年校园足球特色学校、全国中小学中华优秀文化艺术传承学校、全国消防安全教育示范学校、全国学校体育联盟（教学改革）实验学校、全国幸福教育发展共同体实验学校、全国校园影视教育研究实验学校、全国"双有"主题教育先进集体、教育部校长国培计划影子实践基地校、教育部中小学人工智能教育培训校、国家社科基金课题实验基地校、全国网络学习空间应用普及活动优秀学校、全国青少年人工智能活动特色单位，湖南省心理健康教育特色学校、湖南省武术特色学校、湖南省食品安全示范学校、湖南省中小学教师培训基地学校、湖南省现代教育技术实验学校、湖南省教育信息化创新应用示范学校、湖南省华文教育基地、湖南省武术队后备人才培养选拔基地、湖南省实施国家校园武术段位制试点学校、湖南省武术工作突出贡献单位、湖南省校园武术段位制推广先进单位、湖南省中小学心理健康教育优秀单位、湖南省安全文明校园、湖南省百佳文明交通示范学校，长沙市基础教育课程改革样板校、长沙市区域教育特色发展建设学校、长沙市文明标兵校园、长沙市创新型单位、长沙市校务公开先进单位、长沙市教育系统先进工会、长沙市基础团务优秀校、长沙市无烟单位、长沙市首批中小学网络学习空间应用优秀学校、长沙市首批未来学校创建校、长沙市建设更高水准全国文明城市工作"先进集体"、长沙市儿童友好型学校创建校等各级各类荣誉百余项。

学校坚持开放办学、胸怀世界、面向未来。积极响应省、市、区教育部门的号召，已帮扶多所省内学校，正在帮扶长沙县广福中学、邵阳县青云中学、岳阳县杨林中学以及大湘西地区县域初中（芷江二中、富州中学、锦江中学）。学校积极开展外派支教与送培下乡活动，使优质教育资源惠及薄弱学校，促进共同发展；先后接待全国各地教育考察团 700 余批次数千人次，与美国、加拿大、英国、澳大利亚、韩国、印度尼西亚等国家开展友好交流活动。

志存高远，梦想激扬。今日附中博才，正怀揣教育梦想，迈着坚实的步伐，以昂扬奋发的姿态，立足长沙教育，享誉三湘，走向世界。

（2）湖南师大附中星城实验学校

湖南师大附中星城实验学校于 2010 年秋季正式招生，是长沙市望城区第一所区属实验性、示范性公办初级中学。学校现有 80 个教学班，学生 4200 余人，专任教师 314 人，其中正高级教师 2 人、特级教师 1 人、高级教师 28 人、市级骨干教师 6 人、市级卓越教师 8 人、区级学科带头人 4 人、区级名师工作室 5 个。

学校始终秉承湖南师大附中的优良办学传统，全面实施"活化教育"引领下的"五大类课程体系"，精心打造"生·活"课堂，科学构建"分级德育体系"，竭力发展学校特色文化。学校以"人文校园、乐业高地、人才摇篮、闪亮品牌"为共同的办学愿景，以"五·三发展规划纲要"提出的建设"高质量、信息化、现代化、很幸福"的附中星城为办学追求，聚焦五大重点工程，着力构建联动互融、充满活力、特色鲜明的小初衔接体系。

近年来，学校先后荣获国家、省、市、区各级各类荣誉与称号 100 余项，培养了一大批敬业爱生、业务精湛、乐于奉献的教职员工，以及品德优良、学业优秀、志趣高雅、身心健康的学生。学生参加各级各类体艺、学科竞赛和科技创新大赛获奖达 600 余人次，其中获国家级、省级奖励 100 余人次。

（3）湖南师大附中高新实验中学

2012 年，原长沙高新区牵手湖南师大附中，将延风中学异址建设的新校园委托给百年名校湖南师大附中管理，合作创办湖南师大附中高新实验中学（简称"附中高新"）。湖南师大附中派出了一批优秀骨干教师和一支精干的管理团队进驻学校，与高新区教育同人们精诚合作，开启了这所高标准、高起点、高品位的全日制公办初级中学的新征程。2022年，附中高新随"三区合并"而融入湖南湘江新区。

学校位于长沙湘江新区嘉运路188号，占地约100亩，建筑面积约5.6万平方米，可容纳60余个教学班级、3000余名师生。学校环境优美，校园建筑大气美观，功能区划合理，育人环境优良，扩建的新综合楼已投入使用，教育、教学、运动等设施更加完备。学校重视校园文化建设，以"走好每一步"为办学理念，以"行义如方，用智如圆"为校训，以棋文化、武文化和皮影文化为特色，用优秀传统文化、湖湘文化和非物质文化遗产来传承和传递学校文化，滋养孩子们的生命底色。学校被授予"湖南省文明校园""长沙市文明标兵单位""长沙市书香校园"等称号。

学校积极探索"匠心工程"教师发展体系，开展以"领航教育，团队共进"为主题的名师工作室、课题主持人培训，以"生活教育，快乐成长"为主题的青年骨干教师培训班培训，以"同行教育，薪火相传"为主题的师徒结对培训，努力实现"师德优，师风正，师能强，师魂立"的教师发展目标。

学校坚持"融义于行，自强不息"的德育思想，以"义"为核心理念，以"自强"为发展目标，以"行动精神"落实立德树人。积极开展"微善德育"系列化工作，打造学校独特的"微善"德育理念品牌。目前已开发出了微善德育课程、义智少年公益课程、小青团少年团校课程、"高新开讲啦"等系列德育课程。学校争创为"全国篮球特色校""全国足球特色校""全国啦啦操示范窗口学校""湖南省武术特色学校""湖湘民间皮影艺术特色学校"，力争用每一个三年时光实现"品德优、志趣雅、身心健、素质全"的附中高新学生培养目标。

学校积极推动"创智于用，自信成长"教改实践，以"智"为核心理念，以"自信"为发展目标，以"实用精神"引领教学实践，依托"两性四型"课程体系，积极探索国家课程校本化，努力实现校本课程特色化。目前已开发出了405特色课堂、问题化教学模式、创新发展课程等多元化教改实践课程。学校创新开发"拓境于趣，自主提升"的校本课程，探索课后服务课程化实施，推出课后服务兴趣型课程，减轻学生学业压力，培养学生的课外兴趣，推动学生全面发展。目前已开设了包括多学科融合的皮影艺术综合实践课程在内的30余项高质量有特色的校本课程，有效促进学生兴趣拓展，能力提升和综合素质发展。

学校勇于担当社会责任，积极辐射优质教育资源，先后和白马学校、浏阳市沿溪中学、韶山市韶山乡学校、城步二中、龙山思源中学等签订援助协议，开展教育帮扶，推动教育均衡发展。学校注重教育国际化，先后与韩国、新西兰、美国、英国、俄罗斯等国家的多所学校缔结为友好学校，经常与国际友好学校开展师生互访、研修等交流活动。

新时代，新起点，学校将践行附中高新人的使命与担当，加大教育改革研究与实践

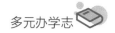

力度，加大治理能力建设，朝着办一所高品质现代社区学校的发展方向前进，努力实现"高质量、新特色、真教育、好幸福"的"高新真好"办学愿景。

（4）湖南师大附中梅溪湖中学

湖南师大附中梅溪湖中学是由长沙市教育局和湖南师大附中合作创办的一所高起点、高规格的公办完全中学。学校坐落在湖南湘江新区梅溪湖国际新城核心地段，南倚桃花岭，北瞰梅溪湖，地理位置优越，环境幽雅。学校占地面积近110亩，建筑面积超5.2万平方米。现有初、高中6个年级，82个班级，教职工310人，学生4029人。

学校坚持贯彻党和国家的教育方针，秉承湖南师大附中"公、勤、仁、勇"的校训，践行湖南师大附中先进的办学思想，以"为了明天的你"为办学理念，全力推进以教师"乐教善育"、学生"乐学善思"为核心的"乐善教育"，在全校范围内营造"清容健畅"的良好风气。学校坚持走理性办学、内涵发展之路，致力于培养"素质全面、个性彰显、行为文明、处事理性"的新时代中学生。

学校注重提升内涵，坚持走优质化、现代化、国际化的办学道路，与时俱进，开拓创新。学校专家引领，名师荟萃，历经办学十载的潜心发展，取得的各项成果显著，先后获评全国生态校园实验校、全国青少年校园足球特色学校、湖南省教育系统先进基层党组织、湖南省科普基地、湖南省食品安全示范学校、长沙市文明标兵单位、长沙市科技教育特色学校、长沙市中小学心理健康教育示范学校及湖南师大附中教育集团先进集体等荣誉。

学校坚持立德树人，五育并举，全面推进素质教育，注重学生学科核心素养的培育，历届初、高中毕业生学业质量优异，教育教学各项评价指标均在全市同类学校中名列前茅。学校获全国中小学生语文素养大赛全国总决赛团体金奖，学校武术队获中国中学生武术锦标赛优秀运动队、全国体育传统项目学校联赛武术赛集体项目第一名，学校舞蹈队获全国中小学生艺术展演一等奖和香港国际校园艺术节金奖，学校合唱团获亚洲（东京）国际合唱比赛青少年组金奖，学校视频作品获全国中小学校园影视教育成果微电影一等奖等。

学校校园规划科学，布局合理，功能齐全，设施一流。多媒体教室、数字化实验室、多功能体艺馆、瀍泉心理发展中心、中国民间文化与物理趣味 STEM 教育馆等教育教学配套设施一应俱全。学校依山傍水，鸟语花香，风光无限，尽享清新自然。

（5）湖南师大附中星城实验青石学校

湖南师大附中星城实验青石学校是由望城区委、区政府与三湘名校湖南师大附中联合打造的一所高起点、高标准、高品位的公办九年一贯制学校，2021年秋季正式开学。学校地理位置宜居宜学，坐落于长沙城北、湘江东岸、望城区丁字湾街道，东临黑麋峰，南连青竹湖，西接湘江水，北倚书堂山、麻潭山。学校建设总投资5.2亿元，规划用地 178 亩，设计规模为 96 个教学班，其中一期有 48 个教学班，所有教育教学配套设施均按省一类学校标准设计、建设和装备，为师生快乐学习、健康成长创造了优越的条件。

学校贯彻党的教育方针，落实立德树人根本任务，创新实践新人生教育，以"让教育照鉴新人生"为办学理念，践行"九年奠基璀璨一生"的教育主张，以"创办一所有爱有趣的梦想青石园"为办学主张，以"培育自信豪迈的中国少年"为育人主张，从生命线、思维线、真数据、领导力四个方面促进学生德智体美劳全面发展，引导孩子扣好人生的第一粒扣子。

学校紧跟新时代步伐，积极办学，开拓创新，朝着学生心驰神往、家长放心满意、同行点赞佩服、社会高度认可的九年一贯制卓越学校努力奋进！

（6）湖南师大附中植基中学

湖南师大附中植基中学是开福区政府与湖南师大附中合作举办的一所高品质的寄宿制公办初级中学。2021 年底校舍建设竣工，学校占地面积 56 亩，办学规模为 36 个班，学位数为 1800 个。2021 年 9 月正式开办，现有七年级学生 590 人、八年级学生 509 人、九年级学生 505 人、教职工 119 人。

学校秉承湖南师大附中"公、勤、仁、勇"的校训，并在实践中不断诠释这四个字，在"高质量、有特色、现代化、国际化"的发展目标下，细化"眼中有光、心中有国、脚下有力"的"三有"学生培养目标。走精细化管理之路，夯实学业基础；走特色发展之路，打造优势学科。完善"1+4"植基课程体系，实行教研培一体化，推进青蓝工程，打造优质教师团队，目前已经打造出了一支理念新、专业强、有特色的教师队伍。自办学以来，学校获得了教育部基础教育国家级优秀教学成果奖、全国啦啦操联赛第一名、长沙市教育系统标准化建设与管理食堂等多项荣誉。

学校依靠管理出效益，依靠科研提质量，提倡启发式、探究式、讨论式、参与式教学，并通过激发兴趣，培养良好习惯，聚焦思维能力培养，开展拔尖创新人才培养和个性化辅导，提供优质课后服务及校本课程等，致力于让每一名学生得到最佳的发展。

学校鼓励学科教师积极参与各级各类课题研究，通过科研化的教研促进教学质量提升，以科研带动学科发展，不断创新教科研工作的方式和方法，提高教科研工作的实效性和针对性。短短三年多的办学时间，国家级获奖 5 人次，省级获奖 11 人次，市级获奖 12 人次，区级获奖 49 人次。

筑基固本谋发展、励志笃行创未来，我校将以学生的发展、教师的成长、坚定的信念、务实的态度、创新的精神，努力实现新突破。

（7）湖南师大附中双语实验学校

湖南师大附中双语实验学校是一所由湖南师大附中与长沙市天心区人民政府合作办

学的高起点、高品位、现代化、国际化的九年一贯制公办学校。学校以"聚一帮好人，做一桩好事"的教育初心，秉承"公、勤、仁、勇"的附中校训，坚持"以人为本、兼容并蓄"的办学理念，致力于打造创业田园、求知乐园、书香校园、幸福家园，营造"有爱、有趣、有生命力"的育人环境，办对话世界的教育。

学校由南、北两个校区组成，南校区位于天心区枫香路和书香路交汇处东南角，北校区位于天心区新开铺街道天心大道与木莲西路交汇处。学校占地143亩，总投资达6亿元，于2023年成立湖南师大附中双语教育集团，集团内现有湖南师大附中双语实验学校（南校区）、湖南师大附中双语实验学校（北校区）、湖南师大附中双语树人学校、湖南师大附中双语海棠小学、湖南师大附中双语幸福小学5所学校，共660名教师，约10 000名学生。

学校全面落实党组织领导的校长负责制，坚持党建工作和教育教学工作同向发力，充分发挥支部战斗堡垒作用。学校传承湖南师大附中"自强不息、追求卓越"的"攀登"精神，先后获评"湖南省绿色学校""湖南省公共机构生活垃圾分类示范点""长沙市文明校园""天心区先进基层党组织"等荣誉，并成功申报全国青少年校园足球特色学校、湖南省跆拳道项目试点校、湖南省柔道项目试点校、长沙市青少年竞技体育人才基地（2023—2026田径、乒乓球）和天心区美术特色基地校、智慧体育试点校。

（8）湖南师大附中凌云中学

湖南师大附中凌云中学创建于2022年，是由湖南湘江新区管委会携手百年名校湖南师范大学附属中学创办的一所精品初级中学。

学校坐落在被誉为"国家绿色生态示范城区""国家智慧城市创建试点城区"的梅溪湖国际新城，地理位置优越。校园按湖南省绿色建筑星级标准建设，占地面积53亩，总建筑面积近3万平方米，设计规模为30个教学班。

学校设施设备一流，数字化实验室、科技活动室、计算机教室、多媒体录播室、电子阅览室、心理咨询室、多功能报告厅、综合体艺馆、智慧田径场、"空中农场"等教育教学设施设备一应俱全。

学校教育理念先进，秉承"公、勤、仁、勇"的附中校训，发扬"自强不息，追求卓越"的凌云精神，践行"做一个被需要的人"的小学理念，努力培养"行为文明，处事理性，素质全面，个性彰显"的新时代好少年，致力打造广大师生心目中的美丽校园、求学乐园、幸福家园。

学校高起点开局，先后获长沙市中小学校大课间体育比赛一等奖、长沙市中小学校教学班级演唱演奏比赛一等奖、湖南湘江新区清廉学校建设先进单位等荣誉。

奋进中的湖南师大附中凌云中学，正沿着"一年规范化，三年优质化，五年特色化，八年品牌化"的发展道路阔步前进。

（9）湖南师大附中芙蓉中学

岁月淬炼，沉淀至臻品质；名校管理，焕发时代新机。2022 年，芙蓉区委、区政府委托百年名校湖南师范大学附属中学全面管理，翻开了湖南师大附中芙蓉中学发展的新篇章。学校融汇了附中校训"公、勤、仁、勇"与芙蓉区"幸福教育"理念，附中元素与芙蓉元素高度融合，传统文化与现代文化深入渗透，特色立校与卓越立身相得益彰。

师生崇教，庠序巍然；布局合理，典雅大气。学校地处浏阳河东岸，占地面积6452.9 平方米，现有 53 个教学班，教职工 200 人，学生 2600 余人，是芙蓉区区属中学中规模最大、条件最好的学校，在附中集团校中办学规模亦名列前茅，具有名校的气质和潜力。

师资卓越，责任育人。学校现有在职教师 195 人，其中市区级卓越教师 46 人，中高级教师 85 人。教师团队中有 190 人具有本科及以上学历，40 人具有研究生学历。学校坚持"尊重差异、养成习惯、塑造品质、追求梦想"办学理念，落实"五育并举"，着重"拔尖创新人才"培养，力促学生个性化发展，为学生的终身发展奠基。学校站在"人才是第一资源"的高度，将进行"拔尖创新人才"的早期培养作为推进基础教育改革的重要抓手。面向未来，湖南师大附中芙蓉中学将顺应时代号召，主动担当作为，致力拔尖人才培养，赋能建设教育强国。

学校校风："精一执中、砥砺笃行"；学风："求索好问、专注广博"；教风："修己达人、又红又专"；教师精神："面向每一个、温暖每一个"；学生精神："养浩然之气，扬君子之风"。

湘水苍茫，日光月华；附中芙蓉，地灵人杰；立德树人，为国育才；公勤仁勇，自此新开！

（10）湖南师大附中雨花学校

湖南师大附中雨花学校是一所历史悠久、十二年一贯制的市级示范性学校，位于高桥国家级自贸区，现有小、初、高教学班 65 个，在校学生 3000 余人，教师 246 人。学校创建于 1960 年，其前身为长沙县东山附中，1963 年由东山搬迁至现址，始名长沙市第二十六中学，2022 年 8 月学校加入湖南师大附中教育集团，更名为"湖南师大附中雨花学校"。

湖南师大附中雨花学校始终秉承"办影响孩子一生的教育"的办学理念，坚持五育并举，致力于培养"三自"少年，即生活自立、学习自主和行为自律的优秀学生。学生参加区级以上各类比赛，每年超过 440 人次获奖。

近年来，学校重视师资队伍的建设发展，着力于教师专业素质的提升。学校目前有正高级教师 1 人，高级教师 28 人，区级以上卓越教师、骨干教师 23 人，优秀教师 17

人，研究生学历教师 29 人。教师参加区级以上各类教学比武比赛，每年获奖超过 300 人次。

在区委、区政府的坚强领导下，在区教育局、师大附中本部的正确指导下，在湖南运达集团的大力支持下，学校蒸蒸日上，办学质量稳步提升，逐步得到了家长、学生和社会各界的认可。学校的各项工作先后被中国教育报、光明日报、人民网等主流媒体报道多达 70 次，社会声誉不断提升，影响力日益扩大。学校先后获评国家创新创造教育先进集体、湖南省传统体育特色学校、长沙市科技创新特色学校和雨花区校园话剧特色学校等荣誉称号。2023 年，长沙市教育局对学校的综合发展类型评价由最初的"低效重负"型转为"高效轻负"型。

未来，湖南师大附中雨花学校将继续以"六大变革"为引领，推动学校高质量发展，努力将学校建成教学质量卓越、办学特色鲜明、教育成果丰硕以及社会声誉优良、市内一流的十二年一贯制学校，为雨花教育优质均衡发展贡献附中雨花力量，为民族复兴、国家富强培养更多优秀的人才。

（11）湖南师大附中博才学士中学

湖南师大附中博才学士中学是由湖南湘江新区和百年名校湖南师大附中联合倾力打造的一所高起点、高品位的优质品牌初级中学。学校启用于 2014 年 9 月，前身为湖南师大附中博才实验中学（学士校区），2023 年 8 月正式从湖南师大附中博才实验中学总校独立，更名为湖南师大附中博才学士中学。2024 年 9 月，湖南师大附中博才学士中学北校区扬帆启航，开启了一校两址的新征程。

学校坚守"立德树人"的初心使命。秉承湖南师大附中以人为本的价值追求，传承附中博才"幸福教育"的办学理念，以素养为导向，培养有志气的爱国者，有灵气的学习者，有底气的行动者，养大气的幸福者，逐步形成"一个目标、两大生长点、三方协同、四大节日、五好少年"的德育框架，全面落实铸魂育人工程。

学校传承附中博才"自能教育"理念，结合学校特色，逐步形成了一核、两翼、三类、三型的"1233·焕彩"课程体系。以立德树人为核心，以浸润式教学和因材施教的策略为"两翼"，从人文与思想、科学与实践、健康与艺术三类课程中构建出基础型、拓展型、卓越型课程，坚持五育并举，涵育学生核心素养。借助数智技术革新教学方式，依托项目式学习凸显跨学科融合。整合校内外资源拓展学科实践，为学生成长搭建多彩平台，助力每一个学生全面而有个性地发展。

学校秉承湖南师大附中"科研兴校"优良传统，在实践过程中逐步形成了"四梯四化"教师成长发展体系。通过把专家"请进来"，引导教师"走出去"，梯队培养新进教师的胜任力、骨干教师的创新力、精英名师的引领力、卓越教师的感召力，为教师搭建专业成长的多元立体平台，引领教师成长为具有人本化学生观、专业化成长域、协同化共育体、融通化革新力的未来教师。

学校现有 9 名市区级卓越教师，3 个区级名师工作室，4 个校级名师工作室。在研省级课题 2 项，市级课题 2 项，区级课题 7 项。教师在各级各类教学竞赛中屡获佳绩，荣获国家级奖项共 19 人次，荣获省级奖项共 200 余人次

办学十年，学校先后获评长沙市儿童友好型学校创建校，长沙市基础教育综合改革实验校，湖南湘江新区教育教学质量优秀单位，湖南师大附中教育集团"办学品牌之谟奖""教学质量惟一奖""拔尖学生攀登奖"，湖南师大附中拔尖创新人才早期培养基地校。学校育人成果丰硕，每年均有大量毕业生考入师大附中等名校高中。校友黄章毅以世界第二名的成绩荣获国际化学奥林匹克竞赛金牌，校友梁行健荣获国际数学奥林匹克竞赛金牌，20 余名校友考入清华大学、北京大学，多名校友考入国际国内一流名牌大学。

面向新征程，学校将继续行稳致远、追求卓越，为持续擦亮"岳麓山下好读书"品牌贡献力量！

（12）湖南师大附中特立学校

湖南师大附中特立学校坐落于长沙城南杉木冲路与高升路路口，交通便利，周边配套齐全，是雨花区政府、区教育局和湖南师大附中联合办学的一所优质公办学校。学校建筑面积 20 480 平方米，校园环境优美，教育设施一流，目前开设 30 个教学班，在校师生 1600 余人。

2018 年建校以来，学校被评为湖南省学校心理健康教育先进单位、省绿色学校、市文明校园、市平安校园、市"五有四化"主题式教学品质课堂建设实验校、雨花区劳动与实践教育试点校，办学成果显著。2024 年，学校加入湖南师大附中教育集团，实现集团管理一体化、教学研究一体化、学生培养一体化、师资研训一体化、拔尖创新人才贯通培养一体化。2025 年，学校将在现有基础上扩容提质，转型为九年一贯制学校，为社会提供更加连贯、整体的教育体验和更加优质的教育服务。

学校传承徐特立先生"培养敢于发挥其个性，有脑筋辨别是非，有主张、有试验、有创造、有行动的青年"的教育思想，秉承"公、勤、仁、勇"的校训，坚持"以人为本，兼容并蓄"的办学理念，以红色资源为抓手，以实践活动为桥梁，构建以"特立精神"为核心的校园文化体系，坚持走融合创新和以文化人的内涵发展之路。推出"三新"劳动课程，创新开展"仁爱节""社团文化节""志诚节""体育节""人文艺术节"等主题德育节，深化养成教育。实行全员导师制，采取"1+N"模式，每周进行"心语"交流，开展心理团辅，让每一位少年在关爱与陪伴中健康成长。新湖南、红网时刻、潇湘频道等媒体报道了学校"新生成长训练营"和"心理健康月"系列活动。

作为长沙市首批"五有四化"主题式教学品质课堂建设实验校，学校课堂教学以学生为主体，以情境为脉络，以问题为导向，注重"导""学"有机结合。学校坚持五

育并举、多元评价，践行"和谐课堂"理念；坚持教学研一体化，狠抓教学常规管理。学校学科特色活动成果为"双减"与"五项管理"的落实落地交上了一份满意的答卷。新湖南和"学习强国"以《实践育人有特色，助力"双减"显实效》为题报道了学校育人特色。

特立，立的是"德育为先"的育人理念，立的是"个性飞扬"的育人体系，立的是"和谐共生"的育人特色，立的是"教书育人"的使命担当。展望未来，湖南师大附中特立学校将继续深耕教育沃土，不断探索和实践新时代教育发展的新模式、新路径，书写学校发展的新篇章。

（13）湖南师大附中博才梅溪湖中学

湖南师大附中博才梅溪湖中学于2018年8月启用，位于梅溪湖国际新城，麓云路以西，映日路以北，背倚梅岭公园，紧邻地铁2号线麓云路站，占地近100亩，总建筑面积35 560平方米，总投资近3亿元。现有54个教学班，学生2600余人，教职工近200人。学校有英伦学院式的梅岭公园景观，有智能先进的设施设备，有传承百年的附中先进教育教学理念，有为个性发展赋能的多元学习平台，有满足学生个性发展需求的多元课程。学校办学六年，综合实力强，为中央电化教育馆中小学人工智能教育培训基地、长沙市基础教育综合改革实验学校、长沙市青少年科学工作室、长沙市图书馆青苗计划实践基地、湘江新区智慧校园示范校、湘江新区科普资源助推"双减"工作示范校、湘江新区校园廉洁文化建设先进单位等。

学校致力于打造"未来学校"，以"幸福教育"为底色，以"幸福课程"为载体，以"1+X走班制"为路径，尊重学生个性与差异，全面落实"双减"政策，五育并举，减负增效，助力每一位师生幸福成长。学校始终坚持"慎选良师、精育名师"，在"自能发展教师培养体系"层进式培养中，教师队伍成长迅速。"业务精湛、敬业爱生、求真善教、担当创新"成为附中博梅教师的特质。

（14）湖南师大附中桐梓实验中学

百廿附中，品质桐梓，绽放新区。湖南师大附中桐梓实验中学是由湖南湘江新区教育局和百年名校湖南师大附中合作创办的一所高起点、高标准、高品质的公办初级中学。学校地理位置优越，地处岳麓区桐梓坡路与望月路交汇处西南角，近揽望月公园，远眺岳麓山，紧邻地铁六沟垅换乘站和湘雅路过江隧道、营盘路过江隧道，交通便利，环境优美。这里有中式风情的校园景观，有科技智能的教学设备，有百年附中的办学理念，有赋能学生的成长平台。学校于2024年9月顺利开学，现有教职工65人、学生736人。

学校校园占地面积3.4万平方米，建筑面积4.37万平方米，学校主体建筑群由教学区、综合办公区和后勤服务区组成，"U"形风雨连廊连接各个功能区，使建筑成为一个有机的整体。学校设计充分传承和演绎了中国传统建筑园林空间"半房半院"的组织手法，以"园"为单位组织校园空间，加以重复、组合满足多重功能需求，幽静的庭院隔绝了外界的喧嚣，学生得以沉浸在浓浓的书卷气中。学校规划布局因地制宜，由以满足教育实施为主的空间向以满足学习开展为主的空间环境转换，营造出安静、舒适的教学与活动环境。学校拥有现代化信息设备齐全的教室，藏书丰富、窗明几净的图书馆，宽敞庄重的多功能报告厅，体育设施齐全的风雨操场。校园内绿树成荫，结合楼宇内部空间和屋顶平台设置多层次的绿化种植，充分体现立体复合的未来校园建设，是学生成长、教师发展、家长放心的现代化理想校园。

学校管理团队由湖南师大附中和湖南湘江新区共同选派，学校学科教学指导委员会委员全部由湖南师大附中初中部学科带头人兼任，学校教师队伍由区内调配的优秀骨干教师、面向全国公开选调引进的优秀骨干教师和公开引进的公费师范生、"双一流"本科生及硕士研究生组成。学校秉持附中"慎选良师、精育名师"的优良传统，通过对标"四有老师"、构建"四格体系"、建设"四大工程"、搭建"四大平台"，潜心打造教师专业化发展共同体，致力建设富有情怀、长于实践、崇尚研究的卓越教师队伍，为学校又好又快发展奠定坚实基础。

学校秉承百年名校湖南师大附中优秀文化基因，恪守"公、勤、仁、勇"的附中校训，践行"以人为本，兼容并蓄"的附中办学理念，赓续"自强不息，追求卓越"的附中精神。作为湖南师大附中教育集团的新成员，学校与湖南师大附中及集团各成员校在管理上实现"五统一"，即统一管理、统一培养、统一课程、统一教研、统一评价；在教学上与湖南师大附中初中部全面对标实现"五同步"，即教学计划同步、集体备课同步、教辅资料同步、考试研究同步、质量分析同步。学校还将着力探索与湖南湘江新区优质品牌小学、湖南师大附中合力构建拔尖创新人才早期培养一体化贯通培养路径及模式，提高教育质量，办人民满意的学校。

在新区、在桐梓，在走向未来的起点，我们共同见证梦想绽放的模样！

（15）湖南师大附中梧桐实验学校

湖南师大附中梧桐实验学校是由湖南湘江新区教育局与百年名校湖南师大附中联合创办的一所高起点、高标准、高品位的九年一贯制公办学校。

学校位于长沙市岳麓区雨月路53号，南临龙王港，远眺象鼻窝森林公园，依山傍水，交通便利，风景优美。学校占地面积35 723.58平方米，总建筑面积38 864.87平方米，学校规划开设36个班（小学24个班，初中12个班），可提供1800个学位。目前学校开设11个班，在校师生近400人。

学校规划设计合理，功能定位准确，建有教学楼、科技楼、综合楼、体育馆、食堂、报告厅等，致力打造一个温暖、灵动的教育教学空间。学校配备有一流的教学设备设施，能满足学生健康成长、个性发展的需求。

湖南师大附中梧桐实验学校将依托湖南师大附中教育集团的优质教育资源，全面共享湖南师大附中教育品牌优势与师资力量。在办学理念方面，学校将秉承百年附中"公、勤、仁、勇"的校训，践行"以人为本，兼容并蓄"的办学理念，赓续"自强不息，追求卓越"的文化精神。

学校管理团队由湖南师大附中和湖南湘江新区教育局共同选派。学校将秉持附中"慎选良师、精育名师"的优良传统，潜心打造富有情怀、长于实践、善于研究、敢于创新的专业教师团队。

学校与湖南师大附中及各集团校在管理上实现"五统一"，即统一管理、统一培养、统一课程、统一教研、统一评价。学校组建教学指导专家团队，核心人员均为师大附中初中部骨干教师。在教学上，与湖南师大附中初中部全面实现"四同步"，即教学计划同步、集体备课同步、教学活动同步、考核评价同步。学校注重拔尖创新人才早期培养，致力于探索小初高一体化贯通培养路径及模式，以提升教育教学品质。

（16）湖南师大附中星城实验谷山中学

长沙市望城区师大附中星城实验谷山中学，是由望城区委、区政府、区教育局和湖南师大附中共同打造的一所高起点、高品质的公办初级中学，于2024年秋季正式开学，目前共开设14个教学班级。

学校位于月亮岛街道长望路与澳海南路交汇处东角，背靠蔚然峻秀的谷山森林公园，地理位置优越，交通便利，环境优美。校园总面积62.47亩，建筑总面积3.1万平方米，总投资约2.5亿元，办学规模40个班，可容学生1800人。学校设施一流，布局合理，现代化教学、运动、生活设施一应俱全。

学校遵循湖南师大附中"慎选良师、精育名师"的优良传统，由湖南师大附中星城实验学校和望城区教育局共同考核选派的优秀管理干部组建学校管理团队，由湖南师大附中星城实验学校选派的优秀骨干教师、区教育局引进的"名优特"骨干教师和统一招聘的"985""211"名校优秀毕业生共同组成学校教师队伍。湖南师大附中星城实验学校作为湖南省中小学教师培训基地学校，派出特级教师、正高级教师领衔的导师团为学校教师成长提供全方位的指导和支持。

（17）湖南师大附中张家界市民族中学

湖南师大附中张家界市民族中学坐落在张家界市城区主干道紫舞西路旁，是一所环境宜人、绿树成荫、鸟语花香的花园式学校。学校创建于 1991 年，是张家界市政府主办的唯一一所完全中学。2024 年，根据湖南省委、省政府关于大湘西地区基础教育扩优提质帮扶计划要求，在省教育厅安排下，委托湖南师大附中全面管理。

学校校园占地面积 212 亩，建有 4 栋初高中教学楼、综合大楼、实验楼、礼堂、学生公寓、食堂、体育训练馆、400 米塑胶运动场和球类运动场等建筑设施。学校现有在编在岗教师 300 名，研究生以上学历 59 人，本科学历 233 人，本科以下学历 8 人；其中正高级教师 2 人，高级教师 79 人，中级教师 105 人，初级及以下教师 114 人。另有附中支教教师 5 人。全校共有教学班级 75 个（其中高中 34 个，初中 41 个），在校学生总人数 3838 人。

学校秉承湖南师大附中先进的教育理念，传承"自强不息，追求卓越"的附中精神，以附中校训"公、勤、仁、勇"和学风"刻苦、踏实、主动、多思"作为师生共同的价值追求，落实"立德树人"的根本任务，打造"三色三心"学校，着力培养"眼中有光、心中有国、脚下有力"的新时代三有好少年。

建校以来，学校以服务中华民族大团结和伟大复兴为重要使命，已为社会培养数以万计的合格初高中毕业生，并为北京大学、清华大学等高等学府输送了大量优质生源。

近年来，学校被国家民委授予"全国民族团结进步示范学校"，并获得"省安全文明校园""省知识产权教育试点学校""全市未成年人思想道德建设工作先进单位""市社会管理综合治理工作先进单位""湖南省中小学心理健康教育特色学校""张家界市文明校园"等称号。2024 年被评为湖南省铸牢中华民族共同体意识教育示范校，获得全国青少年航天创新比赛一等奖，在湖南师大、湖南师大附中教育集团初中教师说题比赛决赛中获 5 个一等奖、2 个二等奖。

目前，学校在市委、市政府、市教育局和湖南师大附中的正确领导下，全面贯彻党的教育方针，全面更新教育教学理念，提升教师专业素养，提高教育教学质量，坚定地推进学校高质量发展，以崭新的姿态，迈出坚实的步伐，向着一流名校前进！

（18）湖南师大附中花垣县第一高级中学

湖南师大附中花垣县第一高级中学，注册名称为边城高级中学，是在朱镕基总理的嘱咐下于 2005 年创办的一所公办高级中学。学校坐落于作家沈从文笔下《边城》主人公原型所在地花垣县。校园占地面积 240 亩，建筑面积 14 万平方米，环境优美，规划合理，现代化教育教学设备配套齐全。现有教学班 60 个，在校学生近 3000 人，教职工 280 余人。因办学成绩突出，2009 年 6 月被民政部授予"全国民族中学示范学校"称号，2010 年晋升为"湖南省示范性普通高级中学"。2019 年 9 月接受湖南师大帮扶，冠名为"湖南师范大学附属边城学校"。2023 年 9 月成立花垣县第一高级中学教育集团，边城高级中学为该教育集团的龙头学校，自此通称"花垣县第一高级中学"。2024 年由湖南师大附中委托管理，冠名为"湖南师大附中花垣县第一高级中学"。

3. 2015 年以来多元校区领导班子成员

学校	时间	领导班子成员
湖南广益实验中学	2015—2016 学年度	晏荣贵　伏炎安　廖　强　罗　勇　江　波
	2016—2017 学年度第一学期	晏荣贵　廖　强　罗　勇　陈　益　江　波
	2016—2017 学年度第二学期	廖　强　许小平　陈　益　蔡　毅　刘　凡
	2017—2018 学年度	廖　强　许小平　陈　益　蔡　毅　刘　凡
	2018—2019 学年度	廖　强　叶越冬　陈　益　蔡　毅　邓子峻　刘　凡
	2019—2020 学年度	廖　强　叶越冬　蔡　毅　邓子峻　刘　凡　舒　玻
	2020—2021 学年度	廖　强　叶越冬　蔡　毅　邓子峻　刘　凡　舒　玻
	2021—2022 学年度第一学期	廖　强　叶越冬　蔡　毅　邓子峻　舒　玻　刘　凡
	2021—2022 学年度第二学期	廖　强　蔡　毅　邓子峻　舒　玻　刘　凡
湖南师大附中博才实验中学	2015—2016 学年度	苏建祥　黄志清　彭国武　张　凌　黄　丽　刘　洪　陈建文
	2016—2017 学年度第一学期	苏建祥　彭国武　许小平　黄志清　黄宇鸿　黄　丽　刘　洪　陈建文　姜建平　欧智武
	2016—2017 学年度第二学期	苏建祥　彭国武　黄志清　黄宇鸿　黄　丽　刘　洪　汪文晨　陈建文　姜建平　欧智武　陈雄略
	2017—2018 学年度第一学期	苏建祥　彭国武　黄志清　罗小平　陈建文　黄宇鸿　刘　洪　黄　丽　周成涛　殷日新　汪文晨
	2017—2018 学年度第二学期	许小平　彭国武　黄志清　陈雄略　罗小平　陈建文　黄宇鸿　刘　洪　黄　丽　周成涛　殷日新　汪文晨
	2018—2019 学年度	许小平　李新宇　黄志清　罗爱斌　罗小平　唐　莹　文晓明　黄　赛　刘　洪　陈雄略　周成涛　阳　灿　黄　丽　陈建文　殷日新　汪文晨
	2019—2020 学年度第一学期	许小平　李新宇　黄志清　罗爱斌　罗小平　唐　莹　文晓明　刘继承　黄　赛　阳　灿　陈雄略　周成涛　刘　洪　黄　丽　陈建文　殷日新　汪文晨　贺仁亮　周　佳　曾　辉　宋　希
	2019—2020 学年度第二学期	许小平　李新宇　黄志清　罗爱斌　陈雄略　罗小平　唐　莹　文晓明　刘继承　黄　赛　阳　灿　周　佳　周成涛　刘　洪　黄　丽　陈建文　殷日新　汪文晨　贺仁亮　曾　辉　宋　希

续表

学校	时间	领导班子成员
湖南师大附中博才实验中学	2020—2021学年度第一学期	许小平　李新宇　罗爱斌　陈雄略　罗小平　唐莹 文晓明　刘继承　黄赛　阳灿　谭娜　周佳 周成涛　刘洪　黄丽　陈建文　汪文晨　贺仁亮 殷日新　曾辉　宋希
	2020—2021学年度第二学期	许小平　李新宇　黄志清　罗爱斌　陈雄略　罗小平 唐莹　文晓明　刘继承　黄赛　阳灿　谭娜 周佳　周成涛　刘洪　黄丽　陈建文　汪文晨 贺仁亮　殷日新　黄志清　曾辉　宋希
	2021—2022学年度第一学期	许小平　李新宇　罗爱斌　陈雄略　罗小平　唐莹 文晓明　张瑞芳　刘继承　黄赛　阳灿　谭娜 殷日新　周成涛　刘洪　黄丽　陈建文　汪文晨 贺仁亮　黄志清　曾辉　宋希
	2021—2022学年度第二学期	许小平　李新宇　罗爱斌　罗小平　唐莹　文晓明 张瑞芳　黄赛　阳灿　谭娜　殷日新　周成涛 刘洪　黄丽　陈建文　刘继承　贺仁亮　黄志清 陈雄略　曾辉　宋希
	2022—2023学年度第一学期	许小平　李新宇　罗爱斌　罗小平　唐莹　文晓明 张瑞芳　黄赛　阳灿　谭娜　殷日新　周成涛 刘洪　黄丽　陈建文　刘继承　贺仁亮　陈雄略 曾辉　宋希
	2022—2023学年度第二学期	许小平　李新宇　罗爱斌　罗小平　唐莹　文晓明 张瑞芳　殷日新　周成涛　刘洪　黄丽　陈建文 刘继承　贺仁亮　陈雄略　曾辉　宋希
	2023—2024学年度	李新宇　许小平　罗爱斌　罗小平　唐莹　张瑞芳 王健宇　殷日新　周成涛　刘洪　黄丽　陈建文 文晓明　屈琼英　贺仁亮　陈雄略　曾辉　宋希 康灿
	2024—2025学年度第一学期	李新宇　许小平　邓凯　罗爱斌　罗小平　唐莹 王健宇　殷日新　周成涛　刘洪　贺仁亮　陈雄略 曾辉　屈琼英　康灿　陈婷　张瑞芳（支教）
湖南师大附中星城实验学校	2015—2016学年度	陈克勤　刘建军　薛慧红　黄志雄　李凌峰　周红
	2016—2017学年度	陈克勤　刘建军　薛慧红　刘新芝　黄志雄　李凌峰 周红
	2017—2018学年度	刘新芝　刘建军　薛慧红　刘海波　李凌峰　周红
	2018—2019学年度	刘新芝　高跃辉　薛慧红　舒波　刘海波　李凌峰 周红

续表

学校	时间	领导班子成员
	2019—2020 学年度	刘新芝　高跃辉　薛慧红　黄国强　刘海波　李凌峰　周　红
	2020—2021 学年度第一学期	刘新芝　高跃辉　薛慧红　黄国强　刘海波　李凌峰　周　红
	2020—2021 学年度第二学期	刘新芝　高跃辉　薛慧红　黄国强　刘海波　李凌峰
	2021—2022 学年度第一学期	刘新芝　高跃辉　黄国强　刘海波　李凌峰
	2021—2022 学年度第二学期	刘新芝　高跃辉　叶越冬　黄国强　刘海波　李凌峰
	2022—2023 学年度第一学期	刘新芝　李　炯　叶越冬　黄国强　刘海波　李凌峰
	2022—2023 学年度第二学期	叶越冬　李　炯　黄国强　刘海波　李凌峰
	2023—2024 学年度	叶越冬　李　炯　梁　平　姚光荣　韩　荣　李凌峰
	2024—2025 学年度第一学期	叶越冬　李　炯　熊进道　姚光荣　韩　荣　李凌峰
湖南师大附中高新实验中学	2015—2016 学年度	陈胸怀　许金陵　刘新芝　罗爱斌　史志龙　肖　强
	2016—2017 学年度	陈胸怀　许金陵　罗　勇　罗爱斌　史志龙　肖　强
	2017—2018 学年度	陈胸怀　许金陵　陈文锋　罗　勇　罗爱斌　史志龙　肖　强
	2018—2019 学年度	姜小明　陈文锋　罗　勇　王全胜　杨　德　肖　强
	2019—2020 学年度	姜小明　陈文锋　罗　勇　程继炳　龚　游　肖　强
	2020—2021 学年度	姜小明　陈文锋　罗　勇　程继炳　龚　游　肖　强
	2021—2022 学年度	姜小明　陈文锋　唐　军　沈　杰　龚　游
	2022—2023 学年度	姜小明　陈文锋　李海汾　沈　杰　龚　游
	2023—2024 学年度第一学期	姜小明　陈文锋　李海汾　沈　杰　龚　游
	2023—2024 学年度第二学期	姜小明　陈文锋　陆　稳　沈　杰　龚　游
	2024—2025 学年度第一学期	姜小明　陈文锋　陆　稳　沈　杰　张硕文
湖南师大附中梅溪湖中学	2015—2016 学年度	彭荣宏　钟慧莉　胡　惠　张迪平　张　志
	2016—2017 学年度第一学期	彭荣宏　钟慧莉　胡　惠　张迪平　张　志
	2016—2017 学年度第二学期	晏荣贵　钟慧莉　胡　惠　张迪平　张　志
	2017—2018 学年度	晏荣贵　钟慧莉　胡　惠　张迪平　张　志
	2018—2019 学年度	晏荣贵　钟慧莉　胡　惠　张迪平　张　志

续表

学校	时间	领导班子成员
	2019—2020 学年度	张迪平　钟慧莉　胡　惠　陈　益　张　志
	2020—2021 学年度第一学期	张迪平　钟慧莉　陈　益　胡　惠　张　志
	2020—2021 学年度第二学期	钟慧莉　张迪平　陈　益　胡　惠　张　志
	2021—2022 学年度第一学期	钟慧莉　张迪平　胡　惠　张　志
	2021—2022 学年度第二学期	钟慧莉　许庆丰　张迪平　胡　惠　张　志
	2022—2023 学年度第一学期	许庆丰　张　志　胡　惠　李　勇
	2022—2023 学年度第二学期	许庆丰　张　志　胡　惠　李　浩　李　勇
	2023—2024 学年度第一学期	许庆丰　张　志　胡承志　李　浩　李　勇
	2023—2024 学年度第二学期	许庆丰　张　志　胡　惠　胡承志　李　浩　李　勇
	2024—2025 学年度第一学期	许庆丰　张　志　胡　惠　胡承志　李　浩　李　勇
湖南师大附中耒阳分校	2015—2016 学年度	李　泽　李　星　李　霞　吴碧兰　谢永红　曾少华　许小平
	2016—2017 学年度	李　泽　李　星　李　霞　吴碧兰　谢永红　曾少华　张　凌　李智敏
	2017—2018 学年度	李　泽　李　星　李　霞　吴碧兰　谢永红　曾少华　张　凌　李智敏
	2018—2019 学年度	李　泽　李　星　李　霞　吴碧兰　谢永红　黄月初　刘仁伟　李智敏
	2019—2020 学年度	李　泽　李　星　李　霞　吴碧兰　谢永红　黄月初　刘仁伟　王全胜
	2020—2021 学年度	李　泽　李　星　李　霞　吴碧兰　谢永红　黄月初　刘仁伟　王全胜
	2021—2022 学年度	李　泽　李　星　李　霞　吴碧兰　谢永红　黄月初　刘仁伟　王全胜
湖南师大附中星沙实验学校	2018—2019 学年度	陈胸怀　张　凌
	2019—2020 学年度	陈胸怀　张　凌　周　赞
	2020—2021 学年度	陈胸怀　张　凌　周　赞
	2021—2022 学年度	陈胸怀　吴国安　周　赞　袁建光
	2022—2023 学年度	陈胸怀　周　赞　苏晓玲　龚小平
	2023—2024 学年度	陈胸怀　周　赞　苏晓玲　龚小平

学校	时间	领导班子成员
湖南师大附中星城实验青石学校	2021—2022 学年度	李建宏　张　凌　张　磊　冯伯双　邹志雄
	2022—2023 学年度	李建宏　张　凌　罗　勇　冯伯双　邹志雄
	2023—2024 学年度	李建宏　张　凌　罗　勇　冯伯双　邹志雄
	2024—2025 学年度第一学期	张　凌　李建宏　罗　勇　张林林　李世峰　黄红彪　邹志雄　陈博文
湖南师大附中植基中学	2021—2022 学年度	郭在时　李银初　熊进道　于爱文　文曙光
	2022—2023 学年度	袁建光　李银初　洪利民　于爱文　文曙光
	2023—2024 学年度	袁建光　李银初　洪利民　于爱文　文曙光
	2024—2025 学年度第一学期	刘新民　李银初　洪利民　于爱文　文曙光
湖南师大附中双语实验学校	2021—2022 学年度	陈　益　严勇华　张　军　王　瑛　刘平辉
	2022—2023 学年度	陈　益　严勇华　王　瑛　邱玉芳　张　军　刘平辉
	2023—2024 学年度	陈　益　严勇华　王　瑛　刘平辉　刘婷婷　邱玉芳　张　军　黄　华　刘姹姹　李　雄
	2024—2025 学年度第一学期	陈　益　王　瑛　严勇华　张　艳　邱玉芳　张　军　李　鑫　黄　华　刘姹姹　李　雄　曹　玲　黄宇辉　徐璟球
湖南师大附中凌云中学	2022—2023 学年度	陈光辉　屈雪辉　刘　柱　谢　良　张　凯
	2023—2024 学年度	陈光辉　屈雪辉　刘　柱　谢　良　张　凯
	2024—2025 学年度第一学期	陈光辉　屈雪辉　彭　俊　谢　良　张　凯
湖南师大附中芙蓉中学	2022—2023 学年度第一学期	邓子峻　余宣凝　邓建安　李大银　周　航　李以凡
	2022—2023 学年度第二学期	邓子峻　邓建安　李大银　周　航　李以凡
	2023—2024 学年度第一学期	邓子峻　姚　烜　邓建安　李大银　周　航　李以凡
	2023—2024 学年度第二学期	邓子峻　姚　烜　邓建安　沈　娜　龙远峰　李以凡
	2024—2025 学年度第一学期	邓子峻　姚　烜　陈克剑　沈　娜　龙远峰　张琼楼　李以凡
湖南师大附中雨花学校	2022—2023 学年度	刘灵松　舒　玻　刘新民　李　兵　何　为　文梦笔
	2023—2024 学年度第一学期	刘灵松　舒　玻　刘新民　李　兵　何　为　文梦笔
	2023—2024 学年度第二学期	刘灵松　舒　玻　刘新民　李　兵　何　为　文梦笔　王学理
	2024—2025 学年度第一学期	刘灵松　舒　玻　成子通　李　兵　何　为　文梦笔　王学理

续表

学校	时间	领导班子成员
湖南师大附中博才学士中学	2023—2024 学年度	宾三华　黄　赛　谭　娜　刘　阳　林　浩　黄乔玉
	2024—2025 学年度第一学期	宾三华　黄　赛　谭　娜　刘　阳　林　浩　黄乔玉
湖南师大附中特立学校	2023—2024 学年度第二学期	黄　波　李　钊　曾志红　吴小勇　胡轶波　彭海燕 李茂生　王　旭
	2024—2025 学年度第一学期	黄　波　李　钊　曾志红　吴小勇　胡轶波　王　旭
湖南师大附中博才梅溪湖中学	2024—2025 学年度第一学期	汪文晨　黄　丽　陈建文　文晓明　谭　泳
湖南师大附中桐梓实验中学	2024—2025 学年度第一学期	刘　柱　莫　晖　吴　硕　李显亮　叶梦凡
湖南师大附中梧桐学校	2024—2025 学年度第一学期	郭茂华　周大勇　王方剑　陈小虎
湖南师大附中星城实验谷山中学	2024—2025 学年度第一学期	梁　平
湖南师大附中张家界市民族中学	2024—2025 学年度第一学期	袁建光　谭　镇　邓建安
湖南师大附中花垣县第一高级中学	2024—2025 学年度第一学期	邓显伟　郭在时　罗永龙　蒲宏清　田庆华　彭林军 刘　熠　石庆春　彭景庶

4. 2015 年 8 月以来学校外派多元校区的教师名单

（1）2015—2016 学年度

学期	学校	人员						
第一学期	湖南广益实验中学	廖 强	彭顺钢	张海蛟	童建庭	李 达	刘爱国	肖 莉
		杨冬琴	罗 勇	李智敏	吕发林	吴 华	李朝文	曹菲菲
		彭如倩	段芳芳	宋铁柱	邹 瑜	何立琳	殷艳辉	陈子菊
		向 阳	徐冬阳	程友香	伏炎安	刘军杰	戴屹峰	张 蔷
		廖凌智	戴子丹	颜 莹	邢新林	熊枝义	李 安	晏荣贵
		黄建良						
	湖南师大附中博才实验中学	苏建祥	张 凌	黄志清	郑海燕	肖正阳	姜建平	陈雄略
		李碧慧	谭天俊	解立平				
	湖南师大附中星城实验学校	陈克勤	陈 益	薛慧红	周 红	张先早	徐海玲	吴 浩
		王心怡						
	湖南师大附中高新实验中学	陈胸怀	刘新芝	罗爱斌	徐 卫	王全胜	曾志斌	贺淑兰
		舒 玻	程继炳	肖 强	鲁 荣			
	湖南师大附中梅溪湖中学	彭荣宏	张 志	张迪平	屈雪辉	张 宇	谭富桃	谭 伟
		曾仲明	张 磊	黄 坚	梁 平	吴 菲	邱莉华	
	湖南师大附中耒阳分校	许小平	肖秀英	谢如良	张天平	张光新	刘雄昆	黄宇鸿
		兰海波	李隽之					
第二学期	湖南广益实验中学	廖 强	彭顺钢	张海蛟	童建庭	李 达	刘爱国	肖 莉
		杨冬琴	罗 勇	李智敏	吕发林	吴 华	李朝文	曹菲菲
		彭如倩	段芳芳	宋铁柱	邹 瑜	何立琳	殷艳辉	陈子菊
		向 阳	徐冬阳	程友香	伏炎安	刘军杰	戴屹峰	张 蔷
		廖凌智	戴子丹	颜 莹	邢新林	熊枝义	李 安	晏荣贵
		黄建良						
	湖南师大附中博才实验中学	苏建祥	张 凌	黄志清	郑海燕	肖正阳	姜建平	陈雄略
		李碧慧	谭天俊	解立平				
	湖南师人附中星城实验学校	陈克勤	陈 益	薛慧红	周 红	张先早	徐海坽	吴 浩
		王心怡						
	湖南师大附中高新实验中学	陈胸怀	刘新芝	罗爱斌	徐 卫	王全胜	曾志斌	贺淑兰
		舒 玻	程继炳	肖 强	鲁 荣			
	湖南师大附中梅溪湖中学	彭荣宏	张 志	张迪平	屈雪辉	张 宇	谭富桃	谭 伟
		曾仲明	张 磊	黄 坚	梁 平	吴 菲	邱莉华	
	湖南师大附中耒阳分校	许小平	肖秀英	谢如良	张天平	张光新	刘雄昆	黄宇鸿
		兰海波	李隽之					

（2）2016—2017 学年度

学期	学校	人员						
第一学期	湖南广益实验中学	廖　强	彭顺钢	张海蛟	童建庭	李　达	刘爱国	肖　莉
		杨冬琴	吕发林	吴　华	李朝文	曹菲菲	彭如倩	段芳芳
		宋铁柱	邹　瑜	胡轶波	何立琳	陈子菊	向　阳	徐冬阳
		程友香	刘军杰	戴屹峰	徐华华	张　蔷	颜　莹	邢新林
		熊枝义	晏荣贵	陈　益	黄建良			
	湖南师大附中博才实验中学	苏建祥	黄志清	许小平	黄宇鸿	郑海燕	肖正阳	姜建平
		陈雄略	李碧慧	解立平	谭天俊			
	湖南师大附中星城实验学校	陈克勤	刘新芝	薛慧红	周　红	张先早	徐海玲	王心怡
	湖南师大附中高新实验中学	陈胸怀	罗爱斌	罗　勇	徐　卫	王全胜	舒　玫	程继炳
		肖　强	鲁　荣					
	湖南师大附中梅溪湖中学	彭荣宏	张　志	张迪平	屈雪辉	张　宇	谭富桃	谭　伟
		曾仲明	张　磊	黄　坚	梁　平	吴　菲	邱莉华	
	湖南师大附中耒阳分校	张　凌	李智敏	张天平	张光新	赵优良	张比学	刘雄昆
		兰海波	李隽之	温　宇	成子通	唐鑫龙	杨细华	
第二学期	湖南广益实验中学	廖　强	许小平	陈　益	彭顺钢	张海蛟	童建庭	李　达
		刘爱国	肖　莉	杨冬琴	吕发林	吴　华	李朝文	曹菲菲
		彭如倩	段芳芳	邹　瑜	胡轶波	何立琳	陈子菊	向　阳
		徐冬阳	程友香	刘军杰	戴屹峰	徐华华	张　蔷	颜　莹
		邢新林	熊枝义	黄建良				
	湖南师大附中博才实验中学	苏建祥	黄志清	黄宇鸿	解立平	郑海燕	谭天俊	肖正阳
		姜建平	陈雄略	李碧慧				
	湖南师大附中星城实验学校	陈克勤	刘新芝	薛慧红	周　红	徐海玲	张先早	王心怡
	湖南师大附中高新实验中学	陈胸怀	罗爱斌	罗　勇	鲁　荣	徐　卫	舒　玫	肖　强
		程继炳	王全胜					
	湖南师大附中梅溪湖中学	晏荣贵	张　志	张迪平	屈雪辉	梁　平	张　宇	吴　菲
		邱莉华	张　磊	谭　伟	曾仲明	黄　坚	李　娜	
	湖南师大附中耒阳分校	张　凌	李智敏	温　宇	兰海波	张天平	赵优良	刘雄昆
		唐鑫龙	张光新	张比学	李隽之	成子通		

（3）2017—2018 学年度

学期	学校	人员						
第一学期	湖南广益实验中学	廖　强	许小平	陈　益	彭顺钢	张海蛟	童建庭	李　达
		刘爱国	杨冬琴	吕发林	吴　华	李朝文	曹菲菲	段芳芳
		邹　瑜	胡轶波	何立琳	陈子菊	向　阳	徐冬阳	程友香
		戴屹峰	徐华华	张　蔷	颜　莹	邢新林	熊枝义	邓　芳
		王璐珠	邓建安	刘　婧	刘新民	王贵初		
	湖南师大附中博才实验中学	苏建祥	黄志清	黄宇鸿	解立平	郑海燕	肖正阳	姜建平
		陈雄略						
	湖南师大附中星城实验学校	陈克勤	刘新芝	薛慧红	周　红	徐海玲	梁　锐	
	湖南师大附中高新实验中学	陈胸怀	罗爱斌	罗　勇	鲁　荣	舒　玻	肖　强	
		程继炳	王全胜					
	湖南师大附中梅溪湖中学	晏荣贵	张　志	张迪平	屈雪辉	张　宇	吴　菲	邱莉华
		张　磊	谭　伟	曾仲明	黄　坚	李　娜	谢美丽	殷建波
	湖南师大附中耒阳分校	张　凌	李智敏	温　宇	兰海波	张天平	赵优良	唐鑫龙
		张比学	李隽之	成子通	祝　航			
	湖南师大附属思沁中学	刘邵来	梁　平					
第二学期	湖南广益实验中学	廖　强	叶越冬	陈　益	彭顺钢	张海蛟	李　达	刘爱国
		杨冬琴	吕发林	吴　华	李朝文	曹菲菲	段芳芳	邹　瑜
		胡轶波	何立琳	陈子菊	向　阳	徐冬阳	程友香	戴屹峰
		徐华华	张　蔷	颜　莹	邢新林	熊枝义	邓　芳	王璐珠
		邓建安	刘　婧	刘新民				
	湖南师大附中博才实验学校	许小平	黄志清	黄宇鸿	解立平	郑海燕	肖正阳	姜建平
		陈雄略						
	湖南师大附中星城实验中学	陈克勤	刘新芝	薛慧红	周　红	徐海玲	梁　锐	
	湖南师大附中高新实验中学	陈胸怀	罗爱斌	罗　勇	鲁　荣	舒　玻	肖　强	程继炳
		王全胜						
	湖南师大附中梅溪湖中学	晏荣贵	张　志	张迪平	屈雪辉	张　宇	吴　菲	邱莉华
		张　磊	曾仲明	黄　坚	李　娜	谢美丽	殷建波	
	湖南师大附中耒阳分校	李智敏	温　宇	兰海波	张天平	赵优良	唐鑫龙	张比学
		李隽之	成子通	祝　航				
	湖南师大附属思沁中学	梁　平						
	湖南师大附属定安中学	郭在时	严勇华					
	湖南师大附中星沙实验学校	张　凌						

（4）2018—2019 学年度

学期	学校	人员
第一学期	湖南广益实验中学	廖　强　叶越冬　陈　益　彭顺钢　张海蛟　李　达　刘爱国 杨冬琴　吕发林　吴　华　李朝文　曹菲菲　段芳芳　邹　瑜 胡轶波　何立琳　徐冬阳　程友香　戴屹峰　徐华华　张　蔷 颜　莹　邢新林　熊枝义　邓　芳　王璐珠　邓建安　刘　婧 刘新民　杨章远　曹艳荣　彭建锋
	湖南师大附中博才实验中学	许小平　黄志清　罗爱斌　解立平　郑海燕　肖正阳　姜建平 陈雄略
	湖南师大附中星城实验学校	刘新芝　薛慧红　舒　玻　周　红　徐海玲　梁　锐
	湖南师大附中高新实验学校	姜小明　罗　勇　王全胜　鲁　荣　肖　强　程继炳
	湖南师大附中梅溪湖中学	晏荣贵　张迪平　张　志　张　宇　吴　菲　邱莉华　张　磊 曾仲明　黄　坚　李　娜　谢美丽　殷建波　苏晓玲
	湖南师大附中耒阳分校	李智敏　唐鑫龙　成子通　马正扬　李　响　陈佳健　朱丰年 彭应明
	湖南师大附属思沁中学	梁　平
	湖南师大附属定安中学	郭在时　严勇华
	湖南师大附中星沙实验学校	陈胸怀　张　凌
第二学期	湖南广益实验中学	廖　强　叶越冬　陈　益　彭顺钢　张海蛟　李　达　刘爱国 杨冬琴　吕发林　吴　华　李朝文　曹菲菲　段芳芳　邹　瑜 胡轶波　何立琳　徐冬阳　戴屹峰　徐华华　张　蔷　颜　莹 邢新林　熊枝义　邓　芳　王璐珠　邓建安　刘　婧　刘新民 杨章远　曹艳荣　彭建锋
	湖南师大附中博才实验中学	许小平　黄志清　罗爱斌　解立平　郑海燕　肖正阳　姜建平 陈雄略
	湖南师大附中星城实验学校	刘新芝　薛慧红　舒　玻　周　红　徐海玲　梁　锐
	湖南师大附中高新实验中学	姜小明　罗　勇　王全胜　鲁　荣　肖　强　程继炳
	湖南师大附中梅溪湖中学	晏荣贵　张迪平　张　志　张　宇　吴　菲　邱莉华　张　磊 曾仲明　黄　坚　李　娜　谢美丽　殷建波　苏晓玲

续表

学期	学校	人员
第二学期	湖南师大附中 耒阳分校	李智敏　唐鑫龙　成子通　马正扬　李　响　陈佳健　朱丰年 彭应明
	湖南师大附属 思沁中学	梁　平
	湖南师大附属 定安中学	郭在时　严勇华
	湖南师大附中星沙 实验学校	陈胸怀　张　凌
	湖南师大附属田家湖 实验学校	晏荣贵
	湖南师大附属 德山学校	樊希国
	湖南师大附属 怀化学校	罗培基

（5）2019—2020学年度

学期	学校	人员
第一学期	湖南广益实验中学	廖　强　叶越冬　舒　玻　彭顺钢　张海蛟　李　达　刘爱国 杨冬琴　吕发林　吴　华　李朝文　段芳芳　邹　瑜　胡轶波 何立林　徐冬阳　戴屹峰　徐华华　张　蔷　颜　莹　邢新林 熊枝义　邓　芳　王璐珠　邓建安　刘　婧　刘新民　杨章远 曹艳荣　彭建锋
	湖南师大附中博才 实验中学	许小平　黄志清　罗爱斌　陈雄略　贺仁亮　解立平　郑海燕 肖正阳　姜建平　江武华　曾仲明　黄　坚　殷建波
	湖南师大附中星城 实验学校	刘新芝　薛慧红　黄国强　周　红　徐海玲　周缘君
	湖南师大附中高新 实验中学	姜小明　罗　勇　程继炳　鲁　荣　肖　强
	湖南师大附中 梅溪湖中学	张迪平　张　志　陈　益　吴　菲　邱莉华　张　磊
	湖南师大附中 耒阳分校	王全胜　马正扬　丁中一　刘　静　雍湘鹏　罗　娟　杨征宇 谢　良　彭应明　欧阳红英
	湖南师大附属 思沁中学	梁　平
	湖南师大附属 定安中学	郭在时　严勇华

续表

学期	学校	人员
第一学期	湖南师大附中星沙实验学校	陈胸怀　张　凌　赵锦云
	湖南师大附属田家湖实验学校	晏荣贵
	湖南师大附属德山学校	樊希国
	湖南师大附属怀化学校	罗培基
第二学期	湖南广益实验中学	廖　强　叶越冬　舒　玻　彭顺钢　张海蛟　李　达　刘爱国 杨冬琴　吕发林　吴　华　李朝文　段芳芳　邹　瑜　胡轶波 何立林　徐冬阳　戴屹峰　徐华华　张　蔷　颜　莹　邢新林 熊枝义　邓　芳　王璐珠　邓建安　刘　婧　刘新民　杨章远 曹艳荣　彭建锋
	湖南师大附中博才实验中学	许小平　黄志清　罗爱斌　陈雄略　贺仁亮　解立平　郑海燕 肖正阳　姜建平　江武华　曾仲明　黄　坚　殷建波
	湖南师大附中星城实验学校	刘新芝　薛慧红　黄国强　周　红　徐海玲　周缘君
	湖南师大附中高新实验中学	姜小明　罗　勇　程继炳　鲁　荣　肖　强
	湖南师大附中梅溪湖中学	张迪平　张　志　陈　益　吴　菲　邱莉华　张　磊
	湖南师大附中耒阳分校	王全胜　马正扬　丁中一　欧阳红英　刘　静　雍湘鹏　罗　娟 杨征宇　谢　良　彭应明
	湖南师大附属思沁中学	梁　平
	湖南师大附属定安中学	郭在时　严勇华
	湖南师大附中星沙实验学校	陈胸怀　张　凌　赵锦云
	湖南师大附属田家湖实验学校	晏荣贵
	湖南师大附属德山学校	樊希国
	湖南师大附属怀化学校	罗培基
	湖南师大附属颐华学校	彭荣宏

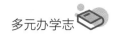

（6）2020—2021 学年度

学期	学校	人员
第一学期	湖南广益实验中学	廖　强　　叶越冬　　舒　玻　　彭顺钢　　张海蛟　　李　达　　刘爱国 杨冬琴　　吴　华　　李朝文　　段芳芳　　邹　瑜　　胡铁波　　徐冬阳 戴屹峰　　徐华华　　张　蕾　　颜　莹　　邢新林　　熊枝义　　邓建安 刘新民　　杨章远　　彭建锋
	湖南师大附中博才 实验中学	许小平　　黄志清　　罗爱斌　　陈雄略　　贺仁亮　　解立平　　郑海燕 肖正阳　　姜建平　　江武华　　曾仲明　　黄　坚　　殷建波
	湖南师大附中星城 实验学校	刘新芝　　薛慧红　　黄国强　　周　红　　徐海玲　　周缘君
	湖南师大附中高新 实验中学	姜小明　　罗　勇　　程继炳　　肖　强
	湖南师大附中 梅溪湖中学	张迪平　　张　志　　陈　益　　邱莉华
第二学期	湖南师大附中 耒阳分校	王全胜　　马正扬　　欧阳红英　　杨征宇　　谢　良　　周　曼　　刘冉旭 杨旭东　　田静乐
	湖南师大附属 思沁中学	梁　平
	湖南师大附属 定安中学	郭在时　　严勇华
	湖南师大附中星沙 实验学校	陈胸怀　　张　凌　　赵锦云
	湖南师大附属田家 湖实验学校	晏荣贵
	湖南师大附属 德山学校	樊希国
	湖南师大附属 怀化学校	罗培基
	湖南师大附属 颐华学校	彭荣宏　　王朝霞
	湖南师大附属 五雅中学	袁建光
	湖南师大第二 附属中学	刘海军

续表

学期	学校	人员						
第二学期	湖南广益实验中学	廖 强	叶越冬	舒 玻	彭顺钢	张海蛟	李 达	刘爱国
		杨冬琴	吴 华	李朝文	段芳芳	邹 瑜	胡轶波	徐冬阳
		戴屹峰	徐华华	张 蓄	颜 莹	邢新林	熊枝义	邓建安
		刘新民	杨章远	彭建锋				
	湖南师大附中博才实验中学	许小平	黄志清	罗爱斌	陈雄略	贺仁亮	解立平	郑海燕
		肖正阳	江武华	曾仲明	黄 坚	殷建波		
	湖南师大附中星城实验学校	刘新芝	薛慧红	黄国强	徐海玲	周缘君		
	湖南师大附中高新实验中学	姜小明	罗 勇	程继炳	肖 强			
	湖南师大附中梅溪湖中学	张迪平	张 志	陈 益	邱莉华			
	湖南师大附中耒阳分校	王全胜	马正扬	欧阳红英	杨征宇	谢 良	周 曼	刘冉旭
		杨旭东	田静乐					
	湖南师大附属思沁中学	梁 平						
	湖南师大附属定安中学	郭在时	严勇华					
	湖南师大附中星沙实验学校	陈胸怀	张 凌	赵锦云				
	湖南师大附属田家湖实验学校	晏荣贵						
	湖南师大附属德山学校	樊希国						
	湖南师大附属怀化学校	罗培基						
	湖南师大附属颐华学校	彭荣宏	王朝霞					
	湖南师大附属五雅中学	袁建光						
	湖南师大第二附属中学	刘海军						
	湖南师大附属涟源三一学校	姜建平						

（7）2021—2022 学年度

学期	学校	人员
第一学期	湖南广益实验中学	廖 强　叶越冬　舒 玻　彭顺钢　张海蛟　李 达　刘爱国 吴 华　李朝文　段芳芳　邹 瑜　胡轶波　徐冬阳　戴屹峰 张 蔷　邢新林　熊枝义　邓建安　蔡 毅　邓子峻
	湖南师大附中博才 实验中学	许小平　黄志清　罗爱斌　陈雄略　贺仁亮　解立平　郑海燕 肖正阳　江武华　曾仲明　黄 坚　殷建波
	湖南师大附中星城 实验学校	刘新芝　黄国强　周缘君
	湖南师大附中高新 实验中学	姜小明
	湖南师大附中 梅溪湖中学	张迪平　张 志
	湖南师大附中 耒阳分校	王全胜　欧阳红英　杨征宇　谢 良　杨旭东　刘海涛　秦 飞 彭 娟　刘 风
	湖南师大附中星沙 实验学校	陈胸怀　袁建光　赵锦云
	湖南师大附中星城 实验青石学校	张 凌　张 磊
	湖南师大附中 植基中学	郭在时　熊进道
	湖南师大附中双语 实验学校	陈 益　严勇华　刘新民
	湖南师大附属 思沁中学	梁 平
	湖南师大附属 田家湖实验学校	晏荣贵　蒋向华
	湖南师大附属 德山学校	樊希国　周正安
	湖南师大附属 怀化学校	罗培基
	湖南师大附属 颐华学校	彭荣宏　王朝霞
	湖南师大附属 涟源三一学校	姜建平

续表

学期	学校	人员
第二学期	湖南广益实验中学	廖　强　彭顺钢　张海蛟　吴　华　李朝文　胡轶波　徐冬阳 戴屹峰　张　蔷　邢新林　熊枝义　邓建安　蔡　毅　邓子峻
	湖南师大附中博才 实验中学	许小平　黄志清　罗爱斌　陈雄略　贺仁亮　解立平　郑海燕 肖正阳　江武华　曾仲明　黄　坚　殷建波
	湖南师大附中星城 实验学校	刘新芝　叶越冬　黄国强　周缘君
	湖南师大附中高新 实验中学	姜小明
	湖南师大附中 梅溪湖中学	张迪平　张　志
	湖南师大附中 耒阳分校	王全胜　欧阳红英　杨征宇　谢　良　杨旭东　刘海涛　秦　飞 彭　娟　刘　凤
	湖南师大附中星沙 实验学校	陈胸怀　袁建光　赵锦云
	湖南师大附中星城 实验青石学校	张　凌　张　磊
	湖南师大附中 植基中学	郭在时　熊进道
	湖南师大附中双语 实验学校	陈　益　严勇华　刘新民
	湖南师大附中 凌云中学	舒　玻
	湖南师大附属 思沁中学	梁　平
	湖南师大附属 田家湖实验学校	晏荣贵　蒋向华
	湖南师大附属 德山学校	樊希国　周正安
	湖南师大附属 怀化学校	罗培基
	湖南师大附属 颐华学校	彭荣宏　王朝霞
	湖南师大附属 涟源三一学校	姜建平

（8）2022—2023 学年度

学期	学校	人员
第一学期	湖南师大附中博才实验中学	许小平　黄志清　罗爱斌　陈雄略　贺仁亮　解立平　郑海燕　肖正阳　江武华　曾仲明　殷建波
	湖南师大附中星城实验学校	刘新芝　叶越冬　黄国强
	湖南师大附中高新实验中学	姜小明　李海汾
	湖南师大附中梅溪湖中学	张　志　李　勇
	湖南师大附中星沙实验学校	陈胸怀　苏晓玲
	湖南师大附中星城实验青石学校	张　凌　罗　勇
	湖南师大附中植基中学	袁建光　洪利民
	湖南师大附中双语实验学校	陈　益　严勇华
	湖南师大附中凌云中学	屈雪辉　谢　良
	湖南师大附中芙蓉中学	邓子峻　邓建安
	湖南师大附中雨花学校	舒　玻　刘新民
	长沙市师大思沁高级中学	梁　平
	湖南师大附属涟源三·学校	姜建平
	湖南师大附属金龙学校	罗培基
	湖南师大附属春华学校	彭顺钢
	湖南师大教学与管理专家团	晏荣贵　樊希国　周正安　王朝霞　张海蛟

续表

学期	学校	人员
第二学期	湖南师大附中博才实验中学	许小平　黄志清　罗爱斌　陈雄略　贺仁亮　解立平　郑海燕　肖正阳　江武华　曾仲明　殷建波
	湖南师大附中星城实验学校	叶越冬　黄国强
	湖南师大附中高新实验中学	姜小明　李海汾
	湖南师大附中梅溪湖中学	张　志　李　勇
	湖南师大附中星沙实验学校	陈胸怀　苏晓玲
	湖南师大附中星城实验青石学校	张　凌　罗　勇
	湖南师大附中植基中学	袁建光　洪利民
	湖南师大附中双语实验学校	陈　益　严勇华
	湖南师大附中凌云中学	屈雪辉　谢　良
	湖南师大附中芙蓉中学	邓子峻　邓建安
	湖南师大附中雨花学校	舒　玻　刘新民
	长沙市师大思沁高级中学	梁　平
	湖南师大附属涟源三一学校	姜建平
	湖南师大附属金龙学校	罗培基
	湖南师大附属春华学校	彭顺钢
	湖南师大教学与管理专家团	晏荣贵　樊希国　王朝霞　张海蛟

（9）2023—2024 学年度

学期	学校	人员
第一学期	湖南师大附中博才 实验中学	许小平　罗爱斌　陈雄略　贺仁亮　解立平　郑海燕　肖正阳 江武华　曾仲明　殷建波
	湖南师大附中星城 实验学校	叶越冬　黄国强　梁　平
	湖南师大附中高新 实验中学	姜小明　李海汾
	湖南师大附中 梅溪湖中学	张　志　李　勇
	湖南师大附中星沙 实验学校	陈胸怀　苏晓玲
	湖南师大附中星城 实验青石学校	张　凌　罗　勇
	湖南师大附中 植基中学	袁建光　洪利民
	湖南师大附中双语 实验学校	陈　益　严勇华
	湖南师大附中 凌云中学	屈雪辉　谢　良
	湖南师大附中 芙蓉中学	邓子峻　邓建安
	湖南师大附中 雨花学校	舒　玻　刘新民
	湖南师大附属 涟源三一学校	姜建平
	湖南师大附属 春华学校	彭顺钢
	湖南师范大学附属 陶子湖学校	伏炎安
	湖南师范大学 竹埠港实验中学	刘海涛
	湖南师大教学与 管理专家团	樊希国　王朝霞

续表

学期	学校	人员
第二学期	湖南师大附中博才实验中学	许小平　罗爱斌　陈雄略　贺仁亮　解立平　江武华　曾仲明　殷建波
	湖南师大附中星城实验学校	叶越冬　梁平
	湖南师大附中高新实验中学	姜小明　陆稳
	湖南师大附中梅溪湖中学	张志　李勇
	湖南师大附中星沙实验学校	陈胸怀　苏晓玲
	湖南师大附中星城实验青石学校	张凌　罗勇
	湖南师大附中植基中学	袁建光　洪利民
	湖南师大附中双语实验学校	陈益　严勇华
	湖南师大附中凌云中学	屈雪辉　谢良
	湖南师大附中芙蓉中学	邓子峻　邓建安
	湖南师大附中雨花学校	舒玻　刘新民
	湖南师大附中特立学校	李钊　胡轶波
	湖南师大附属涟源三一学校	姜建平
	湖南师大附属春华学校	彭顺钢
	湖南师范大学附属陶子湖学校	伏炎安
	湖南师范大学竹埠港实验中学	刘海涛
	湖南师大教学与管理专家团	樊希国　王朝霞

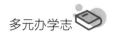

（10）2024—2025 学年度

学期	学校	人员
第一学期	湖南师大附中博才 实验中学	许小平　罗爱斌　陈雄略　贺仁亮　解立平　江武华　曾仲明 殷建波
	湖南师大附中星城 实验学校	叶越冬　熊进道
	湖南师大附中高新 实验中学	姜小明　陆　稳
	湖南师大附中 梅溪湖中学	张　志　李　勇
	湖南师大附中星城 实验青石学校	张　凌　罗　勇
	湖南师大附中 植基中学	刘新民　洪利民
	湖南师大附中 双语实验学校	陈　益　严勇华
	湖南师大附中 凌云中学	屈雪辉　谢　良
	湖南师大附中 芙蓉中学	邓子峻　陈克剑
	湖南师大附中 雨花学校	舒　玻　成子通
	湖南师大附中 特立学校	李　钊　胡轶波
	湖南师大附中桐梓 实验中学	莫　晖　李显亮
	湖南师大附中梧桐 实验学校	周大勇　陈小虎
	湖南师大附中 张家界市民族中学	袁建光　邓建安
	湖南师大附中花垣 县第一高级中学	郭在时　刘　熠
	湖南师大附中星城 实验谷山中学	梁　平

续表

学期	学校	人员
第一学期	湖南师大附属 涟源三一学校	姜建平
	湖南师大附属 春华学校	彭顺钢
	湖南师范大学附属 陶子湖学校	伏炎安
	湖南师范大学 竹埠港实验中学	刘海涛
	湖南师范大学附属 三一云谷实验学校	樊希国
	绥宁县一中	王朝霞

资源辐射志

1. 2015 年以来学校帮扶、援助学校情况一览表

帮扶学校名称	所在地	帮扶时间	备注
新疆吐鲁番市实验中学	新疆吐鲁番市	1999 年 8 月—2005 年 8 月	已完成
		2017 年 1 月—2020 年 1 月	
张家界民族中学	湖南省张家界市	2002 年 3 月—2012 年 12 月	已完成
		2021 年 11 月—2027 年 11 月	新一轮帮扶
		2024 年 6 月—2027 年 6 月	委托管理
浏阳沿溪中学	湖南省浏阳市岩溪镇	2013 年 9 月—2016 年 8 月	已完成
		2017 年 1 月—2020 年 1 月	
韶山学校	湖南省韶山市	2013 年 12 月—2021 年 8 月	已完成
新疆吐鲁番市第二中学	新疆吐鲁番市高昌区	2014 年 11 月—2019 年 11 月	已完成
桃源县芦花潭中学	湖南省常德市桃源县	2014 年 12 月—2017 年 12 月	已完成
双牌县第一中学	湖南省永州市	2016 年 9 月—2019 年 7 月	已完成
怀化市溆浦县一中	湖南省怀化市溆浦县	2016 年 9 月—2019 年 8 月	已完成
		2021 年 11 月—2024 年 11 月	
双牌县第二中学	湖南省永州市双牌县	2016 年 9 月—2019 年 7 月	已完成
		2023 年 9 月—2026 年 8 月	新一轮帮扶
浏阳十一中	湖南省浏阳市	2017 年 1 月—2020 年 1 月	已完成
浏阳三中	湖南省浏阳市	2017 年 1 月—2020 年 1 月	已完成
桃源县教仁中学	湖南省常德市桃源县	2017 年 1 月—2022 年 1 月	已完成
花垣县边城高级中学	湖南省湘西州花垣县	2019 年 9 月—2025 年 8 月	正在帮扶
		2024 年 6 月—2027 年 6 月	委托管理
湖南省保靖民族中学	湖南省湘西州保靖县	2019 年 12 月—2025 年 12 月	正在帮扶
		2025 年 12 月—2026 年 8 月	正在帮扶

续表

帮扶学校名称	所在地	帮扶时间	备注
慈利县三官寺土家族乡中学	张家界市慈利县三官寺土家族乡	2020年10月—2023年10月	已完成
汝城县第一中学	湖南省郴州市汝城县	2021年4月—2024年4月	已完成
		2024年6月—2027年6月	正在帮扶
湘西自治州民族中学	湖南省湘西州吉首市	2021年5月—2027年5月	正在帮扶
绥宁县实验中学（初中）绥宁县第一中学（高中）	湖南省邵阳市绥宁县	2021年11月—2024年10月	已完成
		2024年11月—2027年11月	正在帮扶
武陵源区第一中学	湖南省张家界市武陵源区	2021年12月—2023年12月	已完成
汝城县沙洲芙蓉学校	湖南省郴州市汝城县	2021年12月—2023年12月	已完成
新化县洋溪镇芙蓉学校	湖南省娄底市新化县	2021年12月—2023年12月	已完成
新化县游家镇楚怡学校	湖南省娄底市新化县	2021年12月—2023年12月	已完成
宁乡市第四中学	湖南省宁乡市	2023年9月—2026年8月	正在帮扶
宁乡市第一中学	湖南省宁乡市	2023年9月—2026年8月	正在帮扶
宁乡市第十三中学	湖南省宁乡市	2023年9月—2026年8月	正在帮扶
洞口县第一中学	湖南省邵阳市洞口县	2024年2月—2027年2月	正在帮扶
蓝山县第二中学	湖南省永州市蓝山县	2024年6月—2027年6月	正在帮扶
娄底市第一中学	湖南省娄底市	2024年8月—2027年7月	正在帮扶
娄底市曾国藩高级中学	湖南省娄底市双峰县	2024年8月—2027年7月	正在帮扶
浏阳市第一中学	湖南省浏阳市	2024年12月—2027年12月	正在帮扶
浏阳市田家炳实验中学	湖南省浏阳市	2024年12月—2027年12月	正在帮扶
隆回县第二中学	湖南省邵阳市隆回县	2025年2月—2028年1月	正在帮扶

2. 2015 年以来学校外派支教人员名单

时间	学校名称	人员
2017 年 2 月—2020 年 2 月	新疆吐鲁番市实验中学	彭荣宏
2020—2021 学年度	张家界市慈利县三官寺土家族乡中学	袁春龙
2021—2022 学年度	长沙市望城区桥驿中学	张　轻
	长沙市望城区第二中学	田　芳
	湖南师大附属武冈实验中学	刘东红
	怀化市象形学校	何　妍
2022—2023 学年度	株洲市茶陵县浣溪中学	李志艳
	平江县三市中学	游淑雲　何艳君
	平江县安定镇安定中学	谢美丽
	洪江市第六中学	陈　超
	安化县冷市镇中学	邓　云
	新化县洋溪镇芙蓉学校	向　超
2023—2024 学年度	湘西州花垣县边城初级中学	刘　婧　宋泽艳　吴　卿　袁江涛
	湘西州保靖县毛沟中学	黄雅芩　邓轶轩
	邵阳市绥宁寨市学校	邓　芳　彭青春　陈淼君
	涟源市第三中学	苏建祥
2024—2025 学年度	张家界市永定区三家馆乡中学	李　莉　杨群英
	湘西州花垣县花垣镇凉水井村边城初级中学	杨　茜　尹庆元　张志雄
	湘西州保靖县复兴镇九年一贯制学校	彭建锋　马顺存
	邵阳市绥宁县寨市苗族侗族乡学校	杨玉茜　杨爱霞
	长沙市望城区师大附中星城靖港学校	叶越冬
	长沙市望城区第六中学	谭　莎
	永州市蓝山县楠市镇中学	杨晓春　胡玲玲

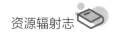

3. 湖南省"十四五"教育科学普通高中教育研究基地合作单位

地区	单位名称	类别	授牌时间
长沙市	湖南师范大学附属中学	挂靠单位	2022 年 6 月
	湖南省教育科学研究院基础教育研究所	联合单位	2022 年 6 月
	湖南师范大学教育科学学院	联合单位	2022 年 6 月
湘西州	湖南省保靖民族中学	联合单位	2022 年 6 月
郴州市	汝城县第一中学	联合单位	2022 年 6 月
益阳市	益阳市第一中学	协同单位	2023 年 4 月
	沅江市第一中学	协同单位	2023 年 4 月
	沅江市第三中学	协同单位	2023 年 4 月
湘潭市	湘潭县第一中学	协同单位	2023 年 5 月
	湘潭县第五中学	协同单位	2023 年 5 月
	湘钢一中	协同单位	2023 年 5 月
娄底市	双峰县第一中学	协同单位	2023 年 5 月
	涟源市第一中学	协同单位	2023 年 5 月
	新化县思沁学校	协同单位	2023 年 5 月
张家界市	张家界市民族中学	协同单位	2023 年 5 月
	张家界武陵源区一中	协同单位	2023 年 5 月
常德市	常德市第一中学	协同单位	2023 年 5 月
	常德市外国语学校	协同单位	2023 年 5 月
	桃源县第一中学	协同单位	2023 年 5 月
	桃花源第一中学	协同单位	2023 年 5 月
衡阳市	衡阳市第一中学	协同单位	2023 年 7 月
	湖南岳云中学	协同单位	2023 年 7 月
	衡阳市铁路一中	协同单位	2023 年 7 月
	衡东县第一中学	协同单位	2023 年 7 月
株洲市	株洲市第二中学（含枫溪学校）	协同单位	2023 年 7 月
	株洲市第四中学	协同单位	2023 年 7 月
	株洲市景弘中学	协同单位	2023 年 7 月
	醴陵市第一中学	协同单位	2023 年 7 月

续表

地区	单位名称	类别	授牌时间
郴州市	郴州市明星高级中学	协同单位	2023 年 8 月
	仁化县仁化中学	协同单位	2023 年 8 月
	宜章县第一中学	协同单位	2023 年 8 月
	桂东县第一中学	协同单位	2023 年 8 月
湘西州	花垣县边城高中	协同单位	2023 年 8 月
	湘西州民族中学	协同单位	2023 年 8 月
怀化市	溆浦县第一中学	协同单位	2023 年 8 月
	中方县第一中学	协同单位	2023 年 8 月
	怀化市湖天中学	协同单位	2023 年 8 月
邵阳市	邵阳市第一中学	协同单位	2023 年 8 月
	绥宁县第一中学	协同单位	2023 年 8 月
	洞口县第三中学	协同单位	2023 年 8 月
	邵阳广益世才高级中学	协同单位	2023 年 8 月
岳阳市	华容县第一中学	协同单位	2023 年 9 月
	岳阳市第十四中学	协同单位	2023 年 9 月
	平江县颐华学校	协同单位	2023 年 9 月
	岳阳市第一中学	协同单位	2023 年 9 月
永州市	永州市第四中学	协同单位	2023 年 10 月
	永州市第一中学	协同单位	2023 年 10 月
	双牌县第二中学	协同单位	2023 年 10 月
长沙市	长沙市第十一中学	协同单位	2023 年 10 月
	长沙市周南中学	协同单位	2023 年 10 月
	长沙县第一中学	协同单位	2023 年 10 月
	浏阳市第一中学	协同单位	2023 年 10 月
	宁乡市第一高级中学	协同单位	2023 年 10 月
	宁乡市第四高级中学	协同单位	2023 年 10 月
	宁乡市第十三高级中学	协同单位	2023 年 10 月

其他史料志

1. 关于认定湖南师范大学附中等 29 所学校为湖南省基础教育课程改革样板学校的通知 （湘教通〔2015〕572 号）

各市州教育局：

为深入推进基础教育课程改革，充分发挥基础教育课程改革样板学校示范引领辐射作用，根据《关于对省级基础教育课程改革样板校建设学校进行考核评价的通知》（湘教通〔2015〕489 号），我厅组织对 62 所省级基础教育课程改革样板校建设学校进行了考核评价，经过学校自评、市州考核、省级评审，现认定湖南师范大学附中等 29 所中小学校为"湖南省基础教育课程改革样板学校"（详见附件）。

希望各级教育行政部门进一步加强对通过评审认定的样板校的指导与管理。希望各样板校再接再厉，积极探索，强化办学特色，创新人才培养模式，使自身更具示范性，并带动当地中小学校全面深入开展课程改革。希望广大中小学校认真学习课程改革样板校的经验，结合自身实际，深化改革，全面实施素质教育，不断提高办学水平和质量。

湖南省教育厅

2015 年 12 月 9 日

附件

湖南省基础教育课程改革样板学校名单

小学组：

长沙市雨花区砂子塘小学	常德市武陵区北正街小学
湘潭市和平小学	张家界市崇实实验小学
长沙市实验小学	益阳市南县南洲实验小学
岳阳市岳阳楼区东方红小学	株洲市芦淞区何家坳小学
郴州市第四完小	永州市冷水滩区马坪学校

初中组：

岳阳市君山区许市中学	张家界市国光实验学校
怀化市铁路第二中学	常德市五中
益阳市第六初级中学	永州市道县三中
娄底市涟源市伏口镇中心学校	郴州市汝城县六中
邵阳市十中	

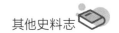

高中组：

湖南师范大学附中	长沙市一中
株洲市醴陵市一中	长沙市雅礼中学
湘西自治州民族中学	常德市一中
怀化市沅陵县一中	益阳市一中
邵阳市隆回县一中	长沙市长郡中学

2. 关于公布 2015 年省示范性普通高中督导评估结果的通知（湘教通〔2015〕583 号）

各市州教育局，各省示范性普通高中：

2015 年，省教育厅、省教育督导委员会办公室组织专家对全省138所省示范性普通高中进行了网络督导评估，并对各省示范性普通高中年度特色工作进行了认真总结评选。经专家评审，厅委领导审定，确认株洲市二中等18所学校工作成绩突出，授予省示范性普通高中督导评估 2015 年度奖。

希望株洲市二中等18所学校戒骄戒躁，再接再厉，为全省高中教育的改革与发展作出新的贡献。希望全省示范性普通高中学校向上述学校学习，全面贯彻落实党的教育方针，进一步端正办学思想，不断深化教育改革，切实加强学校管理，严格规范办学行为，在全面推进素质教育中更好地发挥示范引领作用。

湖南省教育厅

2015 年 12 月 14 日

2015 年省示范性普通高中

网络督导评估优秀学校及特色工作

序号	学校	特色
1	株洲市二中	构建"三个核心"教学管理体系
2	湖南师大附中	积极构建"两性四型"课程体系
3	长沙市一中	大力构建"学生发展支持服务体系"
4	醴陵市一中	依托本土文化加强校园文化建设
5	株洲市四中	推行"四导一评"的课堂教学模式

续表

序号	学校	特色
6	浏阳市一中	努力探索"三点三心四导"后进生转化模式
7	株洲九方中学	全面推行"三主.一案.五步"教学模式
8	雅礼中学	围绕培养拔尖创新人才开发校本课程
9	湘潭县一中	强化"五种精神"提升教师教学效果
10	祁阳县一中	坚持校务公开促进民主管理
11	娄底市一中	构建多元有特色的课堂教学体系
19	资兴市立中学	从规范常规管理中促进学生养成教育
13	澧县一中	从"三基"入手打造高效课堂
14	宁乡县一中	师生互动促进潜能生转化
15	岳阳市一中	打造高效课堂提高汉藏兼容模式质量
16	怀化市三中	教育科研向"扁平化"推进
17	耒阳市二中	网络督导评估空间建设
18	益阳市箴言中学	网络督导评估空间建设

3. 湖南省教育厅关于举办国防科技创新实验班的批复

长沙市一中、湖南师大附中：

你们《关于批准成立湖南省长沙市第一中学国防科技创新实验班的报告》（校字〔2022〕19号）、《湖南师范大学附属中学关于试点开办"国防科技创新实验班"的请示》（校行发〔2022〕58号）收悉。经研究，同意你们两校试行举办国防科技创新实验班，从2021年级开始实施。

请你们加强与国防科技大学沟通衔接，深化交流，合作共建，创新国防科技人才培养机制，探索国防特色人才培养模式，为助力国防科技人才培养做出贡献。

湖南省教育厅

2022年10月19日

4. 关于进一步明确和支持湖南师大附中恢复初中办学有关事宜的请示（校行报〔2021〕13号）

省教育厅：

2020年夏，根据时任省委主要负责同志批示精神，在省教育厅和市、区教育行政部门的关心下，湖南师大附中获准恢复初中办学，并自当年秋季起招生开学。2020年10月，时任副省长吴桂英同志也作出批示，要求"继续关注、支持师大附中初中办学工作"。但由于种种原因，湖南师大附中恢复初中办学须政府支持的有关事宜没有得到进一步明确和落实，暂靠挤占附中有限的高中教育资源维持初中运转，制约了湖南师大附中初中乃至高中办学高质量、可持续发展。

鉴于此，恳请贵厅协调市、区教育行政部门尽快出具专文，进一步明确和支持湖南师大附中恢复初中办学有关事宜，主要包括以下内容：

一是明确初中招生规模、对象和方式。建议每年招生规模设定为300人，即6个教学班，以利教育教学安排和氛围营造。招生对象为湖南师大及湖南师大附中教职工子弟，大科城高层次人才（参照长沙市A、B、C类人才标准）子弟，长沙市A、B、C类人才子弟，富余学位用于招收大科城范围内其他学生。招生方式分别为：湖南师大及湖南师大附中教职工子弟由湖南师大报长沙市教育局审核录取；人才子弟由大科城管委会报长沙市人才工作领导小组审核认定，交由长沙市教育局办理录取手续；富余学位招收大科城范围内其他学生，采取微机派位方式录取，由长沙市教育局统一组织实施。

二是明确初中教育教学教研业务工作和学生学籍注册归口长沙市教育局管理。

三是由长沙市教育局或长沙市岳麓区教育局核拨初中生均公用经费，自2020级起核拨。

四是按每年批准的湖南师大附中初中招生计划数，等额或适当缩减高中部招生计划数，以腾出部分资源，包括事业编制用于初中办学。

专呈此请，敬祈批准。

湖南师范大学
2021年10月8日

5. 2015 年以来学校基本建设一览表

项目名称	建设时间	投资金额/万元
世纪园改造	2015 年 4 月	86
一号公寓 3—4 层提质改造工程	2016 年 7 月	96
田径场升层改造	2016 年 11 月	6937
教室多媒体设备升级改造	2017 年 1 月	484
校园电力增容	2017 年 4 月	89
教室灯光升级改造	2018 年 2 月	105
田径场围挡网架改造	2018 年 7 月	36
教室吊顶维修改造	2018 年 7 月	84
化学实验室改造	2018 年 7 月	70
田径场广播系统改造	2018 年 8 月	49
生物竞赛实验室改造	2018 年 8 月	49
二号公寓提质改造	2019 年 7 月	714
艺术楼教室装修改造	2019 年 8 月	39
室外篮球场改造	2019 年 8 月	89
东围墙砌筑工程	2020 年 3 月	94
教职工之家、母婴室装修改造	2020 年 6 月	29
云麓楼维修改造工程项目	2020 年 7 月	96
图书馆装修改造	2020 年 8 月	185
生物实验室改造	2020 年 8 月	204
学校校园网络升级改造	2020 年 9 月	99
教学楼电梯安装	2020 年 12 月	196
广益楼室内外装修改造	2020 年 12 月	289
标准化考点监控系统整体改造	2020 年 12 月	83
一号公寓热水系统改造	2021 年 5 月	23
三号公寓改造	2021 年 6 月	296

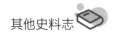

续表

项目名称	建设时间	投资金额/万元
艺术楼室内外改造	2021 年 7 月	196
执中楼男女卫生间改造	2021 年 8 月	47
一号公寓燃气热泵热水系统安装	2021 年 10 月	47
体育馆维修改造	2021 年 12 月	57
学生活动中心灯光、舞台机械设备工程	2021 年 12 月	232
执中楼维修改造工程	2021 年 12 月	26
学生活动中心维修改造	2022 年 1 月	385
学科竞赛培训室维修改造	2022 年 1 月	88
廉洁文化长廊建设	2022 年 5 月	36
图书馆 7308、7309、7310 维修改造项目	2022 年 5 月	28
一号公寓楼配置洗衣机工程	2022 年 6 月	35
惟一楼学生社团活动室改造	2022 年 6 月	91
惟一楼卫生间改造	2022 年 6 月	135
云麓楼卫生间改造	2022 年 7 月	64
校园安防监控系统升级改造	2022 年 7 月	61
黎氏科技楼改造	2022 年 7 月	290
烹饪专用教室维修改造	2022 年 8 月	33
技术类课程专用教室装修改造	2022 年 8 月	58
技术类课程专用教室设备采购	2022 年 9 月	289
食堂改扩建（EPC）	2022 年 10 月	2037
食堂弱电系统改造	2022 年 12 月	31
标准化考点广播系统改造	2022 年 12 月	85
艺术楼电梯安装	2023 年 3 月	48
一号公寓、樟华路等道路及排水沟修复工程	2023 年 3 月	46
体育馆二楼暖通设备安装	2023 年 5 月	48
惟一楼室内装修改造	2023 年 6 月	338
心理发展中心维修改造	2023 年 7 月	114

续表

项目名称	建设时间	投资金额/万元
图书馆书库加固改造	2023 年 7 月	181
食堂附属旧房改造	2023 年 7 月	226
劳模创新工作室建设	2023 年 6 月	43
生物标本馆提质改造	2023 年 7 月	224
工会多功能室提质改造项目采购	2023 年 7 月	54
10kV 增容配电改造	2023 年 8 月	197
学生电视台提质改造	2023 年 9 月	103
田径场室外球场灯光提质改造	2023 年 8 月	58
后勤服务总站改造	2023 年 8 月	65
宣传栏改造项目	2024 年 12 月	25
执中楼一楼会议室改造项目	2024 年 12 月	50

6. 2015 年以来学校寒暑假管理研讨会主题一览表

年份	寒假	暑假
2015	1. 学期工作总结 2. 课程建设研讨 3. 校庆筹备工作	1. 现代教育实验学校建设推进方案（2014—2015）总结与 2015—2016 学年度推进方案的研讨 2. 学校"十二五"规划总结及"十三五"规划研讨 3. 省示范性高中教育督导评估培训 4. 学校党委中心组（扩大）党风廉政建设学习培训
2016	1. 研讨集团化办学的现状与未来 2. 审议《湖南师大附中章程（修订讨论稿）》	1. 干部培训 2. 研讨学校"十三五"规划学年度执行方案 3. 研讨研究型高中建设思路和举措
2017	1. 各集团校主要负责人述职 2. 通报党委领导班子民主生活会情况 3. 研讨与反思：如何优化工作，减轻负担，提高教学质量 4. 讨论《湖南师大附中学生成长导师制实施方案（修订稿）》	1. 学年度工作总结与反思 2. 讨论《湖南师大附中工作质量奖励办法（修订建议稿）》 3. 讨论《湖南师大附中研究型高中建设实施方案（讨论稿）》

续表

年份	寒假	暑假
2018	湖南师大附中教育集团年会替代寒假管理研讨会，年会主题论坛的论题为"传承与创新"，分论坛论题分别为"核心素养与拔尖学生培养""课程建设与教师专业发展""师德师风与党建工作""学校管理与保障"	1. 加强文化认同，提高教育质量 2. 研究型高中建设的反思与推进
2019	湖南师大附中教育集团年会替代寒假管理研讨会，年会以"高质量与特色化"主题论坛的形式召开	高级研修班替代暑假管理研讨会
2020	湖南师大附中教育年会替代寒假管理研讨会，年会以"研究型学校建设与创新拔尖人才培养"主题论坛的形式召开	因疫情原因未召开
2021	湖南师大附中教育集团年会替代寒假管理研讨会，年会以"集团中考质量综合评价分析、拔尖学生培养"主题论坛的形式召开	1. 招生工作 2. 五项管理 3. 队伍建设（干部队伍、青年教师队伍） 4. "十四五"规划实施
2022	湖南师大附中教育集团年会替代寒假管理研讨会，年会以"质量提升与拔尖创新学生培养"主题论坛的形式召开	1. 普通高中教育研究基地建设 2. 学校干部队伍建设 3. "双减"背景下教育集团高质量发展
2023	湖南师大附中教育集团年会替代寒假管理研讨会，年会以"协同育人与拔尖创新人才培养"主题论坛的形式召开	1. 管理干部能力素质提升 2. 拔尖学生培养与教学质量提升
2024	1. 学校"十四五"改革与发展规划实施情况中期督导评估汇报和研讨 2. 学校120周年校庆工作筹备研讨 3. 外派集团校干部年度述职	1. 附中及集团教育质量发展研讨 2. 学校管理体制变化和管理干部能力提升研讨 3. 党纪学习教育集中研讨
2025	1. 建校120周年校庆筹备工作 2. 拔尖创新人才早期培养	

7．2015年以来学校体育节、艺术节、科技节、社团节主题一览表

年份	体育节主题	艺术节主题	科技节主题	社团节主题
2015	强健体魄，传承文明	民族魂·青春梦	科技创造生活	迎校百有十年，展我社团风采
2016	扬奥运精神，展青春风采	长征魂·青春梦	科技创造生活	奋力奔跑，拥抱青春
2017	强健体魄，追求卓越	奋进新时代，筑梦新征程	科技创造生活	梦想镕园，汇生汇社
2018	享受阳光，爱上运动	改革开放，薪火相传	环保科技，绿色生活	社彩未来，不负韶华
2019	致敬祖国，悦动青春	歌唱祖国，舞动青春	创新体验，科技圆梦	激扬青春，献礼祖国
2020	运动促健康，"疫"路展风采	弘扬抗疫精神，飞扬艺术青春	创新体验，科技圆梦	青春有约，社团相伴
2021	活力青春，强国有我	律动青春，强国有我	创新体验，科技圆梦	奋斗百年路，青春新征程
2022	运动yo未来	镕琢雅韵，情满中华	创新体验，科技圆梦	浮舟沧海，立马昆仑
2023	凝心聚力，爱达未来	红色附中，飞扬青春	科技点亮梦想，创新引领未来	素履而往，骐骥以驰
2024	科技赋能运动	韶华灼灼，诗意附中	创新驱动，探索未知	社彩纷呈，团聚青春

8. 学校德育和社会实践活动基地一览表（1985—2024 年）

类别		地点/单位	建立时间
社会实践基地	军营实践基地	长沙工程兵学院（后并入国防科技大学）	1985 年
		武警部队长沙市支队	1992 年
		国防科技大学	2000 年
		湖南省军区教导大队	2002 年
		湖南省公安消防总队教导大队	2008 年
		湖南省公安消防总队培训基地	2010 年
		湖南警察学院	2014 年
	乡村实践基地	湘西凤凰县千工坪乡	1994 年
		浏阳文家市镇	2000 年
		宁乡花明楼镇	2001 年
		湘潭韶山市	2008 年
		浏阳古港镇	2012 年
		宁乡流沙河镇	2012 年
		攸县罗家坪乡	2013 年
		安化黑茶基地	2013 年
		浏阳沿溪中学	2014 年
		长沙县开慧镇	2018 年
		株洲炎陵县中村瑶乡	2018 年
		湘潭湘潭县乌石峰村	2019 年
		娄底双峰县走马街镇谭新村	2019 年
		湘西州花垣县十八洞村	2021 年
		张家界桑植县刘家坪镇	2021 年
		怀化溆浦县枫香瑶寨	2022 年
		永州蓝山县	2022 年
		衡阳衡山县店门镇	2023 年
		岳阳君山区壕和村	2023 年
		邵阳新宁县舜皇里	2024 年
		常德安乡县安丰乡礼阳垸村	2024 年
		郴州汝城县沙洲村	2024 年
		益阳安化县冷市镇	2024 年

续表

类别		地点/单位	建立时间
社会实践基地	城市实践基地	长丰集团	2000 年
		望城中南传动公司	2006 年
		三一集团	2006 年
		湘潭华菱湘钢集团	2007 年
		娄底涟源钢铁集团	2007 年
		株洲醴陵瓷城	2012 年
		星沙广汽三菱	2012 年
		广汽菲亚特	2013 年
		麓谷威胜集团	2013 年
		沙坪湘绣产业园	2014 年
		九芝堂	2018 年
		湘丰茶园	2019 年
		神通光电	2020 年
		高铁南站	2020 年
		庆泰烟花	2021 年
		大汉集团	2021 年
		大汉工匠研学基地	2021 年
		山河乐飞航空研学基地	2022 年
		三友环保	2022 年
		天劲制药	2022 年
		和润社区	2022 年
		湘军麓和律师事务所	2023 年
		长沙岳麓区望月湖社区	2001 年
		长沙岳麓区咸嘉新村社区	2002 年
	革命传统教育基地	浏阳文家市秋收起义会师纪念馆	2000 年
		浏阳胡耀邦故居纪念馆	2000 年
		韶山毛泽东故居纪念馆	2001 年
		宁乡花明楼刘少奇故居纪念馆	2001 年

续表

类别	地点/单位	建立时间
德育共建友好单位	武警部队长沙市支队	1992 年
	长沙岳麓区公安分局	2000 年
	浏阳市第十一中学	2000 年
	宁乡四中	2001 年
	新疆吐鲁番市实验中学	2002 年
	湖南省博物馆	2006 年
	海口双岛学园	2007 年
	浏阳市三中	2012 年
	宁乡七中	2012 年
	韶山学校	2008 年
	安化县二中	2013 年
	浏阳市沿溪中学	2014 年

后 记

　　《岁月如歌——湖南师大附中校志（2015—2025）》（简称《岁月如歌》）的编写工作始于2024年初，终于2025年2月，历时一年多完成。这本校志的编写，既是对学校十年发展历程的总结，也是对全体师生辛勤付出的致敬。编写《岁月如歌》的初衷，是记录湖南师大附中在2015年至2025年这十年间的辉煌成就和宝贵经验，为后人留下一份真实、全面、系统的历史资料，增强附中人的自豪感、文化认同感和归属感，为未来的教育改革和创新发展提供借鉴和启示，提高学校的社会影响力和美誉度。

　　盛世修志。一直以来，附中历届领导都非常重视校志的编写。2005年编写了《湖南师大附中百年校志》（简称《百年校志》），2015年编写了《足迹——湖南师大附中校志（2005—2015）》（简称《足迹》）。2023年11月，学校召开了120周年校庆筹备工作会，确定继续开展修志工作，由陈胸怀、向超具体负责本书的编撰工作。在编写过程中，我们秉持"真实、客观、全面"的原则，力求通过翔实的史料和生动的叙述，展现学校十年来的发展脉络和办学特色。我们深知，校志不仅是对过去的总结，更是对未来的启示；不仅是对人物、事件、数据、荣誉、成果的简单记录，更是透过上述记录体现与揭示附中十年间对办学传统与特色的坚守与追求，对教育事业的创新与超越。

　　校志的编写是一项复杂而艰巨的任务，需要多方面的协作和努力。在资料收集、编辑、整理和审定过程中，我们得到了各位校领导、各处室、集团各成员校、校友及社会各界人士的大力支持和帮助。学校组织了专门的编写班子，编写班子由校领导、各职能部门人员、一线教师等组成，负责校志的总体规划和具体编写工作。编委会人员认真研读了《百年校志》和《足迹》两部校志，确定基本沿用其架构和体例，采用编年体与纪传体相结合的方式，在保持内容一致性的前提下，对一些内容做了适时调整和优化，将书名确定为《岁月如歌——湖南师大附中校志（2015—2025）》。编委会对《岁月如歌》的编写和审定工作进行了明确分工："学校人物志"由党办、校办、人事中心、科研与教师发展处、科创中心、校友会、德育与学生发展处提供材料并进行审核；"学校要事志"的编辑和审校工作量特别大，故组织了专门的编校队伍，由向超负责，成员包括李珊、张云礼、何泓磊、江腾、梁锐、周鹏之等；"学校荣誉志"由校办和课程与教学处提供材料并进行审核；"学校成果志"由科研与教师发展处、课程与教学处、德育与学生发展处、党办、科创中心、体育美育中心提供材料并进行审核；"文章著述志"由科研与教师发展处提供材料并进行审核；"多元办学志"由集团办提供材料并进行审核，其中"多元校区简介"由集团各成员校协助提供材料；"资源辐射志"由集团办和科研与教师发展处提供材料并进行审核；"其他史料志"由校办、教育督导与评价处、后勤服务和安全保卫中心、德育与学生发展处提供材料并进行审核；书中彩色插图由党办和校办提供并审核。

《岁月如歌》的内容主要来源于2015年以来学校各部门、各校区的档案，近十年以来学校的规划、规章、计划、总结、光荣榜等资料，学校网站上发布的相关新闻，媒体对我校的新闻报道及上级部门发布的与我校有关的文件。编写人员通过电话、邮件、QQ、微信等各种途径搜集信息，并对所有信息、资料进行甄别核实，分类整理，进一步完善了本校志。参加资料收集、查找、归纳、整理、审核的工作人员有：吴卿、苏晓玲、周琼、李文昭、左小青、周大勇、蔡毅、朱修龙、焦畅、谢小超、张冰洁、梁文婷、任琼、高琪玲、刘覃、陈柚希、管若婧、周鹏之、梁锐、李娜、李典、李珊、张云礼、何泓磊、江腾。

衷心感谢编写团队的每一位成员，是他们的辛勤付出和不懈努力，使这部校志得以顺利完成，是他们为学校的文化建设增添了浓墨重彩的一笔。

《岁月如歌》能够如期出版，得到了湖南大学出版社的大力支持，卢宇编审、何洁编辑为此付出了辛勤的劳动，谨此致谢。

校志编写内容庞杂、头绪纷繁，质量要求高，但由于时间仓促，难免会有疏漏，在此恳请领导、同事、校友多多指正。

编　者

2025年2月